高职高专经济管理类规划教材

管理学原理与方法

主　编：侯明贤
副主编：卢静怡 李镇华

浙江大学出版社
ZHEJIANG UNIVERSITY PRESS

图书在版编目（CIP）数据

管理学原理与方法 / 侯明贤主编. —杭州：浙江大学出版社，2009.2(2014.6 重印)
高职高专教材
ISBN 978-7-308-06557-3

Ⅰ.管… Ⅱ.侯… Ⅲ.管理学—高等学校：技术学校—教材 Ⅳ.C93

中国版本图书馆 CIP 数据核字（2009）第 013395 号

管理学原理与方法

侯明贤　主编

责任编辑　孙秀丽(sunly428@163.com)
封面设计　卢　涛
出版发行　浙江大学出版社
(杭州市天目山路 148 号　邮政编码 310007)
(网址：http://www.zjupress.com)
排　　版　杭州中大图文设计有限公司
印　　刷　杭州杭新印务有限公司
开　　本　787mm×1092mm　1/16
印　　张　16
字　　数　410 千
版 印 次　2009 年 2 月第 1 版　2014 年 6 月第 5 次印刷
书　　号　ISBN 978-7-308-06557-3
定　　价　29.00 元

浙江大学出版社发行部联系方式：0571－88925591；http://zjdxcbs.tmall.com

前　　言

学习管理知识，首先，在于掌握基本的思想和方法论。管理面对的是现实的企业、组织和人，一般的规律都适用，但它们往往也有独立性，这使管理具有科学、艺术、实务、思想等多种属性，所以不能僵化地看待管理知识，在理解和运用管理知识时一定要注意其使用对象的特殊性。其次，管理者手中能够应用的手段有两个：科学的、普遍的技术和方法，以及与人有关的随情况变化的涉及心理和行为的具有艺术特色的知识和经验。再次，管理重在明确目标以及围绕目标选择最佳或最满意的路径，而完成这一任务除了高瞻远瞩、运筹帷幄的能力以及丰富的知识和经验外，最基本的是要学会和善用成本效益分析工具。最后，无论成功与失败，任何管理实践中都蕴涵着知识和经验，所以，对于管理者来说，处处留心皆学问，要勤于思考和提炼。

本教材是适用于高职高专以及成人高校开设管理课程的各专业使用，尤其适合于高职高专管理或服务类专业，如旅游与酒店管理、工商管理、企业管理、市场营销等专业使用，也可作为一线管理岗位在职人员的参考书。

本教材有以下特点：

• 目标定位明确。高职高专学生与中职学生的最大差异应该是可持续发展能力上的差异，培养高职高专学生的发展能力是高职高专院校的生命力所在。本书的目标定位是：根据高职高专的培养目标和管理学课程实践性强的特点，以培养企业中、基层管理岗位人员所需要的基本管理理论和管理实践知识为主线，以培养学生可持续发展能力为出发点，掌握基本的管理规律和方法论，提高学生的管理技能和技术，为以后的发展打下一定的理论基础和方法基础。

• 理论知识体现“够用”。本书在选择内容时，那些比较难理解，且中、基层管理岗位上不太用得上的理论没有编入其内。如决策方法主要是高层所要掌握的内容，本书仅介绍了两种定性、两种定量的决策方法；领导理论中也没有一一介绍国外的系统理论，只是作了大概的阐述。

• 注重实用。本书第三章中决策的定量方法，只介绍了量本利决策分析法和决策树分析法，这两种是在管理实践中经常碰到的方法。第四章人员配备单独成节，是考虑到企业管理人员的选聘、培训、使用、考评是企业中、基层管理人员的重要工作。第五章中领导艺术、激励实践、沟通实践都是实用性很强的管理方法，在本书中所占篇幅较多。第八章创业管理中的创业初期实务，对于毕业以后准备创业的学生来说，也是必不可少的知识。

• 体现前瞻性。本书第七章“管理创新”在有的教材中作为管理职能的内容列在控制职能后面，但我们觉得管理必须创新，创新是管理的灵魂，也是管理发展的必然趋势，但作为管理职能其理论上还不是很成熟，所以我们单列一章。第八章“创业管理”

是为了适应高职高专学生毕业后的就业需要而设计的。

• 结构合理。本教材体系结构基于这样的考虑：教材要使得别人读了以后有一种栏目清晰、恰到好处的感觉，要有系统性、可读性，既不能单调呆板，又不能杂乱无章。所以，本书的编排分为本章导读、正文、本章小结、思考题、案例讨论五部分。我们觉得案例出现在正文中间对内容的系统性有一定的影响，没有案例会显得单调，缺少可读性。为保证教材的系统性，正文里面一般不用案例，案例在思考题的后面单独列出。

为了更好地使用本教材，建议：

• 精选精讲，鼓励互动。教师对教材内容应精选精讲，对重点内容详讲，必要时还可补充一些内容；对非重点内容可交给学生阅读。对重点内容学生一定要理解，教师在教学过程中，一定要深入浅出，把复杂的问题简单化，鼓励学生提出自己的见解和想法，鼓励学生敢于质疑教师、质疑课本、质疑现实。通过教师与学生、学生与学生的"对立"讨论互动，使学生真正理解管理学原理的内涵。

• 重视案例，注重运用。学习管理学，目的是能把学到的知识运用到实践中去。案例教学是管理学教学理论联系实际的有效形式，通过案例分析，使学生明白哪些现象符合管理学原理，哪些做法不符合管理学原理，如何运用管理学原理来解决实际问题。

• 各抒己见，集思广益。管理学原理属社会科学范畴，在教学中要发扬教学民主，学生能做到自圆其说都应肯定，鼓励学生发表自己的意见和想法，调动学生的学习积极性，鼓励学生提高发散思维能力。这是高等教育与中等教育的区别所在。

• 理解应用，科学考核。管理学原理的学习，重点在理解。高等教育重点要培养学生的创新能力，而不是复制知识。对学生的期末考核切忌一张试卷的应试教学评价方法，要鼓励学生思考，以能力为本位，考试以理解题、案例分析题为主，以平时课堂上学生的成绩为主，对能发表自己独特观点的学生应该给予充分的肯定。

本书主编为侯明贤副教授，副主编为卢静怡、李镇华，编写人员均为浙江旅游职业学院的教师。第一章由李镇华老师编写，第二、七、八章由卢静怡老师编写，第三、四、五、六章由侯明贤老师编写。

全书由侯明贤副教授审定统稿。

在本书编写过程中，沈建龙副教授对本书的编写提纲提出了宝贵的意见和建议，本书还得到了有关部门和同事的大力支持和帮助，在此表示感谢。由于编者水平所限，不当之处在所难免，敬请广大读者批评指正。

编　者

2009 年 1 月

目　　录

第一章　管理学导论

本章导读　在现代社会里，几乎没有人不知道"管理"这个词，在我们的生活和工作中它无所不在。人们所要从事的生产活动和社会活动，都是依靠群体力量进行的，而组织、协调群体活动就离不开管理。

什么是管理？管理有哪些内容？怎样才能有效地管理？通过本章的学习，能够了解管理的概念以及管理学的研究对象和研究方法，掌握管理的基本原则和基本方法。

第一节　管理概述

一、管理与管理学

(一)管理的含义

从"三个和尚没水吃"谈起。一个和尚挑水吃，两个和尚抬水吃，为什么三个和尚没水吃呢？三个和尚的力量还没有一个和尚来得大？我们知道，三个和尚虽然有一个共同的目标——吃水，但没有一个组织和规划的过程，看似强大的团队也无法发挥实际作用，只会成为相互拖累的独立个体。动画片的结局是圆满的，三个和尚最终意识到他们的目标是一致的，都希望能够照顾好小庙，更重要的是三个和尚在救火的过程中发现了通力合作的力量，明白了分工协作的巨大作用。最终三个和尚不再是用扁担抬水这种工具，而是发明了滑轮传输装置，一个打水，一人提水，一人储水，每个人都在发挥作用，水是打得越来越多，越来越快。

三个和尚最终是不是真的没水吃，不是在于他们有没有能力打水挑水，而是在于他们三个人之间有没有共同的目标，有没有协作，有没有分工。而这些就是我们所说的管理。

管理活动自古有之。长期以来，人们在不断的实践中认识到管理的重要性。20世纪初以来的管理运动和管理热潮取得了令人瞩目的成果，形成了较完整的管理理论体系。但对管理的含义，在不同的角度和历史时期，有不同的表达形式和不同的理解。

1. 从管理过程的角度定义。

管理就是一个过程，是设计与保持一个良好的环境，对资源进行有效的整合，使人在群体里高效率地完成既定目标的过程，是一切有组织的集体活动所不可缺少的要素。

2. 从管理者与被管理者之间相互关系的角度定义。

管理就是领导，指一定组织的领导者，通过实施计划、组织、人员配置、指挥、控制等职能来协调他人的活动,使别人同自己一起更有效地实现既定的目标。所有有组织的群体活动都是在领导者的指挥下进行的,领导的指挥能力决定了活动的有效性。

3. 从管理的职能角度定义。

管理就是决策。从广义上说,决策就是一个过程,它包括收集和整理各种资料,提出多个备选方案,并对备选方案进行分析、评价,找出最优方案,以及跟踪调查方案的执行情况,做出反馈并及时调整。

综上所述,管理是指在一定的环境和条件下,管理者通过计划、组织、领导、控制等环节来协调和整合组织内的人、财、物、时间、信息等资源,有效地实现组织既定目标的动态协作过程。

这一定义包含了以下特点(见图 1-1):

第一,管理是在一定的环境下进行的。管理需要设计并维持一种环境,同时也受环境的约束。管理者必须审时度势、趋利避害,保证组织成员在这种环境下能各司其职。

第二,管理是通过计划、组织、领导、控制等一系列管理的职能实现的,它们是管理工作的基本手段和方法,每个管理者在进行管理时都会采用其中的一种或者多种。

第三,管理的本质是对资源的协调和整合。管理者采用管理的职能,构建与环境相适应的资源组合优势,使有限的资源发挥最大的作用。

第四,管理的最终目的是更好的实现组织的既定目标。有效的实现组织目标是管理的出发点,管理的最终效果取决于组织目标的实现程度。

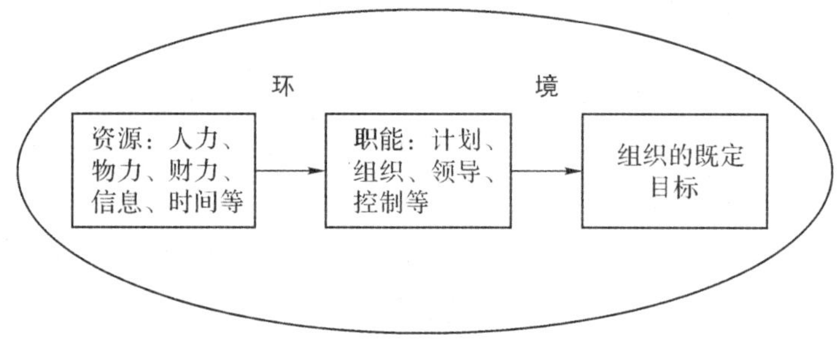

图 1-1 管理的特点

(二)管理的性质

1. 管理的二重性。

所谓管理的二重性,是指既具有合理组织生产力的自然属性,又有为一定生产关系服务的社会属性。

管理的自然属性反映了管理具有同生产力、社会化大生产相联系的一般性质。它完全取决于生产力发展水平和劳动的社会化程度,与具体制度无关。社会化的共同劳动需要管理,需要合理地进行计划、组织、领导和控制,所以自然属性是管理的第一属性。

管理的社会属性反映了管理是在一定的生产关系条件下进行的,与生产关系、社会文化相联系,是由占主导地位的生产资料所有者实施的,是统治阶级意志的体现。从管理作用的角度看,管理这种社会属性无疑是维护和巩固相应生产管理和社会文化的有力工具。

要正确认识管理的二重性，既要学习、借鉴国外先进的管理经验和方法，提高管理水平，也要考虑我国的国情，不能盲目照搬，必须根据不同情况进行选择，建立符合我国特点的管理体系。

2. 管理的科学性与艺术性。

科学是系统化的知识。管理科学已经形成了一套比较完整的知识体系，较为系统地反映了管理过程的客观规律。管理的科学性就体现在对管理活动规律的认识和总结上。

管理的科学性可分为两大类：程序性活动和非程序性活动。所谓程序性活动是指有章可循，照章运作就可取得预想效果的管理活动。非程序性活动是指无章可循，需要边运作边探讨的管理活动。这两种活动是可以转化的。

艺术是指达到某种预期效果的有效方法。作为一种实践，管理也是一门艺术。由于管理学具有综合性和实践性的特点，并且自身还在不断发展中，它不像自然科学那样具有确定性和精确性。它对于每一具体管理对象没有一个完全有章可循的模式，特别是对那些非程序性的管理活动，更是如此。管理者需要一系列的根据实际情况处理问题的经验、技巧和知识，需要管理者思维、智慧、谋略、技巧和情感的发挥才能取得好的效果。正是这种管理的多样性和不确定性，使管理成为了一种艺术性技能。

管理既是一门科学，又是一门艺术。管理的科学性揭示了管理活动的规律，反映了管理的共性；管理的艺术性揭示了管理的个性。管理的科学性和艺术性要求我们在学习和从事管理工作中，既要注重对管理的理论和方法的学习，又不能忽视实践中的灵活运用。

3. 管理的动态性与创造性。

管理活动的动态性是指在变动的环境和组织本身中进行，需要消除资源配置过程中的各种不确定性。书面上的东西是管理活动的实践总结和理论推演，管理本身是现实实践操作，学习管理学时，更重要的是学会在不同的状况下合理实施具体的管理工作。

既然管理是一种动态活动，对每一个具体的管理对象并没有唯一的可以照搬的模式。要达到既定的组织目标，就需要有一定的创造性。管理活动是一类创造性活动，因此才会有成功与失败。管理的创造性植根于动态性之中，与科学性和艺术性无关。

（三）管理学的定义

简单地说，管理学就是一门系统地研究管理活动的基本规律、基本原理和一般方法的科学，是管理实践活动的科学总结。管理作为一门学科来研究，始于近代，随着社会的不断进步、科学技术的飞速发展和管理活动的日益丰富，管理在人们的实际生产、生活过程中的作用越来越受到重视。它与一般的自然科学相比较，有其自身的特点。它不同于数学、物理等学科，而是一门综合性、实践性强，并且自身还在不断发展完善的学科。管理科学发展到现在，已经构建了一个庞大的体系，几乎每个专门的领域都有专门的管理学，如教育管理、行政管理、工商管理等。管理学主要研究的是在各门管理学学科都存在的一般规律和基本原理，同时又结合这些专门领域的特殊情况，总结各专门管理学的新理论、新观点，将特殊性上升为一般性，推动学科的发展。

一般来说,管理学主要有以下特点:

1. 一般性。

管理学的一般性表现在它的普遍适应性。管理活动千差万别,一所学校的管理和一所医院的管理是不一样的,酒店的管理和银行的管理也是不一样的,但是这些管理活动有着共同之处。这些共同的管理原理和管理方法,就是管理学的研究对象,它不受国家、民族、语言等因素的限制,对不同层次、不同组织、不同行业内容都是普遍适用的。管理的这个特点是一种客观存在,不以人的主观意志为转移。管理学通过研究所有管理活动中的共性原理,为各门具体的管理学科奠定共同的基础。

2. 综合性。

管理学的综合性表现在两个方面。其一,在理论上,它是多学科的综合,涉及经济学、数学、社会学、心理学等诸多学科。它需要对社会活动的各个领域、各个不同组织的管理活动进行综合研究,从中总结出具有指导意义的管理思想、规律和方法。其二,在方法上,它是定性与定量的综合,需要综合运用现代社会科学、自然科学的方法,如数学中的各种运算、心理学中的理论来研究管理活动中普遍存在的基本规律和一般方法。

3. 实践性。

管理学是一门应用性科学,其理论与方法是从实践中总结提炼出来的,需要通过实践来检验。理论的方法用于指导实践,同时,只有通过实践,才能不断地更新与完善,才能转化为生产力。管理学缺少了实践的环节,就没有存在的意义了。

(四)管理者的角色与素质

所谓管理者就是指组织中管理活动的指挥者与执行者,即从事管理活动的人。管理者与非管理者的区别就是管理者是指挥别人活动的人,在组织中指挥和协调他人完成具体的工作任务,比如商店的店长、学校的校长、国家的总统等等。当然管理者除了指挥他人外,可能也接受别人的管理或者承担某些具体的工作。美国管理学家德鲁克(Peter F. Drucker)1955 年提出"管理者角色"的概念。管理者就其管理行为,在大体上可分为三类(见图 1-2):

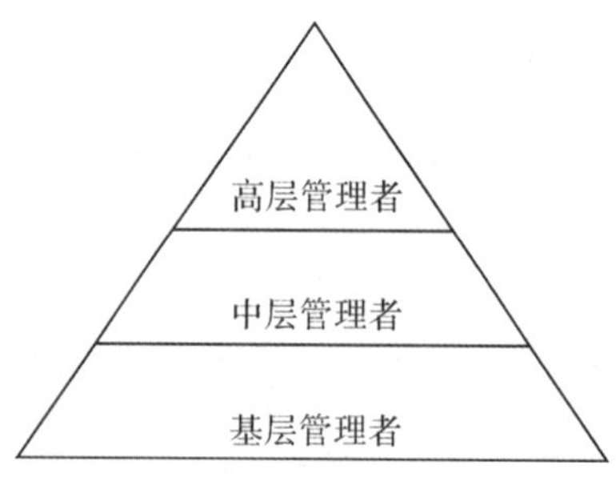

图 1-2 管理者的分类

第一类是高层管理者,是指管理一个组织,对组织的所有部门负责,对整个组织进行统一指挥与统一管理的人员,比如学校的校长、公司的总经理。他们的主要职责是制定组织的总目标,掌握组织的大政方针并评价组织的绩效。

第二类是中层管理者,这类既是管理者,又是被管理者,比如公司的部门经理、学校的系主任、机关的处长等。他们的职责是执行高层管理者所做出的决策和所制定的规则，负责监督和协调基层管理人员的工作，合理运用组织中的资源，以最佳方式完成工作任务。

第三类是基层管理者。他们是一线管理者，是组织中处于最下层的管理者。他们要给下属分配具体的工作任务，直接指挥现场作业活动。他们需要接受上一级管理者的指挥，又需要组织下属开展工作，反映下属的要求，比如行政机关的科长、工厂的班长等。他们的职责是按照中层管理者的安排去指挥和从事具体的管理活动。

相关链接：

王涛的困惑

王涛是某公司的技术主管。一天下午，他接到上司的电话，“员工反映公司的网络瘫痪很久恢复不了，怎么回事?”听着上司的问话，王涛有些摸不着头脑。自己主管的工作出了问题，居然自己不知道，还要让上司来提醒，王涛感到很不是滋味。王涛原来是公司研发部门最出色的工程师，后被提拔为项目主管，手下管着4个兵。平时不忙的时候，王涛觉得管着这个小团队还可以。可是上个月，一个新项目上马，而且时间要求很紧，业务能力强的王涛立刻投入到了研发工作中。由于精力有限，一心忙于研发的王涛，自然地就疏忽了对下属的管理。恰恰这时，公司网络出了问题，而负责网络管理的下属却又不在公司。“作为一个新官，我既要做业务，又要做管理。有时候很难兼顾两头，我真的不知道怎么办。”王涛至今都为这个苦恼着。

王涛是不是属于一个管理者？如果是，他属于哪一类的管理者？你能给他的建议是________________。

管理是人类的高级智力活动，现代管理是涉及相互作用的多要素、多环节、理性化的复杂的系统工程。管理既需要逻辑思维，也需要非逻辑思维；既需要演绎与归纳，也需要直觉与灵感；既需要抽象思维，也需要形象思维。管理活动之所以是人类的高级智力活动，不仅在于所运用的思维类型、思维方式的复杂性，还在于它调动了人的全部主观因素——知识、情感、意识，包括了人的全部经验、知识、理论、智慧，以及立场、世界观、价值观和一切心理特征和个性品格。从这个意义上讲，无论怎样去要求管理者，似乎都不过分。那么，管理者究竟要具备什么样的基本素质呢?

1. 知识素质。

在知识经济的时代，科学技术日益渗透于经济发展和社会生活的各个领域，成为推动现代化生产力发展的最活跃因素。同时，人类也正进行着一场新思维、新知识的革命。人的知识结构有“专才”和“通才”之分，管理者的知识结构原则上必须是“通才”。所谓通才就是指除掌握一两门专业技术知识和技能之外，还掌握临近学科如哲学、自然科学、社会科学的一般知识，特别是现代科学技术一般知识的人。通才型知识结构的特点是既有相对精深的专业知识，又有宽广的知识面和扎实的基础知识。

2. 能力素质。

这里所指的能力素质有别于罗伯特·卡茨提出的管理技能。能力素质是人类认识世界和改造世界的方法，或者说是获得知识后运用知识的能力，它主要指运作方面的能力，其中包括基本能力素质和专业技能素质。

基本能力包括：洞察力和观察力、应变力和决断力、领导力和组织能力、创造能力、沟通能力、学习能力等。

专业技能包括：技术技能、概念技能、人际技能。

这些能力归纳起来主要有两大类：创新能力与综合能力。管理者的创新能力主要表现在洞察力和观察力、应变力和决断力，以及自我调节力。

3. 身心素质。

身心素质指管理者本人的身体状况、心理条件、个人意志品德条件，包括心理素质、生理素质、人品素质三个方面。心理素质主要指情感、意志、性格的调节能力；生理素质主要指身体的条件状况；人品素质主要指人的价值观、事业心、责任感、思想境界与品德情操等。

一个意志坚定、身体健康、性格开朗、乐观豁达的人，一个有文化修养与广博的文化知识并有很强的领导和组织能力的人，就是最适合担任管理职务的人。

从培养管理者的素质角度来分析“王涛的困惑”。管理者角色的错位，不一定是主观上不清楚，而是不知道该怎样进入角色。这种问题不仅有个人方面的原因，而且有其产生的客观原因。

其一，公司将业务骨干提拔为管理者作为唯一晋升渠道。只有业务能手才能当“官”，但是业务能手所应具备的素质和做管理者所应具备的素质有很大的差异，甚至有些人是“天生”不会当“官”的，只会关注技术与业务。但是这在单一狭窄的通道里似乎是不可能的，这就造成有些人不得已去做自己不擅长的事情，结果搞得“王涛”们身心俱疲，狼狈不堪。

其二，没有天生的管理者，好的管理技能需要后天的学习和练习。但是，大多数的企业缺乏管理技巧与方法的必要培训，而且个人也缺乏学习必要的管理理念和管理知识的意识。

基于以上分析，对于“王涛”们来说有如下解决思路：

第一，要努力克制自己单打独斗的强烈欲望，尽管那样做事会很快。学会教授与管理你的下级是首要任务，尽管刚开始很不适应。但是只要具备了管理者应有的素质，通过努力是会干好主管工作的。

第二，学习掌握管理技巧，通过自己的实践摸索最佳的行为方式，形成具有个人特点的管理模式。

二、管理学的研究对象和研究内容

（一）研究对象

任何一门科学都有其特有的研究对象，只有明确了研究对象才可能对这门科学有初步的了解。管理学的研究对象是指用于各类社会组织的共同管理原理和一般方法，是存在于共同管理工作中的客观规律性，即如何按照客观规律的要求建立一定的理论、原则、组织形式、方法和制度，指导人们从事管理的实践，实现组织的预期目标。

从广义的角度看，管理活动总是在一定的社会生产方式下进行的，管理学的研究对象可分为三个方面：生产力、生产关系和上层建筑。在生产力方面，管理学主要研究生产力诸要素相互间的关系，即合理组织生产力的问题，研究如何根据组织目标的要求和社会的要求，合理地获取、配置和使用人力、物力、财力资源，使之充分地发挥作用，产生最佳效益。在生产关系方面，管理学主要研究如何正确处理人际关系，如何建立和完善组织机构及分工协作关系，如何领导激励组织成员，调动一切积极因素，为实现组织的目标服务。在上层建筑方面，管理学主要研究组织的管理体制、规章制度的建立和完善，研究组织文化的塑造和落实，研究组织的社会责任和伦理道德，以维持正常的生产关系，适应和促进生产力的发展。

由于管理学研究的内容包括生产力、生产关系和上层建筑三个方面，它必然同许多科学，如经济科学、技术科学、数学、心理学、计算机科学等发生紧密的联系，吸收并运用与它相关的研究成果。所以，它是一门介于自然科学和社会科学之间的边缘科学。此外还应看到，管理学的实践性很强，属于应用科学而非理论科学。

从狭义的角度看，管理学研究管理的各项要素，包括管理的形成与发展、主体、客体、职能和手段等。

1. 管理的历史。

管理理论体系的建立不是一朝一夕的，它的形成不仅是不同时代、不同实践者与学者不断研究探索的过程，而且是理论与实践相结合，被实践不断验证的过程，是初期探索与后期修正，并经历了去粗取精、去伪存真的提炼过程。研究管理思想的发展对于系统掌握管理学的原理和方法有很大的帮助。作为学习内容我们在本书第二章介绍这部分知识。

2. 管理的主体和客体。

管理是主体与客体共同进行的活动，缺一不可，研究管理问题自然涉及管理者与管理对象。管理者的行为、素质、能力等都是管理学要探讨的课题。管理对象包括人、财、物、技术、信息、时间等管理的要素。因为这部分内容与管理的实际运用关系紧密，有较强的不确定性，因此管理学将此纳入管理实务的内容。限于篇幅，本书不对这部分内容进行专门系统的介绍，而是将其分散在各个章节。

3. 管理的职能。

长期以来管理的职能是管理学者主要关注的管理理论问题之一，在职能的确定上曾有过争论。但目前国内外广泛认可的四个基本职能是：计划、组织、领导、控制，本书在后面章节将作较详细的介绍。本书将决策列入计划职能，将激励、沟通列入领导职能。创新作为一种管理职能理论界有不同看法，但管理作用的发挥必须创新，故本书将其独立成章。

4. 管理的原理与方法。

管理学探讨管理的基本规律、原理与方法。管理学在研究管理职能的过程中都涉及方法的运用。由于管理具有科学性和艺术性，管理的技巧也都是管理学涉足的内容，这部分内容与管理的主体和客体有一定的交叉。

（二）研究内容

从管理学的研究对象和特点可以知道，管理学的研究内容非常广泛，大体上可以从以下几个角度研究：

1. 从历史的角度进行研究。

研究内容主要是管理实践，管理思想，管理理论的形成、演变与发展。管理实践过程中产生了管理思想，人们将管理思想系统化，加以总结，形成了管理理论，并将管理理论用于指导实践；同时，管理理论被应用于管理实践中以检验其实效性，管理理论的运用与验证结果可以反映具有代表性的管理思想，从而对具体的管理实践产生影响。

从历史的角度研究管理学的内容，还需要用历史的、辩证的、发展的观点看待问题，在前人的基础上不断变革、不断创新。

2. 从社会生产的角度进行研究。

研究内容可分为三个方面：第一，研究社会生产力，主要考虑如何合理配置组织中的各种人、财、物等资源，使得生产要素的组织生产能力最大限度地得以发挥；如何根据组织目标与社会要求调节、合理使用现有资源，以求得最大经济效益与社会效益。第二，研究生产关系，研究组织内部与外部人际关系的协调，研究如何完善组织内部结构与管理体制，从而最大限度地调动各方面的积极性与创造性，为实现组织目标服务。第三，研究上层建筑，主要研究如何使组织内部与外部环境相适应，研究如何使组织的内部规章制度与社会政治、法律、文化、道德等上层建筑保持一致，从而维持组织的长期稳定与发展。

3. 从管理对象的角度进行研究。

研究内容为不同的组织，如营利性组织、非营利性组织的组织目标、组织生存与发展、组织运行特点与管理特点；研究管理对象——人的个体与群体的需求、行为动机和行为特点；研究激发与发挥个体与群体主动性、积极性和创造性的方法；研究管理对象中的信息、物质、资金等资源的管理特点和管理方法。

4. 从管理方法的角度进行研究。

研究内容着重于研究管理的各类有效方法、手段及其运用，如目标管理法、专家预测法、头脑风暴法、决策树法等等。

5. 从管理工作职能的角度进行研究。

研究内容具体包括以下几个方面：管理活动应有哪些职能，执行这些职能需要哪些条件或要素，执行管理职能应遵循哪些原理，可采用哪些方法等。最早提出管理职能观点的是法约尔，提出管理具有计划、组织、指挥、协调、控制五项基本职能，并且被管理实践证明基本是正确的。在后文中我们将对具体的职能内容加以阐述。

三、管理学的研究方法

管理学是一门综合性的应用科学，由于人类从事的管理活动越来越复杂，要求也越来越精确，因此管理学的研究涉及经济学、社会学、哲学、心理学、数学等各门类的科学与各种专业技术，研究方法多种多样，具体有以下几种方法：

（一）案例分析法

管理学所研究的一般管理原理，需要从大量个别的管理实践活动中加以总结和抽象，这就需要研究者进行大量的社会调查和科学试验。但是，这种大量的调查并不是全部的调查，而只能是选择、搜集一些典型的案例进行调查分析，这就是案例分析法。在实际中，案例调查法分为两种：一种是选取实际活动中的案例进行分析研究；另一种是通过大量试验，选取试验案例进行分析研究。实践证明，这两种案例调查法对于管理原理的研究都是行之有效的。

案例分析在管理学研究中占据着比较重要的位置，目前此方法更多应用于管理培训与教学。这种方法中对案例有明确的要求，即案例是真实的、包含着一定的管理问题，并为明确的教学目的服务。20 世纪 20 年代，哈佛商学院首先将案例分析法应用于管理教学并卓有成效。研究者在研究案例过程中，探索解决问题的思路，总结出一套适合自身特点的思考与分析问题的逻辑与方法，从而提高了独立解决问题与决策的能力。

(二)归纳演绎法

归纳和演绎是两种不同的推理和认识事物的科学方法。归纳是指由个别到一般、由事实到概括的推理方法，是通过对存在的一系列典型事物进行观察，从掌握典型事物的典型特点、典型关系、典型规律入手，进而分析事物之间的因果关系，从中找出一般规律的方法。演绎是指由一般到个别、由一般原理到个别结论的推理方法。管理学的研究主要是从特殊到一般的方法，因此，必然要运用归纳推理法。但是，归纳和演绎在实际推理过程中是密不可分、相辅相成的。一方面，这是因为管理学对于一般管理原理的归纳首先是从搜集大量个别的实际资料开始的，而在搜集资料的过程中，必须要有一定的理论和思想作指导，否则就是盲目的，这实际上就是演绎推理方法在起作用。另一方面，由归纳推理所得出的结论，也需要再由演绎推理来修正和补充。

(三)比较研究法

比较研究法是指对彼此有某种联系的事物加以比较、对照，从而确定它们之间的共同点和差异点的一种研究方法。事物之间的差异性和同一性，是比较研究方法的客观基础。在管理理论的研究中，运用比较研究法，通过对不同国家、不同地区、不同部门、不同单位的管理进行各种比较分析，就能发现它们之间的差异点和共同点，而对其中的共同点加以总结和概括，再加以反复验证，就可以总结出带有规律性的管理经验，抽象出管理的一般原理。因此，比较研究法也是研究管理学的一种基本方法。

还有一种类似的方法叫做实验研究法。与比较研究法的区别就是通过人为创设一定的条件，观察其实际实验结果，再与没有给予这些条件的对比实验结果进行比较分析，寻找外在人为创造条件和实验结果之间的因果关系，得出具有普遍适用性的结论。著名的“霍桑实验”就是用研究管理工作中人际关系影响的最典型的成功实验。

(四)协同研究法

管理学具有一般性、综合性、实践性的特点。要适应这些特点，就需要运用各种知识(包括社会科学和自然科学的各种知识)，组织各方面的专家(包括管理学家、经济学家、自然科学家、社会科学家)进行协同研究。当然，在实际中，这种协同研究可以采取不同形式，比如可以是有组织的，也可以是分散的，还可以是临时组织或定期组织的。但最重要的一条是要有相互之间经常的思想交流，允许各种不同学术观点的争鸣，这才是真正意义上的协同。

仅仅以上这种协同还远远不够。为了进一步检验所研究的理论成果是否真正具有科学性、普遍性和适用性，还必须要通过多方面的管理实践来检验，这就需要另一方面的协同，即科研部门、科研人员与实际管理部门的协同。为此，进行管理学研究，最好也像某些自然科学研究一样，建立科研、教学、实践“三位一体”的研究系统，使它们能够相互配合、协同作战。

除了以上四种方法外，还有理论联系实际的方法、系统分析与结构分析相结合的方法、定量分析与定性分析相结合的方法等多种多样的研究方法。总之，研究和学习管理学，要学会综合运用各种方法，吸收和采用多种学科的知识，从系统的观点出发，理论联系实际，这样才能真正的理解和掌握管理学。

人类社会的进步与发展都与管理有关，管理、科学和技术是促进现代社会文明发展的三大支柱，管理是促进社会经济发展最基本、最有效的因素。当你开始职业生涯后，就会面对两种角色：管理者和被管理者。对于管理者，理解管理活动的过程是掌握管理技能的基础，学习管理学可以使自己获得系统的管理知识，有利于胜任工作；对于被管理者，学习管理学有助于更好地理解上司的行为方式和组织内部的运作方式，知道怎样处理各种人际关系。掌握管理学知识，能够增强自己在组织中的竞争力。

第二节 管理学的基本原理

原理是指最基本、具有普遍意义的道理。管理学原理就是在管理实践过程中，结合各项管理制度和管理方法，通过对管理工作中实际问题的科学分析和总结而形成的具有普遍指导意义的基本规律。它是对现实管理现象的抽象和管理实践经验的升华，反映了管理行为具有的规律性、实质性内容。因此，管理学原理可以运用在任何场合和条件下，对一切管理行为和管理方法具有普遍的指导意义。

一、系统原理

每个组织都是由人、财、物、时间、信息等组成的社会组织，必定是一个完整的系统，没有系统，管理也就无从谈起了。系统原理为认识管理基本规律提供了新的方法，同时对人本原理、责任原理等其他原理都有重要的影响。可以说，认识系统原理是认识管理原理的基础和前提。

（一）系统的概念和特征

系统是人们对有联系的客观事物的一种总体描述。“系统”一词最早出现于古希腊语中，原意是指由部分组成的整体（集合）。从管理的角度界定系统，则是指由若干个相互联系、相互依存、相互作用的要素所组成的具有一定结构和特定功能的有机整体。该定义包含三层含义：

（1）任何系统均由两个以上的要素组成，单个要素不能构成系统，如一个人就不能构成家庭，而人、财、物、时间、信息和技术等其中的一项也不能构成组织系统。

（2）系统中的要素与要素、要素与整体，以及整体与环境之间是相互作用、彼此影响的，并形成了特殊的系统结构。如企业中的人、财、物、技术、信息等要素相互依存、相互作用，形成了系统。

（3）系统具有不同于各组成要素独立功能的新功能。企业可以向社会提供消费者需要的产品或服务，而其构成要素——人、财、物却没有此功能，这些都说明系统整体具有其组成要素在孤立状态下所没有的新功能、新特性和新行为。换句话说，系统不是单个要素的简单相加，而是它们有机结合成的一个具有新功能的新整体，这就是系统最本质的特征——整体性。2000多年前，古希腊著名的哲学家亚里士多德断言“整体功能大于部分之和”，人们形象地把它比喻为1＋1＞2。系统特定功能表现为系统的整体功能大于各要素功能的简单相加。

系统作为一个有机的整体，首先是由各个子系统组合而成的，因此系统具有集合性；其次构成系统的子系统和子子系统处于不同的地位，有一定的层次结构，因此系统具有层次性；再次，系统中的各个子系统是相互联系和相互作用的，因此系统具有相关性。

（二）系统原理的要点

1. 整体性原理。

整体性原理以实现整体效果的最大化为目标，对系统要素之间、要素与系统之间的关系进行协调和引导，使局部利益服从整体利益，以实现整体利益的最大化。系统虽然是由若干个要素构成的，但绝不是这些要素的简单相加和机械组合，而是各要素按一定的相互依存关系构成的一个有机整体，从而实现系统的特定功能。这种总体功能的产生是一种质变，它的功能大大超过了各个部分功能的总和。因此，系统要素的功能必须服从系统整体的功能，过于强调要素的功能而不重视系统的功能，往往会破坏系统的整体性和各个要素之间的关系，导致系统功能的失灵。比如一个企业的供应、生产和销售三个部门，如果没有有效的计划和协调，任其各自发展，必然导致库存的增加和浪费，或者生产和销售能力的闲置，其结果只会导致整个企业系统的瘫痪。

2. 动态性原理。

任何物质都是运动和变化着的。系统是由相互联系和相互作用的要素组成的，当外部环境发生变化时，系统内部要素之间的联系和作用也将发生相应的变化，因此我们说系统作为一个运动着的有机体，其稳定状态是相对的，运动状态是绝对的。动态性原理就是要求人们要历史地、运动地、发展地考察并对待系统对象，正确把握系统的发展变化，并研究和总结其发展规律，以有效地实现系统的特定功能。

3. 开放性原理。

热力学第一定律指出，能量是守恒的、不灭的，只能从一种形式转变为另一种形式，似乎是永无穷尽的。但热力学第二定律又指出，能量只能不可逆转地沿着一个方向转化，即从可利用到不可利用，从有效到无效转化。这种不能再被转化做功的能量总和称之为熵，故第二定律又名熵增定律。每个有机系统都必然与外界进行着物质、能量、信息的交流，通过从外界获得能量来抵消熵的增加，只有这样才可以维持系统的生命和活力。企业系统同样要面对熵增的状况，只有同外部社会进行交流以获取企业生存和发展的能量，才能保证企业系统的生机和活力，所以管理者必须以开放性原理为指导，不是从封闭中求生存，而是从开放中求发展。

4. 综合性原理。

所谓综合性是指系统是由相互联系和作用的多个要素为实现特定功能而组成的综合体。可以说，现代科学技术和现代管理系统无不具有高度的综合性，世界没有什么新东西不能通过综合而得到，如人造地球卫星，卫星上的每个部件都是原来已有的。只要把这些部件按照新的设计重新组合，就制造出了具有强大功能的人造地球卫星，因此如何选择设计方案、如何优化系统的功能就是综合性原理的两个重要方面。同时应该看到，任何复杂的系统都是可以分解的，都是由许多的子系统和子子系统组成的，因此在研究的过程中，要注重对各个基本单元和相关规律的研究，这样就可以化繁为简、化难为易。一个优秀的管理者，不仅要善于以创新思维考虑问题，更要善于把复杂的问题分解剖析，找到其中的规律，以求找到最好的解决办法。

5. 层次性原理。

管理系统的层次性是指组成系统诸要素之间的纵式构造或管理要素结构方式中的等级体系。

管理系统的层次对输出系统整体功能具有重大的制约作用，各层次要素构成大系统时，一般可以放大系统的整体功能。但不能由此断言，管理系统的规模越大、层次越多越好，因为系统的功能还要受其内部层次沟通效率的制约。管理系统规模越大，层次越多，其沟通效率就越低。因此，在联结松散、层次繁多的系统中，中低层次的具体目标与系统整体目标往往会产生较大的差距，这种差距不仅会削弱基层或中层管理人员的责任心、进取心，而且会直接导致系统整体功能下降。因此，现代管理要求在设计系统的规模和层次时，一定要从实际出发，因地制宜，掌握好适度原则。管理系统的规模和层次确定之后，管理行为是否获得高效率，很大程度上取决于能否分清各层次的职、责、权。一般来说，同一层次诸要素之间的横向联系由其自身解决，只有发生重大问题时，才由上一层次出面协调解决；从纵向看，管理系统一般分为高、中、低三个层次。

其中，高层次的职责是：

- 科学确定或适当调整本系统的目标方向；
- 依据本系统的目标进行决策、组织、领导、激励、创新等活动；
- 根据下级在执行方案过程中反馈回来的信息，重新修正调整原决策方案或对下一层次活动加以控制；
- 处理下一层次各要素之间的不协调问题。

中间层次的职责是：

- 准确而及时地传达最高层次的决策；
- 制定与所属系统整体目标相一致的自身目标，并确保实现；
- 严格考核下一层次对决策方案的执行情况，并协调下一层次各要素之间的关系。

低层次的职责是：

- 不折不扣地执行上一层次的决策方案；
- 准确及时地反馈决策信息，包括方案的执行进度、机构运行机制、人员活动状况、决策方案的可行性以及外界环境的影响等。

管理的层次性原理，要求任何一个层次都直接对上一层次负责，只接受上一层次的指令，以防止系统内部层次混乱、层次之间的职责相互交叉或超越层次等不良现象出现。

二、人本原理

人本原理，顾名思义就是以人为本的原理，即一种以人为中心或者说以人为核心的管理理念。它要求将组织内的人际关系放在首位，将管理工作的重点放在激发职工的积极性和创造性方面，使人性得到最完美的发展。纵观人类管理实践和理论的发展史，人的问题始终是一个贯穿于管理活动各个阶段和各个方面的最基本问题，各种管理实践、管理理念的差异和管理理论的区别，归根结底来自对人在管理中的地位、作用的不同认识。在西方管理理论发展历史中，主要存在五种人性假设："工具人"、"经济人"、"社会人"、"自动人"、"管理人"，因此可以看出，随着社会的发展和进步，管理理论和实践已经越来越重视人的能动性的发挥，从而形成了以人为中心的现代管理理念。

（一）人本原理的含义

作为特殊社会活动的管理，它总是由人去实现的，因此倡导以人为本的管理。现代管理中的人，既是管理者，又是被管理者，管理既是由人进行的，同时又是对人的管理，人始终应当居于管理的中心地位并发挥主导作用。立足于人，通过做好人的工作，创造相应的环境和条件，始终最大限度地沿着组织目标轨道发挥人的主动性和创造性、调动人的积极性这个根本途径，去实现管理资源的合理运筹，从而实现管理系统整体功能优化和目标优化。由此可见，人本管理强调人的重要性，强调由人进行的管理和对人的管理，把人的因素提到了根本性的地位。这对于只重视物或事的事本管理而言，无疑是一个巨大的进步。

（二）人本原理的主要观点

人本原理要求人们在管理活动中坚持一切以人为核心，以人的权利为根本，强调人的主观能动性，力求实现人的全面自由发展。其实质就是充分肯定人在管理活动中的主体地位和作用。然而，任何管理理论的提出都有其阶级和时代背景，人本原理也不例外。随着科学技术的日新月异和经济全球化的到来，各个领域的管理哲学和管理实践都发生了翻天覆地的变化，人本原理也被赋予了新的时代意义。人本原理主要观点如下：

1. 尊重人——员工是企业的主体。

生产资料和劳动力是企业经营的基本要素，随着时代的发展和进步，人们通过对劳动力的研究，对提供劳动服务的劳动者的作用也开始重视起来。以泰罗为代表的认为劳动者只是机器附属物的管理理论到以梅奥提出的社会人的假说，到现代以人为本的管理思想的确立，可以说，员工逐渐成为企业的核心和主体。

2. 依靠人——有效管理的关键是员工参与。

实现有效管理有两条完全不同的途径：一条是高度集权，从严办事，依靠严格的管理和铁的纪律重奖重罚，取得组织目标统一、行动一致，从而实现较高的工作效率；另一条是适度分权，民主治理，依靠科学管理和员工参与，使个人利益与企业利益紧密结合，使企业的全体员工为了共同的目标而自觉地努力奋斗，从而实现工作高效率。不同的时代背景，人的要求也就不同。在农业社会和工业社会前期，人的物质需要并不能得到充分满足，时常受到饥饿和战争的威胁，获得物质生活的满足就成为人的基本需求，所以把人当作管理的客体，以严格的规章制度和纪律加以约束的方法就能取得极大的效率。进入后工业社会之后，人们的物质需求已经得到了极大的满足，这时人们对感情的需求、对自我实现的需求就变得极为迫切，如果继续沿用旧的管理办法显然不能最大限度地调动员工的积极性，因此职工不再作为管理的客体，而是成为管理的主体，更能发挥主观能动性，从而取得更有效的管理结果。正是由于企业全体职工的共同努力，才使企业各项资源（包括劳动力本身）得到最合理的利用，才使企业生产经营活动得以正常进行，才创造出了产品、利润和财富。所以，企业全体员工都有权参与企业管理，要特别重视非专职管理的职工（普通工人、职员和技术人员）参与企业管理。非从事专职管理的员工参与企业管理有三种最基本的形式：①通过职工代表大会选举一定比例的代表参加管委会或董事会（最高决策机构）；②职工代表大会选举代表参加监事会（最高监督机构），职工应占多数份额；③广泛参加日常生产经营活动，如质量设备成本管理、现场管理等。

3. 发展人——现代管理的核心是使人性得到最完美的发展。

人性本善还是恶，这两种相互对立的观点都可在社会生活中找到支持或反对的论据与事例。这个事实本身就表明，世界上并不存在绝对善或恶的人性。人性是受到后天环境影响而形成的，因而也是可以塑造和改变的。管理者在管理过程中应引导和促进人性的发展，在管理过程中影响下属人性的发展，所谓“上梁不正下梁歪，中梁不正倒下来”。同时，管理者行为本身又是管理者人性的反映，只有管理者的人性达到比较完善的境界，才能使组织内部员工的人性得到完美的发展。所以管理者在制定规章制度和管理方法时，除了要考虑其获得的经济利益，更要考虑它会给员工的精神带来怎样的影响。

4. 为了人——管理是为人服务的。

管理是为人服务的，企业的管理一方面要服务于企业的员工，保证他们的物质利益和精神发展，另一方面要服务于企业外部的广大客户和消费者。

在计划经济时代，企业的生产是以国家的统一调配为指导，按照国家的计划任务进行生产，因此也就不存在销售环节。随着我国经济体制改革的不断深入，国有企业被投向市场，同样要面对市场的竞争，是否能够提供市场需要的产品和服务就成为一个企业能否生存和发展的关键。消费者是市场的主体，因此对消费者的需求和喜好进行调查和研究，进而设计和生产出符合消费者需求的产品就成为企业研究的重要课题。

企业为用户服务体现在多个方面：①企业必须树立为客户提供满意的服务是企业的根本的观念。通过对市场的调查，对消费者的消费倾向和消费习惯作出正确的评估，从而设计出符合市场需求的产品。②企业应该在生产和管理中努力降低各项成本和费用，提高设备和材料的使用效率，加快资金的周转，以最大程度地降低生产成本。同时企业还要设计合理的质量管理和监督体系，为客户提供质优价廉的产品和服务。③企业应该重视售后的反馈，在提供优质高效的售后服务的同时，也对问题产品进行分析和总结，找出问题的关键，进而加以监督和改进。④客户的需求是变化的，产品也有其生命周期，因此企业应该密切注意市场变化，以创新的思维来分析市场需求，保证企业的生机和活力。

三、能级原理

（一）能级原理的概念

“能级”一词是从物理学中借用过来的概念，原意是指原子由原子核和核外绕核运转的电子构成，电子由于具有不同的能量，就按照各自不同的轨道围绕原子核运转，即能量不同的电子处于不同的相应能级。这种物理现象在现代管理中同样存在。管理学认为，组织及其成员同样具有类似的能级结构。因此，管理的能级结构是指为了实施有效的管理，必须在组织中建立一个合理的能级结构，并按照一定的标准，将管理的对象置于相应的能级结构中。

能级有以下几方面的对应原则：①各级管理岗位的能级必须对应；②各专业岗位的能级必须对应；③管理组织必须按层次具有稳定的能级形态；④不同能级应该表现出不同的责、权、利；⑤在其位，谋其政，行其权，尽其责，取其利，获其荣，罚其误。

(二)能级原理的运用

在管理活动中运用能级原理,重点在于如何使人的能量得到最大限度的发挥。首先,需要从组织结构上划分好合理的层次结构,然后经过科学有效地评估组织、成员的能力后,对其运行能级进行划分,最后通过建立完善的人事管理制度去选人用人,做到人尽其才。正确运用能级原理要注意以下两点。

1. 科学、合理地确定组织的能级结构。

图 1-3 所示即为几种组织能级结构的几何形态示意图。

在图 1-3(a)中,结构图为一个四层级的正三角结构图,第一层为经营层,负责大政方针的制定。第二层是管理层,它是在企业战略指导下,负责各种具体政策的制定。第三层是执行层,是贯彻执行各种管理指令。第四层是操作层,从事具体的操作,完成具体工作任务。由此可见,管理组织的正三角形态属于稳态能级结构。要以其经营管理层令行统一,政出一门,执行操作层有章可循,有据可依,能满足管理智力和权力在质上递增、在量上递减的原则,符合现代管理的"投入—产出"法则,做到以最小投入实现最大的产出,是现代管理较理想的能级结构形态。

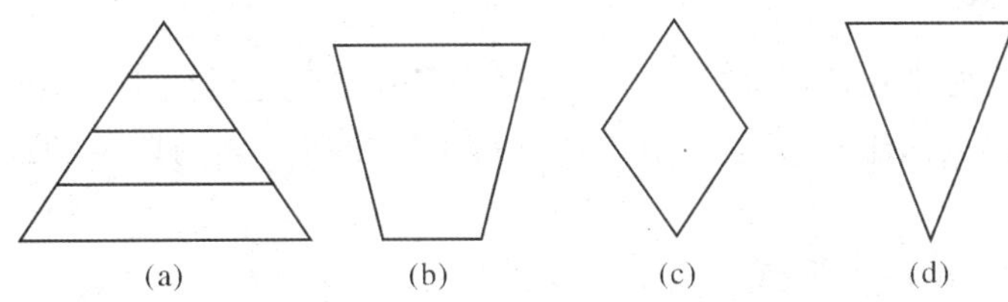

图 1-3 组织能级结构的几何形态示意图

图 1-3(b)所示为梯形结构组织。从形态上看,梯形态有利于广泛发扬民主,防止个人专断。因为经营层的人数越多,牵制力量也就越大。但是这种管理形态容易造成绝对平均主义以及管理的多头领导,使决策效率低下,甚至会出现决策者之间权力争夺的危险,因此明智的领导者绝不热衷于设置"牵制力量",而是将工作重心放到优化决策人的素质和管理体制上。

图 1-3(c)所示为菱形结构组织,可以分解为两个三角形。它是由于能级跃迁造成中间管理层的恶性膨胀,其直接后果必然是管理机构臃肿、管理功效降低和管理原则失效。

图 1-3(d)所示为倒三角形结构组织,从直观上看就不稳定,这种能级结构反映了组织高层人员云集、基层人员奇缺的现象。经营管理层的这种饱和状态,可能是由于系统要素无原则地能级跃迁造成的。那些跃迁入经营层而不具备决策素质的要素,基本上对管理组织的实践无功,甚至做负功。即使那些跃迁入经营管理层的要素都具备高超的决策素质,但也会造成管理组织向倒三角形结构演进,那是十分有害的。在这种情况下,管理者应采取果断的措施,或者重新整合该组织的能级结构,或者阻止这种恶性跃迁。

2. 按层次需要选人用人,使各种人才处于相应的能级。

由于各种层次对人才能级的要求不同,所以不同能级的人就应该安排在相应的职位上。大材小用会浪费人才,小材大用会贻误工作。垃圾是未被利用的财富。只有混乱的管理,没有无用的人才。被放错能级的人就好比垃圾一样被人抛弃。按能级配置人员要注意以下四点。

(1)能级与职级配置,使能者有其位。在组织内部建立起为行政管理人员和技术专业人员分别设置的两个相对独立、平等的晋级升迁制度,形成与职务岗位能级阶梯相对应的业务能力。

(2)能级与岗位配置,使能者有其岗。将人的能力与岗位结合,根据人的能力大小和特长,将其安排到最适合的岗位上,且在每种岗位上都力求形成一种最佳的能级结构。

(3)能级与待遇配置,使能者有其利。为不同能级的人考虑相应的待遇,使权、责、利相一致,从而形成一种在其位、谋其政、行其权、尽其责、取其利、获其荣、失职受到惩处的良好环境。

(4)能级与能级交叉配置,实现能力优化组合。通过合理的分工,在同一类岗位中,力求达到能级互补、能力互补和优缺点互补,尽量安排互补性人才搭配,从而保证组织中能力合力的最大化。

四、责任原理

管理是追求效率和效益的过程。管理者为了完成既定的生产或经营任务,就需要为每位员工分配工作任务,在合理分工的基础上确定每个人的职位,明确规定各职位应担负的任务。

(一)分工合理、职责明确

职责的确定是以合理的分工为基础的。没有分工,会造成责任模糊,管理混乱;分工过细,又会使人长期从事单调呆板、枯燥乏味的工作,从而影响积极性和创造性,导致工作效率低下。分工合理,就是既要探索和采用先进的流水线生产,又要扩大和丰富工作内容,以保证高效率工作的同时又激发人的积极性和创造性。

一般来说,分工明确,职责也会明确。但是实际上的相应关系并不是这样简单。这是因为分工一般只是对工作范围做了形式上的划分,至于工作的数量、质量、完成时间、效益等要求,分工本身还不能完全体现出来。所以,必须在分工的基础上,通过适当方式明确规定每个人的职责。首先,职责界限要清楚。在实际工作中,工作职位离实体成果越近,职责越容易明确;工作职位离实体成果越远,职责越容易模糊。应按照与实体成果联系的密切程度,划分直接责任与间接责任、实时责任和事后责任。其次,职责内容要具体,并明文规定,只有这样,才便于执行、检查和考核。再次,职责中要包括横向联系的内容,在规定某个岗位工作职责的同时,必须规定同其他部门、个人协作配合的要求。只有这样,才能提高组织整体的功效。最后,职责一定要落实到每个人,只有如此,才能做到事事有人负责。没有分工的共同负责,实际上是职责不清,无人负责,其结果必然导致管理上的混乱和效率的降低。

(二)职位设计和授权要合理

管理的基本原则是一定的人对所管的一定的工作完全负责。要做到完全负责取决于下列三个因素。

1. 权限。

明确了职责,就要授予相应的权力。实行任何管理都要借助一定的权力,如果没有一定的人权、物权、财权,管理只能是空谈。职责和权限虽然很难从数量上画等号,但责大权小，就会造成任务根本完成不了的结果；权大于责，就会造成渎职乱权的行为。因此，在职责和权限匹配上要做到责权对等。

2. 利益。

权限的合理委托只是完全负责所需的必要条件之一。完全负责就意味着责任者要承担全部风险。而任何管理者在承担风险时，都自觉不自觉地对风险与收益进行权衡，然后才决定是否值得去承担这种风险。当然，每个人所追求的利益不仅仅是指物质利益，同时也包括精神上的满足感。

3. 能力。

能力是完全负责的关键因素。管理不仅是一门科学，也是一门艺术，科学知识、组织才能和实践经验三者构成了管理能力。在给员工分配职责时，要"量力而行"，这个"力"指的就是"管理能力"。在一定时期，每个人的时间和精力有限，管理能力也是有限的，并且每个人的能力并不相同，超过员工的能力将给员工带来强烈的挫折感；低于员工的能力则没有任何挑战性，这样的职责对员工来说没有任何激励意义。

职责和权限、利益、能力之间存在着一种等边三角形的关系(见图1-4)。职责、权限、利益是三角形的三个等边。能力是等边三角形的高，根据具体情况，它可以略小于职责。这样，使得工作富有挑战性。管理者将能力与其所承担的职责相比，总是感到能力不够，以促使管理者自觉的学习。

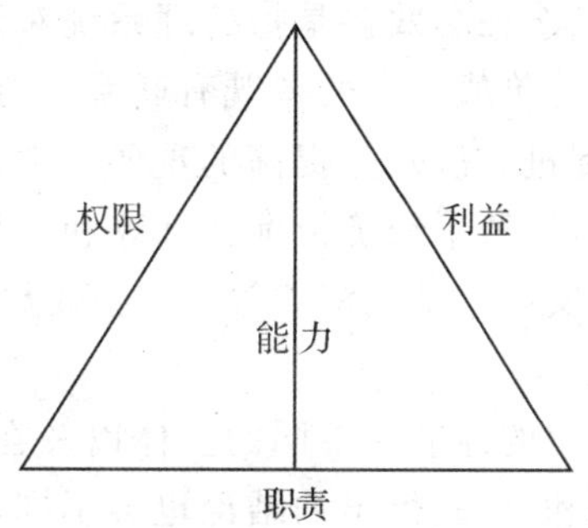

图1-4　职责的等边三角形关系

4. 检查、监督有力，奖惩公正、及时。

责任是组织对个人的约束力。在责任确定后，必须有相应的监督，以便于及时纠正错误和疏漏，进一步改进和完善责任制度。同时，应在准确考核的前提下，根据每个人的工作表现和业绩，公正而及时地给予奖励和惩罚，引导组织成员行为向符合组织需要的方向发展。检查、考核、奖惩工作应尽可能的规范化和制度化。

五、权变原理

权变是指因地制宜、随机应变。权变管理理论的主要观点有：

(1)把环境对管理的影响作用具体化，把管理理论与管理实践紧密地联系起来。

(2)描述环境变化与管理对策之间的关系。

权变关系理论认为，环境(包括组织的内部因素和外部因素)变化是自变量，管理对策(包括管理模式、方案、原则、方法、措施等)与管理变量之间的函数关系即是权变关系，这是权变管理的核心内容。环境可以分为外部环境和内部环境。外部环境又可以分为两种：一种是由社会、技术、经济、法律、政治等间接因素组成，另一种是由供应者、顾客、竞争者、雇员和股东等直接因素组成。内部环境基本上是正式组织系统，它的各个变量之间是相互联系的。

权变原理的最大特点是：它强调根据不同的具体条件，采取相应的组织结构、领导方式、管理机制；把一个组织看成是社会系统中的分系统，要求组织各方面的活动都要适应外部环境的变化。

六、效益原理

（一）效益的基本含义

效益是一个组织存在的根本，也是管理的基本目标。一个组织必须以获得效益作为其生存和发展的保证。

效益原理的基本含义为：现代管理的基本目标在于获得最佳管理效益，实现更好的社会效益。这就要求各项管理活动都要始终围绕系统的整体优化目标，通过不断地提高效率，使投入的人力、财力、物力、信息、时间等资源得以充分、合理、有效利用，从而产生出最佳的效益。

效益是有效产出与投入之间的一种比例关系，从社会和经济这两个不同角度去考察，将效益划分为社会效益和经济效益。①经济效益是指管理系统所表现出来的内在价值，它是效益的核心内容。②社会效益是指管理系统对环境的价值，包括对环境的经济、政治、生态、法律、伦理等价值。③两者既有联系又有区别。经济效益是社会效益的基础，而社会效益又是促进经济效益提高的重要条件。两者的区别主要表现在：经济效益较社会效益直接，可用若干经济指标来计算和考核；而社会效益则难以用经济指标表示出来。管理效益实际上是经济效益和社会效益的有机统一。

（二）效益的评价

效益的评价没有一个绝对的标准。不同的主体以及在不同的角度看待问题结果都不一样。不同的评价标准和方法，得出的结论也会不同，有时甚至相反。有效的管理首先要求对效益的评价尽可能公正和客观，因为评价的结果直接影响组织对效益的追求和获得，结果越是公正和客观，组织对效益追求的积极性就越高，动力也越大，客观上产生的效益也就越多。

（三）效益原理的应用

获取效益是管理的根本目的，管理是对效益的不断追求。影响实现管理效益的因素很多，但至少要注意以下几点。

1. 重视经济效益。

在实际工作中，管理效益的直接形态是通过经济效益而得到表现的。因此，要实现管理效益，必须首先从管理主体的劳动效益及所创造的价值来考虑。

2. 有正确的管理战略。

管理战略正确与否关系到整个管理过程的运动方向。管理战略错了，无论采用何种科学的方法和手段，建立怎样合理的机构和制度都是无济于事的，甚至更糟糕。在现代管理中，采用正确的管理战略具有全局性的影响，是实现管理效益的关键。

3. 努力提高管理系统的效率。

管理的目标是实现效益最大化，而提高管理系统的效率是实现这一目标的根本保证。有几种提高效率的方法是需要管理者注意的:①遇事首先坚持三个"能不能"原则,即能不能取消它、能不能与别的工作合并、能不能用更简便的方法完成它。②实行工作 ABC 分类法,A 类事务着重处理,B 类事务派他人完成,C 类事务可暂缓。③科学地确定可供检测的工作效率标准;用精湛的指导艺术代替纯物质刺激;按职位等级区分工作效率,严格、明确地考核,使处于不同能级的员工都充分了解自己和他人的工作效率;坚持定期分析工作效率,以期不断改进并始终维持高效率;建立必要的增援机动部门,集中多余人员,控制"排队"式工作时间的浪费。④调动人的积极性和创造性,把精神激励和物质激励、工作内激励和工作外激励有机结合起来。

4. 追求长期、稳定的高效益。

面对激烈的市场竞争,如果企业只满足于现状,故步自封,而不对企业的长期发展做出科学的规划,其结果只会被淘汰。现代化的企业应根据市场的需要和发展变化做出正确的判断,以新品种、高质量、低成本迎接新的挑战,从技术、市场、产品、人才等多方面进行改进,以不断获得企业发展的动力,保证企业长期稳定的高效益。

总之,现代管理要求在全面提高经济效益和社会效益的基础上,实现系统的最佳管理效益,这正是管理效益原理的实质和核心内容,也是它的典型特征之所在。

七、信息原理

古代的飞鸽传书,各种会议以及决策,都是从信息共享开始,实施执行,然后到信息共享结束。信息作为组织的一种重要资源,是现代管理的依据和基础,信息技术已成为现代企业的核心技术。管理实践表明,企业要提高管理工作的效率和效果,要在激烈的市场竞争中求得生存和发展,就必须善于获取信息、整理信息、组合信息、利用信息,对信息进行有效的管理,这就是管理的信息原理。

(一)信息的概念

作为反映客观世界的符号,信息的使用始终伴随着人类社会的政治、经济、军事和文化等活动。早在远古时代,人类祖先逐渐创造了语言和文字,成为信息符号的两种基本形式。信息是一个不断发展和变化的概念,至今还没有一个公认的定义。信息论和控制论的创始人维纳对信息所下的定义是:"信息是人们在适应外部世界并且使这种适应反作用于世界的过程中,同外部世界进行交换的内容的名称。"有些学者对信息的含义作了狭义和广义的划分。"狭义地理解,信息就是一种消息、资料或数据。广义地理解,信息是物质的一种普遍属性,是物质存在方式和运动规律与特点的表现形式"。

信息具有事实性、等级性、可压缩性、扩散性、传输性、共享性、储存性、处理性等一般属性。

(二)信息在管理中的作用

信息是管理工作的基础。信息是预测的基础,信息是决策的前提,信息是协调和控制生产经营活动的依据,信息是组织的重要资源。在现代社会,人们已越来越认识到信息作为一种资源的重要性。因为具有了准确、灵敏、及时、有效的信息,才能了解并掌握其他资源的情况和动态,并采取一定的措施和方法获得这些资源。同时通过信息的指挥和控制作用,使企业能对资源进行优化配置,以高的生产率、低的成本生产出适销对路的产品,创造出更多的符合社会需要的物质财富,提高企业和整个社会的效益。

（三）管理信息的特征

有效的管理要求对与企业经营及其环境状况有关的信息进行全面的收集、正确的处理和及时的利用。从广义上说，凡能表述客观事物，帮助人类相互沟通的所有符号，比如文字、语言、数据、图表、音像、手势等，均可成为信息。我们把与企业生产经营活动有关的这部分信息称为管理信息。管理信息具有以下基本特征：

1. 价值的不确定性。

管理信息虽然在不同程度上客观地反映了企业经营中何时、何地发生了何事，其内容应该是相对确定的，但是，这些信息的意义在于它们对人们的启示，利用其能够得到利益，亦即信息的有用性或其价值则是不确定的。

管理信息价值的不确定性表现在四个方面：①信息在不同时间的有用性是不同的；②同一信息在不同地区的有用性是不同的；③同一信息对不同企业的有用性是不一样的；④信息价值的不确定性往往与使用者的数量有关。

2. 内容的可干扰性。

任何管理信息，只有被利用才能实现其有用性，而利用的前提是感知信息的存在，认识信息的价值，并将其传送给适当的管理部门和人员。管理信息内容的客观性在被感知、认识和传送的过程中可能受到干扰，这种干扰可能来自其他信息的存在。

任何客观事物都不是孤立地存在的，而是存在于与其他事物的普遍联系之中，反映客观事物的信息亦然。不论是在企业外部的经营环境中，还是在企业内部的生产过程中，都存在着大量的事、物和人，不断产生大量的信息。人们在感知其中某些信息的价值时，必然会受到同时存在或出现的其他信息的干扰。比如，在经济不景气的条件下，某种产品需求量下降的信息，可能被简单地认为是购买力普遍下降的一般结果，而实质可能是在这种下降的背后隐藏着消费偏好转移的深层因素。

其他信息的存在不是人们认识信息的唯一干扰源。信息的内容在传递过程中可能还会受到人们的态度和能力的扭曲，因为人们总是根据自己的需要和认识去发现信息和传递信息。对于那些符合自己需要的信息，人们通常能敏锐地观察到其存在，并在传递过程中强调甚至夸大其重要性；而对那些不符合自己需要的信息，则可能漠视其存在，或在传播过程中降低其重要性。因此，原始信息的许多内容在传播过程中可能逐渐减弱，直至湮灭，而原来并不存在的另一些内容，则会因传递或接受者的需要而不断加入，从而使信息失去其客观性，管理者最终使用的可能是在传播过程中已经失真的信息。

3. 形式和内容的更替性。

作为反映客观事物的符号，管理信息的内容和形式是随着客观世界本身的变化而不断改变的。企业经营活动及其相关要素始终处在不断发展和变化的动态过程中。随着时间的推移，企业经营及其环境会不断呈现出新的状态，如市场供求的数量和价格水平、消费者的购买能力、竞争企业的市场占有率、企业内部的资金拥有情况、原料库存或生产进度等等，所有这些都在不断变化，从而不断生成并传送出大量新的信息。信息数量的累积，内容和形式的不断更替，对企业及时、正确地发现和利用信息提出了更新、更高的要求。

(四)管理信息系统

1. 现代化管理系统必须具有信息系统的功能。

管理实践表明,要提高整个管理工作的效率和效果,就必须对信息进行有效的管理。信息管理的主要任务是:识别使用者的信息需要,对数据进行收集、加工、存储和检索,对信息的传递加以计划,将数据转化为信息,并将这些信息及时、准确、适当和经济地提供给组织的各级主管人员以及其他相关人员。这是一项艰巨、浩繁的任务,仅靠人工对信息进行收集、处理,已不能满足组织对信息的需求。计算机网络管理信息系统的建立,为完成这一任务提供了强有力的手段。

2. 计算机是处理信息,实现现代化管理的重要工具。

建立以计算机网络为基础的管理信息系统,是企业信息管理的有效途径。管理信息系统的定义最早是由明尼苏达大学卡尔森管理学院的著名教授 Glodon B. Davis 于 1985 年提出的。"它是利用计算机硬件和软件、手工作业、分析、计划、控制和决策模型以及数据库的机器系统。它能提供信息支持或组织运行、管理和决策功能。"这个定义全面地说明了管理信息系统的目标、功能和组成,管理信息系统的功能从一般的数据处理走向决策支持。国内的管理信息系统一词出现于 20 世纪 70 年代末。一些学者给管理信息系统下了一个定义,管理信息系统是"一个由人、计算机等组成的能进行信息的收集、传送、储存、加工、维护和使用的系统。管理信息系统能实测企业的各种运行情况,利用过去的数据预测未来,从企业全局出发辅助企业进行决策,利用信息控制企业行为,帮助企业实现规划目标"。这个定义强调了管理信息系统的功能和性质,强调了计算机只是管理信息系统的一种工具。它说明管理信息系统不只是一个技术系统,而是把人包括在内的人机系统,因而它是一个管理系统、社会系统,具有开放性、随机性、动态性以及历史局限性等特点。

管理信息系统是一门新科学,到目前为止这门学科还很不完善。它引用其他科学的概念,形成一个综合的、多元的学科。这些基本学科主要包括管理学、系统学、运筹学、统计学以及计算机科学。在这些学科的基础上,形成信息收集和加工的方法,从而形成一个纵横交织的系统。有人通俗地简化描述管理信息系统的三要素:系统的观点、数学的方法以及计算机的应用,是管理信息系统的主要特点。

第三节 管理学的基本方法

一、管理方法概述

(一)管理方法的概念和分类

管理方法是指在管理过程中,为提高管理功效和实现管理目标而采取的各种方式、方法和措施的总和。管理原理必须通过管理方法才能在管理实践中发挥作用。

管理方法是管理理论、原理的自然延伸和具体化、实际化,是管理原理指导管理活动的必要中介和桥梁,是实现管理目标的途径和手段,贯穿于管理活动整个过程中,其正确性、系统性和合理性直接影响和制约管理行为的有效性。随着社会的进步发展,管理方法也是发展和变化的,呈现多样性,但管理方法又是管理原理的具体延伸,又呈现稳定性。可按照不同的标准进行分类。

1. 按管理对象的范围分类，可分为宏观管理方法（如国民经济管理）、中观管理方法（如部门、地区经济管理）和微观管理方法（如企业管理）三类。

2. 按管理方法的精确程度分类，可分为定性方法和定量方法两类。

定性方法是指对事件、业务的特性和变化趋势进行分析判断，制定相应对策和措施的管理方法。定量方法是指对事件、业务作尽可能精确的数量描述，并通过数量分析，制定相应对策和管理方法。科学愈发展，定量分析的作用愈广泛，因此，在管理中应当充分重视定量方法的运用。

3. 按管理方法的作用分类，可分为生产力组织方法、生产关系调节方法和上层建筑调整方法三类。

生产力组织方法是指采用技术定额、生产流水线设计、生产力布局等方法，将生产力的诸因素科学地结合起来，形成现实的生产力。生产关系调节方法是指采用财务包干、经济核算制、产品定价等方法，调节人们之间的经济关系，促使社会再生产过程顺利进行。上层建筑调整方法是指采用思想教育、民主管理、立法、司法等方法，使上层建筑适应经济基础的需要。

4. 按管理者的决策方式分类，可分为专制方法、民主方法、民主集中制方法三类。

专制方法是指从个人或集团的利益出发，实行独断决策，不接受群众的建议和监督，强迫下属组织及其成员执行命令的管理方法。民主方法是指从整体利益出发，广泛听取群众意见，组织全体成员参与制定决策，并在执行中接受群众监督的管理方法。民主集中制方法是指在广泛征求群众意见的基础上形成决策，授权给主管人员去贯彻执行的管理方法。社会主义管理不应采取专制方法，而采取用民主集中制的方法，既要有广泛的群众基础，又要有集中统一的领导。

5. 按管理信息沟通的特征分类，可分为权威性沟通管理方法、利益性沟通管理方法和真理性沟通管理方法三类。

权威性沟通是指通过令行禁止的方式沟通信息，以强制性权威进行管理的方法，主要有行政方法和法律方法等。利益性沟通是指根据利益原则沟通信息，以共同利益为基础进行管理的方法，主要有经济方法和咨询方法等。真理性沟通是指通过信息内容的真理性进行沟通，使受信人自觉地按照发信人的意向行动的管理方法，主要有教育方法和数学方法等。

6. 按管理方法的层次和适用程度分类，可分为哲学方法、一般方法和具体方法三类。

哲学方法规定着人们的思维方式并指导人们如何观察和认识世界。马克思主义的唯物辩证法是观察事物、处理问题最根本的方法。管理中常用的社会调查法、动态法、平衡法、系统论方法等，都是属于哲学中认识范畴的方法。一般的管理方法是在哲学方法指导下产生的，它在一定的范围内具有通用性。通常管理中运用的行政方法、法律方法、经济方法、教育方法、数学方法等，都是一般方法。具体方法是指解决各种问题的具体方法，它处于管理方法体系中的最低层次，是直接作用于管理对象上的方法和措施，只能针对某一问题采用，如劳动、物资、销售等方面的具体管理方法等。

（二）管理方法的作用

管理理论是由原理和方法组成的有机体。任何管理原理都必须具体化，并通过某种管理方法在实践中发挥作用。只有采取正确的管理方法，才能把各方面的积极性调动起来，使人力、物力、财力得到合理有效的利用，才能保证企业的顺利发展。管理方法的作用可以归纳为以下几点：

1. 可以使管理者按照客观规律办事，保证管理活动的顺利进行。

科学的管理方法反映了客观规律的要求。一个成功的管理者，应在深入了解管理活动的客观规律，分析其作用机制的同时，寻求实现客观规律要求的管理方法。如果只凭个人的经验或单纯依靠行政命令进行管理，必然会违背客观规律的要求，管理工作就不能顺利开展和达到好的效果。

2. 管理方法对执行管理职能，实现对管理过程的控制起保证作用，是管理者行使管理职能的手段。

也就是说，管理职能不能离开管理方法而孤立存在，必须通过管理方法这个媒介作用于被管理系统，才能实现管理职能，从而保证管理过程的正常进行。

3. 正确地选择管理方法，可以体现生产资料所有者的利益和愿望。

管理方法是为统治阶级的利益服务的，在社会主义社会，管理方法的选择和运用理所当然地要符合社会主义的生产目的，符合党和国家制定的路线、方针和政策。

二、常用管理方法

（一）法律方法

1. 法律方法的概念和实质。

法律是由国家制定或认可的，体现统治阶级意志，以国家强制力保证实施的行为规则的总和。法律方法就是用法律进行管理的方法，是指国家根据统治阶级的利益，通过各项法律、法令、条例和司法、仲裁工作等，调整社会经济的整体活动和各个系统在活动中所发生的各种关系，以保证社会经济正常稳定发展的管理方法。管理的法律方法，既包括国家正式颁布的法，也包括各级政府机构和各个管理系统所制定的具有法律效力的各种社会规范。

法律方法的内容主要包括两个方面：①立法，即建立和健全各种法规；②司法，即按照法律、法规解决、审理案件的活动，包括相应的司法工作和仲裁工作。这两个环节是相辅相成、互相促进、缺一不可的。只有法规而缺乏司法和仲裁，就会使法规流于形式，无法发挥效力；法规不健全，司法和仲裁工作就无所依从。

2. 法律方法的特点。

主要有：①权威性；②规范性；③强制性；④严肃性；⑤稳定性；⑥利益性；⑦抽象性。

3. 法律方法的作用。

（1）保证必要的管理秩序。

（2）调节管理因素之间的关系。

（3）使管理活动纳入规范化、制度化轨道，保证其作用的发挥和管理职能的实现。

4. 法律方法的正确运用。

（1）法律规范的制定必须符合客观事物的发展规律。法律方法，是通过上层建筑作用于经济基础的管理方法，是起促进作用还是阻碍作用，取决于法律规范是否符合客观发展规律。因此，法律规范的制定，不可超越阶段和脱离现实的各种条件，必须防止主观性和随意性，必须及时废除和修改过时的、不适合客观事物发展要求的法律规范。

(2)保持法律规范的稳定性和连续性。法律规范具有相对的稳定性和连续性,才能取信于民。朝令夕改,随意中断废弃,法律规范就会失去威信,不起作用,甚至产生不良后果。

(3)树立法律规范的权威性。要树立"有法可依,有法必依,执法必严,违法必究"的观念,这是运用法律方法必须遵守的原则。立法不当,执法不严都会影响法律的实施,妨害法律方法作用的发挥。

(4)重视立法和司法人才的培养。没有足够数量和称职的立法和司法人才,要运用法律方法进行管理,只能是不切实际的幻想。

(二)行政方法

1. 行政方法的概念和实质。

行政方法是指依靠行政组织和领导者的权力,运用命令、规定、指示、条例等行政手段,按照行政系统和层次,以权威和服从为前提,直接指挥下属工作的管理方法。

行政方法的内容根据不同的目的、不同的对象、不同的条件有多种形式,如命令、指示、制度、条例、规定、规则、标准、程序和办法等,都是一个组织为统一某一行政行为所采取的行政方法和形式。

行政方法的实质是通过行政组织中的职务和职位,而非个人的能力或特权进行管理。每一个部门或单位为了管理活动的需要,都要建立行政机构,规定职责和权力范围。而因为组织的层次性决定了各个层级之间有着不同的职权和职责,各个层级获得信息的不对等使更高层级具有权威性。上级指挥下级行动,而下级必须服从上级,这是由彼此的行政层级决定的。

2. 行政方法的特点。

行政方法实际上就是行使政治权威。它的主要特点是:

(1)权威性。行政方法所依托的基础是权威。行政方法的有效性和所发出的指令的接受率及上下级之间的沟通效果,在很大程度上取决于管理机关和管理者的权威。管理者权威越高,他所发出的指令接受程度就越高,上下级沟通情况就越正常;反之亦然。提高管理者的权威是提高行政方法有效性的首要前提和重要措施。管理者必须在实践中努力提高自己的素质,必须以自己的优良品质、卓越的才能去树立管理权威,而不是依靠职位带来的权力来强化权威,更不能靠自我吹嘘和他人的吹捧来提高威信。

(2)强制性。行政权力机构和管理者所发出的命令、指示、规章制度等,对管理对象具有不同的强制性。行政方法就是通过这种强制性来达到指挥与控制管理活动过程的目的。但是,行政的强制性和法律的强制性有所不同。从强制性程度看,法律的强制程度高,法律强制性是通过国家机器和司法机构来执行的,只准许人们可做和不可做什么;而行政方法的强制程度则相对低一些,是要求人们在行动的目标上服从统一的意志,它在行动的原则上高度统一,但允许人们在方法上灵活多样。从制约范围上看,法律方法的强制性对管理系统的子系统和任何人都是一致的,而行政方法的强制性,一般只对特定的部门和特定对象才有效。

(3)垂直性。行政方法是通过行政系统的层次来对子系统进行管理的。行政命令通常是通过纵向直线逐层传达执行,而且下级服从顶头上司,下一层只听上一层的指挥,对横向传来的命令、规定等可以不予理睬。因此,行政方法的垂直性是行政指令得以统一执行的根本保证。

(4)具体性。行政方法有别于法律、思想政治工作等方法，它较为具体。法律方法具有概括性的特点，适用范围更广。行政方法的具体性，一方面表现在从行政命令分布的对象到命令的内容都是具体的；另一方面，表现在行政方法在实施的具体方式上是因对象、时间的变化而变化的。所以，任何行政措施往往是在某一特定的时间内对某一特定对象起作用，具有明确的指向性和一定的时效性。

(5)无偿性。运用行政方法进行管理，上级组织对下级组织的人、财、物等的调动和使用遵循等价交换的原则，一切根据行政管理需要。

(6)稳定性。行政方法是对特定组织行政系统范围内适用的管理方法。由于行政系统一般都具有严密的组织机构、统一的目标、统一的行动，以及强有力的调节和控制，对于外部因素的干扰具有较强的抵抗作用。所以，运用行政方法进行管理可以使组织具有较高的稳定性。

3. 行政方法的作用。

行政方法是管理的基本方法，它在现代管理中起着重要作用。其主要作用表现在以下几个方面：

(1)有利于集中统一，避免各行其是。行政方法的权威性和强制性保证了组织的高度统一，各项指令任务能够被高效地贯彻和执行，从而对全局形成有效地控制。

(2)有利于其他管理方法的实施并取得良好的效果。在管理活动中，经济方法、法律方法、教育方法等要发挥作用，必须通过行政方法高效统一的贯彻和执行，才能发挥其作用。

(3)有利于管理职能的发挥和管理目标的实现。管理的决策、组织、领导、控制等职能要有效地发挥作用，就必须依靠行政机关的权威来进行组织和指挥，必须通过行政组织和行政手段来调整好各个方面之间的关系，并解决其中出现的矛盾。

(4)有利于灵活处理特殊问题。由于行政方法有具体性的特点，因此它对管理中出现的新情况、遇到的特殊问题或紧迫问题，能通过有针对性的行政命令、制定规章制度、采取行政措施等，获得较好而及时的解决。行政方法通过同人、同事打交道，更能灵活多样地处理各种特殊问题。

4. 行政方法的正确运用。

行政方法是实现管理功能的一个重要手段。但只有正确运用，不断克服其局限性，才能发挥它应有的作用。

(1)行政方法的管理效果直接受领导者水平制约。由于行政方法强调领导的权威性，行政命令的效果，管理的好坏，很大程度上取决于行政领导者的素质和水平。这就给行政领导者提出了很高的要求，要求他们不断努力提高自己的领导水平和能力。

(2)管理者必须充分认识行政方法的本质是服务。管理的实质、生产的社会化以及社会主义公有制决定了服务是行政的根本目的。行政不以服务为目的，必然导致官僚主义、以权谋私、玩忽职守等行为。行政方法必须以服务为目的，可以避免管理者的权力膨胀，为所欲为。没有行政方法的有效运用，同样达不到服务的目的。因此，要充分发挥行政方法的重要作用，行政管理者必须树立起服务意识。

(3)信息在运用行政方法过程中是至关重要的。因为领导者驾驭全局，统一指挥，必须及时获得组织内外有用的信息，才能做出正确的决策，避免指挥失灵。同时，上级要把行政命令、规定或指示迅速而准确地下达，还要把收集到的各种信息和预测信息发送给下级领导层，供下级决策时使用。总之，行政方法要求有一个灵敏、有效的信息传输系统。

此外，行政方法不能代替法律，管理也不能单纯依靠行政方法，要在客观规律的基础上，把行政方法和管理的其他方法有机结合起来。行政方法的运用也有其缺点，如借助职位的权威，单向强制的发布命令可能导致漠视下级的观点和意见，助长官僚主义作风，不利于充分调动各方面的工作积极性。

（三）经济方法

1. 经济方法的概念和实质。

经济方法主要是根据客观经济规律，运用经济手段来调节各方面不同的经济利益关系，以提高经济效益和社会效益的一种方法。具体地讲，经济方法就是通过诸如价格、税收、信贷、利息、工资、奖金、罚款以及经济责任制、经济合同等这些经济手段为杠杆，组织调节和影响管理对象的活动，提高工作效率，促进社会经济效益的提高。

不同的领域，根据不同的情况和条件，必须采取多种多样的经济手段和方法，才能收到良好的效果。

(1)价格。价格是商品价值的货币表现，是评价和衡量劳动的社会标准。价格杠杆运用的范围是实行价格管制的产品、劳务和部分实行指导性计划管理的产品和劳务。价格的升降，会直接影响生产企业和消费者的经济利益，从而影响他们的生产和消费行为。价格是否合理，是社会经济活动得以良性循环的一个十分重要的条件。国家运用价格杠杆调节生产与供求，改变生产要素在国民经济各部门之间的分配比例，调整企业的生产经营方向和规模，从而提高经济管理水平。

(2)税收。税收是国家依法根据预先规定的标准，对有纳税义务的组织和个人，无偿地强制征收的货币和实物。它是国家取得经济收入的主要来源，也是国家管理社会生活的手段之一。国家根据宏观经济发展的需要，合理制定不同的税种和税率，来调节生产和流通，调节一部分企业的利润水平，控制经济的过快增长，使社会经济的内部结构发展趋势、活动规模趋于合理。

(3)信贷。信贷是银行存款、贷款等信用活动的总称。信贷杠杆是国家通过中央银行来调节信贷规模和货币供应量的一种形式。信贷对经济的调节，主要是通过两条途径来实现的。一条是规定和调整贷款投向、条件和数量及偿还期，引导信贷资金流向国民经济需要发展的部门和企业；另一条是调整利率来引导各种经济主体的筹资或投资行为以及生产经济行为，同国家的宏观经济政策相适应。信贷杠杆的调节作用主要是：运用信贷投放，调节货币流通，促进市场的供求平衡；运用信贷杠杆，通过对资金的分配，调节产品结构和产业结构；运用信贷杠杆，促进企业加强经济核算，提高经济效益。

(4)工资。它是劳动力价值或价格的转化形式，社会主义工资也不例外。这一经济手段直接涉及企业和劳动者个人的利益，正确使用它，对于调动企业的经营积极性和职工个人的劳动积极性，有着直接的促进作用。职工工资应该与企业经济效益挂钩，并且与职工个人贡献挂钩。现阶段，我们要坚持和完善按劳分配为主体，多种分配方式并存的制度，坚持效率优先，兼顾公平的原则。保护合法收入，取缔非法收入，调节城乡之间、地区之间、行业之间、不同社会群体之间的分配关系，使工资真正起到调动积极性的作用。

(5)奖金与罚款。奖金是根据职工对组织做出的额外贡献的大小,用货币形式支付给职工的奖励。奖金的项目和条件应能表达组织领导对职工行为的期望,对职工的行动方向和努力目标具有引导作用。所以,奖金的名目不能过多,以免分散目标;数额不能太少,以保证必要的期望值;应同职工的劳动成果和组织的经济效益直接联系起来,调动职工积极性,促进企业生产稳定的发展。罚款是指对违反企业或部门规章制度,给组织群体正常的生产经营活动造成影响和对未完成劳动定额的职工所给予的经济惩罚。它可以制约和收敛某些人的不良行为。企业应根据自身的实际情况,制定正确的奖惩措施,正确发挥奖金与罚款这一经济手段的作用,最重要的是奖惩及时,该奖就奖,该罚就罚,奖惩分明。

经济方法的实质是把国家、集体、个人三者利益有机地结合起来,最大限度地调动各方面的积极性、主动性、创造性和责任感,促进经济发展和社会的进步。

2. 经济方法的特点。

(1) 利益性。这是经济方法最基本的特征。经济方法应符合物质利益原则,利用经济手段管理经济,核心是把经济责任和物质利益有效地结合起来,要把劳动集体及个人的利益与工作成果相联系。

(2)非直接性。它是指依靠经济手段和经济方式,通过经济利益的得失来指挥、调节、控制经济活动,而不是依靠权威、强制性命令直接干预经济活动。它是以承认各管理对象的工作和经济权力为前提,即他们对各项经济手段和方式作出何种内容和何种形式的反应,采取何种经济活动,有他们自己的决定权。

(3)有偿性。它是指各个企业和部门之间的经济往来应遵循等价交换的原则,进行有偿交换互相计价。过去那种通过行政命令无偿调拨企业或者单位的人、财、物等,不考虑其经济利益的做法是不利于经济发展的。

(4)灵活性。指经济方法的具体措施和做法可以因时、因地、因人制宜,随机应变,根据外部环境和操作对象的不同,以不同的方式方法加以应对。

(5)平等性。经济方法承认被管理的组织或个人都有平等获取经济利益的权利。社会按照统一的价值尺度来计算和分配经济成果,所采用的各种经济手段对情况相同的经济单位应起同样的经济制约作用,不允许有特殊性。

3. 经济方法的作用。

(1)有利于所有权和经营权的分离,利用经济方法可给各级组织较多的自主权,使他们的积极性得到发挥,使领导机关减少主观主义和官僚主义,提高工作效率。

(2)有利于促使各级组织主动地利用自身的条件,挖掘潜力,适应环境的变化,灵活开展生产经营活动,提高经济效益。

(3)有利于调动企业和员工的积极性、主动性和创造性。使企业和职工的权、责、利有机结合,明确各自的目标,激励员工从物质利益上关心组织目标的实现,保证生产任务的完成。

(4)有利于提高信息接受率。一方面由于经济方法直接建立在物质利益原则基础之上,与管理对象的切身利益息息相关,有利于提高他们对信息接受的自觉性,从而提高信息接受率。另一方面改变了过去企业只听上级信息,不关心市场和社会需求的模式,克服了过去行政方法只注重纵向联系的局限和上下信息传递的迟缓、失真的状况,从而重视市场信息和横向经济联系。

4. 经济方法的正确运用。

(1)多种经济手段的统一。一方面要运用各种经济杠杆,促进管理的重点——产业政策的实现,通过国家掌握的财政、金融等宏观调控手段来促进财政税收体制改革和金融制度改革,促进竞争,正确处理中央与地方、企业与个人的经济利益关系。另一方面,企业要根据实际情况,通过发挥工资、奖金、罚款、合同等的作用来促进企业内部的完善,严格、科学管理,调动企业和个人的积极性、创造性。

(2)经济方法要同其他管理方法结合起来运用,不能以经济方法作为调动人们积极性的唯一方法,这是由生产力发展水平,人们的觉悟程度及其需要的多层次性、差异性所决定的。单纯地运用经济方法和滥用经济方法,将削弱这种方法对促进生产发展的作用,甚至在某些情况下会产生反作用。

(3)注意人们的物质需要和精神需要。随着社会生产力的发展和人们生活水平的提高,人们对精神方面的需求将日益加强,物质的激励作用将有所减弱。

(四)教育培训方法

1. 教育培训方法的内容与实质。

教育方法是指通过传授、宣传、启发、诱导等方式,提高人们的思想认识、科学文化水平和专业知识,发挥人的主观能动作用。管理的人本原理指出管理活动是以人为中心的,因此,如何提高人的素质,调动人的主观能动性就成为教育方法的主要任务。在管理中运用教育方法,是增强经济组织的活力,贯彻执行党和国家的各项政策,完成经营管理任务的重要保证。

2. 教育培训方法的特点。

(1)长期性。思想意识的提高,正确的人生观、价值观的建立,科学文化知识的积累,都需要较长的时间,而不是一朝一夕能做到的。

(2)间接性。它不直接干预人的经济活动,也不直接干预经营单位经济利益的分配。它对人们的具体经济行为没有约束力,它先作用于人,通过提高人的素质,然后作用于经济活动,是一种间接的管理方法。

(3)启发性。教育方法不是强制,而是通过真理性激励,启发人们自觉指向组织的目标并采取行动。

(4)广泛性。教育方法广泛地用于管理的各个方面和各个环节,贯串于管理工作过程的始终,并涉及每个成员。

(5)灵活性。教育方法因人、因时、因事而异,方式方法比较灵活。

3. 教育培训方法的作用。

(1)教育方法是提高人的素质以及提高各级管理者素质的根本手段。

(2)教育方法是其他管理方法发挥作用的先导和前提,任何其他管理方法的实施都离不开宣传教育。它能解决其他管理方法所不能解决的问题。

(3)教育方法是激励人的动机,培养人的责任感和纪律性,调动人的积极性的重要方面。人的认识水平、科学文化水平一旦提高,正确的人生观、价值观一经确立,就会成为长期起作用的因素。

(4)教育方法有利于实现各级组织的现代化,能不断提高职工的科学文化水平,适应新技术革命的需要,为各级组织的现代化创造条件。

4. 教育培训方法的正确运用。

(1)教育方法的形式和内容要有科学性。要尊重、培养、关心、爱护人,不能强加于人。要坚持从实际出发,适应需要,恰如其分地选择和安排内容。要排除粗制滥造、违情悖理的东西。

(2)讲究方式方法。要坚持不懈,长期进行,逐渐积累,不能操之过急。具体做法因人、因事、因时而异,采取多种多样的方式。

(3)不能脱离各项具体的生产经营活动,孤立地运用教育方法,要把它同解决实际问题、提高工作效率、增进物质利益联系起来。

此外,还有技术方法等管理方法。

本章小结

1. 管理是指在一定的环境和条件下,管理者通过计划、组织、领导、控制等环节来协调和整合组织内的人力、物力、财力、信息、时间等资源,有效地实现组织既定目标的动态协作过程。

2. 管理的性质:①管理的自然属性和社会属性简称为管理的二重性;②管理的科学性与艺术性;③管理的动态性与创新性。

3. 管理学就是一门系统地研究管理活动的基本规律、基本原理和一般方法的科学,是管理实践活动的科学总结。它具有一般性、综合性、实践性等特点。

4. 管理者就是指组织中管理活动的指挥者与执行者。就其管理行为可分为高层管理者、中层管理者和基层管理者。管理者需要具备知识、能力和身心等基本素质。

5. 管理学的研究对象包括管理的历史、管理的主体和客体、管理的职能和管理的原理与方法等。管理学的研究方法有案例分析法、归纳演绎法、比较研究法、协同研究法等。

6. 管理原理主要有系统原理、人本原理、能级原理、责任原理、权变原理、效益原理和信息原理,各原理都有自己的内容与特征及在管理实践中的作用。

7. 管理方法是指在管理过程中,为提高管理功效和实现管理目标而采取的各种方式、方法和措施的总和。本章重点讲述了法律方法、行政方法、经济方法、教育方法,并强调了各方法在管理实践中应注意的问题。

思考题

1. 什么是管理？管理的基本职能是什么？

2. 管理学有哪些特点？

3. 读了《王涛的困惑》,你觉得管理者应具备哪些素质和技能？

4. 谈谈实践中如何运用管理的基本原理和基本方法。

案例 1.1　管理是什么

李叶和王斌是大学同学,学的都是管理科学与工程专业。毕业后,李叶去了深圳一家有名的外资企业从事管理工作,而王斌却被学校免试推荐为该校的硕士研究生。一晃三年过去了,王斌以优异的成绩考入北京某名牌大学攻读管理科学与工程的博士学位。李叶在当上部门经理后也来到该校参加MBA培训。

王斌在办理报到手续时与李叶不期而遇。老同学相见自然免不了要“促膝长谈”，因此两人约定：晚上来个“一醉方休”。王斌如约而至，两人在酒足饭饱之余闲聊起来。由于两人志趣相投，一会儿，他们就关于“什么是管理”的话题聊开了。

王斌非常谦虚地问：“李兄，我虽然读了许多有关管理方面的著作，但对于什么是管理我还是心存疑惑，管理学家西蒙说‘管理就是决策’，有的管理学家却说‘管理是协调他人的活动’，如此等等，真是公说公有理，婆说婆有理。你是从事管理工作的，那你认为到底什么是管理？”

李叶略为思考了一会儿，说道：“你读的书比我多，思考问题也比我深。对于什么是管理，过去我从来没有认真去想过，不过从我工作的经验看来，管理其实就是管人，人管好了，什么都好。”

“那么依你看，善于交际的、会拍‘马屁’的人就是最好的管理者了？”王斌追问道。

“那也不能这么说。”李叶忙回答说，“虽然管人非常重要，但管理也不仅仅是管人，正如你所说的，管理者还必须做决策、组织和协调各部门的工作等等。”

“你说的对，管理不仅要管人，还要做计划、定目标、选人才、做决策、组织实施和控制等等。也就是说，做计划、定目标、选人才、做决策、组织实施和控制等活动就是管理啦？”王斌继续发表自己的见解。

“可以这么说，我们搞管理的差不多啥都得做，今天开会，明天制定规则，后天拟订方案，等等。所以说，搞好管理可真不容易。”李叶深有感触地说。

“那你怎么解释‘管理就是通过其他人来完成工作’，难道在现实中这种说法本身就是虚假的吗？”王斌显得有点激动地说。

李叶想了一会儿回答道：“我个人认为，‘管理就是通过其他人完成工作’这句话有失偏颇。管理的确要协调和控制其他的活动，使之符合企业制定的目标和发展方向，但管理者决不是有些人所理解的单纯的发号施令者，其实管理者的工作量非常大，在很多方面，他们还必须起到带头和表率的作用。”

“我同意你的观点，管理者不是发号施令者，管理也并不就是叫别人帮你做事。管理者是‘舵手’，是‘领航员’，他必须带领其他人一起为组织目标的实现而奋斗。不过听说在一些国有企业，只要你能吃，能喝，会拍‘马屁’，你就是一个好管理者，就会受到上级的器重，对此你有何高见？”

“在咱们中国，的确存在着相当普遍的官僚主义、拉关系的现象，这恐怕是我们传统体制留下的弊端，但这不是说管理就是陪人吃饭，喝酒，拍领导‘马屁’，在外资企业，这种现象几乎不存在，只要你有本事，能干出成绩，用不着你去拍马屁送礼，上司也一样器重你，你就能获得提拔，得到加薪。因此，从某种意义上来说，管理就是管理者带领组织成员一起去实现组织的目标。”

“可是……”

夜深了，李叶和王斌好像并没有丝毫的睡意，两人还是围绕着关于“什么是管理”的话题继续探讨着。

讨论题：

1. 李叶和王斌对管理的理解有何不同？为什么？
2. 通过学习本章内容，你认为管理是什么？

案例 1.2 齐鲁石化公司的“信得过”管理

齐鲁石化公司是一个现代石油化工生产的企业。由于现代石化生产本身所具有的危险性和特殊性，齐鲁石化公司从一开始就实行从严从实管理，主要依靠制定严格的岗位操作要求，实行公司、厂两级严格的检查和奖罚来实现的。1990 年 7 月，公司所属烯烃厂裂解一班工人由于不满意被动管理的地位，主动提出“自我管理，让领导放心”的口号，并提出“免检”申请。齐鲁石化公司抓住了这一契机在全公司推广开展创“免检”活动，提出以增强职工主人翁意识为主要内容的“免检”标准，把各项规章制度进一步细化，形成更加具体的可操作的行为准则。①工作职责标准化。针对管理岗位和操作岗位，明确职责范围，制定工作标准。②专业管理制度化。以生产管理、设备管理等专业管理为对象，将管理组织体系、职责任务、工作标准和工作程序等，以内部规章的形式固定下来，依法进行管理。③现场管理定量化。对操作现场的一切可移动物品均规定了摆放位置和标志。④岗位培训星级化。鼓励操作工在熟练掌握本岗位的操作技术后，向邻近的岗位延伸，经过严格考核，取得其他岗位的操作证。掌握一个岗位技术为一星，多掌握一个相邻岗位技术增加一星，并给予相应的精神物质鼓励。⑤工作安排定期化。对车间常规性工作和进度作出规定。⑥工作过程程序化。对生产和管理过程建立常规性工作程序，加强对工作过程的控制。⑦经济责任和管理责任契约化。要求车间建立严格的经济责任制，将车间的生产技术经济指标层层分解，签订经济责任合同，明确每个人的经济责任和管理责任。⑧考核奖惩定量化。把考核中的定性评价因素转化为定量评价因素，用完整的考核数据反映各层次人员的工作质量和效果。⑨台账资料规范化。本着简化、效能的原则，对确有必要的台账资料及现场管理统一格式，并规范车间档案资料管理工作和各种报表、台账的填报工作。⑩管理手段现代化。主要是应用计算机辅助管理。

通过开展“信得过”活动，使企业基层以及整个企业的管理水平有了显著提高。主要表现在：①职工的主人翁意识普遍增强，实现了职工从“我被管理”到“我来管理”，群众性的自觉自愿的从严管理蔚然成风。②基层建设更加制度化、体系化。公司明确了车间制度体系由专业管理制度、管理人员职责范围和工作标准、班组岗位十项规章制度等三方面构成，规范了管理行为和工作行为，使基层管理水平有了明显提高。③职工学习技术、技能的自觉性提高。星级管理使职工主动学技术，努力成为多面手，对管理装置工艺流程全面了解，提高了处理本岗本系统突发事件的应变能力，使事故发生率大幅度降低。④企业经济效益显著提高。企业生产安全过程各环节得到更加严格的控制，保证了装置长期平稳运行。1995 年，该公司完成工业总产值、实现销售收入、实现利税分别比上年增长 2%、30.7%和 68.3%。1996 年，在原材料价格上涨，化工、塑料产品市场价格下滑，减利因素大大增加的不利形势下，10 多亿元的减利因素已经全部被消化。

讨论题：

1. 齐鲁石化公司的“信得过”管理采用了哪些管理的基本原理和基本方法？
2. 以齐鲁石化公司为例，分析企业应如何坚持以人为中心的管理。

第二章　管理理论的发展

本章导读　管理的历史源远流长，只要有分工协作的集体劳动，就有管理。从古埃及金字塔的建造到中国万里长城的修筑，无一不是管理活动的结晶。但是管理形成一套比较完整的理论，则经过了一个漫长的历史发展过程。

本章主要阐述管理理论的产生和发展，介绍了管理理论发展的四个阶段：早期管理思想、古典管理理论、人际关系与行为科学理论以及现代管理理论丛林。通过学习，使学生掌握管理学发展的历史，知晓各种管理理论的发展历程，用扬弃的观点为我所用。

第一节　早期管理思想

一、早期的管理实践活动与管理思想

自从有了人类社会，就有了管理活动。人类进行的管理实践已有几千年的历史。从原始人类的集体狩猎到氏族公社的集体劳作与分配，从早期的战争到国家的出现，从埃及金字塔的建设到中国万里长城的修筑……人类历史上的各种集体活动，无一不体现着管理思想。这些管理实践活动，为早期管理思想的产生奠定了基础。

人类所进行的管理实践活动已有超过六千年的历史。埃及在公元前2575—前2465年建造的金字塔，塔高143.5米，巨大的方石如何采集、搬运、堆砌，众多人员如何安排吃、住、行等，都对计划和管理能力提出了很高的要求。

古巴比伦王国于公元前2000年左右颁布的《汉谟拉比法典》中，有许多条款都涉及了控制借贷、最低工资、会计和收据等经济管理思想。

罗马天主教会早在2世纪，就按地理区域划分基层组织，并在此基础上采用了高效的职能分工，成功解决了大规模活动的组织问题。当时设有社区教士、主教、大主教和教皇五个层次的权力等级结构，一直延续至今。

《圣经》中记载了希伯来人进行管理的许多故事。在《旧约全书》的《出埃及记》中体现了管理的公权原则、授权原则和例外管理等管理思想。

古罗马帝国的兴盛反映了组织思想的进一步深化。罗马帝国强盛时期的疆域西起英国，东至叙利亚，包括整个欧洲和北非，人口约5000万。这个庞大帝国的统治为后人提供了许多管理方面的经验，其重点是如何把分权与集权结合起来。

中国是世界上历史最悠久的文明古国之一，产生了很多直到今天看来仍有指导意义和现实意义的管理思想。早在五千年前，中国已经有了人类社会最古老的组织——

部落和王国，有了部落的领袖和帝王，因而也就有了管理。

春秋战国时期杰出的军事家孙武所著的《孙子兵法》中关于“用兵之道”和“用人之道”的论述，不仅在军事上，在管理上也有重要的参考价值。“知己知彼，百战不殆”这样的名句直到今天仍为人津津乐道。日本和美国等大公司甚至把《孙子兵法》列为培训经理的必读书籍。

儒家思想是中国传统文化的主流。从孔子、孟子等开始，中国历代思想家十分注重精神世界的研究。他们提出三纲五常，作为处理个人与他人、家庭、社会、国家间相互关系的行为准则。儒家思想对于中国封建社会延续几千年起到了极其重要的维护作用，而且还传播到日本、朝鲜和东南亚各国。日本人在企业管理中引入儒家思想的核心与精华，把“企业大家庭”作为企业组织的理想目标，将忠诚作为企业内部上下级关系建立的标准，将“仁、义、礼、智、信”作为塑造企业文化的精髓，形成了与西方企业截然不同的特色。

二、尼克罗·马基雅维利的管理思想

尼克罗·马基雅维利(1469—1527)是意大利的政治思想家和历史学家。他出生于佛罗伦萨的没落贵族家庭，29 岁时在佛罗伦萨城邦政府中获得一个职位。由于他文笔很好，不久便出人头地，在 1512 年以前屡任要职，并曾作为非正式的使节被派到意大利的每一个重要城邦和一些国家去执行使命。他主张结束意大利的政治分裂，建立一个强大的君主帝国，为了达到此目的，不择手段，因此被人称为马基雅维利主义。他的思想反映了新兴资产阶级的要求。当梅迪西家族于 1512 年在佛罗伦萨重新掌权时，马基雅维利失去了在政府中的职位，尔后进行写作。他写作的范围很广，包括政治、历史、信件、剧本、诗等。其中最著名的有《君主论》(又译为《霸术》)、《罗马史论》、《佛罗伦萨史》等，他在这些著作中论述的与管理有关的原则可以概括为以下几点。

(一)权力接受原则

所有的政府，不论是君主制、贵族制或民主制，其持续存在都依赖于群众的支持。马基雅维利指出，权力是自下而上的，而不是自上而下的，即所谓权力接受原则。君主可以通过武力或继承而登上王位，但要牢固地控制国家，就必须得到群众的支持。马基雅维利还指出，如果一位君王可以通过人民获得权力，就不应通过贵族获得权力。

(二)组织的凝聚力原则

要使国家能持续存在，必须要有凝聚力。一个君主要想维持组织的统一，使自己的事业成功，就必须紧紧地抓住自己的朋友，仔细地注意和抚慰他们、利用他们。形成凝聚力的一个关键因素是使人民确实知道他们可以信赖自己的君主，知道君主期待他们的是什么，即责任明确性原则。如果没有固定的法律而只有多变的政策，很快就会使整个国家陷于混乱。人民应该确切知道，如果犯了罪，无论过去有什么功劳，也无法逃避惩罚。君主应该到被征服的领土去访问和生活一段时间，以增强凝聚力。

(三)领导方式方法

他认为，有两种类型的领导者(或管理者)：一种是自然型或天生型，另一种是后天获得领导技术型。年轻的君主要努力学习掌握领导(管理)的技术。但是，有些通过继承而获得权力的君主由于缺乏伟大领导者的吸引力，尽管受过训练，却永远不能成为一个能干的、成功的统治者。一个君主(或管理者)应该以自己为榜样来鼓励他的人民

从事伟大的事业，特别是当他的国家受到敌人攻击时，更应该努力振奋人民的精神，使人民能够在君主的领导下从事战斗。君主应关注所有的集团，时时同他们打成一片，以自己的博爱和仁慈为他们树立榜样，但始终要保持尊严。君主应该奖赏那些有益于城市和国家的人，应该保证他的人民不会不公平地被剥夺自己的物品，以此来鼓励人民从事自己的职业，完成自己的使命。他应该明智地识别忠诚于他的贵族和只是追求利益的贵族，能够认识这两种人并使他们有利于自己。

（四）组织生存原则

任何组织的主要目的之一是生存下去。一个君主应该像罗马人那样经常警惕着混乱状态，以便及时予以扑灭。当他的王国处于存亡关头时，他有权采取严酷的措施，在必要时，抛开所有道德的借口，背弃任何已不再有用的誓言，为了实现生存的目的可以不择手段。

马基雅维利的管理思想是为了使君主能成功地管理一个国家，但同样适用于管理其他组织，所以对以后的管理思想有相当大的影响。

三、亚当·斯密的管理思想

最早对经济管理思想进行系统论述的学者，首推英国经济学家亚当·斯密。亚当·斯密（1723—1790），英国古典经济学家和哲学家，他在1776年（当时正值英国的工场手工业向机器工业过渡时期）出版了《国民财富的性质和原因的研究》（又称《国富论》）一书，系统地阐述了价值论及劳动分工理论及“经济人”观点。

亚当·斯密认为，劳动是国民财富的源泉，各国人民每年消费的一切生活日用必需品的源泉是本国人民每年的劳动。这些日用必需品供应情况的好坏，决定于两个因素：一是这个国家人民的劳动熟练程度、劳动技巧和判断力的高低；二是从事有用劳动的人数和从事无用劳动人数的比例。他同时提出，劳动创造的价值是工资和利润的源泉，并经过分析得出了工资越低、利润就越高，工资越高、利润就会降低的结论。这就揭示了资本主义经营管理的本质。

亚当·斯密在分析增进“劳动生产力”的因素时，特别强调了分工的作用。他对比了一些工艺和一些手工制造业实行分工前后的变化，对比了易于分工的制造业和当时不易分工的农业的情况，说明分工可以提高劳动生产率。他认为，分工的益处主要是：

（1）劳动分工可以使工人重复完成单项操作，从而提高劳动熟练程度，提高劳动效率。

（2）劳动分工可以减少由于变换工作而损失的时间。

（3）劳动分工可以使劳动简化，使劳动者的注意力集中在一种特定的对象上，有利于创造新工具和改进设备。

他的上述分析和主张，不仅符合当时生产发展的需要，而且也成了以后企业管理理论中的一条重要原理。

亚当·斯密在研究经济现象时，提出了一个重要的论点：经济现象是基于具有利己主义目的，在人们的活动中所产生的。他认为，人们在经济行为中，追求的完全是私人的利益。但是，每个人的利益又为其他人的利益所限制。这就迫使每个人必须顾及其他人的利益。由此，就产生了相互的共同利益，进而产生和发展了社会利益。社会利益正是以个人利益为基础的。亚当·斯密曾经这样来描述人们之间的相互关系：

"人类几乎随时随地都需要同胞的协助，但只想依赖他人的恩惠，那是肯定不行的。""他如果能够刺激他们的利己心，使他们有利于他，并告诉他们，为他做事对他们自己也有利，他要达到目的就容易多了。"认为人都要追求自己的经济利益的"经济人"观点，正是以"看不见的手"为标志的资本主义生产关系的反映。

四、罗伯特·欧文的管理思想

罗伯特·欧文(1771—1858)是19世纪初期英国卓越的空想社会主义者。他早年在苏格兰的纽拉纳克经营一家大纺织厂，并以在该厂进行了前所未有的试验而闻名于世。欧文指出，试验前此厂是当时"社会的缩影"，集中了"工厂制度下的一切罪恶"，如劳动时间长、强度高、工资低、生活条件恶劣等。他认为人是环境的产物，两者相互作用，并强调只有"社会主义"才能克服"资本主义的一切罪恶"。为此，在自己开办的纺织厂里实行了一系列大胆的改革：改善工作条件，包括将劳动时间缩短为十个半小时和严禁未满九岁的儿童参加劳动等；提高工资，并免费供应膳食；建设工人住宅区，改善工人的生活条件；开设工厂商店，按成本出售工人所需的生活必需品；设立幼儿园和模范学校，创办互助储金会和医院，发放抚恤金，等等。其目的是探索在改善工人生活条件的前提下，能否有利于工厂所有者大幅度地提高劳动生产率。事实证明，尽管试验最终以失败而告终，但不可否认的是，他的设想在"一定条件下"是能成功的。他的改革确实改善了工人的生活条件，同时也使工厂所有者获得了丰厚的利润。另外，欧文还提出，工厂所有者不仅要"关心"工人，还应该"关心"工厂的股东，分给其应得的红利。总之，作为工厂的所有者必须重视"人"的作用。可能正因为罗伯特·欧文最先注意到"人"的因素，并开始关心"人"。所以，在一些管理学著作中，他被誉为"人事管理之父"。

五、查尔斯·巴贝奇的管理思想

英国剑桥大学数学教授查尔斯·巴贝奇(1792—1871)早在美国的泰勒提出"科学管理"以前，就已经将科学的研究方法应用于管理，并加以理论化。他曾用多年时间对英、法等国的一些工厂进行考察研究，于1832年出版了《论机器和制造业的经济》一书，其中对专业分工、作业方法、机器与工具的使用和成本记录等都进行了专门论述，是管理学历史上一本重要的文献，比泰勒的《科学管理原理》一书还要早80多年。

查尔斯·巴贝奇不仅赞同亚当·斯密关于分工能提高劳动生产率的观点，而且对此还进行了补充。他认为，实行分工后，雇主可以按工序所要求的技艺来雇佣不同的工人，并支付不同的工资。他以针的制造为例：当时制针分为七个工序，即拉线、直线、削尖、断顶、做头、电镀和包装。若不分工，则要求一个制针工人必须有足够的技艺来完成全部七个工序的操作过程，而且雇主也必须按全部工序中要求最好的或最难的技艺的标准支付工资。而实行分工后，雇主可以将直线、做头和包装等简单工序交给女工和女孩来完成，支付工资的标准为每日六便士至一先令六便士；而需要技艺的做削尖、断顶和电镀工序工人的工资标准为每日五先令三便士至六先令。他还认为，脑力劳动和体力劳动一样，也可以进行分工。他以法国桥梁和道路学校校长普隆尼为例。普隆尼将其工作人员分为技术、半技术和非技术三类，把复杂的工作交给有较高能力的数学家去做，而把简单的工作交给只能从事加减乘除运算的人去做，从而大大提高了整个工作的功效。

查尔斯·巴贝奇认为仔细地研究作业方法与研究分工一样，对劳动生产率的提高有巨大的影响。他制定了“观察制造业的方法”，从一张包括生产材料、生产周期、正常耗费、成本、工具、价格、市场、工人和工资等内容的表格进行观察，并力图寻找出投入最少而产出最多的作业方法。例如，研究不同身体条件状况下的工人对不同工具的适应程度。此观点对于后来泰勒的铲铁试验，显然是有直接影响的。

在劳资关系方面，查尔斯·巴贝奇强调劳资协作，强调工人应该认识到工厂制度对其的益处，这同泰勒“精神革命”何其相似。他提出一种“固定工资加利润分享”的制度，认为工人的工资收入应由三部分组成：按照工作性质所确定的固定工资、按照对生产率所做出的贡献而分得的利润和为提高生产率提出建议后应得的奖金。他在总结其优点时指出，每个工人同工厂的发展有直接关系，因此劳资双方的利益是一致的，只有消除隔阂，才能共存共荣；每个工人都会关心工厂管理不善的问题，同时能促使每个部门改革工作；鼓励工人提高技术，从而使其能分享到更多的利润。

上述各种管理思想是随着生产力的发展，适应了当时工厂制度发展的需要而产生的。这些管理思想虽然不系统、不全面，没有形成专门的管理理论和学派，但对于促进生产及以后科学管理理论的产生和发展，具有积极的影响。

第二节　古典管理理论

19 世纪末，随着资本主义自由竞争逐渐向垄断过渡，科学技术水平以及生产社会化程度不断提高，西方国家的工业出现了前所未有的变化：工厂制度日益普及，生产规模不断扩大，生产技术更加复杂，生产专业化程度日益提高，劳资关系也随之恶化。在这种情况下，传统的经验管理方法已经不能适应客观上的要求。于是一些有识之士开始致力于总结经验，进行各种试验研究，并把当时的科技成果应用于企业管理。因此，从 19 世纪末到 20 世纪 30 年代，这一期间所形成的管理理论，被称为“古典管理理论”。古典管理理论主要包括科学管理理论和古典组织管理理论两大部分。其中科学管理理论主要源于美国泰勒的“科学管理”，而古典组织管理理论则包括法国法约尔的管理理论和德国韦伯的行政组织体系理论等几部分。这些理论成为现代管理学的先驱，对现代管理理论有很大影响。

一、科学管理理论

科学管理理论的诞生是管理发展史中的重大事件，是管理走向科学的第一步，正是由于科学管理理论的产生，才能使管理逐渐发展成为一门学科。科学管理理论是由美国的弗雷德里克·泰勒(1856—1915)首先提出，并在他和他的追随者的不断努力下形成一个理论体系。因此，在很多管理学著作中，泰勒被称为“科学管理之父”。

泰勒在长期的工作和管理实践中逐渐认识到，企业劳动生产率低下与工人“磨洋工”有关。之所以出现工人“磨洋工”的现象，一方面是因为人的天性是懒惰的，另一方面是因为管理的落后。泰勒认为，只要通过科学的管理就能解决工人“磨洋工”的问题，从而提高劳动生产率。他根据自身的管理实践经验，总结出四条科学管理原则：

(1)建立一种严格的科学方法，专门研究工人工作的每一个组成部分，并以此来替代老的单凭经验的做法。

(2)科学地挑选工人，对工人进行培训和教育，使之成长。而在过去，则是由工人任意挑选自己的工作，并根据其各自的可能进行自我培训。

(3)管理人员与工人之间应诚心诚意地进行合作，以保证一切工作都能按照新的科学原则去做。

(4)资方和工人之间应进行明确分工。要明确资方和工人各自的工作和职责，由管理人员承担的工作，应该是比工人更能胜任的新型工作，而不像过去那样几乎所有的工作和大部分的责任都要推到工人身上。

泰勒认为："科学管理也不过是一种节约劳动的手段而已。也就是说，科学管理只是能使工人取得比现在高得多的效率的一种适当的、正确的手段而已。这种手段并不会大量增加比工人现在的负担更大的负担。"这就是说，科学管理是使工人不用增加劳动而能增加工效的一种手段。

(一)泰勒科学管理的目的

1. 谋求最高的劳动生产率。

泰勒指出，最高的劳动生产率是工厂主与工人共同达到繁荣的基础，它能使工人关心的较高的工资与工厂主关心的较低的劳动成本结合起来，从而使工厂主得到最高额的利润，工人得到最高的工资，进一步提高他们对扩大再生产的兴趣，促进生产的持续发展。工厂主和工人的共同富裕，是确定各种科学管理原理、方法和技术的出发点。

2. 用科学管理代替传统的经验管理。

泰勒认为，完善的组织管理虽然是无形的，但比有形的设备更为宝贵。最完善的管理是一门科学，必须采用科学的方法，要把科学的方法应用到一切管理活动中去，使管理制度化，建立明确的规定、条例，而不是寻找超人来管理业务，这是提高劳动生产率的关键。因此，要努力建立起科学管理的原理，这种原理对于人类的一切行为，从最简单的个人行动一直到最需要合作的公司的日常业务都是适用的。

3. 管理人员和工人双方实行重大的精神变革。

泰勒在国会听证会的证词中指出：科学管理的实质是要求工人和企业主进行一场全面的心理革命。这场伟大的革命就是使资方和工人双方都把注意力从盈余的分配转到增加盈余的数量上来。当他们用友好合作和互相帮助来代替对抗和斗争时，他们就能够生产出比过去大得多的盈余，从而使工人的工资大大增加，企业主的利润也同样大大增加。这样，企业主和工人就再也没有必要为盈余的分配而争吵。他们会看到，只要双方停止互相争夺，转而肩并肩地朝同一方向迈进时，他们共同努力所创造的剩余额将多得令人目瞪口呆，这就足够给工人大量增加工资，给企业主大量增加利润。

(二)泰勒科学管理的主要内容

1. 制定科学的操作方法。

在泰勒看来，劳动生产率低下的根本原因在于工人经验性的操作方法，只有实现操作方法的科学化，才能最终解决劳动生产率低下的问题。泰勒通过长期大量的时间研究和动作研究，制定出了所谓标准化的操作方法。即对工人的每一个动作和每一道工序的时间进行测定，并分析研究，除去动作中多余的和不合理的部分，把最有效的动作集中起来，确定标准的操作方法。并以此确定工人一天必须完成的标准工作量。通过这种研究，泰勒把传统的经验、技能归纳成规则、程序，并建立起了一种科学的以代替过去单凭工人经验进行操作的方法。

2. 科学地选择“第一流的工人”。

泰勒认为，为了提高劳动生产率，必须挑选第一流的工人，以改变过去由工人自由选择工作的做法。第一流的工人包括两个方面：一方面是该工人的能力最适合做这项工作，另一方面该工人又最愿意做这项工作，这样，工人和工作才能实现最佳的结合。因为人的禀赋和才能不同，他们所适合做的工作也不同。只要工作对某个人合适，他就能成为第一流的工人。如身强力壮的人干体力活可能是第一流的，但干精细活就不一定是第一流的；而心灵手巧的女工虽然不能干重活，但干精细活却可能是第一流的。所以要根据人的能力和天赋把他们分配到相应的工作岗位上，使工人的能力同工作相匹配。而且还要对他们进行培训，教会他们科学的工作方法，激励他们尽最大的力量来工作。

3. 实行有差别的计件工资制。

泰勒认为，原有的工资制度是不合理的，必须在科学制定劳动定额的前提下，实行刺激性的工资制度。他所主张“差别计件工资制”，即根据工人完成定额的不同情况采取不同的工资率。如果工人没有完成定额，就按“低”工资率付给工资，为正常工资率的75%；如果工人超过了定额，就按“高”工资率付给工资，为正常工资率的125%，以此来鼓励工人完成和超过定额。实行差别计件制的前提是制定出科学合理的工作定额或标准。这种工资制度的目的很明确，就是刺激工人的劳动积极性，提高劳动效率。虽然这种工资制度可能会使资方的工资支出增加，但由于劳动生产率提高的幅度大于工资提高的幅度，所以得到最大好处的还是资方。

4. 分离计划职能与执行职能。

分离的目的在于变经验型工作法为科学工作法。所谓经验工作法，是指每个工人用什么方法操作、使用什么工具等，都根据自己的经验来决定。所以工作效率的高低取决于工人的操作方法和工具是否合理，以及个人的技术熟练程度和努力程度。科学工作方法，就是在实验和研究的基础上确定的标准操作方法和采用的标准化的工具、设备等。泰勒认为，工人凭经验很难找到科学的工作方法，而且他们也没有时间关心研究这方面的问题。所以，应该把计划职能与执行分离开来，计划由专门的管理部门负责，而工人则负责操作，即按照计划部门制定的操作方法和指示，使用规定的标准工具，从事实际操作，不得自行改变操作方法。这样，工人与管理部门之间就有了明确的分工，计划和执行之间不仅可以相互制约，而且能够各负其责。

5. 推行实施例外原则。

泰勒主张在规模较大的企业中，必须应用例外原则进行管理。所谓例外原则，就是高层管理人员为了减轻处理日常事务的负担，把处理一般日常事务的权力授予下级管理人员，高层管理人员只保留对例外事项（非常规、突发事件）的决策和监督权，如基本政策的制定和重要人事的任免等。这种例外原则为以后管理的分权和事业部制的产生奠定了思想基础。

（三）泰勒科学管理的意义

泰勒科学管理原理的诞生是人类社会发展史上的重大事件，其意义绝不亚于蒸汽机的发明所导致的工业革命。它不仅为当时的资本主义发展作出了巨大贡献，而且也对当代乃至未来的经济发展产生重大而深远的影响。具体来说，泰勒科学管理原理的意义，主要表现在以下几个方面：

1. 发动了一场深刻的精神革命。

从表面上看，泰勒的科学管理原理是为了解决工人的“偷懒”问题而创立的各种科学方法和措施，但从实质上看，它反映的却是一场劳资双方都必须进行的精神革命。对此，泰勒认为，“科学管理是任何公司或产业中工人方面的一种切实的精神革命——是这些工人对待他们的工作职责、对待他们的同事、对待他们的雇主方面的一种彻底的革命。它同样也是管理当局方面的一种彻底的精神革命——是他们对待职责、对待他们在管理当局中的同事、对待他们所有的日常问题方面的一种彻底的精神革命。如果没有这两者的彻底革命，科学管理就不会存在。科学管理的实质就是这种伟大的精神革命。”

2. 开创了管理理论研究的先河。

泰勒科学管理的最大贡献在于他所倡导的在管理中运用科学方法和科学实践精神。他认为，管理部门和劳动者双方都必须承认，在一切组织所进行的工作都要用调查研究和科学知识来代替个人的判断或意见。这既是管理思想上的一个重要变化，也是用科学的态度研究管理的开端。他在长期的管理实践中所进行的大量观察和一系列试验，不仅为科学管理理论的产生提供了丰富素材，同时也为以后的管理理论研究提供了方法论基础。

3. 创立了一整套科学的管理技术和方法。

在管理实践中，泰勒采用时间研究、动作研究的科学方法，坚持操作程序、劳动工具、操作环境标准化等科学原则，建立起一套科学的管理技术和方法，来代替传统的凭个人经验、技能进行操作的旧方法。这些方法能够在不增加工人劳动强度的情况下最有效地提高效率，从而改变了传统管理中存在的工人劳动和企业主管理的随意性。它不仅为工人找到了科学合理的操作方法和应采用的标准化的工具及设备，而且为管理人员实现科学有效的管理提供了依据，从而使工人与管理者之间、工人与机器之间的关系更为和谐。

4. 奠定了管理成为科学的理论基础。

管理思想产生的历史源远流长，人类历史上的重大事件无不闪耀着管理思想的火花。但管理从感性上升到理性，从经验上升到科学则完全得益于泰勒科学管理的贡献。正是由于泰勒科学管理原理的诞生，才使管理成为一门科学。

但是，泰勒的科学管理也不是完美无缺的，由于受到历史条件的限制和个人经历的限制，泰勒的科学管理也存在诸多缺陷：如他把人仍看成是单纯的“经济人”，认为人的一切活动都出于经济动机；只重视技术的因素，不重视人的行为；只注重解决作业效率，而不注重研究整体效率等。

二、法约尔的古典组织理论

在泰勒及其追随者以提高生产效率为重点进行科学管理研究的同时，法国则诞生了关于整个组织的科学管理的理论，被后人称为“一般管理理论”。该理论的创始人是亨利·法约尔(1841—1925)，被誉为“欧洲伟大的管理学先驱”。他提出的一般管理理论对西方管理理论的发展具有重大影响。法约尔在管理学上的贡献，主要是把企业经营划分为六类不同的活动，提出了管理的五大职能和管理的 14 项原则，从而确立了管理普遍性的概念和一个全面的管理理念。

（一）企业经营活动的分类

法约尔认为，无论企业规模大小，简单还是复杂，它的各种活动都可以划分为六大类：即技术活动（指生产、制造、加工等活动）、商业活动（指购买、销售、交换等活动）、财务活动（指资金的筹措和运用）、会计活动（指货物盘存、成本统计、核算等）、安全活动（指设备维护、职工安全等活动）和管理活动（包括计划、组织、指挥、协调和控制五项职能）。各种人员应按照他在管理等级中所处的地位和所承担的活动具备相应的能力。在工人这一级，技术能力是最重要的，但随着职位的上升，对人员的技术能力的要求降低，对管理能力的要求则提高，并且随着企业规模的扩大，管理能力显得更加重要，而技术能力的重要性则随之减少。

（二）管理的五大职能

法约尔指出，管理是一种普遍存在于各种组织的活动，这种活动对应着计划、组织、指挥、协调和控制等五种职能，并对这五大职能进行了详细的分析和讨论：

- 计划：对有关事件进行预测，并以预测结果为根据，拟订出一项工作方案。
- 组织：为各项劳动、材料、人员等资源提供一种结构。
- 指挥：使组织为达成目标而行动的领导艺术。
- 协调：连接、调和所有的活动和力量，使组织的各个部门保持一致。
- 控制：根据实际执行情况对计划和指示进行检查。

（三）管理的一般原则

法约尔认为，管理的成功不完全取决于个人的管理能力，更重要的是管理者要能灵活地贯彻管理的一系列原则。

法约尔在《工业管理与一般原理》中提出了 14 项原则：

1. 分工。

劳动专业化是各个机构和组织前进和发展的必要手段。由于减少了每个工人所需掌握的工作项目，故可以提高生产效率。劳动的专业化，使实行大规模生产和降低成本有了可能。同时，每个工人作业范围的缩小，也可使工人的培训费用大为减少。

2. 权力与责任。

法约尔认为，权力即“下达命令的权力和强迫别人服从的力量”。权力可区分为管理人员的职务权力和个人权力。职务权力是由职位产生的；个人权力是指由担任职务者的个性、经验、道德品质以及能使下属努力工作的其他个人特性而产生的权力。个人权力是职务权力不可缺少的条件。他特别强调权力与责任的统一，有责任必须有权力，有权力就必然产生责任。

3. 纪律。

法约尔认为，纪律的实质是遵守公司各方达成的协议。要维护纪律就应做到：①对协议进行详细说明，使协议明确而公正；②各级领导要称职；③在纪律遭到破坏时，要采取惩罚措施，但制裁要公正。

4. 统一指挥。

一个员工在任何活动中只应接受一位上级的命令。违背这个原则，就会使权力和纪律遭到严重的破坏。

5. 统一指导。

为达到同一目标而进行的各种活动，应由一位首脑根据一项计划开展，这是统一行动、协调配合、集中力量的重要条件。

6. 个人利益要服从整体利益。

法约尔认为，整体利益大于个人利益的总和。一个组织谋求实现总目标比实现个人目标更为重要。协调这两方面利益的关键是领导阶层要有坚定性并做出良好的榜样。协调要尽可能公正，并经常进行监督。

7. 报酬要公平。

报酬必须公平合理，尽可能使职工和公司双方满意。对贡献大、活动方向正确的职工要给予奖赏。

8. 集权。

集权就是降低下级的作用。集权的程度应视管理人员的个性、道德品质、下级人员的可靠性以及企业的规模、条件等情况而定。

9. 等级链。

"等级链"即从最上级到最下级各层权力连成的等级结构。它是一条权力线，用以贯彻执行统一的命令和保证信息传递的秩序。

10. 秩序。

秩序即人和物必须各尽其能。管理人员首先要了解每一工作岗位的性质和内容，使每个工作岗位都有称职的职工，每个职工都有适合的岗位。同时还要有条不紊地精心安排物资、设备的合适位置。

11. 平等。

即以亲切、友好、公正的态度严格执行规章制度。雇员受到平等的对待后，会以忠诚和献身的精神去完成他们的任务。

12. 人员稳定。

生意兴隆的公司通常都有一批稳定的管理人员。因此，最高层管理人员应采取措施，鼓励职工尤其是管理人员长期为公司服务。

13. 创新精神。

即不依靠上级指示而独立行动的能力。给人以发挥主动性的机会是一种强大的推动力量，必须大力提倡、鼓励雇员认真思考问题，具备创新的精神，同时也应使员工的主动性受到等级链和纪律的限制。

14. 合作精神。

职工的融洽、团结可以使企业产生巨大的力量。实现集体精神最有效的手段是统一命令。在安排工作、实行奖励时不要引起嫉妒，以避免破坏融洽的关系。此外，还应尽可能直接地交流意见等等。

法约尔指出这些管理原则是灵活的，不是绝对的。管理原则的数目可以有多有少，只要被实践证明是有价值的法则和程序，都会成为原则的一个组成部分。

(四)法约尔管理理论的创新点

法约尔以高级管理人员的视角，自上而下地来考察管理，强调管理能力、管理原则和管理技术对所有组织的应用，比较深刻地洞察了管理的内在价值。法约尔的管理理论是管理史上一个重要的里程碑，其创新之处表现在以下几个方面：

1. 把管理人员的职务权力和个人权力相区别。

法约尔指出，职务权力是由于管理人员的职务或地位而产生的，而个人权力则是由管理人员的智慧、经验、道德品质、领导能力和以往的功绩构成的。权力和责任是相互联系的，责任是实施权力的基础，权力是履行责任的保证；权力与责任必须对等，没有权力的责任会造成责任难以落实，没有责任的权力则会造成权力的滥用。一个优秀的管理者能以他的个人权力来补充他的职务权力，并清醒地意识到自己在行使权力时所承担的责任。

2. 强调个体利益服从整体利益。

个体利益和整体利益是矛盾的统一体，从长期来看，个体利益与整体利益是一致的，没有整体利益的个体利益是难以实现的，没有个体利益的整体利益就失去了动力。从短期来看，个体利益与整体利益则时常存在不一致的现象。法约尔强调，个人或部门利益不能置于整个组织利益之上，必须坚持个体利益服从整体利益的原则，要做到这一点，就需要组织成员克服愚昧、自私、懒惰和一切企图把个人和小集团利益置于组织整体之上的个人情绪，只有这样，才能促进组织的健康发展。

3. 重视员工的创造性和团队精神。

创造性是完成组织各项活动的强大动力，法约尔主张在一切工作中都要充满热情、发挥干劲。并通过团队精神来实现组织成员之间的相互配合与协调，"分裂敌人以削弱其力量是聪明的，但是分裂自己的队伍则是反对公司的一大罪状"。法约尔认为，"在塑造团队精神时，为了提高交流速度和清晰明了，应当尽可能地使用口头交流方式。正式的书面交流形式，增加了对于企业而言有害的工作负担和复杂性，有时耽误了工作，应该避免"。

三、韦伯的行政组织理论

行政组织理论是科学管理的一个重要组成部分，它强调组织活动要通过职务或职位而不是个人或世袭地位来设计和运作。这一理论的创始者是德国社会学家马克斯·韦伯(1864—1920)，他从社会学的研究中提出了所谓"理想的"行政组织，被后人称为"组织理论之父"。

韦伯研究的重点是大型组织和大规模企业的管理问题。他认为，越是庞大的社会经济组织，越需要严密精细的管理。而对大型组织进行严密精细管理的关键在于建立一种理想的行政组织。所谓理想的行政组织，就是管理活动通过职位而不是个人或"世袭"来进行。这种组织具有分工明确、等级清晰、规章制度详尽等特征。在韦伯看来，运用这种理想的行政组织模式，就可以实现小规模企业向大规模企业管理的过渡。

韦伯提出的理想的行政组织模式如下：

1. 明确的分工。

明确规定每一个成员的权力和责任，并且把这些权力和责任作为正式职责而使之合法化。

2. 清晰的等级关系。

各种职位均按权力等级组织起来，形成一个指挥链或自上而下的等级系统。

3. 正式规章制度。

为了确保一贯性并规范全体雇员的活动，管理者必须倚重正式的组织规则。

4. 非人格化。

组织成员之间的关系，只是一种职位关系，避免掺杂个人思想感情或个性的影响。

5. 人员的正规选拔。

组织成员通过公开考试进行选择，有严格的选择准则。

6. 职业导向。

行政人员不是他所管辖的那个企业的所有者，他们是专职人员，领取固定薪金却寻求自身在组织中的职业发展。

韦伯认为，权力是任何一个组织存在的前提和基础，如果没有某种形式的权力来指导组织，组织就无法实现其目标。权力能消除混乱，带来秩序。韦伯把支撑组织存在的权力分为三种：

(1)合理合法的权力。这是一种按职位等级合理地分配，经规章制度明确规定，并由能胜任其职责的人，依靠合法手段而行使的权力。

(2)“世袭”的权力。这是一种由于个人占据着特殊职位而产生的权力。

(3)“神授”的权力。这是一种由于信徒对某个人的信任和信仰而产生的权力。

在韦伯看来，理想的行政组织应当以合理合法的权力为基础。因为合理的权力表明，管理人员的权力是按照其完成任务的能力分配的；管理人员具有行使权力的法律手段；合理合法的权力都有明确的规定。相比之下，“世袭”的权力将不那么有效，因为其领导人不是根据其能力挑选出来的，而且还会采取行动来维护过去的传统。同样，“神授”的权力太感情用事和太不合理了，因为它回避规章制度和程序。

无论是泰勒的科学管理理论，还是法约尔的组织管理理论以及韦伯的行政组织理论，虽然他们研究的侧重点各不相同，但他们却有两个共同的特点：一是把人看成“经济人”，认为人的一切行为都是为了获得物质利益，忽视对人的需要及行为的研究，基本上是一种见物不见人的管理；二是着重研究组织内部的管理问题，没有涉及组织与外部环境的联系，属于一种封闭系统的管理。由于这些共同的局限性，这三大管理理论被称为古典管理理论。

第三节　人际关系与行为科学理论

行为科学理论之所以得以产生，是因为科学管理理论尽管在提高劳动生产率方面取得了显著的成效。但由于它片面强调对人进行严格的控制和动作的规范，在管理中，把人当作机器的附属品，不是人在使用机器，而是机器在使用人，这就激起了工人的强烈不满。到了 20 世纪 20 年代前后，一方面，随着工人的日益觉醒，工人与企业主之间的矛盾越来越大；另一方面，随着工人收入水平的不断提高，金钱刺激的作用也开始下降。在这种情况下，科学管理已难以适应新的形势的要求，需要有新的管理理论和方法来进一步调动工人的积极性，从而提高劳动生产率。于是，一些学者开始从生理学、心理学、社会学等方面研究组织中有关人的问题，如人的工作动机、情绪、行为与工作之间的关系等，由此导致了行为管理理论的产生。

行为科学对管理的创新，一般可以把它划分为两个时期，即早期的人际关系学说及后期的行为科学学说。

一、霍桑实验与人际关系理论

人际关系理论建立在霍桑实验的基础上，而霍桑实验又因为有了梅奥等人的参加而得以成功的进行。

(一)霍桑实验

工作的物质环境和职工福利的好坏,同工人的劳动生产率有没有明显的因果关系?1924年,美国科学院派调查委员会到芝加哥西部电气公司下属的霍桑工厂,对两个继电器装配小组的女工进行工作场所照明、工间休息、点心供应等物质条件的变化与工人生产率之间的关系进行了实验研究,世称"霍桑实验"。但因为研究缺乏专业人员的指导,实验没有取得什么进展。

哈佛大学心理学教授乔治·艾尔顿·梅奥(1880—1949)了解到上述情况后,表示对此项研究很感兴趣,并愿意把这个实验继续进行下去。于是,1929年,梅奥便带领哈佛的实验小组到霍桑工厂继续进行实验,直到1932年结束。

霍桑实验的主要内容与基本过程包括以下几个方面:

1. 照明实验(1924—1927年)。

照明实验以泰勒科学管理为指导思想,研究照明情况对生产效率的影响。专家们选择了两个工作小组:一个为试验组,变换工作场所的照明强度,使工人在不同光照度下工作;另一个为对照组,工人在照明强度不变的条件下工作。两个小组被要求一切工作按照平时那样进行,不需做任何额外的努力。试验组的光照度不断变化,而控制组的光照度始终不变。但最终的试验结果出人意料,两个小组的产量并没有因工作条件的变化而有较大的差异。而且,对试验组来说,当工程师把工作场所的光照度一再降低时,工人的生产率并没有按预期地那样下降。实验表明:影响生产率的不是物质条件的变化,而是其他方面的因素——心理因素和社会因素。

2. 观察实验(1927年8月—1928年4月)。

梅奥等人对六个装配电话的女工进行了长时间的观察实验。为了测定工作条件、工作日长度、休息时间的次数与长度,以及有关物资环境的其他因素对生产率的影响,进行了一系列的观察研究。研究人员担任管理者,他们力图创造一种"更为自由愉快的工作环境",这些管理者改变了传统的严格命令和控制的方法,就各种项目的实验向工人提出建议,征询意见。随着研究工作的进行,他们发现,不管物质条件、休息时间、计件方法等有多大变化,生产率仍然提高。说明研究人员的出现影响了实验结果,因为工人们可以自由发表意见,得到关心的工作环境使工人感觉自己受到重视,士气和工作态度也随之改善,喜欢成为被关注和被研究的对象,他们乐于与研究人员合作,精神状态得到巨大的改变。于是决定进一步研究工人的工作态度和可能影响工人工作态度的其他因素。

3. 访谈研究(1928—1931年)。

研究人员在上述实验的基础上进一步在全公司范围内进行访问和调查,访问调查达2万多人次。他们最初设想,如果工人的态度取决于他们对工作环境的喜爱或厌恶,那么改善环境就能提高他们的满意度或激发积极性。因此,研究者原先访谈的内容,大多是有关管理方面的,如询问职工对管理条例或规章制度的看法等。在执行访谈计划的过程中,研究人员发现,职工对这类设计好的问题并不感兴趣.而更愿意宣泄他们对工厂的各项管理制度和方法的不满。谈话使工人把这些不满都发泄了出来,因而变得心情舒畅。结果,虽然劳动和工作条件并没有提高,但是工人普遍感到自己的处境比以前好多了,工作上的后顾之忧也少了,情绪得到了较好的调节,从而使产量大幅度上升。为此，需要对管理人员进行训练，使他们能够倾听并理解工人的想法，能够重视人的因素，这样才能促进人际关系的改善、工人士气的提高以及产量的增加。

4. 观察研究(1931—1932 年)。

霍桑实验最后阶段的研究计划，是对工人的群体行为进行观察和记录。这个阶段的研究对象是 14 名电话线圈装配工。研究小组发现，该工作室大部分成员都故意自行限制产量，自己确定非正式标准。工人们一旦完成了自己认定的标准以后，即使还有时间和精力，他们也会自动停工或上报他们认为的“合理工作量”。他们认为，如果生产得太多，工厂可能会提高工作定额，这样就有可能使工作速度慢的人吃亏甚至失业。但是如果生产得太少，又会引起监工的不满。因此，他们就会制定一个非正式的产量标准，并运用群体的压力，如冷遇、讽刺、嘲笑等，使每个人遵守这些标准。梅奥据此提出“非正式群体”的概念，认为在正式组织中，存在着一些自发形成的非正式群体，他们具有既定的行为准则，对人们的行为起着调节和控制作用。

(二)人际关系理论

1933 年，梅奥出版了《工业文明的人性问题》一书，此书总结了霍桑实验第一阶段的成果。随后又于 1936 年实验结束后出版了《工业文明的社会问题》一书，在这本书中，他进一步完整地阐明了其观点。另外，参加实验的罗特利斯伯格和迪克逊等人也各自出版了专著，作为对实验成果的总结。根据上述书籍中的论点综合而形成人际关系理论，称人群关系理论。其主要观点包括：

1. 人是“社会人”，而非“经济人”。

梅奥等人认为在古典管理理论中将人视为“经济人”，即认为金钱是刺激人的唯一动力的假设是不对的，工作条件和环境以及工资的支付方式等都不是影响产量的主要原因。梅奥等人认为人是“社会人”，即人不仅仅有追求金钱收入的需要，更主要的还有社会和心理方面的需要，即追求人与人之间的友情和尊重、人的安全感和归属感等。因此，必须从社会和心理等方面尽力满足人的需要，才有可能提高生产效率。梅奥指出：人是独特的社会动物，只有把自己完全投入集体中才能实现彻底的“自由”。他尖锐地批评了“工业社会”及其所产生的工业社会环境的某些方面破坏了促使社会团结的文化传统，造成了“社会解体”和“不愉快的个人”。所以，只有从社会和心理等方面合理地组织管理，才能保持社会的稳定。

2. 发现并证实了“非正式组织”的存在。

所谓“正式组织”是指为了有效地实现组织的目标，规定组织各成员之间相互关系和职责范围的一定组织体系，其中包括组织结构、组织目标和规章制度等。而“非正式组织”是建立在梅奥等人的人是“社会人”观点基础之上的，他们认为由于人是社会动物，所以在相互交往中会自发地形成一种共同的感情、倾向，进而构成一个无形的体系，这就是所谓的“非正式组织”。霍桑实验的结果表明：

(1)发现“非正式组织”的存在，并分析了其作用是不仅能有效地保护组织成员免受组织内部成员的疏忽所造成的损失，如产量的过多和过少，而且还能有效地保护组织成员免受组织外部管理者的干涉所造成的损失，如降低工资或提高产量标准。

(2)发现了由于“非正式组织”的存在而导致的“团体压力”的存在。从某种意义上说，“团体压力”是“非正式组织”存在的润滑剂。

(3)通过进一步研究“正式”和“非正式组织”发现，从整体上看，“非正式组织”没有脱离“正式组织”而存在，而是建立在“正式组织”中的，只不过不受“正式组织”限制的独立的联系路线。而在“非正式组织”内部，它是按各个成员在其中所起作用、同其他成员直接联系数量的多寡进一步分成核心、外围和边缘层，而核心层是由“非正式组织”的“领袖人物”构成的。所以，“正式组织”与“非正式组织”是一种对立统一的关系。“统一”是指双方相辅相成、互为依靠的关系，而“对立”则是指双方还存在互相排斥、互相矛盾的关系。一般地说，前者是以效率逻辑作为标准，且往往被管理者和技术人员所接受；后者是以感情逻辑作为标准，且易被一般组织成员所接受。当前者以效率逻辑行事，忽视了后者的感情逻辑时，冲突必然发生。冲突并不是什么坏事，关键是如何解决。梅奥等人认为，管理者应充分重视“非正式组织”的作用，注意使“正式组织”中的效率逻辑与“非正式组织”中的感情逻辑之间保持平衡。

3. 管理中必须采用新型的领导方式。

梅奥等人从“社会人”和“非正式组织”的观点出发，认为促进生产效率提高的首要因素是组织成员的满足程度，而此满足程度是由其社会地位决定的。在此，组织成员的满足程度是指其为获取安全、归属等社会需求的满足程度而言的。此程度越高，则其“士气”越高，生产效率也越高。因此，管理者应该被训练，使其不仅要具有“技术—经济技能”，还要具备“人际关系技能”；不仅要学会了解人的逻辑行为，还要了解其非逻辑行为；不仅要学会善于与人沟通，倾听他人意见，还要提高在“正式组织”的经济需求和“非正式组织”的社会需求之间保持平衡的能力。

在古典管理理论中，不少学者虽然也论述过“人的因素”的重要性，但其思想体系却始终存在着非人格化的倾向，仍然以机械化、合理化为重点，比较而言更重视物的环境。在人际关系理论中，强调个人行为、组织行为对组织成败的重要作用；强调不仅要注意工作的物质环境，而且要更多地关心工作的社会环境，从而引起对“人”的重视，促进对组织中人的行为的一系列研究。这些都极大地推动了行为科学管理理论的发展。在此之后，从事行为科学管理理论研究的人大量出现，其中包括社会学家、心理学家、人类学家和经济学家等，从而使行为科学管理理论进入了蓬勃发展的阶段。

人际关系理论创立以后曾遭到不少人的反对，古典管理理论的“经济人”观点过于简单，而人际关系理论的“社会人”观点也同样过于简单。它过分强调人受感情逻辑的影响；过分强调非正式组织对个人行为的决定性影响；过分强调人的社会因素而轻视经济因素等。虽然如此，人际关系理论运用多学科的理论真正地开始了对“人的行为”的研究，这不仅为行为科学管理理论的发展奠定了基础，而且为管理理论开创了一个崭新的领域。

二、行为科学理论的发展

20 世纪 40 年代以来，随着人际关系理论的产生，人际关系运动便在实践界和理论界得到了蓬勃发展，致力于人的因素的研究成果也不断涌现。1949 年，一批哲学家、社会学家、心理学家、生物学家、精神病学家等，在美国芝加哥大学研究讨论有关组织中人的行为的理论，并将这种研究人的行为的理论正式定名为行为科学。

行为科学理论主要集中在以下四个领域：对个体行为的研究——人的需要、动机和激励等要素；对人性假设理论的研究；对团体行为的研究；对领导行为的研究。

在众多的行为科学理论中，最具代表性的是马斯洛的需要层次理论、赫茨伯格的双因素理论、弗鲁姆的期望概率理论、麦格雷戈的 X-Y 理论以及布莱克的管理方格理论。

(一)马斯洛的需要层次理论

亚伯拉罕·马斯洛(1908—1970),美国心理学家和行为科学家,1943 年在其所著的《人类动机的理论》一书中提出了“需要层次理论”。这一理论多年来广为流传,并且成为行为科学管理理论中揭示需要规律的主要理论。

马斯洛把人的各种需要归纳为生理需要,安全、保障需要,社交、归属需要,尊重需要,自我实现需要五大类,并且按照其重要性和先后次序排列成一定等级(如图 2-1)。

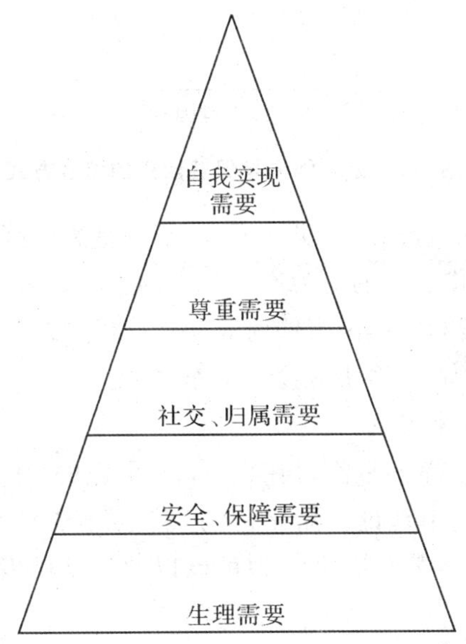

图 2-1　马斯洛的需要层次理论

马斯洛的需要层次理论对激励工人的主动性和创造性、提高劳动生产率具有重要的促进作用。该理论一经提出,便得到了人们的广泛关注和认同。但是,马斯洛的需求层次理论也有一定的局限性,如他只是揭示了需求、动机与行为之间的相互关系,并没有提出激励人们行为的具体方法;对人的需求层次也仅是作了一种机械性的排列,并没有考虑其多样性等。

(二)赫茨伯格的双因素理论

弗雷德里克·赫茨伯格,美国心理学家。他在广泛调查的基础上,在 1959 年出版了《工作的激励因素》以及 1966 年出版的《工作与人性》两书中,提出了“激励因素—保健因素理论”,也称为双因素理论。他认为,影响人们积极性的因素有两类:一类是与工作性质或工作内容有关的因素,称为激励因素;另一类是与工作环境或工作关系有关的因素,称为保健因素。

激励因素包括 6 个方面的内容:工作上的成就感、职务上的责任感、工作自身的性质、个人发展的前景、个人被认可与重用、提职与升迁。

保健因素包括 10 个方面的内容:公司的政策与行政管理、技术监督系统、与监督者个人的关系、与上级的关系、与下级的关系、工作的安全性、工作环境、薪金、人的生活、地位。

激励因素以工作为中心，具有调动积极性的功能；保健因素与工作以外的环境相关联，具有增强满意感的功能。当激励因素具备时，会对人产生很大的激励作用，使人的积极性提高；当激励因素缺乏时，人的积极性就会下降，但不一定产生不满意感。当保健因素具备时，会使人产生满意感，但不一定能调动其积极性；当保健因素缺乏时，则会使人产生很大的不满意感。激励因素与保健因素之间存在四种组合方式，见图 2-2。

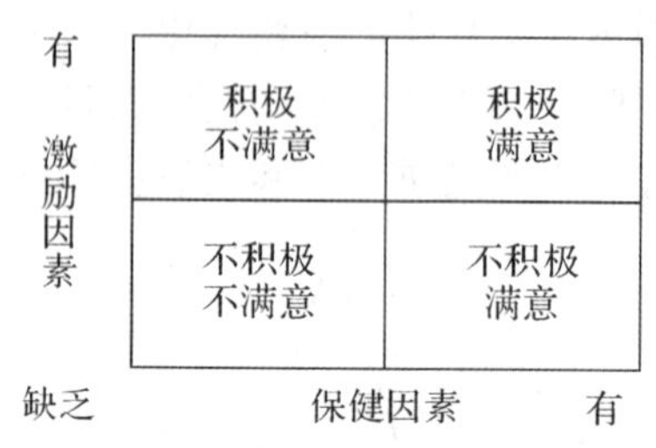

图 2-2 激励因素与保健因素的组合方式

由此看出，在影响人的行为的两类因素中，不管是激励因素还是保健因素，缺少其中的任何一个，都会对工作及人的行为产生不利的影响，要么积极性低下，要么不满意感增加。只有当激励因素和保健因素同时具备时，才能既调动积极性又增强满意感，才能使人们积极主动且又心情愉快地投入工作之中。

（三）弗鲁姆的期望概率理论

美国行为科学家维克特·弗鲁姆在 1964 年出版的《工作和激励》一书中，比较完整地提出了他的期望概率理论。后来，经过其他研究者的补充，成为行为科学家比较广泛接受的激励理论，甚至有人认为可以以此为基础发展出一种综合性的激励理论。

弗鲁姆的期望概率理论是行为科学管理理论中试图揭示激励规律的主要理论之一。他认为对人的激励取决于"激励力"的大小，而"激励力"是由"效价"与"期望概率值"综合作用的结果，也就是说，其中任何一个高值并不一定能产生高的激励力。

用公式表述：激励力＝期望值×效价，简写为 $M=E\times V$

激励力，即动机力量，是指动机的强度，即调动一个人的积极性和激发人的内在潜力的力度，它表明为达到预先设置的目标而努力的程度。

期望值是指人们对某个具体行为可能会得出某个具体结果的概率估计，其数值在 0～1 之间。这种概率值的估计是主观的，受每个人的个性、情感、动机的影响。个体认为可能性越大，积极性就越高；个体认为根本实现不了的目标，即使价值很高，也起不到调动积极性的作用。例如，某学生对其因成绩突出这一行动将导致被评上奖学金的可能性有多大的判断。

效价，也称目标价值，是指一个人对某种特定结果的偏好程度，或者说是一个人对行为结果或目标的评价，即一个人认为某种行为方案的结果对他有多大的价值。它可以用系数 1 来表示，一般在－1 和＋1 的范围之间变化。对结果很不喜欢为－1，对结果无所谓为 0，对结果有强烈偏好为＋1。例如，在某人因为工作成效突出将被晋升这一前题下，对于很想得到晋升的人来说这种强度为正数，对于无所谓的人来说这种强度为零，对于不愿晋升的人来说这种强度为负数（图 2-3）。

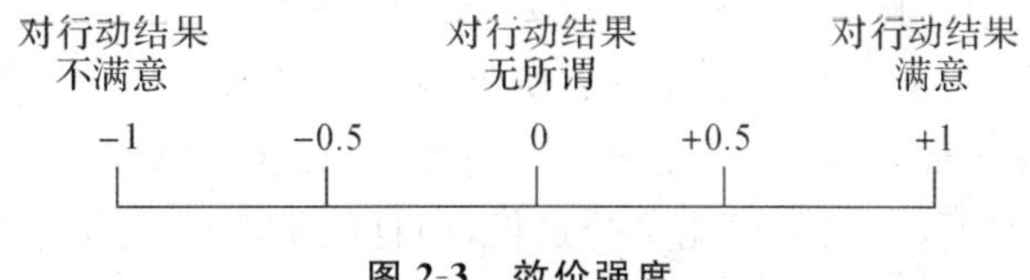

图 2-3 效价强度

对同一个人来说，不同的目标具有不同的价值；对同一个目标来说，不同的人有不同的价值，在不同的环境下也会具有不同的价值。一般来说，人们行为的普遍心理是：把目标价值看得越大，目标的吸引力就越大，行为的积极性就越高。

这个理论从两维角度出发，揭示出激励力产生的根源，它为指导管理者在管理实践中如何有效地运用激励提供了依据。管理者能够通过两条途径达到自己的目标：一是使被激励者了解选择性行动成果的强度或增加其强度；二是帮助被激励者实现其期望概率或提高其概率值。

（四）麦格雷戈的 X-Y 理论

麦格雷戈(1906—1964)，美国心理学家，他在 1957 年出版的《企业的人性面》一书中，首次提出了“X 理论和 Y 理论”。

1. X 理论。

在麦格雷戈看来，每一位管理人员对工人的管理都基于一种对人性看法的哲学，或者一套假定。他把传统管理对人的“经济人”假定叫做“X 理论”，其要点如下：

(1)人的天性都是好逸恶劳的，只要有可能就会逃避工作。

(2)人没有进取心，也不愿意承担责任，一般愿意受人指挥。

(3)人漠视组织的要求，天性就反对变革，把安全看得高于一切。

(4)由于厌恶工作是人的本性，因此对人的管理必须采用严格的惩罚措施，对人进行强迫、控制、指挥与威胁，这样才能迫使人努力实现组织的目标。

2. Y 理论。

麦格雷戈认为，不论是科学管理还是行为科学，其管理方法都是以 X 理论为依据的。只不过科学管理采用的是“强硬的”管理方法，包括强迫、威胁，严密的监督和严格的控制等；而行为科学采用的是“温和的”管理方法，包括态度随和、讲求关系融洽等。但从 20 世纪初以来，从最强硬的到最温和的各种办法都试用过了，效果都不太理想。因为采用强硬的办法会引起工人的各种反抗，如磨洋工、敌对行动、组织好斗的工会等；而采用温和的办法又会导致管理的松弛甚至放弃管理，结果大家保持一团和气，对工作都满不在乎。于是，较为普遍的倾向是采取“软硬兼施”的办法，即“温和地讲话，但手上拿着大棒”。这种“胡萝卜”加“大棒”的方法在人们生活还不丰裕的情况下是有效的，但随着人们生活水平的不断提高，这种管理方法越来越不适用了，因为对于生活富裕的人来说，他们的行为动机主要是追求更高级的需要，而不是“胡萝卜”(生理的需要、安全的需要)。因而，用指导和控制来进行管理，无论是强硬的还是温和的，都不足以激励人们的行动。

麦格雷戈提出了 Y 理论，并用它来代替 X 理论。Y 理论是建立在对人性和人的行为的动机更为恰当的认识基础上的新理论。其要点如下：

(1)人并不是天生就厌恶工作，工作对人们来讲就像休息和娱乐一样自然。

(2)外界控制与惩罚的威胁并不是促使人们向组织目标努力的唯一手段。人只要作出承诺去完成一项工作,他就会自我指挥和自我控制。

(3)对任务所作的承诺与完成任务后所得到的回报成正比。这些回报中最重要的是满足自尊和自我实现的需要,它能促使人们为实现组织目标而努力。

(4)在适当条件下,人们不但能接受责任,而且能主动地承担责任。

(5)在解决组织问题时,多数人都具有想象力和创造力。

(6)人并不是天性反对变革,他们之所以对组织要求采取消极或抵制的态度,通常是由于他们在组织内的遭遇所造成的。

(7)管理的基本任务是安排好组织工作的条件和作业方法,使人们的潜能充分发挥出来,更好地为实现组织的目标和个人的具体目标而努力。这个过程主要是一个创造机会、挖掘潜力、排除障碍、鼓励发展和帮助引导的过程。

行为科学家认为,Y 理论给管理人员提供了一种对于人的乐观主义看法,而这种乐观主义的看法是争取工人的协作和热情支持所必需的。但是,奉行 X 理论的管理人员对此表示不同意见。有人指出,Y 理论有些过于理想化了。所谓自我指导和自我控制,并非人人都能做到。人固然不能说生来就是懒惰而不愿负责任的,但在实际生活中的确有些人是这样的,而且坚决不愿改变。对于这一些人,采用 Y 理论进行管理,难免会失败。同样,对于那些能够做到自我指导和自我控制的人来说,X 理论也未必奏效。

X 理论和 Y 理论,究竟哪个更好呢？要视具体情况而定,这两种理论都有存在的理由。这一点,已被后来的美国管理学家约翰·莫尔斯提出的“超 Y 理论”所证实。莫尔斯认为,X 理论并非全错,Y 理论也并非全对,实施管理方式要根据管理对象的性质和特点进行选择,有些管理对象适合使用 X 理论,而有些对象则适合使用 Y 理论。一般说来,文化素质较低的人,适合采用 X 理论的管理方式,文化素质较高的人,则适合采用 Y 理论的管理方式。

(五)布莱克的管理方格理论

罗伯特·布莱克,美国得克萨斯大学教授。他在 1964 年出版的《管理方格》一书中提出了管理方格理论。

布莱克认为,科学管理理论以工作为中心,行为科学理论以人中心。事实上,以工作为中心和以人为中心仅仅是两种最基本的领导类型,在这两种基本类型之间,还存在着多种中间形式。并且以工作为中心和以人为中心这两个方面并不是相互排斥、非此即彼的,它们可以按照不同的程度结合在一起。为此,布莱克设计了一个方格图(图 2-4)。

横向表示对工作的关心,按照关心程度的不同把它划分为 9 等份;纵向表示对人的关心,按照关心程度的不同把它划分为 9 等份。整个方格图共有 81 格,分别代表着不同的领导类型。评价领导时,就按照他对人或工作关心的情况在方格图中寻找交叉点,这样就把领导的行为划分为不同类型,这个交叉点便是他的领导类型。在图中描述了五种最典型的领导类型:

(1.1)贫乏型领导。这是一种既不关心工作也不关心人、饱食终日、无所用心、软弱无能的领导,因而是不良的贫乏型,类似于自由放任。

(9.1)任务型领导。这是一种埋头业务,只关心生产,不关心人的领导。

(1.9)乡村俱乐部型领导。这种领导只关心人,注意人际关系,对工作任务和效率漠不关心。

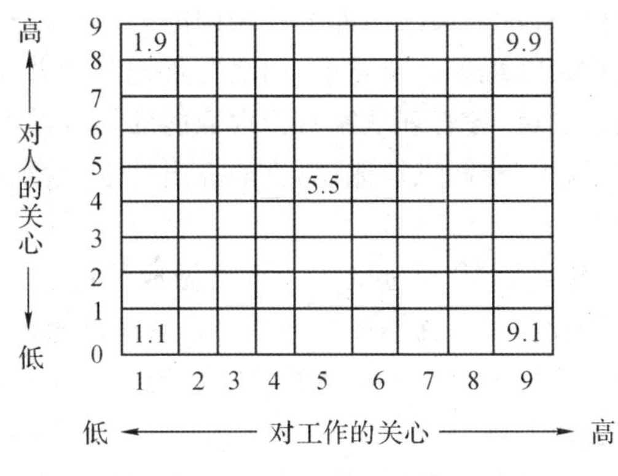

图 2-4　管理方格图

(5.5)平庸型领导。这种领导对人的关心一般化,对生产的关心也一般化,属于一般化平庸型领导。

(9.9)最佳型领导。这种领导既高度关心人又高度关心工作,能实现组织目标和个人理想的有机结合,使工作任务出色完成,士气旺盛,属于最佳型领导。

管理方格论认为,关心工作和关心人是两个不同的方面,而不是一面的两极。对人关心并不意味着必定忽视工作。同理,对工作的重视也不意味着必定缺少对人的关心。领导者可以根据现实需要和可能,对两者或其中一者表示强烈的、较不强烈的或稍有偏重的关心。

此外,行为科学中有关人的需要、动机和激励的理论还有很多。如斯金纳的强化理论、麦克里兰的成就激励理论、亚当斯的公平理论、卢因等的团体力学理论等。

综观行为科学的各种理论可以发现,行为科学理论具有以下特点:一是行为科学的研究重点是对人的行为和动机,其主要目的都在于调动人的积极性和创造性;二是行为科学理论的研究方法具有科学性;三是行为科学的理论基础是:管理就是通过别人来做工作,管理实际上是行为科学的运用。

第四节　现代管理理论丛林

第二次世界大战以后,随着科学技术的迅猛发展,生产和组织规模急剧扩大,生产力水平和生产社会化程度不断提高,管理理论引起了人们的普遍重视。许多学者和实际工作者在前人的理论与实践经验的基础上,结合自己的专业知识,从不同角度和层面,运用不同方法和手段对管理问题进行研究,形成了许多新的管理理论和学说。1961 年 12 月,美国管理学家哈罗德·孔茨发表了名为《管理理论的丛林》的文章,将当时管理理论的各个流派称为"管理理论丛林"。1980 年,孔茨认为,这一"丛林"枝叶繁生,至少可划分为十个学派。

一、管理过程学派

管理过程学派又称作业学派。该学派早期的代表人物是亨利·法约尔,后来的主要代表人物是美国管理学家孔茨和奥唐奈。由于该学派的特点是把管理理论与管理人员从事工作的过程联系起来,所以称为管理过程学派。该学派认为,不论组织的性质如何，所处的环境如何，管理人员的职能都是相同的。因此，该学派首先研究的是管理职能，并将这些职能作为管理理论的基础，如法约尔把管理划分为计划、组织、指挥、协调、控制等五项职能。之后，各管理学家对管理职能的划分虽不完全一致，但也大同小异，如有的主张计划、组织、控制三职能说；有的提出计划、组织、用人、指挥、协调、报告、预算七种职能说等。

孔茨与奥唐奈把管理解释为“通过别人使事情做成的职能”。管理人员的职能有计划、组织、人事、指挥、控制五项，并按此来分析研究管理理论。有人认为这些职能是按顺序执行的，但事实上管理人员是同时执行这些职能的。这些职能中的每一种都对组织的协调有所贡献，但协调本身并不是一种独立的职能，而是有效地运用这五种管理职能的结果。他们对每种职能按以下几个基本问题进行分析：

(1)这个职能的性质和目的是什么？

(2)它的结构上的特性是什么？

(3)它如何执行？

(4)在它的领域里，主要的原则和理论是什么？

(5)在它的领域里，最有用的技术是什么？

(6)执行这一职能有什么困难？

(7)完成这一职能的环境是怎样造成的？

管理过程学派认为，一切最新的管理思想都能纳入上述结构中去。管理理论就是环绕这样的结构，把通过长期的管理实践积累起来的经验、知识综合起来，提炼出管理的基本原则。这些原则对于改进管理实践是有明显的价值的。同时，孔茨等人还认为，管理理论要吸收社会学、经济学、生理学、心理学、物理学和其他科学技术和知识，它们是与管理工作有关的。但不能把这些学科的所有领域都包括到管理理论中去，因为科学的进步要求把知识分门别类，有所区别。

二、经验学派

经验学派又称经理学派。这一学派中，有管理学家、经济学家、社会学家、统计学家、心理学家、大企业董事长、总经理及其顾问等。其代表人物主要有德鲁克、戴尔、纽曼、斯隆等。该学派把管理看做经验性很强的实务，认为科学管理和行为科学都不能完全适应企业发展的实际需要，应该从企业管理的实际出发，收集各类企业管理的成功经验与失败教训，并把这些经验加以概括和理论化，从而为企业经理人员从事管理活动提出更为实际的建议和方法。

(一)管理的性质

经验学派十分重视对管理成功经验的总结，着重强调管理理论的实用性，认为管理是管理人员的技巧，是一个特殊的、独立的活动和知识领域。但在对管理概念的认识上，却存在着不一致的意见。概括起来大致有这样几种解释：

彼德森和普洛曼认为，管理是一个特定的人群用以确定、阐明和实现其目的和目标的技能。管理的具体概念随应用人群的变化而变化，但其基本意义不变。例如，政府是公共事务管理，军队是一种特殊形式的公共事务管理；工商业管理是一种专业化的管理，国营企业管理是一种特殊形式的工商业管理。

德鲁克认为，管理只同生产商品和提供各种经济服务的工商企业有关。管理学是由管理一个工商业的理论和实际的各种原则组成的。管理的技巧、能力、经验不能移植并应用到其他机构中去。

纽曼认为,管理就是把个人或团体的努力引导到某个共同的目标。管理者的主要职责是以最少的资源耗费来实现预定的目标。纽曼指出,企业的经理人员往往是在他所管理的具体领域中显示出优秀才能的人,如一个制造雷达公司的副经理可能就是一个很好的电子工程师。这说明个人经验和专业知识对一个经理来说是很有价值的。但是要成为一个好经理,仅有个人经验和专业知识是不够的。相反,有些人在其所管理的专业领域并没有杰出的才能,同样可以成为一个能干的经理。而且有些经理能够在一些不同性质的企业中都管理得很好,这就证明管理活动有其特殊的内容。

(二)经理的任务

经验学派认为,经理人员在管理活动中担负着重要的职责,它们承担着别人无法替代的两项特殊任务:

1. 调动各种有效资源。

经理人员的主要职责在于克服企业中所有的弱点和困难,将各种有效资源调动起来为企业的目标服务。尤其是要充分发挥人力资源的作用,减少或避免人力资源的浪费。因为人力资源是企业中最为宝贵的"第一资源",人力资源的作用发挥得如何,直接决定着其他资源运用的效率和效果。不仅如此,经理人员在调动各种资源的过程中,为了保持企业各项活动的协调性和有序性,还必须从系统的角度动态地考虑问题,既要考虑一个整体的企业,又要兼顾所有可能出现的特殊问题。

2. 协调当前和长远利益。

经理在作出每一项决策和采取每一项行动时,都要把当前利益和长远利益协调起来。每一个经理都有一些共同的、必须执行的职能。这就是:确立组织目标并决定达到目标的要求,然后把它传达给与实现目标有关的人员;进行组织工作,包括建立机构、分配人员等;进行鼓励和联系工作;对企业的成果进行分析,确定标准,并对企业所有的工作进行评价,使员工得到成长和发展。

经验学派的代表人物德鲁克指出,经理人员的任务就是激励、指挥和组织别人去做工作,而不是自己去做。不论经理人员所从事的是哪一种工作,他的效果都取决于他的听和读的能力,取决于他的说和写的能力,他所需的是把自己的思想传达给别人,以及找到别人在想什么的技巧。

(三)目标管理

经验学派认为,科学管理强调以工作为中心,忽视人的一面;行为科学强调以人为中心,忽视与工作相结合。其实,以工作为中心和以人为中心并不是矛盾的,完全可以统一起来。而目标管理正是将以工作为中心的科学管理和以人为中心的行为科学统一起来的有效管理方法。它能够通过目标的制定和执行,使职工发现工作的兴趣和价值,从工作中满足其自我实现的需要。

目标管理是这样的一个过程:首先由各级管理人员共同参与制定组织整体目标;然后将整体目标进行逐级分解,变成部门目标和个人目标,并根据部门和个人所承担的目标,规定其主要职责范围;最后根据部门和个人的目标完成情况对其进行考核和评价。值得注意的是,目标管理的目的并不是用目标来进行控制,而是用目标来更好地激励下级。

三、社会系统学派

巴纳德(1886—1961),社会系统学派的创始人,美国高级管理人员和管理学家,长期从事管理实践工作。在1927年至1948年期间,他一直担任美国贝尔电话公司的总经理。他在长期的管理实践中,从一个企业家的角度,运用社会学和系统论的观点来分析研究高级管理人员的职能。在分析研究中,他把组织特性与人类特性有机地结合在了一起,为组织理论的创新和发展作出了很大贡献,在管理学界享有很高的地位。其代表作是1938年出版的《经理的职能》一书,被人称为美国管理文献中的经典著作。

(一)组织的性质

"组织不是集团,而是相互协作的关系,是人相互作用的系统。"巴纳德对组织的定义是"两个或两个以上的人,有意识协调的活动和效力的系统"。组织由人组成,而这些人的活动是互相协调的,因而成为一个系统。系统有各种级别,一个组织内部的各个部门或子系统是低级系统,由许多系统组成的整个社会是一个高级系统。

巴纳德提出,任何一个组织,都要遵循系统的效力原则和效率原则。所谓系统的效力,是指组织系统协作的成功力量。当一个系统协作得很成功时,它的目标就能够实现,那么这个协作系统就是有效力的。假如一个协作系统的目标没有实现,这个系统就将崩溃瓦解。所以,系统的效力是系统存在的必要条件。所谓系统的效率,是指系统成员个人目标的满足程度。如果协作系统成员的个人目标得不到满足,他们就会认为这个系统是没有效率的,他们就会不支持或退出这个系统。可见,协作效力则是个人效率的结果。

(二)组织的要素

巴纳德把组织划分为正式组织和非正式组织。他认为,正式组织作为一个协作系统,无论其级别高低和规模大小,均包含三个基本要素:

1. 共同的目标。

这是组织存在的基本要素。没有明确的共同目标,成员的协作意愿就无从产生,这种共同目标必须被组织成员所接受。管理人员的一项重要任务就是消除组织目标与个人目标的背离,使组织目标与个人目标相一致。如果组织目标无法达到,组织必然趋于崩溃。

2. 协作的意愿。

这是实现组织目标不可缺少的要素。所谓协作意愿,是指组织成员愿意为组织的目标作出贡献的意志。没有协作的意愿,就无法把个人的努力连接起来,组织目标就无法实现。巴纳德认为,组织成员协作意愿的强度是不相同的,要增强组织成员的协作意愿,就需要实现诱因与贡献相平衡。即组织如果要求成员作出贡献,就必须对个人提供适当的刺激以满足他们的需要。巴纳德把这种诱发个人对组织作出贡献的因素称之为"诱因"。组织只有使诱因与贡献取得某种程度的平衡,才能增强组织成员合作的意愿,组织目标才能实现。否则,成员贡献就会减少,甚至要求退出组织。

3. 信息的联系。

它是将共同目标与协作意愿连接起来的桥梁和纽带。即使组织有了共同目标,但如果不通过信息联系使组织成员对此目标有所了解,共同目标也没有意义,同样,为了使组织成员有协作的意愿,能合理地行动,也必须有良好的信息联系。所以,一切活动都是以信息联系为基础的。

（三）组织的权力

传统管理理论认为，组织存在的基础是权力，而权力来自自上而下的授予。巴纳德认为，权力不是来自自上而下的授予，而是要看下级是否接受。只有当命令被下级所理解，并且相信它符合组织目标和个人利益时，才会被接受，这时权力才能成立。因此，巴纳德主张，一个组织不能单纯依靠少数几个人的权力命令来行事，必须取得组织内全体人员的支持与合作，否则就会像集权的国家那样，脱离人民和社会的支持，最终必将垮台。这就是巴纳德提出的权力接受理论。

（四）非正式组织

非正式组织是相对于正式组织而言的。它没有正式的组织结构，也没有明文规定的共同目标，它产生于同工作有关系的联系中，有一定的共同看法、习惯和准则。它对正式组织既有积极的影响，也有消极的影响。作为经理人员，必须对它有所了解，善于诱导它们，使它们能够对达成正式组织目标发挥积极作用。巴纳德认为，非正式组织可能对正式组织产生某些不利的影响，但它对正式组织至少有三种积极影响：

第一，有些不便于在正式组织解决的问题，或难以确定的事情、意见及建议等，在非正式组织却变得容易解决。

第二，通过对协作意愿的调节，能够维持正式组织内部的团结。

第三，能提高个人的自尊心，缩短人们心理上的距离。

巴纳德指出，当个人和正式组织之间发生冲突时，这些因素对维持一个组织的功能起了重要的作用。所以，非正式组织是正式组织不可缺少的部分，非正式组织的活动使正式组织更有效率并促进其效力。

四、决策理论学派

决策理论学派是以统计学、系统论和行为科学为基础发展起来的一种现代管理理论。它强调决策和决策者在管理中的作用，认为决策贯穿于管理的整个过程，决策一旦失误，企业的生产效率越高，造成的损失也就越大。因此，企业必须采用一套制定决策的新技术，以实现决策的科学化，减少决策失误。该学派的主要代表人物是美国卡内基—梅隆大学的教授赫伯特·西蒙、马奇等人。其主要代表作有《管理决策新科学》、《经济学和行为科学中的决策理论》等。

（一）管理的性质

决策理论学派对管理的定义最为简洁，认为“管理就是决策”。决策贯穿于管理过程的始终，要提高管理人员的管理水平，首要的是提高他们的决策水平。确实，无论是计划、组织还是协调、控制，各项管理活动的开展都离不开决策，决策是管理活动的基本要素，决策的正确与否对企业的生存与发展有至关重要的影响。正确的决策能够使企业迅速发展壮大，错误的决策则会使企业蒙受严重损失。

（二）决策的过程及类型

决策理论学派认为，决策过程的各个阶段本身就是一个复杂决策过程。这个过程往往分为四步：第一步是“情报活动”，主要是探查环境，寻求要求决策的条件；第二步是“设计活动”，也就是创造、制定和分析可能采取的行动方案；第三步是“抉择活动”，即从可利用的若干方案中选出一条特别行动方案；第四步是“审查活动”，即对选择的行动方案进行分析和评价。这其中,每一步本身又是一个复杂的决策过程。

决策可按照不同的标志划分为不同的类型,如按照决策问题出现的频度,可将决策划分为程序性决策和非程序性决策;根据决策条件的不同,可将决策划分为为确定型决策、非确定型决策和风险型决策。不同类型的决策采用的技术和方法是不同的。

(三)决策的标准

传统决策理论把人看成是"理性的人",认为人的决策都是受"最优化"原则支配的,并且拥有全部可供选择的行动方案。而事实上,决策者处于一个复杂动态的开放系统中,不可能是一个有意识寻求最优化的"理性的人",也不可能拥有决策所需要的全部可行方案,这就决定了任何一个决策者在决策时,既不希望也不可能达到"最优化"的决策目标,只能是选择比较切实可行的满意目标。因此,西蒙认为"令人满意"才是决策的标准。也就是说,管理者在进行决策时,应当只考虑与决策问题有关的情况,而不考虑其他一切可能出现的复杂情况,采用"令人满意"而非"最优化"的准则,以便作出令人满意的决策。

五、权变理论学派

权变管理理论是 20 世纪 70 年代在美国形成的一种管理理论。该理论认为,世界上不存在最好的、能适应一切情况的、一成不变的管理理论、方法和模式,每一种管理理论和方法的提出都有其具体的适应性。这就意味着,管理者在管理实践中,要根据所处的内外部环境条件和形势的发展变化而随机应变,依据不同的具体情况,寻求最适宜的管理方法和模式。

美国尼布拉加斯大学教授卢桑斯在 1976 年出版的《管理导论:一种权变学》一书中系统地概括了权变管理理论。其主要观点如下:

1. 权变管理就是把环境对管理的作用具体化,并使管理理论与管理实践紧密地联系起来。

卢桑斯指出,过去的管理理论可分为四种,即过程学说、计量学说、行为学说和系统学说,这些学说由于没有把管理和环境妥善地联系起来,其管理观念和技术在理论与实践上相脱节,所以都不能使管理有效地进行。只有把管理理论与管理实践紧密结合起来,并充分考虑环境对管理的具体作用,才能实现有效的管理。

2. 在某种环境条件下,要采用与之适宜的管理原理、方法和技术,这将有利于组织目标的实现。

在通常情况下,环境是自变量,管理的观念和技术是因变量。这就是说,如果存在某种环境条件,为更快地达到目标,就要采用某种管理原理、方法和技术。比如,如果在经济衰退时期,组织在供过于求的市场中经营,采用集权的组织结构,就更适合于达到组织目标;如果在经济繁荣时期,在供不应求的市场中经营,那么采用分权的组织则可能会更好。

3. 环境变量与管理变量之间的函数关系就是权变关系,这是权变管理理论的核心内容。

环境可分为外部环境和内部环境。外部环境又可以分为两种:一种是由社会、技术、经济和政治、道德、法律等所组成的;另一种是由供应者、顾客、竞争者、雇员、股东等组成的。内部环境基本上是正式组织系统,它的各个变量与外部环境各变量之间是相互关联的。决策、交流和控制、技术状况等管理变量包括上面所列四种学说所主张的管理观念和技术。

总之，权变管理理论的最大特点：一是把组织看做社会系统中的分系统，要求组织各方面的活动都要都要适应外部环境的变化；二是强调根据不同的具体条件，采取相应的组织结构、领导方式、管理机制。

六、其他管理学派

（一）人际关系学派

该学派主张以人与人之间的关系为中心来研究管理问题。该学派把社会科学方面的许多理论、方法和技术用来研究人与人之间以及个体行为的各种现象，研究内容从个体的个性特点到文化关系，范围广泛，无所不包。该学派注重个体、注重人的动因，把人的动因作为一种社会心理现象。其中有些学者强调处理人际关系的重要性，有些学者强调管理就是领导，还有不少人则着重研究人的行为与动机之间的关系，以及有关激励和领导的问题等。

孔茨对该学派的评价是，人际关系理论和管理科学与其说是一种管理理论，倒不如说是管理者采用的一种方法。

（二）群体行为学派

该学派同人际关系学派关系密切，但它所研究的是组织中的群体行为，而不是一般的人际关系和个体行为；它以社会学、人类文化学和社会心理学为基础，而不是以个体心理学为基础。该学派着重研究各种群体的行为方式，从小群体的文化和行为方式到大群体的行为特点，均在研究之列。有人把该学派的研究内容称为“组织行为”研究。

该学派的最早代表人物和研究活动是梅奥和霍桑试验。20 世纪 50 年代，阿吉里斯提出了“不成熟—成熟交替循环的模式”。

（三）社会技术系统学派

这是较新的学派，其创始人是英国的特里斯特。该学派认为，要解决管理问题，只分析社会系统是不够的，还必须分析研究技术系统对社会系统的影响，以及对个体心理的影响。组织的绩效甚至管理的绩效，不仅取决于人们的行为态度及其相互影响，还取决于人们工作所处的技术环境。管理者的主要任务之一就是确保社会系统与技术系统的相互协调。

该学派特别注重对工业工程、“人—机工程”等方面问题的研究。

（四）沟通（信息）中心学派

该学派同决策理论学派关系密切，主张把管理人员看成一个信息中心，并围绕这一概念来形成管理理论。该学派认为，管理人员的作用是接收信息、贮存信息和传播信息，每一位管理人员的岗位犹如一台电话交换台。

该学派强调计算机技术在管理活动和决策中的应用，强调计算机科学同管理思想和行为的结合。该学派的代表人物有李维特、纽曼、香农和韦弗。

（五）管理科学学派

“二战”期间，运筹学的方法在组织和管理大规模的军事活动，特别是军事后勤活动中，取得了巨大成功。运筹学家认为，管理基本上是一种数学程序、概念、符号以及模型等的演算和推导。他们自称为“管理科学家”，这样，就出现了管理科学学派。该学派认为，如果管理工作、制定决策是一个合乎逻辑的过程，那么就可以利用数学符号或关系式来描述；在研究和解决管理问题（其中包括决策）时，要着重强调合理性、定量分析和准确衡量。

本章小结

1. 有了人类社会，就有了管理活动。人类的管理实践活动，为早期管理思想的产生奠定了基础。

2. 早期管理思想的主要代表人物是尼克罗·马基雅维利、亚当·斯密、罗伯特·欧文、查尔斯·巴贝奇。

3. 泰勒、法约尔和韦伯分别从个人、组织和社会三个不同的角度提出了古典管理理论，使管理学真正成为一门科学。

4. 梅奥以他的霍桑实验提出了"社会人"的观点，并发展成为人际关系学说，成为行为科学发展的开端。

5. "二战"以后，管理理论引起人们的普遍重视，许多学者从不同角度研究管理学，形成了管理理论的丛林。

思考题

1. 古典管理理论的三个主要代表人物及他们的主要观点有哪些？以现代的眼光分析其利弊。

2. 梅奥人际关系学说的主要观点有哪些？结合实际谈谈你的理解。

3. 试述需要层次理论的观点，并结合自身需要谈谈体会。

4. 你认为现代管理理论的哪些思想或方法是从古典管理理论中得到启发的？

5. 从管理思想和管理理论的发展轨迹中，你认为对人的认识是怎样一个过程？

案例 2.1 肯德基的特殊顾客

美国肯德基国际公司的子公司遍布全球 60 多个国家，达 9900 多家。然而，肯德基国际公司在万里之外，又怎么能相信他的下属能循规蹈矩呢？

一次，上海肯德基有限公司收到了 3 份总公司寄来的鉴定书，对他们外滩快餐厅的工作质量分 3 次鉴定评分，分别为 83、85、88 分。公司中、外方经理都为之瞠目结舌，这三个分数是怎么评定的？原来，肯德基国际公司雇佣、培训一批人，让他们佯装顾客潜入店内进行检查评分。

这些"特殊顾客"来无影，去无踪，这就使快餐厅经理、雇员时时感到某种压力，丝毫不敢疏忽。

很多企业，员工与老板经常打游击战。当老板在的时候，就表现卖力，似乎是位再称职不过的员工了；而等老板前脚刚走，就在办公室里大闹天宫了。很多老板，会在这个时候杀个回马枪，嘿嘿，刚好逮个正着。不过，这样也不是个长期办法，老板也没有这么多精力去跟员工玩游击战，主要还是制度的确立。如果建立了一套完善的制度，让员工意识到，无论任何时候，都须一如既往地认真工作，那么，员工就不会钻空子了。

人做一次自我检查容易，难就难在时时进行自我反省，时时给自己一点压力、一点提醒。公司管理者就需要充当这个提醒者，时时给他们一点压力、一点动力，以保持员工不懈的进取心。

经理的最大考验不在于自己的工作成效，而在于自己不在时员工的工作成效。

讨论题：

1. 肯德基公司的做法为什么有效？它的理论依据是什么？
2. 你有什么方法使员工“老板在与不在一个样”。

案例 2.2　索尼的内部跳槽

有一天晚上，索尼董事长盛田昭夫按照惯例走进职工餐厅与职工一起就餐、聊天。他多年来一直保持着这个习惯，以培养员工的合作意识并保持与他们的良好关系。

这天，盛田昭夫忽然发现一位年轻职工郁郁寡欢，满腹心事，闷头吃饭。于是，盛田昭夫就主动坐在这名员工对面，与他攀谈。几杯酒下肚之后，这个员工终于开口了：“我毕业于东京大学，有一份待遇十分优厚的工作。进入索尼之前，对索尼公司崇拜得发狂。当时，我认为我进入索尼，是我一生的最佳选择。但是，现在才发现，我不是在为索尼工作，而是为课长干活。坦率地说，我这位课长是个无能之辈，更可悲的是，我所有的行动与建议都得课长批准。我自己的一些小发明与改进，课长不仅不支持、不解释，还挖苦我癞蛤蟆想吃天鹅肉，有野心。对我来说，这名课长就是索尼。我十分泄气，心灰意冷。这就是索尼？这就是我的索尼？我居然放弃了原来优厚的工作来到这种地方！”

这番话令盛田昭夫十分震惊。他想，类似的问题在公司内部员工中恐怕不少，管理者应该关心他们的苦恼，了解他们的处境，不能堵塞他们的上进之路，于是有了改革人事管理制度的想法。之后，索尼公司开始每周出版一次内部小报，刊登公司各部门的“求人广告”，员工可以自由而秘密地前去应聘，他们的上司无权阻止。另外，索尼原则上每隔两年就让员工调换一次工作，特别是对于那些精力旺盛、干劲十足的人才，不是让他们被动地等待工作，而是主动地给他们施展才能的机会。在索尼公司实行内部招聘制度以后，有能力的人大多能找到自己较中意的岗位，而且人力资源部门可以发现那些“流出”人才的上司所存在的问题。

这种“内部跳槽”式的人才流动是给人才创造一种可持续发展的机遇。在一个单位或部门内部，如果一个普通职员对自己正在从事的工作并不满意，认为本单位或本部门的另一项工作更加适合自己，想要改变一下却并不容易。许多人只有在干得非常出色以致感动得上司认为有必要给他换个岗位时才能如愿，而这样的事普通人一辈子也难碰上几次。当职员们对自己的愿望常常感到失望时，他们的工作积极性便会受到明显的抑制，这对用人单位和职员本身都是一大损失。

一个单位，如果真的要用人所长，就不要担心职员们对岗位挑三挑四。只要他们能干好，尽管让他们去争。争的人越多，相信也干得越好。对那些没有本事抢到自认为合适的岗位又干不好的剩余员工，不妨让他待岗或下岗，或者干脆考虑外聘。索尼公司的内部跳槽制度就是这样，有能力的职员大都能找到自己比较满意的岗位，那些没有能力参与各种招聘的员工才会成为人事部门关注的对象，而且人事部门还可以从中发现一些部下频频“外流”的上司们所存在的问题，以便及时采取对策进行补救。这样，公司内部各层次人员的积极性都被调动起来。当每个干部职工都朝着“把自己最想干的工作干好，把本部门最想用的人才用好”的目标努力时，企业人事管理的效益也就发挥到了极致。

内部候选人已经认同了本组织的一切，包括组织的目标、文化、缺陷，比外部候选人更不易辞职。

讨论题：

1. 你认为“内部跳槽”，满足了马斯洛需要五层次中哪个层次的需要？
2. 从管理方格图看，你认为“无能课长”是对工作不关心还是对人不关心？
3. 根据行为科学理论，分析索尼董事长盛田昭夫的做法。

第三章　决策与计划

本章导读　计划给出未来企业工作的方向，是此岸到达彼岸的桥梁，是组织协调的基础，是管理控制的依据，是管理的首要职能。

决策是计划职能的核心，是计划的前提，为计划提供依据。计划是决策的逻辑延续，是决策的结果，为决策所选择的目标活动的实施提供保证。在实际工作中，决策和计划相互渗透，有时甚至是不可分割地交织在一起。

第一节　决　策

一、决策概述

(一)决策的概念与特点

决策是指决策者在拥有大量信息和丰富经验的基础上，对未来行为确定目标，并借助一定的手段、方法和技巧，对有关影响因素进行分析研究后，从两个以上备选方案中选择一个满意方案的分析判断过程。它有以下特点：

1. 目标性。

任何组织决策都必须首先确定组织的活动目标。目标是组织在未来特定时间内完成任务程度的标志。没有目标，人们就难以拟定未来的活动方案，评价和比较这些方案就没有标准，对未来活动效果的检查也就失去了依据。

2. 可行性。

决策的目的是为了指导组织未来的活动。组织的任何活动都需要利用一定资源，缺乏必要的人力、物力和技术条件，理论上非常完善的方案也只能是空中楼阁。因此，决策方案的拟定和选择，不仅要考察采取某种行动的必要性，更要考虑其可行性。

3. 选择性。

决策的实质是选择，没有选择就没有决策。要有所选择，就必须提供可以相互替代的多种方案。事实上，为了实现相同的目标，组织总是可以从事多种不同的活动。这些活动在资源要求以及风险程度等方面均有所不同。因此，不仅有选择的可能，而且有选择的必要。

4. 动态性。

决策是建立在大量的组织内外信息的基础上，而且通过决策使组织和外部环境保持平衡，但外部环境(包括自身条件)是变化的，因此应与时俱进，不断掌握新情况，解决新问题。

（二）决策的分类

决策所涉及的范围相当广泛，且各有特点。为了便于决策者从不同管理层次上掌握各类决策的特点，根据管理工作的需要，这里介绍几种较为普通的决策分类。

1. 按决策层次划分，决策可分为战略决策、管理决策和业务决策。

（1）战略决策。它是指事关组织未来发展的全局性、长期性的重大决策。战略决策一般由组织的最高管理层制定，故又称之为高层决策或宏观决策。进行战略决策的目的在于提高组织的管理效能，使组织的业务活动与外部环境的变化保持良好的动态平衡。企业的战略决策主要包括企业经营目标和方针的决策、新产品开发决策、投资决策、市场开发决策等。

（2）管理决策。它是指组织为实施战略决策，在人、财、物等方面作出的战术性决策。管理决策一般由组织的中间管理层作出，故又称为中层决策或中观决策。进行管理决策的目的在于提高组织的管理效能，以实现组织内部各环节的高度协调平衡和资源的充分利用。管理决策具有指令性和定量化的特点，其正确与否，关系到战略决策的顺利实施。企业的管理决策主要包括生产计划决策、设备更新改造决策等。

（3）业务决策。它是指在组织的日常工作和活动当中，为提高工作效率和合理开展活动而进行的决策。这种决策一般由组织的业务或基层管理层作出，故又称为基层决策或微观决策。在企业中属于这种决策的有生产作业方法的决策、库存物资发放方式的决策等。

战略决策、管理决策和业务决策之间没有绝对的界限之分，尤其是管理决策和业务决策在不少小企业中往往很难截然分开，制定决策的各级管理层次也并非不可逾越的。一般来说，为了调动各级管理人员的积极性，提高决策的质量，各管理层在重点抓好本层次决策的同时，三个层次的决策者都应或多或少地参与相邻管理层的决策方案的制定（图 3-1 所示）。

管理层次	决策内容
最高管理层	战略决策
中间管理层	管理决策
基层管理层	业务决策

图 3-1　三个层次的决策者

2. 按决策事件发生的频率划分，决策可分为程序化决策和非程序化决策。

（1）程序化决策。它是指日常管理工作中以相同或基本相同的形式重复多次出现的决策。由于这类决策问题产生的背景、特点及其规律较为相似，且易被决策者所掌握，所以决策者可根据以往的经验或惯例来作出决策。这种决策具有常规性、例行性的特点。如生产决策、采购决策、设备选择决策等均属于此类决策。

（2）非程序化决策。它是指由于大量随机因素的影响，很少重复出现，常常无先例可循的决策。这种决策问题由于缺乏可借鉴的资料和较准确的统计数据，决策者大多对处理此类决策问题感到经验不足，所以，在决策时没有固定的模式和现成的规律可循。这样就需要充分发挥决策者及其智囊机构的主观能动性，通过他们敏锐的洞察力、科学的思维方式、丰富的知识积累和处理此类问题的经验，来解决好这类决策问题。如经营方向及经营目标定位决策、新产品开发决策、新市场的开拓决策等均属于此类决策。

3. 按决策的时间跨度长短划分，决策可分为长期决策与短期决策。

(1)长期决策。它是指1年以上，一般是3～10年的决策，关系到企业发展的前途和方向，属于长期性的、全局性的战略决策。如企业的长期投资、市场开拓、技术改造、产品开发、人力资源开发、组织革新等方面的决策均属于此类决策。

(2)短期决策。它是指1年和1年以内的战术性决策，如日常的营销策略、广告策略等。短期策略应该服从和服务于长期策略。

4. 按决策的确定性程度划分，决策可分为确定型决策、风险型决策和不确定型决策。

(1)确定型决策。它是指决策者对每个备选方案未来可能发生的各种情况(自然状态)及其后果十分清楚，特别是对哪种自然状态将会发生，已有的确定的把握，此时只需要对各备选方案的结果进行比较，就可从中选择一个最有利的方案。此种决策在企业中较为普遍。

(2)风险型决策。它是指决策事件未来多种自然状态的发生是随机的，决策者可根据类似事件的历史统计资料或实验测试等估计出各种自然状态所发生的概率，计算各备选方案的期望损益值，然后根据计算的结果作出决策。此种决策带有一定风险，主要源于自然状态的概率是估计值。

(3)不确定型决策。它是指决策者无法确定事件未来多种自然状态的概率，只是凭借经验、感觉和估计所作出的决策。此类决策在企业外部环境变化较大时是经常发生的。

5. 按决策的时态划分，决策分为静态决策和动态决策。

(1)静态决策。静态决策又称单项决策，它是仅根据某一时点的状态所作出的一次性决策，其内容比较单一。

(2)动态决策。动态决策又称序贯决策，它是随着时间的推移，针对在执行过程中可能会顺次发生的不同情况，而采取相应对策的一系列相互联系的多个决策。比如，在作出的某一产品的销售决策时，要同时考虑以下一些因素：假如市场需求量变大怎么办？在销售过程中如果遇到强硬竞争对手，该采取何种对策与之抗衡？当某种对策失效后又应该采取何种补救策略？这需要制定一系列的决策，可以一次把一系列决策制定出来，也可以分阶段作出决策。

6. 按决策者的不同划分，决策可分为个人决策、专家决策和群体决策。

(1)个人决策。它是由决策者个人作出的决策。一般来说，在个人分工负责的职责范围内或在某些特殊情况下，这种方式是非常必要的，特别在某些随机性很强的突发事件面前，要求当机立断时，更应当承认个人决策的必要性。

(2)专家决策。它是由各方面专家集体作出决策。关系到组织长远的、战略性的决策，往往涉及面广、影响因素复杂，单靠个人决策是不行的。这就需要集中各方面专家的集体智慧，请专家集体参与决策。领导者要学会依靠专家集体，善于利用“外脑”提高决策质量。

(3)群体决策。它是由广大职工共同参与作出的决策，是实行民主管理的集中体现。对于组织而言，与职工切身利益密切相关的问题，最好让职工自己来决策。这样既充分发扬民主，调动职工参与管理的积极性，同时又进一步加深职工对组织领导工作的认同感，增强组织的凝聚力及向心力。

为了使组织在决策中能达到预期的目的，科学地划分决策的类型，合理地采用不同的科学决策方法和手段是十分必要的。实际上，各种类型的决策常常是相互影响和交叉的。在决策工作中，主要研究的是战略决策、非程序化决策、风险型决策和不确定型决策等。

（三）决策的意义与作用

1. 决策的正确与否关系着组织的兴衰存亡。

决策的过程就是从多个可行性方案中选定理想方案的过程，也就是选取所付代价最低、耗费时间最短、取得效果最理想的方案。只有这样才能把决策后的不良经济或社会后果降到最低限度。所以说，决策的成功是最大的成功，决策失败是最大的失败，决策正确与否关系着组织和事业的兴衰存亡。因此，管理者必须掌握正确的决策艺术与技巧，审时度势，综观全局，于千头万绪之中找出关键问题所在，权衡利弊，及时作出正确可行的决策。

2. 决策是充分发挥管理职能的重要前提条件，是管理的核心。

现代决策理论的创始人西蒙教授有一个精辟结论："管理就是决策。"他认为，要经营好一个企业，使其发挥最大的效益，就必须具备有效的组织、合理的决策和良好的人际关系。三者之间，决策是基础和核心，脱离了决策就谈不上管理。西蒙认为，管理可以从纵向和横向两个方面来看。纵向就是从管理的程序看，包括计划、组织、人员配备、领导与指挥以及控制等。从横向看，各项管理职能中都存在着如何合理决策的问题。例如，在计划职能中，选择什么样的目标，为实现这个目标如何分配人力、物力和财力；在组织职能中，如何建立合适的管理机构，如何划分职权，如何选配各机构的管理人员；在领导职能中，采取什么形式沟通上下级；在控制职能中，如何选择控制手段和控制方法等。以上这些抉择都是决策，决策是管理中最本质的东西。决策所涉及的面很宽，上至国家领导，下至组织内的科长及班组长，都在他们的工作中进行着各种决策，只是决策的重要程度和影响范围不同而已。

3. 科学决策是市场经济的客观要求，是完成现代化建设任务的根本保证。

决策将使我们避免盲目性和风险性。随着现代社会化大生产的迅速发展和科学技术的巨大进步，人们的生活也更加复杂多变。领导者单靠个人经验、才能进行决策已经远远不够了。要发展社会主义市场经济，需要领导者运用科学决策的手段和方法。如企业在对商品的生产和销售等多种因素作出分析判断后，才能对产品定位作出科学决策，从而在商战中取胜。

决策具有社会性的特点，所以决策是否讲求艺术，决定着行动效果的好坏。随着现代社会化大生产的不断发展，各个部门、各个领域联系广泛，往往"牵一发而动全身"，产生一系列连锁反应。因此，成功的领导者，必须做到多谋善断，科学决策，可以收到事半功倍的效果。

二、决策过程

（一）确定决策目标

决策目标的确定是组织进行决策的起点，也是决策工作的归宿，因为决策的最终目的就是要达到既定的目标。目标确定得不明确或不合理，往往就会导致决策的失误。所谓决策目标，就是用来判断方案优劣的标准。

确定决策目标的过程可以分为以下几个基本步骤：通过对外部环境和组织自身状况的研究分析，找出应达到的目标与实际状态之间的差距；根据存在的差距，找出主要问题及其产生的原因；根据主要问题，确定初步目标；对初步目标进行可行性分析，遇到有多个目标时，认真搞好多目标处理；在可行性分析的基础上，确定决策目标。

1. 确定决策目标要解决的问题。

决策目标是由决策所要解决的问题所决定的。确定决策目标，必须对需要解决的问题从性质到产生的原因进行认真、全面的分析。

解决问题首先就要找出差距，找出组织在活动中存在的问题，即从实际出发，分析在特定环境下实际达到的现实状况与应达到的理想状况有多大的差距。因为理想状况在很大程度上受客观条件的影响，所以，要找出差距首先要对组织活动的客观条件进行科学的分析。而现实状况主要是由主观条件决定的，一个企业的主观条件包括经营战略与策略、经营管理水平等。

找差距有两种基本方法：一是横向分析法，即同国内外同类型组织的现实状况进行对照，经过比较发现存在的问题，寻找差距的大小；二是纵向分析法，即通过对组织活动所面临的形势及程度的分析比较，总结经验教训，以利于认清组织所面临的形势及需要进一步完善和改进的工作。

2. 明确决策目标。

决策目标必须明确，不能含糊不清。否则，在以后制定、评价和选择备选方案时，就会感到无所适从，难以遵循。决策目标应当具体、详细，有具体衡量组织现实状况的标准，不能抽象空洞。有些无法直接用量化指标表示的目标，可以采取间接表示的方式使其量化，如用评分法、百分比法等。

3. 处理好多目标问题。

较复杂的决策问题，往往有多个目标，有时各个目标之间还存在一些矛盾。由于目标的多项性，造成决策标准的多元化，给决策带来一定的困难。因此，在确定目标时，处理好多目标的问题是非常重要的。

处理多目标要遵循三条原则：一是尽可能减少目标数量；二是根据目标的重要程度进行合理排序，分清主次，抓住主要目标；三是保持各目标之间的相互配合与衔接。

减少目标的数量是处理多目标的重要内容，一般采用以下几种方法：①剔除从属性目标和必要性并不显著的目标；②将类似的目标进行合并；③把次要目标降为约束条件；④利用综合指标代替单项指标。

对多目标进行处理后，如果仍然存在若干个目标，那就要按各目标的重要程度排列出一个顺序，确定各自的权重，以便在择优决策时可以遵循。在多目标情况下，如果有互相矛盾的目标存在，则应以组织总目标为依据进行协调。在协调过程中，有时为了顾全大局可以降低甚至放弃某些目标。

4. 确定目标。

经过上述几个阶段的分析研究，最后根据组织的活动特点和实际情况，就可以确定一个适合组织发展的决策目标。决策目标确定得是否适宜，是决策工作的关键所在。

（二）探索设计可行方案

决策过程中应探索和设计多种备选方案，以便决策时选择。

备选方案应该具备三个基本条件：能够有利于组织目标的实现；在组织外部环境和内部条件下都具有可行性；方案必须具有明显的排他性。

制定备选方案的过程，分为四个具体步骤：方案的初步设想阶段；方案设计阶段；方案的可行性研究阶段；改进设计、修正并确定备选方案阶段。

在保证实现决策目标的前提下，备选方案数量越多，质量越好，选择的余地就越大，对科学、有效地决策就越有利。因此，备选方案的设想，必须充分发挥创造性，广泛探索，尽量将一切可能的方案都设计出来。发挥创造性是探索与设计备选方案取得成功的关键。在这个阶段，最好能把各个方面专家集中起来进行讨论，以便互相启发，集思广益，提高方案质量。

在广泛寻求可行方案的过程中，有些方案逐渐地被淘汰，剩下的一些各具特色的方案，则需要进行更细致的设计与进一步探讨。

方案的设计与论证要解决以下四个问题：所设计方案的具体结构和内容是什么？所设计方案受到哪些条件的制约？设计方案执行后可能出现的最好结果和最坏结果各是什么，各自发生的可能性有多大？方案实施过程中有哪些具体应变措施和对策？

设计过程和论证过程是同步进行的，通过论证可以给改进设计提出课题和指明方向，改进设计后还要再次进行论证分析，反复数次后才能形成可行方案。

（三）分析评估与选择

方案的分析评估与选择是决策过程最关键的环节。“多谋善断”中的“多谋”从某种意义上讲，就是充分分析评估，只有“多谋”才能“善断”。

1. 分析评估方案。

方案拟定出来以后，紧接着就要对各备选方案逐个进行分析评估。在拟定方案时，设计出来的方案往往较多，其中有一些不符合要求需要淘汰的方案。决策者在过多的方案面前往往会感到眼花缭乱，很难决断。这就需要在分析评估阶段，对各备选方案进行可行性与效果两方面的研究分析。既要分析其可行的程度，又要对实施后的效果进行估计。通过方案比较，淘汰那些不可行的和效果较差的方案，留下可行性程度较高和效果好的方案，以便进一步选择。同时，各备选方案也可以在这个阶段进行综合，取长补短，把众多的方案综合成少数几个比较理想的方案。这些方案比起原有方案具有更多的优势，决策者就可以在这些方案中选择出一个最合适的方案。

在分析评估方案时应注意以下几点：

(1)必须对明显影响决策目标的所有后果作充分估计。主要目标的关键后果一般是不容易遗漏的，但长远后果、无形后果、间接后果、社会后果等却往往被忽视，这些后果也会影响决策目标的实现，应特别引起注意。对后果估计得越全面、越深入，下一步选择方案就更有把握、更可靠。有时候忽略的似乎只是一个不重要的方面，但后来的执行结果却出乎意料，所谓“功亏一篑”就是这个道理。因此，对影响决策目标的全部后果都不能轻视和马虎。

(2)对备选方案的优劣进行实事求是、全方位的评估。不仅要对方案的长处充分估计和评价，而且还要对其不足之处有清醒的认识，不能为了夸大某一方面，而有意贬低另一方面。在评估方案时，常常会遇到这种情况，人们为了想推行某个方案，在决策时往往把它说得天花乱坠，似乎是完美无缺的，可是执行起来却困难重重，问题成堆。因此，既不能“报喜不报忧”，也不能以偏概全。与其相反的情况也时有发生，有时人们从主观上贬低某个方案，把它说得一无是处。可是过了一段时间后，回过头来发现，原来并非如此。在分析评估时，尤其要注意方案实施过程中可能出现的不利情况，便于事先考虑预防措施，掌握解决问题的主动权，这样才能把可能产生的危害降低到最低限度。

(3)不仅要进行技术上的论证，还应当充分估计各种显性和隐性的因素在方案执行过程中所发挥的作用。任何决策方案的执行都离不开人，发挥人的主观能动性，往往会有力地推动决策方案的实施，使决策方案的执行结果符合事先的估计，甚至比人们的预料还要好。常常有这种情况，一些方案从技术论证上看，并非无懈可击的，可是它符合人们当前的认识，且易于接受和采纳。因此，执行起来就得心应手，结果可能会相当理想。相反，有些方案从理论上看不仅是正确的，而且是较为理想的，可是由于种种原因，人们一时很难接受，执行起来就会处处受挫，其结果就很难尽如人意了。

2. 择优选择方案。

备选方案经过分析评估后，就要进行优选抉择。方案评选的方法通常有：①经验判断法，即根据决策者的经验对方案进行评估；②数学分析法，即通过建立各种数学模型和采用数学分析手段，求出最优解，从而对方案进行评估；③实验法，即在缺乏资料和经验、无法作定量分析时，通过典型实验取得经验和数据，然后对方案进行评估。

在方案优选时应有科学、严谨的态度，应有一种科学、有效的决策标准。在优选过程中应考虑代价、效益和风险三个因素，选择代价较小、效益较高、风险较小的方案作为决策方案。但这三个因素要求往往会发生矛盾，所以要综合分析和考虑，在多项比较中选出满意的方案，或以一个方案为主，同时吸取其他方案优点后综合出满意方案。

在优选阶段应注意以下两方面问题：

(1)领导者是决策人，决策行为应由领导者个人来完成。要区别两个不同的概念，一个是“决策工作”，一个是“决策行动”。决策工作是指从发现问题、确定决策目标开始，包括探索设计可行方案，一直到分析评估备选方案，它是在领导者主持下，主要由智囊人员共同完成的；而决策行为就是方案选择，是一个抉择行为，即通常所说的“拍板定案”，它是领导者的职责，应该由领导者去完成。现代决策必须由专家从事各项决策工作，但他们是在领导者的委托、指导或主持下参与决策的，绝不能代替领导者去“拍板定案”。

(2)领导者一定要用科学的思维方法和谨慎的态度对可行方案作出决断。当专家把各种方案及其背景材料提供给领导者时，领导者要用系统观点，认真仔细地判别各种方案的优劣利弊，从中选出优化方案，适时地作出决断。在选择方案的时候，领导者切不可随心所欲，草率了事，头脑一热就想当然地“拍板”，那样前面所做的一系列工作就失去了意义，不仅前功尽弃，还会后患无穷。

为了确保决策方案的可操作性和实施中的稳定性，在确定满意方案后，还应对其作一次最后的审定。其主要内容包括：检查情报信息的真实性，发现其中失真的或有较大变动的情报；检查方案分析中被抽象掉的某些因素对决策方案有无明显影响程度；对决策方案进行可靠性分析，测试影响决策的主要条件变化所带来的误差和变化幅度，制定应变措施。经过最后审定，认为方案切实可行，方能付诸实施。

(四)实施方案与方案追踪

这是决策的实现阶段。方案一旦选定，就应当进行实验，在此基础上组织实施，并且在执行过程中随时掌握实施情况，及时采取措施或对方案加以调整，最终达到预期的效果。

1. 局部试验。

方案选定以后，一般要进行局部试验，以验证其方案的实施是否稳定、可靠，通常称之为试点。试点是科学和务实态度的体现。必须科学地进行，才能得出科学、真实的结论。在选择试点单位时，必须考虑广泛的代表性，而且局部试点必须严格地按照决策的方案实施。同时，最好选择与试点单位各种条件相类同的单位作对照，这样才可能在比较中得出科学的结论，以利于方案的全面执行。

2. 全面实施。

决策方案的全面实施是决策程序的最终阶段。由于已通过局部试验的检验，决策实施的稳定、可靠程度一般是比较高的。然而，只有通过全面实施才能最后证实决策是否取得成功。

在决策实施过程中，由于主客观条件的不断变化，或者由于决策方案还不完全符合实际情况的要求，产生执行结果和目标出现偏差的情况是常有的。因此，做好检查、反馈和控制工作是十分必要的。通过信息系统和其他渠道，准确而迅速地把决策实施中发生的问题输送到组织的决策层，使得决策层能够及时依据客观情况的变化，对决策方案进行相应的修正或补充，乃至追踪决策，最终实现目标。

在决策全面实施的过程中，可能会碰到以下三种情况，应视不同情况采取不同的措施。

(1)决策正确，但由于执行不力，在实施过程中出现了一些问题。碰到此种情况一定要慎重从事，切忌轻易改变决策，而应该采取加强管理的手段，克服工作中的困难和阻力，把决策坚定不移地实施到底。

(2)决策目标正确，决策方案总体上是合理的，但存在局部性不够完善的地方。这时就需要采取必要措施，修正调整实施方案，进行决策修正，使决策实施方案日臻完善，更加符合实际，更具科学性和可操作性。

(3)决策目标有问题，或整个决策的出发点有问题，或原来赖以决策的主客观条件均发生了明显变化。此时，就必须进行追踪决策。因为这种情况说明决策目标或决策方案出现了根本性错误，唯一的办法就是否定过去的决策方案，实行追踪检查，然后重新决策。

3. 追踪决策。

在决策的实施阶段，由于外部条件的剧烈变化，或者由于决策本身的严重失误，原有决策方案的实施表现出和实际的明显脱节，甚至阻碍决策目标的实现，这时就必须对原有方案进行根本性的修正，称为追踪决策。追踪决策是科学决策中的一种正常现象，它是一种战略转移。通过表 3-1 可以看出在决策实施过程中有五种情况需要进行追踪决策。

表 3-1　追踪决策的各种情况

决策	状　态		
	客观情况重大变化	主观情况重大变化	主客观情况基本不变
原决策正确	追踪决策	追踪决策	实施决策
原决策错误	追踪决策	追踪决策	追踪决策

一般应尽量避免追踪决策，但一旦需要进行追踪决策，就应当全力以赴，严肃认真地做好追踪决策。追踪决策实质上是针对原有问题的再一次决策，它应该按照决策的程序重新进行。因此，追踪决策不是对原有决策方案的修订或补充，而是对原决策方案进行一次根本性的重大改变。追踪决策的特征表现在以下四个方面：

(1)回溯分析。一般决策是在调查分析当时条件与预测未来趋势的基础上进行的，而追踪决策是在原有决策已经实施，并且面临重大失败的情况下进行的。因此，追踪决策的分析过程必须从原有决策的起点开始，逐步分析，总结经验教训，使追踪决策建立在现实、正确的基础上。

(2)非零起点。一般决策在制定时尚未实施，是以零为起点的。而追踪决策则不然，它是原有决策已经执行了一段时间后才进行的，因此，"非零起点"就成为追踪决策一个极为重要的特征。

(3)双重优化。一般决策方案的选择是从多个并列的备选方案中一次择优，而追踪决策的方案选择却具有双重优化的性质。一是追踪决策的方案一般应优于原有决策方案，否则就失去了追踪决策的意义；二是在几个新备选方案中进一步择优。在一般决策时，"益"大于"损"是择优的基本原则，但在追踪决策时就要根据不同情况，作出不同抉择。有时决策只能从损失程度的大小上去作选择，两害相比取其轻，害中取小即为好。

(4)心理效应。心理效应是指由人们的心理活动而产生的效应。它在决策中占有十分重要的地位。就追踪决策而言，这个效应更为明显。首先，要改变原有决策，就会在有关人员当中产生不同的心理效应，从而导致人们不能用公正、客观的尺度去衡量原有决策。原决策者由于担心因决策失误而承担责任，必然会夸大原决策中的合理部分，掩盖其失误的真相；而对原决策持反对意见的人则会极力否定一切。另外，一些旁观者也会因此而感到一种莫名的快意，他们的言行往往使得问题日趋复杂。这样，心理效应的作用就会使决策偏离科学的轨道，给追踪决策带来更多困难。为此，必须统一思想，正确对待原决策，要采取一些科学的方法来尽量消除这种感情因素的影响。

科学决策应该按照以上四个相互联系的步骤来进行，前一步骤是后一步骤的基础，后一步骤是前一步骤的结果，可以反复多次，但不能超越。科学的决策程序是有效决策的基本要素。

三、决策原则与决策者的素质

(一)决策时应遵循的原则

1. 从实际出发，以需要和可能为前提条件。

所谓需要，首先是指在组织的活动中确实存在着必须通过决策才能解决的问题；

其次是指决策执行的结果是实际需要的，是符合组织外部条件和自身条件要求的。所谓可能是指弄清组织的外部环境和内部条件，实施决策已具备很多有利条件，组织将采取的措施是主客观条件所允许的。只有具备了主客观条件的决策才是可行的决策，只有符合实际需要的决策才有实施的必要。

2. 贯彻群众路线，集中集体智慧。

决策是用来解决组织存在的问题，这些问题不仅复杂多变，性质各异，而且每个问题的解决又要涉及组织内外各种因素和影响组织的工作。同时，决策所解决的相当多的是偶尔出现的新问题，需要制定多个备选方案。直至选出满意方案，这就需要多方面的知识和丰富的经验，单靠某个人独自去完成是非常困难的。另外，广大员工参与决策可以使决策能够顺利地付诸实施。所以，应动员各部门管理人员参加决策，并广泛地发动广大员工通过一定方式参加组织的决策，为决策的实施打下坚实、广泛的群众基础。

3. 遵守国家的法律规定，适应社会发展的各种要求。

虽然组织的决策属于微观决策，但它会受到社会的政治、经济、法律、道德、社会习俗等的影响和制约。如果组织的决策相悖于上述各方面，会使执行寸步难行，或者因实施这种决策带来严重的不良后果，甚至会把组织引向不正确的方向。因此，决策必须符合国家的方针和政策，正确地处理各种经济利益关系，在法律规定、道德规范、社会习俗等允许的范围内进行决策。这样的决策才能是正确的决策，才能得到各方面的赞许和支持。

4. 要勇于开拓，敢于创新。

决策与组织外部环境的联系非常密切，而组织的外部环境是不断变化的。组织所面临的问题有许多是新问题和非程序化问题，对此没有现成的解决办法；即使出现的是与过去相同的老问题，也会有新情况和新要求，仅仅靠老办法也很难取得较好的效果。因此，进行决策必须发扬开拓与创新精神，打破旧框框，抛弃老习惯，克服重重困难，解决新问题，开辟新道路，创造新思维，寻找新办法。

5. 注重决策效果，提高决策效益。

重视决策的实际效果是由决策的根本目的所决定的。因为只有重视决策的效果，才能使决策达到预期的目的。决策所产生的经济效益在决策效果中占有十分重要的地位。经济效益主要是指决策引起的经济收益与所投入资源（货币表现）两者间的比较。在衡量决策的经济效益时，不仅要比较组织某一局部的收益与投入，还应比较整个组织范围内的全部收益和投入。同时，决策者还要从整个国民经济的角度，分析和考察决策所产生的社会效益，即要分析决策在社会政治稳定、文化发展、民族团结、生态平衡和环境保护等方面的社会效果。在社会主义市场经济条件下，经济效益是评价决策的主要依据，但也不能因此而忽视决策对社会效益的影响。提高经济效益为提高社会效益提供物质基础；提高社会效益是提高物质效益的条件，它体现着提高经济效益的根本目的。因此，在论证决策的效益时，不仅要进行整个组织的经济效益论证，而且要进行社会效益的全面论证，局部利益服从全局利益，要以国家利益和社会利益作为最高标准。

（二）决策者的素质与能力

组织的决策是通过决策者的工作来进行的。决策者可能是一个人，也可能是一个群体。他是进行科学决策的最基本要素，也是诸要素中的核心要素和最积极、最能动的要素，是决策成功的关键所在。现代社会中，组织的管理活动面临着一个多元的、庞大的、错综复杂的局面，这就使决策中的不确定因素增多，给正确决策带来挑战。为此，在进行决策时，不仅要依靠决策者个人的知识、经验和决策能力，而且要发挥决策的群体效应，提供科学的思维方式，同时要求决策者具备良好的品德修养。

1. 决策者应具备的知识、意志素质。

决策是一种通过人脑进行逻辑选择和分析推理的活动，本质上是一种技术性较强的活动。因此，要求决策者具有与复杂的决策活动相适应的知识储备和良好的意志品质，它会对决策者的决策活动产生直接影响。

(1)决策者应具有合理的知识结构。决策者必须具有相应的社会科学知识、自然科学知识，尤其是管理科学知识。在整个知识结构中，马克思主义哲学是科学决策的方法论，对其他知识起着统率的作用。要以管理科学知识为重点，以其他知识为补充。要学习和掌握经济管理、行政管理、领导科学、科技管理、社会管理等管理知识，以开阔视野，增长决策才能。要关心时事，努力学习和掌握最先进的科学技术知识。在决策实践中，决策者水平的高低，在很大程度上取决于他知识的多寡以及知识结构的优劣。

(2)决策者应具有坚强的意志。意志是人们有能力去实现既定的目标和约束自己行为的表现。一个心理健全的人，他的一切有目的的活动是意志的体现。在巨大的障碍和困难需要去克服的情况下，意志的作用是非常重要的。决策在某种意义上讲，也是一种复杂的意志活动，每个决策者都应该具有坚强的意志。坚定不移的目的性、果断性和顽强性，是科学决策的必备积极因素。在决策中，我们通常反对凭"长官意志"行事，但这绝对不是说"长官"不应有意志。没有意志，是不能当好"长官"的。我们反对的是某些领导缺乏民主作风，凭想当然办事的官僚主义工作作风。当然，坚强的意志并不等于方案一经确定，决策一旦作出就无论在什么情况下都不作变动。恰恰相反，意志坚强的决策者能够随时根据客观情况的变化，对已确定的方案进行必要的修正和补充，甚至改变原有方案。决策者之所以要改变或修正原定方案，是因为要使作出的决策更符合客观实际，以便更有效地实现预期目的。这种改变或修正，正充分说明了决策者具有坚强的意志，具有不达目的不罢休的锲而不舍的精神。如果是为了逃避困难和害怕风险而改变原定方案，则是决策者意志薄弱的表现。因此，决策者必须具有较强的决策动机和卓有成效地拟定方案的思维力，及时果断地作出决断，通过自己的不懈努力，才能保证决策方案的实施和完善。

2. 决策者应具备良好的修养。

一个有效的决策者，必须具备应有的现代决策修养，这是科学决策的基础和前提。

(1)勇于创新，敢担风险。决策是一项创造性活动，没有创新就没有决策。在变化迅速、竞争激烈的当今社会，缺乏勇于进取、敢于创新的精神，就有可能被社会淘汰。要创新，就要走前人没有走过的路，就要敢为人先，敢于冒险。因而在决策工作中可能会犯点错误，甚至会得罪和冒犯一些人，这些都是在所难免的。任何决策都是在一定时间内作出并在一定时期内发挥作用的。而传统习惯、老规矩、老套路，这些都是以往的决策模式，可以采取"扬弃"的态度，有分析地继承。在继承时，必须要有所发挥，没有发挥和创新，走人家走过的和自己过去走过的路，是谈不上科学决策的。

(2)博学多识,深谋远虑。现代决策要求决策者应具有广博和综合的知识结构,除了要掌握马克思主义基本理论,熟悉现代科学的基本知识,精通有关的方针政策及管理业务外,还应有扎实的专业知识。特别是为了应付市场变化莫测、错综复杂的局面,决策者应该做到高瞻远瞩,深谋远虑,居安思危,不仅要能够对企业近期的发展作出正确的决策,而且还要对今后一个较长时期内的发展战略作出科学、合理的选择。博学多识、足智多谋乃是现代企业高层决策者的基本素质,是一个企业兴衰成败的关键。

(3)作风民主,善于决断。科学决策绝不是个人的主观武断,决策者应该认识到民主作风在决策工作中的作用。正确决策,就一定要发扬民主,集思广益,虚心听取各方面的意见,尤其要注意听取有关专家智囊的意见,并善于从中吸取有价值、有见解的内容。只有真正发挥集体的力量,才能使决策更加科学、完备。决策者还必须具有不失时机的决断魄力,拖延时间会在决策过程中产生新的、更大的风险,因为时间是现代管理的一大资源,是现代决策的一个重要影响因素。时间就是效益,时间就是组织的生命,争取了时间就争取了主动,争取了主动就会赢得组织事业的成功。决策者的决断魄力除了能及时果断决策外,还在于能够动员全体员工,充满必胜信心地去实施决策。

(4)尊重事实,敢于修正。如果决策出现失误,决策者应主动承担责任,这是决策者优秀品质和素养的表现,也是实事求是的精神在决策中的具体表现。实践是检验真理的唯一标准。决策是否正确,最终要通过实践来检验。如果实践检验证明决策存在一定问题,决策者就应该勇敢地去修正错误。因为决策往往受主观条件的影响,不可能是完美无缺的,总会有这样或那样不完善的地方,甚至出现重大错误也是不足为奇的。高水平、务实的决策不可能尽善尽美,而在于尊重事实,注重信息反馈,不断总结经验教训,及时调整和完善决策方案。无视事实、知错不改的决策者不是合格的决策者。

3. 决策者应具有的决策能力。

一个决策者能否作出科学、合理的决策,除了应具备优良的思想品质、合理的知识结构、坚强的意志以及良好的修养以外,还必须具有较强的决策能力。决策能力是对某事出主意、想办法,作出合理抉择的能力。决策能力是领导者重要的能力,不能决策的人就不能胜任领导工作。决策能力是一种综合能力,它主要由五种能力构成。

(1)分析问题能力。决策者要能够透过现象看到事物的本质,善于抓主要矛盾,善于辨别主流和支流,分清轻重缓急,权衡利弊得失,识别真假是非,提出正确方案。

(2)逻辑判断能力。决策者能够准确判断事物的前因后果,能够对事物发展的可能性作出较确切的判断,善于从大量复杂的管理活动中,发现对组织的振兴和发展最关键、最急切需要解决的问题,做到站得高看得远。

(3)开拓创新能力。决策者应对新事物反应敏锐,具有丰富的想象力,思路开阔,有较强的开拓创新能力,善于提出新思路、新方案、新方法,能用意义深远的新目标鼓励组织员工不断进取,不断追求。决策者应努力成为理想的冒险家。

(4)直觉能力。决策者应对实际问题具有直接感应、敏锐判断的能力。在问题无法从容应对且情况紧急的时刻,能凭直觉及时作出决断,以紧急应变。

(5)决断能力。决策者应根据有效的决策标准,毫不犹豫地作出决断。面对急剧变化的形势,决策者必须机智果断,敢于接受各种挑战。

一个优秀的决策者应该具备以上优良的素质和能力。在决策中,除了要充分发挥决策者个人的聪明才智以外，同时还应十分重视发挥决策群体的作用。为了实现科学决策，决策群体的智力结构是十分重要的。智力结构是指具有不同智力的人有机组合起来所形成的结构。一个具有合理智力结构的决策群体，不仅能使每个决策者人尽其才，而且通过有效的结构组合，能产生巨大的群体能量。智力结构这个动态综合体，具有多层次、多序列、多要素的特点，主要内容包括专业结构、年龄结构、知识结构、智能结构和素质结构等。合理的智力结构应符合知识互补、能力叠加、性格包容、年龄梯形的要求。

四、决策方法

（一）定性决策方法

1. 头脑风暴法。

它是比较常用的集体决策方法，通常是将对解决某一问题有兴趣的人集合在一起，在完全不受约束的条件下，让大家开动脑筋，敞开思路，畅所欲言，经过互相启发，产生连锁反应，集思广益，而进决策的方法。

头脑风暴法的创始人——英国心理学家 A. F. 奥斯本为该决策方法的实施提出了四项原则：

(1)对别人的建议不作任何评价，将相互讨论限制在最低限度内。

(2)建议越多越好，在这个阶段，参与者不要考虑自己建议的质量，想到的都说出来。

(3)鼓励每个人独立思考，广开言路，想法越新颖、越奇异越好。

(4)可以补充和完善已有的建议，使它更具说服力。

头脑风暴法的目的在于创造一种畅所欲言、自由思考的氛围，诱发创造性思维的共振和连锁反应，产生更多的思维火花。这种方法的时间安排应在 1～2 小时，参加者以 5～6 人为宜。

2. 专家意见法，亦称德尔菲法。

采用特定的方式请若干专家背靠背地对所讨论的问题提出意见，组织者将各个意见经过综合，再把综合后的意见反馈给各位专家，让他们再次进行分析并发表意见。如此重复多次，一般是 3～5 次之后，最终意见趋于一致，从而得出决策结果。

运用该方法的关键是：

(1)选择好专家，主要取决于决策所涉及的问题或机会的性质。

(2)专家人数要适当，一般 10～50 人较好。

(3)拟定好意见征询表，它的质量直接关系到决策的有效性。

德尔菲法有三个主要特点是：匿名性、集中反馈、对反馈结果进行统计处理。

（二）定量决策方法（确定型）

1. 量本利分析方法。

它是有关产品的产（销）量、成本和盈利三者的相互关系，分析各计划方案相对应的经营效益或相关问题，属于经营决策。

已知：销售收入＝总成本＋目标利润

销售收入＝销售量×销售单价

总成本＝固定成本＋变动成本，变动成本＝销售量×单位变动成本

将销售量用 Q 表示，销售单价用 P 表示，固定成本用 F 表示，单位变动成本用 V 表示，目标利润用 B 表示。

则：$Q\times P=F+Q\times V+B$

$Q=(F+B)/(P-V)$

当 $B=0$ 时，即目标利润为 0，不盈不亏，称盈亏平衡点，此时：

$Q=F/(P-V)$

例 3-1：某饭店在中秋期间计划生产一种月饼，月固定成本（厂房设施设备折旧、利息、管理人员工资、广告费、办公费用等）为 100000 元，单位变动成本为 50 元/盒，产品销售价格为 75 元/盒。请计算：

1. 该饭店生产月饼的当月盈亏平衡点产量应是多少盒？其盈亏平衡点的销售额为多少？

2. 如果要实现当月 50000 元的利润，其产量应为多少盒？

解：1. $Q=F/(P-V)=100000/(75-50)=4000$（盒）

销售额 $=Q\times P=75\times 4000=300000$（元）

2. $Q=(F+B)/(P-V)=(100000+50000)/(75-50)=6000$（盒）

例 3-2：某三星级饭店有 200 间客房，固定资产折旧、管理人员工资、公用区域费用等固定成本每天为 19200 元，每间客房的单位变动成本（人员工资、水电费、一次性用品等）为 40 元，实际销售平均房价 200 元/间。问：

1. 该饭店客房的保本销售量应为多少？

2. 每天要实现 10000 元的利润，其销量应为多少？

3. 上述两种情况的出租率又为多少？

解：1. $Q=F/(P-V)=19200/(200-40)=120$（间）

2. $Q=(F+B)/(P-V)=(19200+10000)/(200-40)=180$（间）

3. 保本出租率 = 销售量 ÷ 单价 = 120 ÷ 200 = 60%；

每天实现利润 10000 元的出租率 = 销售量 ÷ 单价 = 180 ÷ 200 = 90%。

客房是酒店最主要的盈利产品，做到何等程度才能盈利，怎么来达到这个目标，需要用科学有效的方法来支撑，量本利分析法为此提供了强有力的工具。

例 3-3：某酒店餐饮部的盈亏平衡分析如下：

1. 月度固定总成本：工资：300000 元；折旧费用：100000 元；广告：20000 元；保险 10000 元；其他费用：30000 元（包括水费、电费、电话费等）。总计：460000 元

2. 平均每客的销售额：假如根据该餐饮部 4 月的详细销售记录为依据，计算得出当月平均每个客人的销售额为 300 元。

3. 平均单位变动成本：通过相关资料算出每个客人的消费额中的平均进价成本为 150 元。

计算每日的销售量和销售收入是多少，才能盈亏平衡？

解：月盈亏平衡点销售量（总客人次）= 460000 ÷ (300 − 150) ≈ 3067（人次）

盈亏平衡点销售收入 = 3067（人次）× 300 = 920100（元）

因此，该酒店餐饮部为达到盈亏平衡，若每月经营 30 天，则每天必须销售：

每日平均销售量 = 3067 ÷ 30 ≈ 103（人次）

每日平均销售收入 = 920100 ÷ 30 = 30670（元）

即每日销售额为 30670 元时达到盈亏平衡。

思考:若每月利润要达到 20 万元,则每天的销售量为多少?销售收入为多少?

盈亏平衡点的计算公式看似繁琐,但却能帮你理清思路,认清目标。餐饮部经理有必要测算一下自己部门的盈亏平衡点。因为餐饮有淡旺季之分,所以每个月的盈亏平衡点是不同的。你可以拿出以前的旧账本,逐项计算,所得数字对你明年同一时期的经营会有一定的参考价值。

2. 决策树分析方法(风险型)。

决策树分析法是利用树枝图形表示各备选方案、自然状态、自然状态所发生的概率及其条件损益,然后计算各备选方案的损益期望值,最后进行比较抉择,它属于投资决策。

(1)决策树的构成。决策树由决策点、方案枝、状态结点、概率枝、损益点等要素构成(图 3-2)。

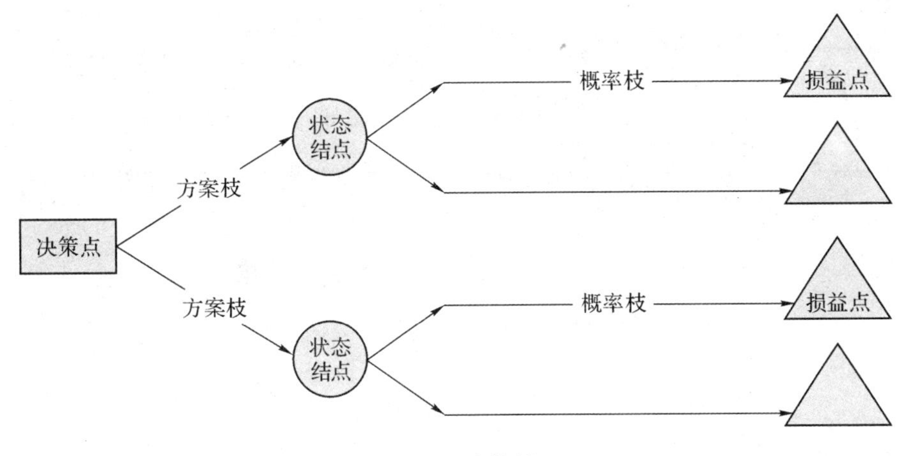

图 3-2　决策树

决策树是以决策点为出发点,引出若干条方案枝,有几个方案就有几条方案枝,每一条方案枝代表一个备选方案。方案枝的末端有一个状态结点,从状态结点引出若干条概率枝,有几种概率就有几条概率枝,每一条概率枝代表一种自然状态,概率枝上标明每种自然状态下的概率损益值。这样层层展开,形同树状,由此而得名。

(2)决策树的操作步骤。

1)绘制树枝图。绘制程序是从左向右分层展开。在进行决策条件分析的基础上,确定有哪些方案可供决策的选择,估计各种备选方案实施后可能产生哪几种自然状态及各自的概率。如果是多级决策,则应确定是几级决策,并逐级展开其方案枝、状态结点和概率枝。

2)计算损益期望值。损益期望值的计算由右向左逐步进行。首先将各种自然状态下的损益值分别乘上各自概率枝上的概率,再乘上方案使用的期限(容易忽视的地方),最后将各概率枝上的值相加,将其标在状态结点的上方。

3)剪枝。比较各备选方案的损益期望值(如方案实施过程中有费用发生,还应将状态结点值减去方案费用后再进行比较),剪掉损益期望值小的方案,最后只保留损益期望值最大的那一条方案枝,在剪掉的方案枝上标上“‖”记号,将最大的损益期望值标在决策点上方。

例 3-4：某五星级饭店为进一步占领市场，拟对客房进行改造，经分析研究，有三种备选方案可供挑选：

甲方案：把所有客房改造成豪华套间，需投资 1000 万元，未来 5 年销路好(概率为 0.65)，每年可获利 750 万元；如销路不好(概率为 0.35)，每年将亏损 290 万元。

乙方案：把所有客房改造成豪华单间，需投资 450 万元，未来 5 年销路好(概率为 0.7)，每年可获利 400 万元；如销路不好(概率为 0.3)，每年将获利 50 万元。

丙方案：维持原状不改造，销路好(概率为 0.4)仍可维持 5 年，每年可获利 150 万元；如销路不好(概率为 0.6)，只能维持 2 年，每年可获利 30 万元。

解：第一步，根据题意绘制决策树。

第二步，计算各备选方案的损益期望值，并标在图上(图 3-3)。

甲方案＝[750×0.65＋(－290)×0.35]×5＝1930

乙方案＝(400×0.7＋50)0.3) ×5＝1475

丙方案＝150×0.4×5＋30×0.6×2＝336

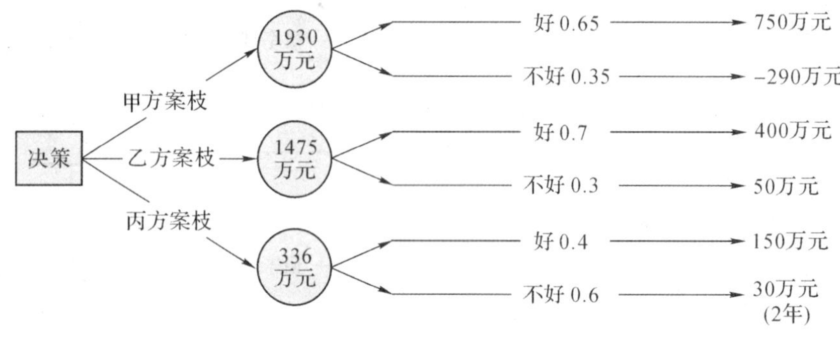

图 3-3 决策树图

第三步，比较三个方案的净收益(要减去投入费用)

甲方案＝1930－1000＝930(万元)

乙方案＝1475－450＝1025(万元)

丙方案＝336(万元)

第四步，剪枝，将甲、丙两个方案剪掉，选择乙方案。

决策树分析法是一种风险决策方法，在投资决策中是常用的方法。

第二节 计 划

一、计划概述

计划包括确定目标和制定全局战略任务，以及完成任务和目标的行动方案。计划有广义和狭义之分。

广义：计划包括从分析预测未来的情况与条件，确定目标，决定行动方针与行动方案，并依据方案去配置各种资源，进而执行任务，最终实现既定目标的整个管理过程。

狭义：它是组织在未来一定时期内的行动目标和方式在时间和空间上的进一步展开，又是组织、领导、控制等管理活动的基础。

(一)计划的内容

计划通俗地概括为六个方面的任务和内容,简称为“5W1H”。

- 做什么(what to do it),明确计划的具体任务和要求,明确每一个时期的中心任务和工作重点。
- 为什么做(why to do it),明确计划工作的宗旨、目标和战略,并论证可行性。
- 何时做(when to do it),各项工作的开始和完成进度。
- 何地做(where to do it),规定实施地点或场所,了解计划实施的环境条件和限制。
- 谁去做(who to do it),何人何部门负责。
- 怎么做(how to do it),具体措施以及相应的政策和规则。

(二)计划的特征

1. 目的性。

计划作为管理的一项基本活动,是为实现组织目标服务的。它在时间和空间上对决策作进一步的展开和细化。

计划工作的职能在所有管理职能中是最基本的。各种计划及其所有支持性计划,都是旨在促使企业或各类组织的总目标和一定时期目标的实现,使每个人理解组织的总目标、部门的分目标和一定时期的阶段性目标。要使集体的努力有成效,组织成员一定要明白期望完成的是什么。

2. 普遍性。

组织中所有管理人员都要订计划,做计划工作。通常计划工作的特点和范围会因各级主管人员职权的不同而不同,但开展好这项工作却是各级主管人员的一个共同职能,管理人员都要有一定程度的自主权,并必须为此承担制订计划的责任。

所有管理人员,从总经理到第一线的基层主管都要订计划,做计划工作。基层主管在工作中取得成绩的主要因素,就是有较强的从事计划工作能力。

3. 效率性。

计划工作追求效率,计划的效率可以用计划对组织目标的贡献来衡量。对一个企业来说,制订合理的计划是否带来更大的绩效,就要看这个计划对目的和目标的贡献。许多检验计划与绩效关系的研究,可以得出以下结论:首先,一般情况表明,正式计划通常与更高的利润、更高的资产报酬率及其他积极的财务成果相联系;其次,高质量的计划过程和适当的实施过程比泛泛的计划可以创造较高的绩效;再次,凡是正式计划未能创造高绩效的情况,一般都是因为环境的原因。因此,一项好的计划,可以使企业以合理的代价实现目标,这样的计划才是有效率的。

4. 创造性。

计划工作是一项创造性工作,是根据内、外环境的变化,对管理活动的重新组合和设计,而不是过去计划的翻版。

(三)计划工作的意义

1. 为组织成员指明方向,协调组织的各项活动。

良好的计划可以通过明确组织目标和开发组织各个层次的计划体系,将组织内成员的力量凝聚成一股朝着同一目标方向的合力,从而减少内耗,降低成本,提高效率。

计划在于促使组织目标的实现,给管理者和非管理者指明了方向,使行动对准既定的目标。计划工作使得各部门协调自己的活动，互相合作，结成团队，最终实现目标。主要管理人员可以从日常事务中解放出来，而将主要精力放在对未来不确定因素的思考上。

2. 预测变化，减少冲击。

计划是面向未来的。对于未来，无论是组织生存环境，还是组织自身都具有一定的不确定性和可变性。而计划工作可以让组织通过周密细致的预测，预见变化的冲击，制定适当的对策。计划工作可以减少不确定性，使管理者能够预见到行动的结果，从而尽可能地变“意料之外的变化”为“意料之内的变化”，用对变化深思熟虑的决策来代替草率的判断，从而对变化能变被动为主动，变不利为有利，减少变化带来的冲击。

3. 减少重叠和浪费性的活动。

组织在实现目标的过程中，各种活动会出现前后协调不一、联系脱节等现象，同样在多项活动并行的过程中也往往会出现不协调现象。良好的计划能通过设计、协调一致、有条不紊的工作流程来避免上述现象的发生，从而减少重复和浪费性的活动。计划工作可以使组织的经营活动费用降至最低限度，从而实现对各种生产要素的合理分配，使人力、物力、财力紧密结合，取得更好的经济效益。

4. 有利于进行控制。

计划和控制是一个事物的两个方面。组织在实现目标的过程中离不开控制，而计划是控制的基础。在计划中设立目标，才能将实际的绩效与目标进行比较，发现可能发生的重大偏差，采取必要的校正行为。没有计划，就没有控制，控制中几乎所有的标准来自于计划。

此外，计划还可通过对各种方案进行详细的技术分析选择最佳的活动方案，从而能够大大减少由于仓促决策而造成的损失。计划工作还有助于在最短的时间内完成工作，减少迟滞和等待，促使各项工作能够均衡稳定地进行。

（四）计划的类型

依照不同的标准，按计划组成的时间框架、广度、明确性和所涉及内容进行分类。表 3-2 列出了按不同方法分类的计划类型。

表 3-2 计划的类型

分类标准	时间框架	广度	明确性	涉及内容
类型	长期计划	战略计划	指导性计划	综合计划
	中期计划	战术计划	具体计划	专业计划
	短期计划	作业计划		项目计划

1. 长期计划、中期计划和短期计划。

计划可以按照时间期限的长短分成长期、中期和短期计划。一般是将 1 年及其以内的计划称为短期计划，1 年以上到 3 年或 5 年以内的计划称为中期计划，3 年或 5 年以上的计划称为长期计划。但是对一些环境条件变化很快、本身节奏很快的组织活动，其计划分类也可能一年计划就是长期计划，季度计划就是中期计划，而月度计划就是短期计划。

这三种计划中，长期计划描述了组织在较长时期内的发展目标和方针，规定了组织的各个部门在较长时间内从事某种活动应达到的目标和要求，绘制了组织长期发展的蓝图，是企业长期发展的纲领性文件。中期计划是根据长远计划制订的，它比长期计划要详细具体，是考虑了组织内部和外部的条件与环境变化情况后制订的可执行计划。短期计划则比中期计划更加详细具体，它是指导组织具体活动的行动计划，具体规定组织各部门从目前到未来的各个较短的时期，特别是最近的时段中，应该从事何种活动及相应的安排，从而为组织成员近期内的行动提供依据，它一般是中期计划的分解与落实。

长期、中期和短期计划必须有机地衔接起来。长期的计划要对中、短期计划具有指导作用，而中、短期计划的实施要有助于长期计划的实现。

2．战略计划、战术计划和作业计划。

按照所涉及的组织活动范围将计划分成战略、战术和作业计划。在这三种计划中，战略计划是对组织全部活动所做的战略安排，为组织设立总体目标，寻求组织在所对应环境中心地位的计划。它需要通盘考虑各种确定性与不确定性情况，谨慎制定，以指导组织的全面活动，其目的是确保企业“做正确的事”。战术计划一般是局部性的、阶段性的计划，它多用于指导组织内部某些部门的共同行动，以完成某些具体的任务，实现某些具体的阶段性目标，旨在追求“正确地做事”。作业计划则是部门或个人的具体行动计划，通常具有个体性、可重复性和较大的刚性，一般情况下是必须执行的，其重心是“如何做事”。战略、战术和作业计划强调的是组织纵向层次的指导和衔接。

战略计划往往由高层管理人员负责，战术和作业计划往往由中层、基层管理人员甚至是具体作业人员负责。战略计划对战术、作业计划具有指导作用，而战术和作业计划的实施要确保战略计划的实施。

战略计划与作业计划在时间跨度上、在范围上和是否包含已知的一套组织目标方面是不同的。作业计划趋向于覆盖较短的时间间隔，如月度计划、周计划、日计划就属于作业计划；战略计划趋向于包含持久的时间间隔，通常为5年甚至更长时间，覆盖较广的领域。就确立目标而言，两者完全不同，设定目标是战略计划的一个重要任务，而作业计划是在目标已确定的条件下制订的，它只是提供实现目标的方法和手段。

3．指导性计划和具体计划。

计划按明确性程度可划分为指导性计划和具体计划。指导性计划只规定一些重大方针，而不局限于明确的特定目标或特定的活动方案上。这种计划可为组织指明方向、统一认识，但并不提供实际的操作指南。具体计划则要求必须具有明确的可衡量目标以及一套可操作的行动方案。具体计划不存在模棱两可的问题。

指导性计划具有内在的灵活性，而具体计划便于及时和有效地完成特定的程序、方案和各类活动目标。组织通常根据面临环境的不确定性和可预见性程度的不同，选择制订这两种不同类型的计划。

4．综合计划、专业计划和项目计划。

计划也可以按照其所涉及的活动内容分成综合计划、专业计划与项目计划。其中综合计划一般会涉及组织内部许多部门和许多方面的活动，是一种总体性的计划。专业计划则是涉及组织内部某个方面或某些方面活动的计划。例如，企业的生产计划、销售计划、财务计划等等，它是一种单方面的职能性计划。项目计划通常是组织针对某个特定课题所制订的计划，例如，某种新产品的开发计划、某项工程的建设计划、某项具体组织活动的计划等等。它是针对某项具体任务的事务性计划。

在一个组织中，每个部门都需要制订计划，也都会有自身的计划目标。因此，在一个组织中可能同时存在很多个专业和项目计划。

二、计划的层次体系

一个计划包含组织将来行动的目标和方式。计划是面向未来的，而不是过去的总结，也不是现状的描述；计划与行动有关，是面向行动的，而不是空泛的议论，也不是学术的见解。面向未来和面向行动是计划的两大显著特征。认识这一点，我们能够理解计划是多种多样的。哈罗德·孔茨和海因茨·韦里从抽象到具体，把计划分为一种层次体系：宗旨或使命；目标；战略；政策；程序；规则；方案；预算。如图 3-4 所示。

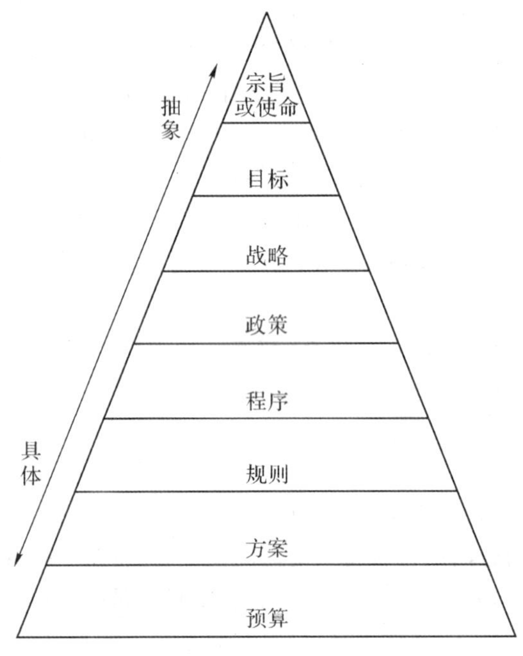

图 3-4 计划的层次体系

(一)宗旨或使命

它指明一定的组织机构在社会上应起的作用、所处的地位。它决定组织的性质，决定此组织区别于彼组织的标志。各种有组织的活动，如果要使它有意义的话，至少应该有自己的目的或使命。一个组织的宗旨可以看做一个组织最基本、最深远、最高的目标，是一个组织存在的基本理由。如奥林匹克运动的宗旨在《奥林匹克宪章》是这样描述的："通过没有任何歧视、具有奥林匹克精神——以友谊、团结和公平精神互相了解——的体育活动来教育青年，从而为建立一个和平的更美好的世界做出贡献。"现在人们常说的奥林匹克宗旨是："更快、更高、更强。"一个组织的宗旨无非有两类：要么是寻求贡献于组织以外的自然、社会；要么是寻求贡献于组织内部的成员的生存和发展。这两类宗旨是彼此相连、相辅相成的。

确立了组织的宗旨以后，为了实现它，组织就可以为自己选择一项使命。这项使命的内容就是组织选择的服务领域或事业。例如，奥林匹克的使命是：彰显公正、公平、自由、平等，崇尚规则，遵循秩序。它将身体、心理和精神方面的各种品质均衡地结合起来，使之得到提高。它通过个体锻炼和大众参与，使人们拥有健康的体魄和乐观高尚的精神世界。大学的使命是教书育人和科学研究；企业的目的是生产和分配商品及服务。这里应该强调的是，使命只是组织实现宗旨的手段，而不是组织存在的理由。组织为了自己的宗旨，可以选择这种事业，也可以选择那种事业。

（二）目标

组织的使命说明了组织要从事的事业，它往往比较抽象和原则，需要进一步具体为组织一定时期内的目标和各部门的目标，而组织的目标则更加具体地说明了组织从事这项事业的预期结果。使命支配着组织各个时期的目标和各部门的目标，而且组织各个时期的目标和各部门的目标是围绕组织存在的使命所制定的，并为完成组织使命而努力。虽然教书育人和科学研究是一所大学的使命，但一所大学在完成自己使命时，应有具体的不同时期目标和各院系的目标。比如最近3年培养多少人才、发表多少论文等。对一家工商企业来说，在一定时期内的目标通常表现在两个方面，即企业对社会作出贡献的目标和自身价值实现的目标。在通常情况下，人们可以把组织目标进一步细化，从而得出多方面的目标，形成一个互相联系的目标体系。美国学者对80家美国最大的公司的一次研究结果表明，每家公司设立的目标的数量从1个到18个不等，平均是5～6个。组织的目标包括了组织在一定时期内的目标以及组织各个部门的具体目标。

（三）战略

组织的宗旨、使命和目标清楚之后，还不能清晰地描绘出一个组织的形象。一个组织的方向应该是非常实际和具体的，而上述内容都较为抽象。因此，还要为实现组织的目标去选择一个发展方向、行动方针以及各类资源分配方案的总纲。只有在战略制定和实施之后，组织才能由一个抽象的概念变成具体的形态。战略是为了达到组织总目标而采取的行动和利用资源的总计划，其目的是通过一系列的主要目标和政策去决定和传达一个组织期望自己成为什么样的组织。

战略的重点是要指明方向和资源分配的优先次序。战略一词来自于军事用语，引用到管理学中来，它仍然含有对抗的含义。所以组织在制定战略时不可能是“闭门造车”，而要仔细研究其他相关组织，特别是竞争对手的情况，以取得优势地位获得竞争优势。例如“百年竞争”中的两个主角——可口可乐公司和百事可乐公司，它们在制定各自的战略时必定要研究对方的战略。而柯达公司在制定自身的战略时也一定少不了对老对手——富士公司的研究。

（四）政策

政策是指导或沟通决策思想全面的陈述书或理解书，如改革开放政策、关税政策等等。但不是所有政策都是陈述书，政策也常常会从主管人员的行动中含蓄地反映出来。比如，主管人员处理某问题的习惯方式往往会被下属作为处理该类问题的模式，这也许是一种含蓄的、潜在的政策。

政策能帮助决定问题的处理方法，一方面减少对某些例行事件处理的成本，另一方面把其他计划统一起来。政策支持了分权，同时也支持上级主管对该项分权的控制。政策允许对某些事情有酌情处理的自由，一方面切不可把政策当做规则，另一方面又必须把这种自由限制在一定的范围内。自由处理的权限大小一方面取决于政策自身，另一方面取决于主管人员的管理艺术。

（五）程序

程序规定了某些经常发生的问题的解决方法和步骤。程序直接指导行动本身，而不是对行为的思考，程序是一种经过优化的计划，是通过对大量经验事实的总结而形成的规范化的日常工作过程和方法，并以此来提高工作的效率。程序往往还能较好地体现政策的内容。

程序与战略不同，它是行动的指南，而非思想指南；它与政策也不同，它没有给行动者自由处理的权力。出于理论研究的考虑，可以把政策与程序区分开来，但在实践工作中，程序往往表现为组织的政策。比如，一家制造企业的处理订单的程序、财务部门批准给客户信用的程序、会计部门记载往来业务的程序等，都表现为企业的政策。组织中每个部门都有程序，并且在基层，程序会更加具体化，数量更多。

（六）规则

规则通常是最简形式的计划。它规定了某种情况下可采取或不能采取某种具体行动。例如“上班不允许迟到”、“销售人员规定范围外的费用开支需由副总经理核准”等等。

规则不同于程序。其一，规则指导行动但不说明时间顺序；其二，可以把程序看做一系列的规则，但是一条规则可能是也可能不是程序的组成部分。比如，“禁止吸烟”是一条规则，但和程序没有任何联系。而一个规定为顾客服务的程序可能表现为一些规则，如“在接到顾客需要服务的信息后 30 分钟内必须给予答复”。

规则和政策的最大区别在于前者是一种没有回旋余地的规定，不允许有斟酌的空间，不再需要进行任何决策，而后者正好相反。

（七）方案

方案是一个综合性的计划，它包括目标、政策、程序、规则、任务分配、要采取的步骤、要使用的资源以及为完成既定行动方针所需的其他因素。通常情况下，一个主要方案（规划）可能需要很多支持计划。在主要计划进行之前，必须把这些支持计划制定出来，并付诸实施。所有这些计划都必须加以协调和配套。

（八）预算

预算是一种“数字化”的计划，把预期的结果用数字化的方式表示出来就形成了预算。一般来说，财务预算是组织最重要的预算，因为组织的各项经营活动几乎都可以用数字化、货币化的方式在财务预算表上体现出来。预算作为一种计划，勾勒出未来一段时期的现金流量、费用收入、资本支出等的具体安排，预算还是一种主要的控制手段，是计划和控制工作的联结点，计划的数字化产生预算，而预算又将作为控制的衡量基准。

三、计划的编制与执行

（一）计划编制的程序

计划编制也是一个过程。在编制完整有效的计划时，要遵循同样的程序，这不仅仅是指大型的计划，小型计划也是如此，只是小型计划相对更加简单，其中的一些步骤更为容易完成而已。图 3-5 列出了计划编制的程序。

1. 描述宗旨。

计划编制工作起源于组织的使命和宗旨，以下两种情况对宗旨的描述至关重要：

一是组织并不存在明确的宗旨，界定并描述组织的宗旨便成为计划工作的重要内容，这通常出现在新创办的组织或处于重大变革时期的组织计划工作中；二是有既定宗旨，需要正确地理解组织的宗旨，并将其贯彻到计划的制订和实施工作中。在正确理解组织使命和宗旨的基础上，还要把组织的使命和宗旨传播给组织成员、顾客及多种多样的相关利益群体，让与计划制订与实施工作有关的人们了解并接受组织的使命和宗旨，这对于计划的快速有效实施将十分有利。

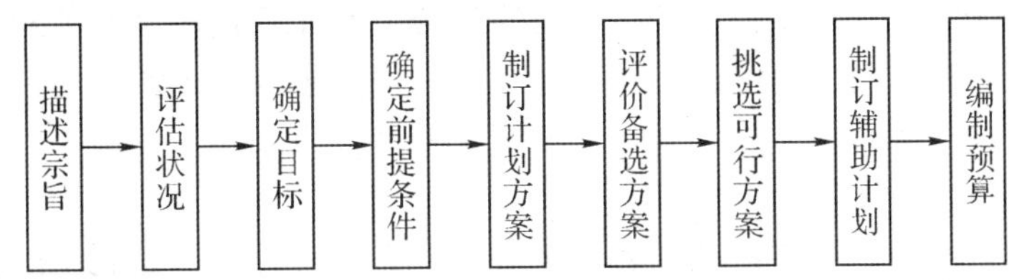

图 3-5　计划编制的程序

2. 评估状况。

计划工作的一个重要环节是对组织当前状况作出评估，这是制订和实施计划工作方案的前提。评估主要是对组织自身的优势和劣势、外部环境的机会和威胁进行综合分析，即 SWOT 分析。不过，对于那些局部作业性质的计划工作并不需要综合的内外部环境分析，但要对内部资源与外部关系作出基本的判断。

分析外部关系可展示出计划工作必须予以关注的潜在机会和限制因素。如与供应商之间的关系，与顾客之间的关系，与公安、卫生、银行等公共群体之间的关系等等。

3. 确定目标。

目标是组织期望达到的最终结果，要说明基本的方针和要达到的目标，说明制定战略、政策、规则、程序、规划和预算的任务，指出工作重点。企业目标指明主要计划的方向，这些主要计划根据反映企业目标的方式，规定各个主要部门的目标，而主要部门的目标，又依次控制下属各部门的目标，依此类推。

4. 确定前提条件。

把握和利用关键性的计划前提条件，有助于编制计划人员取得一致意见。前提条件是实现计划的环境假设条件。凡承担编制计划的每个人，对计划前提条件的理解越彻底，企业组织的计划工作就越协调。然而，要对一个计划将来环境的每个细节都作出假设是不切合实际的。因此，前提条件实际上只能是限于那些对计划起关键作用的或具有策略意义的假设条件，也就是限于那些对计划的贯彻实施最有影响的假设条件。

5. 制订计划方案。

计划方案类似于行动路线图，是指挥和协调组织活动的工作文件，它用书面文字或图表的形式，清楚地告诉企业管理人员和员工要做什么、何时做、由谁做、何处做以及如何做等问题。

编制计划时，应有可供选择的合理方案，但不要寻求过多的可供选择的方案，而是减少可供选择方案的数量，提高可供选择方案的质量，以便可以分析出最为合理的方案。

6. 评价备选方案。

根据前提和目标来权衡各种因素，比较各个方案的利弊，对各个方案进行评价。

评价所得出的结论，一方面取决于评价者所采用的标准，另一方面取决于评价者对各个标准所赋予的权数。在多数情况下，存在多个可供选择的方案，而且有很多可考虑的可变因素和限制条件，评估会比较困难。由于存在这些复杂因素，可借助于运筹学、数学方法和计算机技术等评价方案。

7. 挑选可行方案。

这是采用计划的关键一步，也是作出决策的重要环节。有时可供选择方案的分析和评估表明两个或两个以上的方案是合适的。在这种情况下，决策者在确定采取首选方案的同时，可以决定把其他几个方案作为后备方案，这样可以加大计划工作的弹性，使之更好地适应未来环境。

8. 制订辅助计划。

辅助计划就是总计划下的分计划。例如一个企业的人力资源计划下有：人员补充计划、人员分配计划、人员晋升计划、教育培训计划、绩效考核计划、薪酬激励计划、劳动关系计划、退休解聘计划等。总计划要由辅助计划来支撑，而辅助计划又是总计划的基础。

9. 编制预算。

即把计划转变成预算，使之数字化。企业的全面预算体现收入和支出的总额，所获得的利润或者盈余，以及主要资产负债项目的预算。如果预算编得好，则可以成为汇总各种计划的一种手段，也可以成为衡量计划完成进度的重要标准。

（二）计划的执行

计划工作的目的是通过计划的制订和组织实施来实现决策目标。因此，编制计划只是计划工作的开始，更重要、更大量的工作，还在于计划的执行。

计划执行的基本要求是：保证全面地、均衡地完成计划。所谓全面地完成计划，是指组织整体、组织内的各个部门要按整体主要指标完成计划，而不能有所偏废。所谓均衡地完成计划，是指要根据时段的具体要求，做好各项工作，按年、季、月，甚至旬、周、日完成计划，以建立正常的活动秩序，保证组织稳步地发展。

如果说决策与计划的制订主要是专业人员的任务，计划的执行则需要依靠组织全体成员的努力。因此，能否全面、均衡地完成计划，在很大程度上取决于在计划执行中能否充分调动全体组织成员的工作积极性。

为了调动组织成员在计划执行中的积极性，我国一些企业于20世纪80年代初开始引进目标管理，并取得了一定的成效。这里主要介绍目标管理（MBO）。

1. 目标管理的由来。

目标管理是美国管理学界20世纪50年代提出的。它是在泰勒科学管理理论和行为科学理论基础上形成的一套管理制度。德鲁克对目标管理的形成和发展作出了重大贡献。1954年，德鲁克在他所著的《管理的实践》一书中首先提出了“目标管理和自我控制”的主张，并对目标管理的原理做了较全面的概括。与此同时，还有许多先驱者对目标管理也同样作出了重大贡献。在此基础上，形成了目标管理制度。由于这种制度在产生的初期主要用于对主管人员的管理，所以它被称为“管理中的管理”，后来推广到企业所有人员的各项工作中。MBO在强化企业素质、实现有效管理方面，取得较好的效果。50年代末，MBO在美国、日本、西欧各国广泛流传起来。现在，它已成为世界上普遍流行的一种企业管理体制。

2. 目标管理的基本思想。

目标管理是指组织最高领导层根据组织所面临的形势和社会需要,制定出一定时期内组织经营活动所要达到的总目标,然后层层落实,要求下属各部门管理者直至每个员工,根据上级制定的目标制定出自己工作的目标和相应的保证措施,形成一个目标体系,并把目标完成的情况作为各部门和个人工作绩效评定的依据。

目标管理的基本思想主要有:

(1)企业的任务必须转化为目标,各级管理人员必须通过目标对下级进行领导并以此保证企业总目标的实现。

(2)目标管理是一种程序,使一个组织中的各级管理人员共同来制定目标,并确定彼此的责任。如果没有方向一致的目标来指导每个人的工作,则企业规模越大,人员越多时,发生冲突和浪费的可能性就越大。

(3)每个主管人员和职工的分目标就是企业总目标对他的要求,同时也是这个职工对企业总目标的贡献。只有每个人的目标都完成了,企业的总目标才能完成。

(4)企业管理人员对下级进行考核也是依据这些分目标。由组织的最高管理层出发,经过层层分解和转换后,由各级主管和全体员工共同参与制定出各自的目标,通过这样一整套自上而下的目标体系和自我激励过程,来保证总目标的实现。

(5)管理人员和工人是由目标来管理的,以所要达到的目标为依据,进行自我指挥、自我控制,而不是由他的上级来指挥和控制。

3. 目标管理的特点。

(1)MBO是参与管理的一种形式。职工参与决策,有利于目标的实现,形成总目标——层次目标——下一层次目标——下下一层次目标的"目标链条",总目标指导分目标,分目标保证总目标。

(2)MBO既重视科学管理,又重视人的因素,强调"自我控制"方法,并在工作中发挥聪明才智,实现自我控制、自我管理。

(3)MBO促使权力下放,授权下级是提高目标管理效果的关键。

(4)MBO注重成果。实行MBO后,由于有了一整套的目标考核体系,就能根据员工实际贡献的大小如实地评价员工的表现,克服了以往凭印象、主观判断等传统管理方法的不足。

4. 目标管理的过程与步骤。

(1)制定目标。制定目标包括确定组织的总体目标和各部门的分目标。总目标是组织在未来从事活动要达到的状况和水平,其实现有赖于全体成员的共同努力。为了协调这些成员在不同时空的努力,各个部门的各个成员都要建立与组织目标相对应的分目标。这样,就形成了一个以组织目标为中心的一贯到底的目标体系。在制定每个部门和每个成员目标时,上级要向下级提出自己的方针和目标,下级要根据上级的方针和目标制定自己的目标方案,在此基础上进行协商,最后由上级综合考虑后作出决定。

(2)执行目标。组织中各层次、各部门的成员为达到分目标,必须从事一定的活动,活动中必然会利用一定的资源。为保证组织活动的开展,必须授予相应的权力,使之有能力调动和利用必要的资源。有了目标,组织成员便会明确努力的方向;有了权力,他们便会产生强烈的与权力使用相应的责任心,从而能充分发挥他们的判断能力和创造能力，使目标执行活动有效进行。

(3)评价成果。成果评价既是实行奖惩的依据，也是上下左右沟通的机会，同时还是自我控制和自我激励的手段。成果评价既包括上级对下级的评价，也包括下级对上级、同级关系部门相互之间以及各层次自我的评价。上下级之间的相互评价，有利于信息、意见的沟通，从而实现对组织活动的控制；横向关系部门相互之间的评价，有利于保证不同环节的活动协调进行；而各层次组织成员的自我评价，则有利于促进其自我激励、自我控制以及自我完善。

(4)实行奖惩。组织对不同成员的奖惩是以上述各种评价的综合结果为依据的。奖惩可以是物质的，也可以是精神的。公平合理的奖惩有利于维持和调动组织成员饱满的工作热情和积极性。奖惩有失公正，则会影响这些成员行为的改善。

(5)制定新目标并开始新的目标管理循环。成果评价与成员行为奖惩，既是对某一阶段组织活动效果以及组织成员贡献的总结，也为下一阶段的工作提供参考和借鉴。在此基础上，为组织及其各个层次、部门的活动制定新的目标并组织实施，展开目标管理的新一轮循环。

管理者可以通过一些方法来保证目标管理项目的成功。首先，目标应当尽可能量化、具体化，同时应当确保目标的现实性和挑战性。其次，应当定期评估和更新目标，并要求有一定的灵活性，以便在条件允许的情况下进行变更。

目标管理的主要目的是要将个人目标、部门目标以及企业目标整合成一个有机的整体。一个有效的目标管理项目并不仅仅是设定目标。事实上，目标管理方法的发明人德鲁克认为，目标管理不是一系列僵化的步骤，它更是一种管理哲学。就像他所说的，每一位管理者的目标必须被设定为他需要为其所在组织的成功作出的贡献。因此，目标管理可以使得企业管理者清楚地看到各层次目标以及各部门目标之间的联系，并由此制定出公司的目标层级结构。

(三)计划的调整

计划在执行过程中，有时需要根据情况的变化进行调整。这不仅因为计划活动所处的客观环境可能发生变化，而且可能因为人们对客观环境的主观认识有了改变。为了使组织活动更加符合环境特点的要求，必须对计划进行适时的调整。滚动计划是保证计划在执行过程中能够根据情况变化适时修正和调整的一种现代计划方法。

滚动计划的基本做法是，制订好组织在一个时期的行动计划后，在执行过程中根据组织内外条件的变化定期加以修改，使计划期不断延伸，滚动向前。

滚动计划法是一种动态方法。它不像静态分析那样，等计划全部执行完了之后再重新编制下一个时期的计划，而是在每次编制或调整计划时，将计划按时间顺序向前推进一个计划期，即向前滚动一次。依据此方法，对远期的计划编制得较粗，只是概括性的即可，以便以后根据计划因素的变化来调整和修正，而对近期计划要求则比较详细和具体。滚动计划法能够根据变化了的组织环境及时调整和修正组织计划，体现了计划的动态适应性。而且，它可使中长期计划与年度计划紧密衔接起来。滚动式计划法还可用于编制年度计划或月度作业计划。采用滚动计划法编制年度计划时，一般将计划期向前推进一个季度，计划年度中第一季度的任务比较具体，到第一季度末，编制第二季度的计划时，要根据第一季度计划的执行结果和客观情况的变化以及经营方针的调整，对原先制订的年度计划做相应的调整，并在此基础上将计划期向前推进一个季度。采用滚动计划法编制月度(旬)计划,一般可将计划期向前推进10天,这样可省去每月月末预计、月初修改计划等工作,有利于提高计划的准确性。

这种方法的缺点在于加大了计划的工作量,但其优点也是很明显的。这种计划方法推迟了对远期计划的决策,增加了计划的准确性,提高了计划工作的质量;同时这种计划方法使长、中、短期计划能够相互衔接,既保证了长期计划的指导作用,使得各期计划能够基本保持一致,也保证了计划应具有的基本弹性,特别是在环境剧烈变化的今天,有助于提高组织的应变能力。

本章小结

1. 决策是指决策者在拥有大量信息和丰富经验的基础上,对未来行为确定目标,并借助一定的手段、方法和技巧,对有关影响因素进行分析研究后,从两个以上备选方案中选择一个满意方案的分析判断过程。计划作为管理的一项基本活动,是为实现组织目标服务的,它是从时间和空间上对决策作进一步的展开和细化。

2. 决策的分类。按决策层次划分,决策可分为战略决策、管理决策和业务决策;按决策事件发生的频率划分,决策可分为程序化决策和非程序化决策;按决策的时间跨度长短划分,决策可分为长期决策与短期决策;按决策的确定性程度划分,决策可分为确定型决策、风险型决策和不确定型决策;按决策的时态划分,决策分为静态决策和动态决策;按决策者的不同划分,决策可分为个人决策、专家决策和群体决策。

3. 决策过程分为:确定决策目标;设计可行方案;分析评估与选择方案;实施方案与方案追踪。

4. 计划的编制程序:描述宗旨;评估状况;确定目标;确定前提条件;制订计划方案;评价备选方案;挑选可行方案;制订辅助计划;编制预算。

思考题

1. 决策有哪些特点?你是如何理解的?

2. 在分析评估决策方案时,作为决策者应注意哪些问题?

3. 一名优秀的决策者应具有哪些素质与能力?

4. 你如何理解计划的层次体系?它与计划的编制是什么关系?

5. 推导量本利的计算公式:(设销售量为Q,销售单价为P,固定成本为F,单位变动成本为V,目标利润为B。即Q与P、F、V、B之间的关系式)

6. 某企业在市区租了一幢厂房,租期10年。现打算改造成饭店。据市场预测,生意好的概率为0.7,生意差的概率为0.3,有两种方案可供选择:

方案一:投资300万元装修,据估计,生意好时,每年可获利100万元;生意差时,每年亏损20万元。使用年限10年。

方案二:投资100万元装修,据估计,生意好时,每年可获利60万元;生意差时,每年可获利20万元。使用年限10年。

问哪种方案更好?

案例3.1 爱尔公司在中国市场的失算

爱尔公司是美国一家著名的啤酒生产企业，曾经非常成功地收购了包括本土和英国、澳大利亚等国家和地区的啤酒生产厂家，并很好地解决了在这些地区和国家所遇到的各种问题。如果按每立方升的利润来核算的话，该公司的利润率是全球最高的。爱尔公司的总裁爱尔先生也因此被人们认为是一个不败的神话，他做任何事都是正确的。

然而爱尔先生在中国市场上失算了。2001 年 12 月，公司的中期财务报告显示，其在中国市场上的投资总共亏损达 1400 万美元。根据预算，2001—2002 财务年度中，公司在中国市场的总体亏损至少 2500 万美元。

爱尔到底在哪里出现了失误呢？

爱尔公司是最早进入中国市场的外国啤酒公司，并在中国 3 个不同的省购买了 3 家啤酒公司，投资更新了啤酒生产设备，建立了分销系统，使用当地的原料酿造生产爱尔啤酒，然后在中国市场上销售。爱尔当时认为它已经在中国市场上建立了一个安全的滩头阵地，会比那些准备参与增长迅速的中国啤酒市场的其他外国竞争者更有利。爱尔满脑子想的就是投资、生产与销售。

但是没过多久，各种困难接踵而至。由于当时中国的啤酒市场处于供大于求的状况，啤酒的市场价格急速下降。中国啤酒市场的地区界限非常明显，各地对自己的啤酒生产企业采取一种地区保护主义的政策。有的两个相隔仅几十公里但隶属于不同省管辖的城市之间，彼此之间不能互通有无，将自己生产的啤酒运到另一城市销售。但是爱尔公司在进入中国市场之前显然并不了解中国的相关地区政策和市场状况。在这种情况下，爱尔为了适应中国的市场不得不一再修改或重新制定其业务规划。许多人认为，爱尔的失误在于他没有再建立一个新的啤酒厂，但爱尔则不这样认为。按照他的理解，如再建立一个新的啤酒厂需要投资 3 亿～4 亿美元。而在当时市场环境下，回收投资的可能性很小。他最不希望看到的是在市场规模已非常有限的情况下，再采用建立新的生产厂的战略，一旦出现这种情况，对爱尔来说将是灾难性的。与爱尔公司一样，许多国际性的啤酒公司都对中国市场进行了大规模的投资，但几乎全部都是亏损的。

爱尔已经在中国市场上投资近 1.2 亿美元，为了维持公司在中国市场的经营，2001 年底聘请了珂恩担任中国业务的总经理。在此之前，珂恩作为美国贸易委员会中国高级官务员在中国工作了 4 年。爱尔聘请他担任中国市场的总经理的原因是想借用他在中国广泛的人际关系及熟练的中文。珂恩上任后首先将原来设在香港的中国总部迁到了上海，但对中国业务的协调仍然由美国总部负责。另一个变化是珂恩建立了控制成本结构战略，其目的是使产品的市场营销尽可能减少支出。他认为爱尔公司目前不应该再强调“增长战略”直到前期投资有可能收回为止。

爱尔在中国市场的失算对公司来说或许是一件好事，因为爱尔正在打算进入越南和印度市场。

讨论题：

1. 爱尔公司为什么在中国市场会失算？请找出原因。
2. 你认为地方保护主义是促进了经济的发展，还是阻碍了经济的发展？

案例3.2　北京2008年奥运会赞助计划

北京2008年奥运会的赞助计划是最为全面的一揽子计划，产品类别众多，营销期长达5年。赞助企业享有使用2008年奥运会、中国奥委会代表团品牌进行市场开发的权利。该计划力求巩固、加强和保护赞助企业的特有权利。

一、宗旨

北京2008年奥运会赞助计划的宗旨为：

遵守《奥林匹克宪章》，遵循奥林匹克理想和北京2008年奥运会“绿色奥运、科技奥运、人文奥运”的理念。

推动奥林匹克运动的发展，提升北京2008年奥运会和中国奥委会在国内外的形象与品牌知名度。

确保北京2008年奥运会获得充足、稳定的组织经费和可靠的技术和服务支持。

为中外企业提供独特的奥林匹克市场营销平台，鼓励中国企业广泛参与，通过奥运会市场营销提高企业形象和产品品牌。

为赞助商提供优质服务，使他们获得充分的投资回报，帮助赞助企业与中国奥林匹克运动建立长期的合作伙伴关系。

二、赞助层次

对北京2008年奥运会的赞助包括国际和国内两个方面：国际奥委会第六期全球合作伙伴计划在国际范围内对整个奥林匹克运动提供支持，包括支持北京奥运会。北京2008年奥运会赞助计划在主办国范围内对举办2008年奥运会提供支持。

北京2008年奥运会赞助计划包括三个层次：北京2008年奥运会合作伙伴、北京2008年奥运会赞助商、北京2008年奥运会供应商（独家供应商/供应商）。

每个层次设定了赞助的基准价位。在同一层次中，不同类别的基准价位也会有所差异，以体现不同行业之间的差别。具体价位将在销售过程中向潜在赞助企业作出说明。

北京奥委会的各级赞助商将为奥林匹克运动在全国的发展作出贡献，通过在技术、产品和服务等方面的赞助，支持北京奥组委的筹办工作，支持2008年奥运会的举办，支持中国奥委会以及中国奥运代表团。不同层次的赞助商享有不同的市场营销权。赞助商在主办国地域范围内享有市场开发的排他权（包括共同排他权）。

三、赞助商权益

赞助企业向北京奥组委、中国奥委会和中国奥运代表团直接提供有力的资金和实物支持。作为回报，赞助企业将享有相应的权益。以下是北京奥组委给予赞助企业的主要回报方式：

——使用北京奥组委或中国奥委会的徽记和称谓进行广告和市场营销活动；

——享有特定产品服务类别的排他权；

——获得奥运会的接待权益，包括奥运会期间的住宿、证件、开闭幕式及比赛门票，使用赞助商接待中心等；

——享有奥运会期间电视广告及户外广告的优先购买权；

——享有赞助文化活动等级火炬接力赛等主题活动的优先选择权；

——参加北京奥组委组织的赞助商研讨考察活动；

——北京奥组委实施赞助商识别计划和鸣谢活动；

——北京奥组委实施防范隐性市场计划，保护赞助商权益。

根据对奥林匹克运动和北京奥运会贡献的价值不同，合作伙伴赞助商和供应商享有不同的权益回报。

四、赞助销售

（一）销售方式

坚持“公开、透明、公平”原则，根据行业的不同情况采取以下不同的销售方式：

(1)公开销售。公告销售通知或公开征集企业赞助意向。

(2)定向销售。向具备技术条件的企业发出征集赞助邀请。

(3)个案销售。直接与符合技术条件的企业进行销售洽谈。

（二）销售步骤

主要采取以下步骤进行销售：

(1)北京奥组委将征集情况通知企业或向企业征集赞助意向。

(2)企业提交赞助意向书。

(3)北京奥组委评估机构进行企业资格评审。

(4)北京奥组委销售机构与企业洽谈赞助方案。

(5)企业提交正式的赞助方案。

(6)北京奥组委评估机构提出赞助商候选人。

(7)北京奥组委确定赞助企业，报国际奥委会批准。

在实际操作中，以上步骤可根据需要增加或减少。

（三）销售进度

鉴于不同层次的赞助商对奥运会贡献的价值不同，销售进度也将体现投资差异。首先开始合作伙伴的销售，但根据销售进程，有可能同时进行不同层次的销售。

具体安排：

合作伙伴：2003 年第四季度—2004 年第四季度

赞助商：2004 年第二季度—2005 年第二季度

独家供应商/供应商：2004 年第四季度—2007 年第二季度

五、赞助商选择标准

选择赞助企业时，主要参照以下标准：

(1)资质因素。赞助企业必须是有实力的企业，是行业内的领先企业；发展前景良好，有充足的资金支付赞助费用。

(2)保障因素。能为成功举办奥运会提供充足、先进、可靠的产品、技术或服务。

(3)报价因素。企业所报的赞助价格是选择赞助企业最重要的考虑因素之一。

(4)品牌因素。企业具有良好的社会形象和企业信誉，企业的品牌和形象与奥林匹克理想和北京奥运会的理念相得益彰，产品符合环保标准。

(5)推广因素。企业在市场营销和广告推广方面投入足够的资金并作出其他努力，以充分利用奥运会平台进行市场营销，同时宣传和推广北京 2008 年奥运会。

讨论题：

1. 制订计划为什么要阐述宗旨？

2. 北京 2008 年奥运会赞助计划的目标是什么？

3. 北京 2008 年奥运会赞助计划有哪些政策和措施？

第四章　组　织

本章导读　如果把企业比作人，那组织结构犹如人的“骨架”，人员配备犹如人的“肉”，组织力量的整合把“骨”与“肉”粘合在一起，使其产生力量。

本章主要介绍组织结构的设计原则，管理幅度设计的影响因素，组织结构设计的依据，组织结构的类型。人员配备的工作内容和程序，管理人员的选聘标准、程序和方法，管理人员的培训目标和培训方法，管理人员的考评目的和考评内容。组织力量的整合，包括集权与分权、授权，正式组织和非正式组织，组织文化，学习型组织等。

第一节　组织设计

一、组织的定义

组织是指组织活动，即按照一定的目的、任务和形式，对做事的人进行编制并形成工作秩序。组织是动态活动过程和相对静态的社会构造实体的统一，其实质是特殊的人际关系。

从实体角度看，组织是为实现某一共同目标，经由分工与合作，及不同层次的权力的责任制度而构成的人群集合系统。其主要内容有：组织必须具有目标；一个组织良好的结构能使内部的关系得以理顺，并使所投入的资源得到最有效的利用；组织必须有分工协作，并且是由组织目标限定的；组织要有不同层次的权力与责任制度。

从无形角度看，组织是指在特定环境中为了有效地实现共同目标和任务，确定组织成员、任务及各项活动之间关系，对资源进行合理配置的过程。其主要内容有：组织结构的设计；人员的配备和管理；组织力量的整合。

二、组织结构设计

组织设计是指组织结构的设计，是把组织内的任务、权力和责任进行有效组织协调的活动。其基本功能是协调组织中人员与任务之间的关系，使组织保持灵活性和适应性，从而有效地实现组织目标。

（一）组织结构设计的原则

1. 因事设职与因人设岗相结合的原则。

为保证组织目标的实现，必须将组织活动落实到每一个具体的部门和岗位，确保“事事有人做”。此外，组织中的每一项活动最终需要人去完成，就必须考虑人员的配置情况，使得“人尽其能”、“人尽其用”。特别是组织需要根据外部环境的变化进一步调整和再设计组织结构时，必须贯彻因事设职和因人设岗相结合的原则，及时调整与组织环境不相适应的部门和人员，使得组织内的人力资源能够得到有效的整合和优化。

2. 统分结合的原则。

有效的组织必须有统一的指挥。但在科技日新月异、管理十分复杂的情况下，又必须实行分级管理。统一指挥和分级管理两者必须结合。根据统一指挥、分级管理的原则，每个岗位都应有人负责，做到各行其职、各尽其责。上下级之间的上传下达，要形成一个"指挥链"，分清层次，责权明确。执行机构应做到自司其职、自负其责。这样才能避免和消除责任不明、办事推诿的现象，克服"多头领导"和"政出多门"的弊病。

3. 控制幅度原则。

控制幅度原则是指一个上级的管理幅度应该控制在合理的范围以内，即由其直接领导与指挥的下属人数应该有一定的控制限度，并且是有效的。在当今信息时代，运用现代技术处理信息的速度大大加快，每个管理者对知识和信息的掌握以及实际运用的能力都有普遍提高，这使得管理幅度扩大，协调上下左右之间关系的能力也大幅度提高。

4. 权责对等原则。

组织中的每个部门和部门中的每个人员都有责任按照工作目标的要求保质保量地完成工作任务，同时，组织也必须委之以自主完成任务所必需的权力。职权与职责要对等，如果有责无权，或者权力范围过于狭小，责任方就有可能会因缺乏主动性、积极性而导致无法履行责任，甚至无法完成任务；如果有权而无责或者权力不明确，权力人就有可能不负责任地滥用权力，甚至助长官僚主义习气，这势必会影响到整个组织系统的健康运行。

5. 弹性原则。

所谓弹性原则即企业的组织结构对环境变化有足够的弹性，能及时、低成本地对外界变化（市场需求、技术变革）作出能动的反应，具备及时应对新情况、解决新问题的应变能力。也就是说，在组织结构的设置和人员配备中要充分考虑可变因素的应对职能。

（二）组织结构

所谓组织结构，是指组织的基本架构，是对完成组织目标的人员、工作、技术和信息所作的制度性安排。管理幅度和管理层级是组织结构的两个决定因素。

1. 管理层级与管理幅度。

组织结构中纵向垂直管理层的层级数就是管理层级。管理的实践和研究都表明，如果一个组织增加其纵向的管理层级数，其纵向管理层级之间沟通的困难就增大，层级之间信息传递失真的可能性也就增加，纵向层级间的协调也就愈加困难。因此，一个组织中纵向管理层级数的增加，其纵向组织结构之间的差异性就扩大，亦即其纵向组织结构越复杂。

由于受到个体精力、能力、时间以及环境条件等多方面因素的制约，一名管理者直接有效指挥和监督下级的人数总是有限的。一个管理者直接有效领导下属的数量称为管理幅度或管理跨度。

一个管理者应该领导多少下属最为理想，一直是管理者和研究者颇感兴趣的研究课题。英国著名管理顾问林德尔·E.威克认为，上级主管理想的下级人数是4人，基层主管的下级人数是8～12人。美国洛克希德公司的一项研究所建议的管理幅度是4～11人。其实影响管理幅度的因素很多，很难有统一的标准。就一般而言，高层主管的管理幅度应小些，以2～7人为宜，中层主管为8～15人，基层主管的管理幅度可大些，可增至20～30人。

组织结构形式受管理幅度的影响很大。当组织规模一定时，管理幅度越大，管理的层级就越少；相反，管理幅度越小，管理层级就越多。管理幅度一般决定了组织的横向结构，而管理层级决定了组织的纵向结构。管理层级与管理幅度的反比例关系决定了两种基本的管理组织形态：扁平结构形态和高耸结构形态。

扁平结构指的是管理幅度大而管理层级较少的一种组织结构形态。其优点是：由于层级较少，因此管理费用低、信息交流速度快，信息在传递过程中失真少，从而使高层管理者能尽快发现信息所反映的问题，并及时采取相应的纠偏措施。由于管理幅度大，成员有较大的自主性，因而满足感增加。其缺点是不能严密监督下级的工作，上下级协调较差。

高耸结构又称锥形结构，是指幅度小、层次多的一种组织结构形态。其优点是管理严密，分工明确，上下级协调容易。其缺点是，由于管理层级较多，增加了管理费用，信息在传递过程中受多层过滤而容易失真，不利于全局的计划和控制。另外，由于管理严密，易降低下属成员的满意感和创造性。

2. 管理幅度设计的影响因素。

(1)管理工作的内容和性质。

(2)环境稳定性。

(3)管理人员的工作能力情况。

(4)下属人员的空间分布状况。

(5)组织变革的速度和沟通情况。

企业中窄、宽管理幅度影响原因往往有以下一些，见表4-1。

表4-1 企业中窄、宽管理幅度的影响原因

窄管理幅度(需要同下属一起花很多时间)	宽管理幅度(只需要同下属花很少的时间)
1. 很少或没有经过培训	1. 下属人员的培训
2. 不适当或不明确的授权	2. 明确的授权，承担明确的任务
3. 对不需重复的计划没有明确的目标	3. 重复的计划明确的目标
4. 无法考虑的目标或标准	4. 可以考虑的目标或标准
5. 内外部考核的目标或标准	5. 内外部环境的缓慢变化
6. 交流方法不当或欠缺，包括指令的含糊不清	6. 恰当的方法运用，如合适的组织结构、书面与口头的交流
7. 上下级间无实效的联系	7. 上下级间有效的联系
8. 无实效的会议	8. 有效的会议
9. 中低层存在较多的专业问题	9. 在较高层存在较多的专业问题(最高层管理人员关注外部环境)
10. 管理人员能力不够或未经培训	10. 管理人员能力强或经过培训
11. 复杂的工作	11. 下属愿意承担责任或合理的风险
12. 下属不愿意承担责任或合理的风险	12. 成熟老练的下属
13. 不成熟的下属	

为了达到组织设计的理想效果，组织设计者需要完成以下几项工作：

(1)职能与职务的分析与设计。组织首先需要将总的任务目标进行层层分解，分析并确定为完成组织任务究竟需要哪些基本的职能与职务，然后设计和确定组织内从事具体管理工作所需的各类职能部门以及各项管理职务的类别和数量，分析每个职务应具备的资格条件、应有的权力范围和应负的责任。

组织系统图是自上而下绘制的。在创构组织时，可以根据组织的宗旨、任务目标以及组织内外环境的变化，自上而下地确定组织运行所需要的部门、职位及相应的权责。另外，组织设计也可以根据组织内部的资源条件，在组织目标层层分解的基础上从基层开始自下而上地进行。

(2)部门划分。根据每位职务人员所从事的工作性质不同以及职务间的区别和联系，根据组织职能相似、活动相似或关系紧密的原则，将各个职务人员聚集在“部门”这一基本管理单位内。组织活动的特点、环境和条件不同，划分部门所依据的标准也是不一样的。对同一组织来说，在不同时期、不同的战略目标指导下，划分部门的标准可以根据需要进行动态调整。

(3)结构形成。在职能与职务设计以及部门划分的基础上，必须根据组织内外能够获取的现有人力资源情况，对初步设计的职能和职务进行调整和平衡，同时根据每项工作的性质和内容，确定管理层级并规定相应的职责、权限以及相互关系，使各部门形成一个有机的整体。

(三)组织结构设计的依据

组织的职务和结构设计都是在一定的环境下根据组织自身的条件而进行的，是为有效地实现组织战略目标服务的，所以组织设计必须受组织的战略、环境、规模及其技术等因素的制约。

1. 企业战略。

企业战略是为了适应未来环境的变化，企业为寻求长期生存和稳定发展而制定的总体性和长远性的谋划。是根据企业环境、国家政策、企业具体生产能力、企业面临的市场变化程度等经过深思熟虑而制定的。企业战略一旦制定，则必须调动企业的一切因素为之努力。在这些因素中组织结构极为重要，因为组织结构如果不与企业战略相适应，企业战略的实现就没有保证。因此，组织结构必须服从于组织战略，为战略服务。战略选择的不同，组织的工作内容就不同，组织结构亦就不同。

2. 外部环境。

环境特征是组织结构选择必须考虑的因素。外部环境的迅速变化和复杂性程度的增强，加剧了环境的不确定性。在不确定性环境中，组织必须保持灵活性，保持一种随时对环境变化做出反应的状态。

早在20世纪60年代，一些学者就指出企业组织结构深受其所处环境的影响，即受到环境构成要素本身的变动以及要素之间关系变动的影响。其中，汤姆森认为可以从两个方面，即环境的复杂性程度(环境构成要素是简单还是复杂)和环境的变化程度(环境构成因素是少变还是多变)，把企业组织环境按照其特性分成平稳而简单的环境、相对平稳而复杂的环境、相对动荡而简单的环境以及动荡而复杂的环境。

3. 科技条件。

任何组织都需要通过技术将投入转化为产出，那么，组织的设计就需要根据技术的变化而变化，特别是技术范式的重大转变，往往要求组织结构做出相应的改变和调整。

随着计算机革命和信息技术的发展，制造业技术有了质的飞跃。包括机器人、计算机数控(CNC)、计算机辅助制造(CAM)、计算机辅助设计(CAD)、管理自动化等技术在内的计算机集成制造系统(CIMS)或柔性制造系统(FMS)的运用，使得生产部门能够以较低的成本、在较短的时间内大量生产出高质量的各种定制产品来，从而改变了大批量生产技术无法实现定制生产的传统格局。

4. 组织规模与生命周期。

组织规模通常用雇员数目来衡量。研究发现，大型组织的结构形式远远不同于小型组织。小型组织通常是非正式的，劳动分工少，规章制度较少(规范性程度低)，专业人员和办公人员少，甚至不存在正式的预算和业绩考核系统。而大型组织则有着较多的分工，庞大的专业人员，大量的规章制度，以及控制、业绩考核等内部系统。

组织由小型组织向大型组织的发展过程需要经过若干阶段。虽然不同组织的生命周期各有自己的速度，但是总体看来，任何组织都要经过如下几个阶段：

诞生期：这一阶段，组织被创造出来，其缔造者是一位企业主，他与少数雇员一起完成组织的所有活动。组织非常不正规，任务是重叠的。没有专业人员，没有规章制度，也没有横向系统来进行计划、考核和协调，决策权集中于业主手中。

成长期：在这一阶段，组织雇员增多，产品增加，并在市场上获得成功。因此，组织持续迅速增长。企业主不再单独控制一切。虽然控制仍是相对集中的，但是，若干被企业主所信任的同僚参与决策制定。在这一阶段劳动分工出现了，并由粗略而变得日益细密。横向系统出现了，但仍是非正式的。这时也出现了规则与制度，并开始出现少量的专业人员和管理人员。

成熟期：在这一阶段，组织繁荣昌盛，并且发展得非常庞大。这时，组织开始像一个正规化的官僚组织。劳动分工几近完善，权责明确，政策配套。大量的规则、制度、工作说明书被用来指导雇员的活动。为支持生产与营销，组织雇用大量专业人员和办公人员来处理专业活动。组织设立了健全的业绩评估、预算、会计控制系统。高层管理者将许多职权下放到职能部门，但是组织的灵活性开始下降。

衰退期：在这一阶段，组织极为庞大，而且是机械式的。组织的垂直结构过于强大，决策是集权性的，面临着停滞不前的危险。这种状况经常出现在经历了一个阶段成功与辉煌的大企业里。许多大企业的领导人会感觉到成熟的垂直系统抑制了组织对环境变化做出灵活迅速反应的能力。为了避免这种危险，组织鼓励创新，竭力消除部门之间的界限，并开始对组织业务流程进行重组。组织再造也可能导致组织的缩减——裁减一些职位、工作、职能、管理层级或业务单元。

除了以上四个因素外，组织结构还受到企业家的领导风格和驾驭能力、组织文化及组织规模等自身条件的影响。

三、组织结构的类型

就本质而言，组织结构反映组织成员之间的分工协作关系。组织结构设计的目的是为了更有效地和更合理地把组织成员组织起来，即把一个个组织成员为组织贡献的力量有效地形成组织的合力，让他们有可能为实现组织的目标而协同努力。每个社会组织内部都有一套自身的组织结构，它们既是组织存在的形式，自身还是组织内部分工与合作关系的集中体现。所有组织成员都将在此结构中充当一定的角色，承接一定的工作，否则就没有资格待在组织之中。由于组织内外部环境的不同，组织结构的类型也不尽相同。一般来说，组织结构的形式有以下几种：

(一)直线型

特点：下属只接受一个上级的指令(见图 4-1)。

优点：结构简单，责任分明，命令统一。

缺点：最高主管要通晓多种知识和技能是比较困难的。

适用：较小规模的饭店通常采用这种结构。

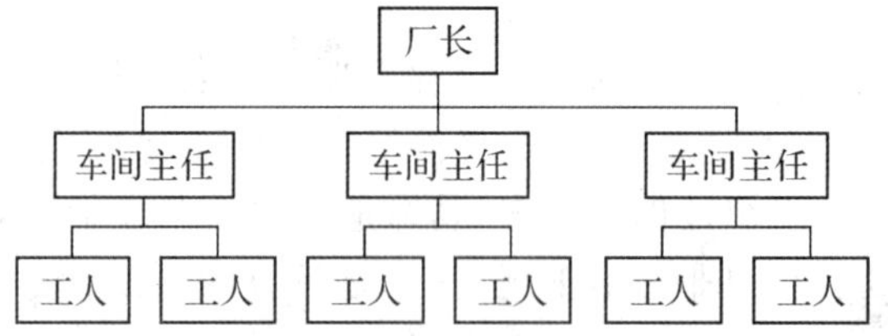

图 4-1 直线型组织结构

(二)职能型

特点：将技能相似的专业人员集合在各自专门的职能机构内，并分工合作(见图 4-2)。

优点：适应了大生产分工合作的要求，提高了专业化和管理水平，减轻了高层的压力。

缺点：一个下级受多个上级的领导，片面追求本部门的利益，部门冲突增多。

适用：流水线生产企业通常采用，饭店企业不太常见。

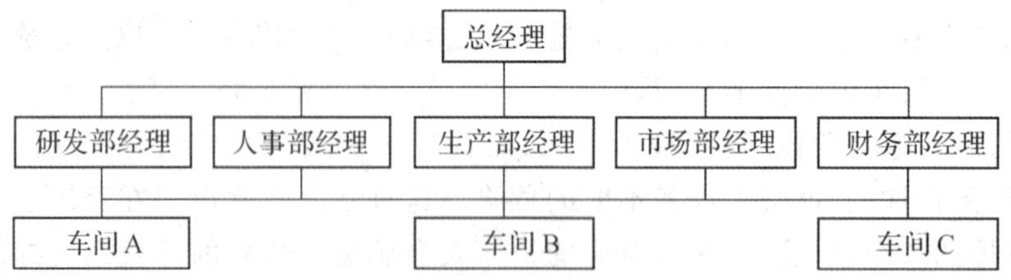

图 4-2 职能型组织结构

(三)直线—职能型

特点：吸取上述两种形式的优点，把企业人员分为两类：一类是直线领导，按统一命令原则对各级组织行使指挥权；另一类是职能机构，按专业化原则，做好直接领导的参谋，不能对直接部门发号施令，只能进行业务指导(见图 4-3)。

优点：既保证集中统一，又能发挥专业机构的作用。

缺点：职能部门之间的协作和配合性较差。

适用:多数上规模的单体饭店通常采用这种结构。

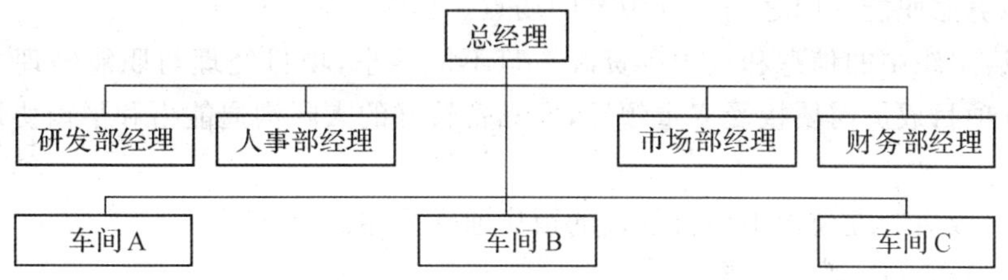

图 4-3 直线—职能型组织结构

(四)事业部型

特点:事业部必须具备三个基本的要素:独立的市场、独立的利益、独立的自主权,执行"集中决策,分散经营"的管理原则(见图 4-4)。

优点:它使高层管理部门摆脱了日常繁杂的行政事务,可以专注战略决策事务。同时能充分发挥各事业部的积极性,培养"多面手"式的管理人才。

缺点:职能部门重复,管理人员增多,管理成本提高。

适用:饭店集团公司通常采用这种模式。

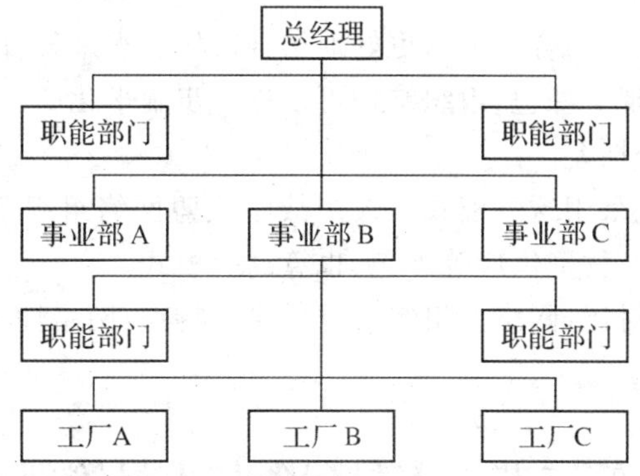

图 4-4 事业部型组织结构

(五)矩阵型

特点:是由纵横两套管理系统组成的矩形组织结构。纵向是管理系统,横向是项目系统(见图 4-5)。

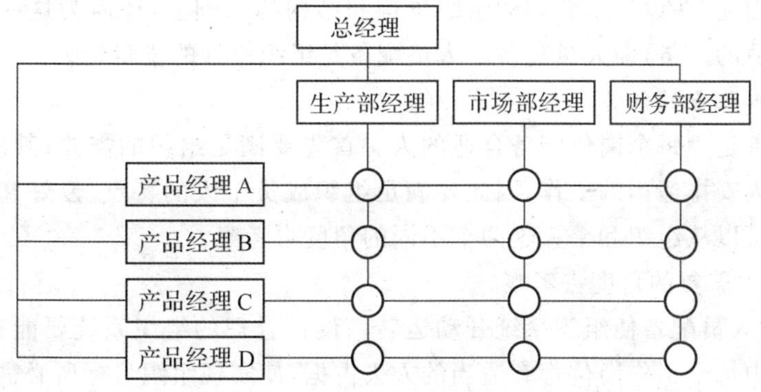

图 4-5 矩阵型组织结构

优点：可以专业化分工，可以跨越各职能部门获取他们所需要的各种支持活动，可以有效地克服职能部门之间相互脱节的弱点。

缺点：组织中的信息和权力等资源一旦不能共享，项目经理与职能经理之间会发生矛盾。项目成员需要接受双重领导，要具备较好的人际沟通能力和平衡协调矛盾的技能。

适用：饭店管理公司中项目管理的饭店通常采用。

（六）动态网络型

特点：是一种以项目为中心，通过与其他组织建立研发、生产制造、营销等业务合同网，有效发挥核心业务专长的协作型组织（见图4-6）。

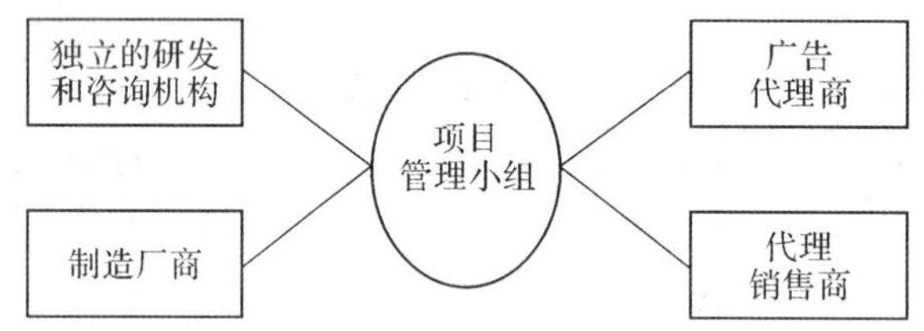

图4-6　动态网络型组织结构

优点：以项目为中心的合作可以更好地结合市场需求来整合各项资源。由于组织中的大多数活动都实现了外包，组织结构可以进一步扁平化。

缺点：组织的可控性差。

适用：耐克公司就采用这种模式。饭店战略联盟网络组织基本上也是这种模式。有的饭店将培训、工程、物资供应等外包，也算这一模式。

与传统组织模型对比，网络型组织有以下主要特点：网络性、扁平性、灵活性、多样性、全球性。

第二节　人员配备与人员管理

一、人员配备概述

组织设计仅为系统的运行提供了可供依托的框架，要使框架能发挥作用，还需由人来操作。因此，在设计了合理的组织机构和结构的基础上，还需为这些机构的不同岗位选配合适的人员，即人员配备。人员配备是组织设计的逻辑延续。

（一）人员配备的任务

人员配备是为每个岗位配备合适的人。首先要满足组织的需要；其次，人员配备也是为每个人安排适当的工作，因此要满足组织成员个人的特点、爱好和需要。人员配备的任务可以从组织和个人这两个不同的角度去考察。

1. 从组织需要的角度去考察。

（1）通过人员配备使组织系统开动运转。设计合理的组织系统要能有效地运转，必须使机构中每个工作岗位都有适当的人去占据，使实现组织目标所必需进行的每项活动都有合格的人去完成。这是人员配备的基本任务。

（2）为组织发展准备后备力量。组织是一个动态系统，处在一个不断变化发展的社会经济环境中。组织的目标、活动的内容需要经常根据环境的变化作适当的调整，由目标和活动决定的组织机构也会随之发生相应的变化。组织的适应调整过程往往也是发展壮大的过程。组织的机构和岗位不仅会发生质的改变，而且会在数量上不断增加。所以，我们在为组织目前的机构配备人员时，还需要考虑机构可能发生的变化，为将来的组织准备和提供人员，特别是管理干部。由于管理干部的成长往往需要较长的时间，因此组织要在使用的同时或通过使用来培训未来的管理人员。

(3)维持成员对组织的忠诚。人才流动对个人来说可能是重要的，它可以使人才通过不断的尝试，找到最适合自己、给自己带来最大利益的工作。但是对整个组织来说，人才流动虽有可能给企业带来“输入新鲜血液”的好处，但其负面性可能更大。人员不稳定、员工离职率高，特别是优秀人才的外流，往往使组织多年的培养成本付之东流，而且可能严重影响组织的人事发展计划，影响组织在发展过程中的人才需求。因此，要通过人员配备，稳住人心，留住人才，维持成员对组织的忠诚。

2. 从组织成员配备的角度去考察。

留住人才，不仅要留住其身，更要留住其心。只有这样，才能维持他们对组织的忠诚度。然而，组织成员是否真心实意地、自觉积极地为组织努力工作，要受到许多因素的影响。

(1)通过人员配备，使每个人的知识和能力得到公正的评价、认可和使用。工作的要求与自身的能力是否相符，是否感到“大材小用”，“怀才不遇”，工作的目标是否富有挑战性，这些因素与人们在工作中的积极、主动、热情程度有着极大的关系。

(2)通过人员配备，使每个人的知识和能力不断发展，素质不断提高。知识与技能的提高，不仅可以满足人们的心理需要(“尊重的需要”已变得越来越现实，特别是对于有一定文化素质的组织成员来说)，而且往往是通向职业生涯中职务晋升的阶梯。

(二)人员配备的工作内容和程序

1. 确定人员需要量。

人员配备是在组织设计的基础上进行的。人员需要量的确定主要以设计出的职务数量和类型为依据。职务类型指出了需要什么样的人，职务数量则告诉我们每种类型的职务需要多少人。

组织中的职务可以分成多种类型。比如：全体职务可分成管理人员与生产作业人员；管理人员中可分成高层、中层、基层管理人员，每一层次的管理人员又可分成直线主管与参谋或管理研究人员；生产操作人员可分成技术工人与专业工人、基本生产工人与辅助生产工人；等等。

如果是为一个新建的组织选配人员，那么只需利用上述职务设计的分类数量表直接在社会上公开招用、选聘。然而，我们遇到的往往是现有组织的机构与人员配备重新调整的问题。在通常情况下，进行组织的重新设计后，还需检查和对照企业内部现有的人力资源情况，两相对比，找出差额，再确定需要从外部选聘的人员类别与数量。

2. 选配人员。

职务设计和分析指出了组织中需要具备哪些素质的人。为了保证担任职务的人员具备职务要求的知识和技能，必须对组织内外的候选人进行筛选，做出最恰当的选择。这些待聘人员可能来自企业内部，也可能来自企业外部。从外部新聘员工或从内部进行调整，各有其优势和局限性。对于外部候选人的实际工作能力我们往往所知甚少，而对于内部候选人我们了解的也只是他以前从事较低层次工作时的能力，至于他能否胜任需要担负更大责任的工作，往往难以得出比较可靠、肯定的结论。选配人员必须谨慎、认真、细致，把不合适的人安排在不合适的岗位上，不论对个人还是对组织，都会带来灾难性的后果。必须研究和使用一系列科学的测试、评估和选聘方法。

3. 制订和实施人员培训计划。

人的发展是一个过程。组织成员在明天的工作中表现出的技术和能力需要在今天培训；组织明天所需的管理人员要求现在就开始准备。维持成员对组织忠诚的一个重要方面是使他们看到自己在组织中的发展前途。员工特别是管理人员的培训无疑是人员配备中的一项重要工作。培训，既是为了适应组织技术变革、规模扩大的需要，也是为了实现员工个人的充分发展。因此，要根据组织的成员、技术、活动、环境等的特点，有计划、有组织、有重点地进行全员培训，特别是对有发展潜力的未来管理人员的培训。

（三）人员配备的原则

为求得人与事的优化组合，人员配备过程中必须依循一定的原则。

1. 因事择人的原则。

选人的目的在于使其担当一定的职务，要求其从事与该职务相应的工作。要使工作卓有成效地完成，首先要求管理者具备相应的知识和能力。

2. 因材施用的原则。

不同的工作要求不同人去进行，而不同的人也具有不同的能力和素质，能够从事不同的工作。从人的角度来考虑只有根据人的特点来安排工作，才能使人的潜能得到最充分的发挥，工作热情得到最大限度的激发。

3. 人事动态平衡的原则。

处在动态环境中的组织是在不断发展的，工作过程中，人的能力和知识是在不断提高和丰富的，组织对其成员的素质认识也是不断深化、完善的。因此，人与事的匹配需要不断的调整，使能力发展并得到充分证实的人去从事更高层次的、负更多责任的工作；使能力平平、不符合职务需要的人进行力所能及的活动，以求每一个人都能得到最合理的使用，实现人与工作的动态平衡。

二、管理人员的选聘

人是组织活动的关键资源。组织中的其他物力或财力资源需要经过人的优化配置和利用才能发挥效用，人在组织中的地位决定了人员配备在管理工作中的重要性。由于每一个人都是在其管理人员的领导和指挥下展开工作的，因此，管理人员的选拔、培养和考评应当是企业人事管理的核心，人事决策当居企业各种决策之首。

（一）管理人员需要量的确定

制订管理人员选配和培训计划，首先需要确定组织目前和未来的管理人员需要量。

1. 组织现有的规模、机构和岗位。

管理人员的配备首先是为了指导和协调组织活动的展开，需要参照组织结构系统图，根据管理职位的数量和种类，来确定每年平均需要的管理人员数量。

2. 管理人员的流动率。

人员流动是市场经济条件下的必然现象，是一种正常的社会现象。加上自然退出，组织中现有的管理队伍会因老残病弱而减少。确定未来的管理人员需要量，要对这些自然或非自然的减员进行补充。

3. 组织发展的需要。

随着组织规模的不断发展，活动内容的日益复杂，管理工作量将会不断增加，从而对管理人员的需要也会不断增加。因此，计划组织未来的管理干部队伍，还须预测和评估组织发展与业务扩充的要求。

综合上述因素，便可大致确定未来若干年内组织需要的管理人员数量，从而为管理人员的选聘和培养提供依据。

（二）管理人员的来源

组织可从外部选聘或从内部提拔所需的管理人员。

1. 外部招聘。

外部招聘是根据一定的标准和程序，选拔符合空缺职位工作要求的管理人员。外部招聘具有以下优点：

（1）被聘干部具有"外来优势"。所谓"外来优势"主要是指被聘者没有"历史包袱"，组织内部成员（部下）只知其目前的工作能力和实绩，而对其历史特别是职业生涯中的失败记录知之甚少，如果确有工作能力，便可迅速打开局面。相反，如果从内部提升，部下对新上司在成长过程中的失败教训有着深刻的印象，从而使其放不开手脚。

（2）有利于平息、缓和内部竞争者之间的紧张关系。组织中空缺的管理职位可能有好几个内部竞争者，每个人都希望有晋升的机会。如果员工发现自己的同事，特别是原来与自己处于同一层次具有同等能力的同事提升而自己未果时，就可能产生不满情绪，从而懈怠工作，不听管理，甚至拆台。从外部选聘可能使这些竞争者得到某种心理上的平衡，从而利于缓和内部竞争者之间的紧张关系。

（3）能够为组织带来新鲜空气。来自外部的候选人可以为组织带来新的管理方法与经验。他们没有太多的框框条条束缚，工作起来可以放开手脚，从而给组织带来较多的创新机会。此外，由于他们新近加入组织，没有与上级或下属历史上的个人恩怨关系，从而在工作中可以很少顾忌复杂的人情网络。

外部招聘也有局限性，主要表现在：

（1）外聘人员不熟悉组织的内部情况，同时也缺乏一定的人事基础，因此需要一段时期的适应才能进行有效的工作。

（2）组织不能深入了解应聘者的情况。虽然选聘时可借鉴一定的测试、评估方法，但一个人的能力是很难通过几次短暂的会晤、几次书面测试而得到正确反映的，被聘者的实际工作能力与选聘时的评估能力可能存在很大差距。因此组织可能聘用一些不符合要求的管理人员，这种错误的选聘可能给组织造成较大的危害。

（3）挫伤内部员工的积极性。大多数员工都希望在组织中有不断发展的机会，都希望能够担任越来越重要的工作。如果组织经常从外部招聘管理人员，且形成制度和习惯，则会堵死内部员工的升迁之路，从而会挫伤他们的工作积极性，影响他们的士气。同时，有才华、有发展潜力的外部人才在了解到这种情况后也不敢应聘，因为一旦应聘，虽然在组织中工作的起点很高，但今后提升的希望却很小。

由于这些局限性，许多成功的企业强调不应轻易外聘管理人员，而主张采用内部培养和提升的方法。

2. 内部提升。

内部提升是指组织内成员被委以承担更大责任的更高职务。内部提升具有以下优点：

(1)有利于鼓舞士气，提高工作热情，调动组织内成员的积极性。内部提升制度给每个人带来希望。每个组织成员都知道，只要在工作中不断提高能力、丰富知识，就有可能被分配担任更重要的工作，这种职业生涯中的个人发展对每个人都是非常重要的。职务提升的前提是要有空缺的管理岗位，而空缺的管理岗位的产生主要取决于组织的发展，只有组织发展了，个人才可能有更多的提升机会。因此，内部提升制度能更好地维持成员对组织的忠诚，使那些有发展潜力的员工能自觉地更积极地工作，以促进组织的发展，从而为自己创造更多的职务提升机会。

(2)有利于吸引外部人才。内部提升表面上是排斥外部人才，不利于吸收外部优秀的管理人员，其实不然。真正有发展潜力的管理者知道，加入到这种组织中，担任管理职务的起点虽然比较低，有时甚至需要从头做起，但只要凭借自己的知识和能力，花较少的时间便可熟悉基层的业务，从而能迅速地提升到较高的管理层次。

(3)有利于保证选聘工作的正确性。在组织内工作一定时间的候选人，组织对其了解程度必然要高于外聘者。候选人在组织中工作的经历越长，组织越有可能对其作全面深入的考察和评估，选聘工作的正确程度就越高。

(4)有利于使被聘者迅速展开工作。管理人员能力的发挥要受到他们对组织文化、组织结构及其运行特点的了解。在内部成长提升上来的管理人员，由于熟悉组织中错综复杂的机构和人事关系，了解组织运行的特点，所以可以迅速地适应新的管理工作，工作起来要比外聘者显得得心应手，从而能迅速打开局面。

同外部招聘一样，内部提升制度也可能带来某些弊端：

(1)引起同事的不满。在若干个内部候选人中提升一个管理人员，可能会使落选者产生不满情绪，从而不利于被提拔者展开工作。避免这种现象的关键是改进干部考核评价制度和方法，正确地评价、分析、比较每一个内部候选人的条件，努力使组织得到最优秀的管理人员，并使每一个竞争者都能体会到组织的选择是正确、公正的。

(2)可能造成"近亲繁殖"的现象。从内部提升的管理人员往往喜欢模仿上级的管理方法，使老一辈管理人员的优秀经验得到继承，但也有可能使不良作风得以延续，从而不利于组织的管理创新，不利于管理水平的提高。要克服这种现象，必须加强对管理队伍的教育和培训，特别是不断组织他们学习新知识。在评估候选人的管理能力时，也必须注意对他们创新能力的考察。

(三)管理人员选聘的标准

"士兵有权得到能干的指挥员"，这是古罗马凯撒大帝时的一句格言，同样，组织中的每个成员都有权得到最称职的管理人员。战争中，士兵不得不把自己的生命托付给指挥作战的长官。同样，在现代社会生活中，组织成员也把需要得到满足的希望寄托于优秀的管理人员。因此，必须选择合适的人来担任合适的管理工作。怎样才算是合适的管理人员？我们应根据哪些标准去选聘管理人员？

1. 管理的欲望。

强烈的管理欲望是有效进行管理工作的基本前提。担任管理工作，对某些人来说，意味着在组织中取得较高的地位、名声以及与之相应的报酬，但对更多的、成功的管理人员来说，它意味着可以利用制度赋予的权力来组织他人的劳动，意味着通过他人的劳动来实现自己制定的、符合组织需要的目标，并从中获得心理上的满足。对权力不感兴趣的人，当然不可能负责任地、有效地使用权力，从而难以获得积极的管理效果。

2. 正直诚信的品质。

正直和诚信是每个组织成员都应具备的基本品质，管理人员尤其如此。由于担任管理职务具有相当的职权，而组织对权力的运用往往难以进行严密、细致、及时、有效的监督，所以权力能否正确运用，在很大程度上取决于管理人员的素质。管理人员必须是道德上值得信赖的，必须具有正直的品质。正直诚信，意味着对上不曲意逢迎，不拍马屁，敢于提出自己的观点，用适当的方式方法指出上级的错误；意味着诚实地总结和汇报工作，不虚报成绩，不隐瞒缺点；意味着对部属一视同仁，不拉帮派，不分亲疏，不搞"顺我者昌、逆我者亡"，在评价下属工作时，有一套客观、公正的标准，而不是根据个人的好恶；意味着脚踏实地的工作，而不是哗众取宠，搭花架子，做表面文章。

总之，正直诚信应该成为管理人员的基本品质。管理人员缺乏了这种品质就可能涣散人心。当然，只有这种品质而无工作能力，也不能成为合格的管理者。然而，有能力而无正直诚信品质的管理人员，则可能给组织造成巨大的破坏，且能力越大，破坏性越大。

3. 冒险的精神。

管理任务不仅在于执行上级的命令，维持系统的运转，而且要在组织系统或部门的工作中不断创新。只有不断创新，组织才能充满生机，才能不断发展。而创新意味着打破原有机制的束缚，做以前没有做过的事，没有现成的程序或规律可循。因此，既有成功的可能，也有失败的风险，往往是希望越大，需要冒的风险也越大。

4. 决策的能力。

管理人员不仅要计划和安排工作，更重要的是组织和协调部属的工作。管理人员在组织下属工作的过程中要进行一系列的决策：本部门在未来时期内要从事何种活动，从事这种活动需达到何种状况和水平，谁去从事这些活动，利用何种条件、在何时完成这些活动，等等。西蒙说，管理就是决策。管理过程中充满了决策。因此，掌握一定的决策能力对管理人员来说是非常重要的。

当然，拥有决策能力，并不一定要求每位管理人员都能娴熟地运用决策的定性或定量方法(管理人员在这方面的缺陷可以通过设立参谋人员或进行咨询而得到补偿)，但管理者至少必须具备分析问题的能力和果断抉择的魄力。他必须能够敏锐地观察事物的变化，善于捕捉信息，发现问题，能够透过现象，抓住本质，判断问题的性质，预估事物的发展趋势；必须能够在基本把握事物变化的脉络以后，在研究人员制定并比较多种解决问题的可行方案的基础上，迅速果断地作出选择。

成功的管理人员通常是在别人还犹豫不决的情况下作出决策、采取行动的。

5. 沟通的技能。

管理人员要理解别人，也需要别人理解自己。组织成员之间的相互理解是组织成功的基本保证，理解要借助信息的沟通来完成，信息沟通是在“说”和“听”的过程中实现的。管理人员要通过充分地“听”与艺术地“说”，来正确地理解上级的意图，认清组织的任务与目标，制定正确的措施，或巧妙地提出自己的不同意见，争取上司的赞同；同时，也要通过娴熟运用听与说的技巧，准确地表述自己的思想，布置下属的工作，并充分地聆听下属的诉怨，体察他们的苦衷，了解下属工作的进度，协调并支持他们的工作。

在具体讨论管理人员的标准时，有两点应注意：

(1)组织中不同层次、不同职能机构的管理职务，需要完成不同的工作，要求职务担任者具备不同的知识和技能。因此，要列出一个适合所有管理岗位工作人员的条件清单是非常困难的，甚至是不可能的。

(2)选聘管理人员的主要依据是贡献还是能力？由于这两者并不总是一致的，个人对组织的贡献并不仅仅取决于自己的能力，还受到许多其他因素的影响，因此，能力更为重要。对组织成员贡献的补偿主要是分配中的报酬，特别是给予物质方面的报酬。如劳动模范的贡献很大，但不具备领导能力就无法担任领导。当然，贡献的大小有时也是能力高低的一种标志，如果某个成员不仅为组织提供了特殊贡献，而且在提供贡献的过程中，充实了工作技能和知识，能够胜任更高层次的工作，那么这种特殊贡献应该成为予以提升的参考依据。

(四)管理人员的选聘程序与方法

不论是外聘招聘还是内部提升，为了保证新任管理人员符合岗位的要求，往往需要把竞争机制引入人员配备工作。通过竞争，可以使组织筛选出最合适的管理人员。

1. 公开招聘。

当组织中出现需要填补的管理职位时，根据职位所在的管理层次，建立相应的选聘工作机构。工作机构既可以是组织中现有的人事部门，也可以是代表所有者利益的董事会，或由各方面利益代表组成的专门或临时性机构。

选聘工作机构要以相应的方式，通过适当的媒介，公布待聘职务的数量、性质以及对候选人的要求等信息，向企业内外公开“招聘”，鼓励那些符合条件的人员积极应聘。

2. 初选。

应聘者的数量可能很多，选聘机构不可能对每一个人进行详细的研究和评估，这时，需要进行初选。内部候选人的初选可以根据组织以往的人事考评来进行。对外部应聘者则需通过简短的初步会面、谈话，尽可能多地了解每个申请人的情况，观察他们的兴趣、观点、见解、独创性等，淘汰那些不能达到基本要求的人。

3. 对初选合格者进行知识与能力的考核。

(1)智力与知识测验。测验是通过考试的方法测评候选人的基本素质，包括智力测验和知识测验两种基本形式。智力测验是目前流行的一种评估个人潜能的基本方法。这种方法通过候选人对某些问题的回答，来测试他的思维能力、记忆能力、思想的灵敏度和观察复杂事物的能力等。管理人员必须具备中等以上水平的智力。知识测验是要了解候选人是否掌握与待聘职务有关的基本的专业知识和管理知识，缺乏这些知识，候选人将无法进行有效的管理工作。

(2)竞聘演讲与答辩。这是知识与智力测验的补充，测验可能不足以完全反映一个人的基本素质，更不能表明一个人运用知识和智力的能力。发表竞聘演讲，介绍自己任职后的计划和打算,并就选聘工作人员或与会人员的提问进行答辩,可以为候选人提供充分展示才华、自我表现的机会。

(3)案例分析与候选人实际能力考核。竞聘演说使每个应聘者介绍了自己"准备怎么干",使每个人表明了自己"知道如何干"。但是"知道干什么或怎么干"与"实际干什么或会怎么干"不是一回事。因此,在竞聘演说与答辩以后,还需对每个候选人的实际操作能力进行分析。测试和评估候选人分析问题和解决问题的能力,可借助"情景模拟"或称"案例分析"的方法,这种方法是将候选人置于一个模拟的工作情景中,运用多种评价技术来观测考察他的工作能力和应变能力,以判断其是否符合某项工作的要求。

4. 民意测验。

管理人员是通过协调他人的工作来实现管理目标的。管理工作的效果是否理想不仅取决于管理人员努力与否,更受到被管理人员接受程度的影响。因此,在选配管理人员时,特别是在选配组织中较高管理层次的管理人员时,应注意征询所在部门、所有成员的意见,进行民意测验,以判断组织成员对他(他们)的接受程度。

5. 选定管理人员。

在上述各项工作的基础上,利用加权的方法,确定每个候选人知识、智力和能力的综合得分,考虑到民意测验反映的受群众拥护的程度,并根据待聘职务的性质,选择聘用既有工作能力又被同事和部属广泛接受的管理人员。

三、管理人员的培训

人的成长是一个相对漫长的渐进过程,明天担任管理职务的人员今天就要开始培训。因此,组织要在通过人事考评了解人力资本状况和特点的基础上,重视开展人员培训,特别是管理人员的培训工作。

(一)培训与管理队伍的稳定

管理人员的培训,不仅可以为组织的发展准备管理人员,而且对管理人员自己来说也是非常重要的。通过培训,不仅可以直接丰富个人的知识,增强个人的素质,提高个人的技能,而且可以辨识个人的发展潜力,使那些在培训中表现突出的管理人员在培训后有更多的机会担任更重要的工作。由于培训为每个人的发展和职务晋升提供了美好的前景,使每个人的未来在一定程度上有了保障,可以增强管理人员在职业方面的安全感。

管理队伍的稳定与组织的人员培训工作是相互促进的:培训提供了个人发展的机会,可以减少管理人员的离职;管理人员的稳定性又能促进企业放心地进行人力投资,使企业舍得花钱培训,而不需担心为他人作嫁衣。

(二)管理人员培训的目标

1. 传递信息。

通过培训,使管理人员了解企业在一定时期内的生产特点、产品性能、工艺流程、营销政策、市场状况等情况,熟悉企业的生产经营业务。

2. 改变态度。

每个组织都有自己的文化、价值观念,行动的基本准则。管理人员只有了解并接受了企业文化,才能在其中有效地工作。因此,要通过管理人员特别是对新聘管理人员的培训，使他们逐步了解企业文化，接受组织的价值观念，按照组织普遍的行动准则来从事管理工作，与组织同化。

3. 更新知识。

现代企业在生产过程中广泛地运用先进的科学技术，管理者必须掌握与企业生产经营有关的科技知识。知识既可以在工作前的学校教育中获取，更应该在工作中不断地补充和更新。随着科学技术进步速度的加快，人们原先拥有的知识结构在迅速地陈旧和老化。国外有人曾作过统计，认为在学校学到的知识 5 年后已有 50%过时了；大学学到的知识仅为实际工作中需要的 10%，其余 90%需要在工作以后进行补充。为了使企业跟上技术进步的速度，为了使管理人员能有效地管理，必须通过培训及时补充和更新他们的知识。

4. 发展能力。

管理是一种职业，有效地从事这种职业，必须具备职业要求的基本能力，并在职业活动中不断提高。管理人员培训的一个主要目的，是根据管理工作的要求，提高在决策、用人、激励、沟通、创新等方面的管理能力。

（三）管理人员的培训方法

知识的更新和补充，可以通过集中脱产或业余学习的方法来完成，而态度的改变与技能的培养则需要在参与管理工作的实践中习得。管理人员的培训主要是能力培养与态度改善。常见的有以下做法：

1. 工作轮换。

它包括管理工作轮换与非管理工作轮换。管理工作轮换是在某个管理人员担任较高层次的职务以前，让他先在一些较低层次的部门工作，以积累不同部门的管理经验，了解各管理部门在整个企业中的地位、作用及其相互关系。非管理工作轮换是根据受培训者的个人经历，让他们轮流在企业经营的不同环节工作，以帮助他们取得各种工作所需的知识，熟悉各种业务。

为了有效地实现工作轮换的目的，要对工作轮换训练的管理人员提出明确的要求，并对他们在各部门工作期间的表现进行严格考核。

2. 设置助理职务。

在一些较高的管理层次设立助理职务，可以减轻主要负责人的负担，使之从繁忙的日常管理事务中解脱出来，专心致力于重要问题的考虑和处理。它可以使助理开始接触较高层次的管理实务，并通过处理这些实务，积累高层管理的经验，熟悉高层管理工作的内容与要求；可以使助理很好地观察主管的工作，学习主管处理问题的方法，吸收其优秀管理经验，从而促进自己的成长。此外，还可使培训组织者更好地了解受训人（助理）的管理能力，通过让他单独主持某项重要工作，来观察他的组织能力和领导能力，从而决定是否有必要继续培养或是否予以提升。

3. 临时职务与彼得原理。

当组织中某个主管由于出差、生病或度假等原因而使某个职务在一定时期内空缺时（当然组织也可有意识地安排这种空缺），则可考虑让受培训者临时承担这项工作。安排临时性的代理工作具有和设立助理职务相类似的好处，可以使受培训者进一步体验高层管理工作，并在代理期内充分展示管理能力，弥补其所缺乏的管理经历。

设立代理职务不仅是一种培训管理人员的方法，而且可以帮助组织正确选拔管理人员，防止"彼得现象"的产生。

英国幽默大师劳伦斯·J·彼得曾经发现"在实行等级制度的组织里，每个人都崇尚爬到能力所不逮的层次"。他把自己的这个发现写成著名的《彼得原理》一书。组织中经常有管理人员在提升后不能保持原先的成绩，因此给组织带来效率的大滑坡。

如何才能防止彼得现象产生呢？从理论上来说，组织总是有可能（而且应该）及时撤换不称职的管理干部的。但在实际工作中，"表现平平"的管理人员被降职的可能性极小，对"政绩较差"的管理人员，组织往往是比较宽容的。为了对他们本人"负责"，组织往往需要给他们提供一个改善的机会。而当他们的能力被再度证明不符合职务要求促使组织下决心撤换时，他们的工作已对组织目标的实现产生了一些不利的影响。因此，在提升后撤换不称职管理人员，需要组织付出的代价有时是极大的。

积极的方法应通过分析彼得现象产生的原因去寻找。这种现象能够产生的一个重要原因是：我们提拔管理人员往往根据他们过去的工作成绩和能力。在较低层次上表现优异、能力突出的管理者能否胜任较高层次的管理工作？答案是不肯定的。只有当这些人担任高层次管理工作的能力得到某种程度的证实以后，组织才可考虑晋升问题。检验某个管理人员是否具备担任较高职务条件的一种可行方法，是安排他担任某个临时性的"代理"职务。通过对代理者的考察，组织可以更好地了解他的独立工作能力。如果在代理以前，该管理人员表现突出，部门内的人际关系很好，在执行工作中也表现出一定的创新精神，而在代理过程中，遇事不敢做主，甚至惊慌失措，那么，将"代理"转为"正式"显然是不恰当的。由于"代理"只是一个临时性职务，因此，取消"代理"对代理者本人也不会造成太大的打击，还可以帮助组织避免一次错误的提拔。

四、管理人员的考评

员工的素质，特别是管理人员的素质，是企业活动效率的决定因素。美国钢铁大王卡内基曾经宣称："你可以剥夺我的一切：资本、厂房、设备，但只要留下我的组织和人员，四年以后我将又是一个钢铁大王。"人员对于企业成功之重要，由此可见一斑。因此，企业对人力资本也应有规律地定期"盘点"，列出"清单"，以配合组织的发展。

（一）管理人员考评的目的和作用

1. 为确定管理人员的工作报酬提供依据。

这是许多企业进行人事评估的主要目的。工作报酬必须与其能力和贡献结合起来，这是企业分配的一条基本原则。

2. 为人事调整提供依据。

期初配备的管理人员并不一定与工作要求完全相符，有些管理人员在招聘时的表现令人满意，但在管理实践中并未得到充分证实。相反，另一些管理人员在工作过程中素质和能力不断得到提高，表现出强烈的担负更重要工作的欲望，并努力证明自己有能力负起更大责任。诸如此类，必须根据管理人员在工作中的实际表现，对组织的人事安排经常进行调整：对前者安排到力所能及的岗位上，对后者提供晋升的机会，对另一些人则可保持现有的状况。

3. 为管理人员的培训提供依据。

管理人员在具备一定优秀素质的同时，必定存在着某些缺陷。这些缺陷影响了他们管理技能的提高，对他们现在的工作效率或未来的提升机会构成了不同程度的障碍。这些缺陷往往是由于缺少学习和训练造成的,它可以通过企业的人事培训来改善。人事考评可以帮助企业了解每个管理人员的优势、局限、内在潜力,指导企业针对管理队伍的状况和特点制定培训和发展规划。

4. 有利于促进组织内部的沟通。

制度化的人事考评,可以使下级更加明确上级或组织对自己的工作和能力要求,从而明晰努力的方向;可以使上级更加关心下属的工作、学习和生活,关注他们的成长;可以使上下级经常对某些问题加以讨论,从而促进理解的一致性……由于考评而带来的沟通的增加,必然会促进人们对组织目标与任务的理解,融洽组织成员特别是管理人员之间的关系,从而有利于组织活动的协调进行。

(二)管理人员考评的内容

一般来说,为确定工作报酬提供依据的考评着重于管理人员的现时表现,而为人事调整或组织培训而进行的考评则偏向技能和潜力的分析。组织中具体进行的人事考评,往往不仅是与一种目的有关,而是为一系列目的服务。

1. 关于贡献考评。

贡献考评是指考核和评估管理人员在一定时期内担任某个职务的过程中,对实现组织目标的贡献程度,即评价和对比组织要求,某个管理职务及其所辖部门提供的贡献与该部门的实际贡献。

贡献往往是努力程度和能力强度的函数。因此,贡献考评可以成为决定管理人员报酬的主要依据。贡献考评需要注意以下两个问题。

(1)应尽可能把管理人员的个人努力和部门的成就区别开来,即力求在所辖部门的贡献或问题中辨识出有多大比重应归因于主管人员的努力。这项工作可能在实践中是非常困难的,但也是非常重要的。因为在个人努力程度不变的情况下,外部完全有可能发生不可抗拒的、内部无能为力的但对内部的部门目标的实现起着重要的促进或阻滞作用的变化。许多组织中往往存在着这样一些陷阱部门:从某个时刻开始,担任该部门主管的人员"纷纷落马",即使在其他部门表现突出的管理人员,来到这些陷阱部门后也往往一筹莫展。这种部门的产生,往往与环境的变化有关。环境发生了重大的变化后,该部门的业务性质可能发生了重大改变,而组织对该部门的性质及其与其他部门的关系却未作相应的调整。在这种情况下,需要考察和分析的不是管理人员的表现和能力,而是组织机构的合理性。

(2)贡献考评既是对下属的考评,也是对上级的考评。贡献考评是考核和评价具体管理人员及其部门对组织目标实现的贡献程度。而具体人员和部门对组织的贡献往往是根据组织的要求来提供的。因此,只有在被考评开始以前,组织(上级)对每个部门和管理岗位的工作规定具体的目标和要求,考评才可以进行。否则,不仅下级不明确努力的方向,从而不能提供有效的贡献,而且使考评失去了客观的标准。在这种情况下,下级不能提供积极贡献的原因不在于他自己,而在于他的上级。

2. 关于能力考评。

贡献虽在一定程度上反映管理人员的工作能力,但不完全如此。能力的大小与贡献的多少并不是完全的一一对应的关系。为了有效指导企业的人事调整或培训与发展计划,还须对管理人员的能力进行考评。

能力考评是指通过考察管理人员在一定时间内的管理工作,评估他们的现实能力和发展潜力。即分析他们是否符合现任职务所具备的要求，任现职后素质和能力是否有所提高，能否担任更重要的工作。

管理人员的能力是通过日常具体工作表现出来的。因此，能力考评中切忌只给抽象概念打分。决策能力、用人能力、沟通能力、创新精神、作风正派等等，是优秀管理人员必备的基本素质。但这只是一些抽象的概念，用这些未加细分的、笼统甚至是模糊的概念去考评，只能增加考评的难度，使考评者仅根据自己的主观判断给被考评对象打分，这种打分往往是比较随意的。

（三）管理人员考评的工作程序与方法

贡献与能力考评，不仅对组织的人事工作，而且对管理者本身也是非常重要的。考评工作可以从两个方面影响管理人员的积极性：①考评结论直接反映了组织、上级、部属、同行对自己的评价，从而反映了组织对自己努力的认可程度；②组织根据考评结论而进行的分配或晋升决策，会影响自己在组织中的地位和发展前景。

由于这两个原因，每个管理人员都会重视组织的考评，都会把组织对自己的考评与别人进行比较，以判断组织对自己是否公正。公平的考评，要求依据一定的程序，确定合理的考评内容，选择适当的考评者，测试考评的误差，向被考评对象传达考评的结论，使其有申辩的机会，以真正起到促进改善的作用。

1. 确定考评内容。

管理职务不同，工作要求不同，管理人员应具备的能力和提供的贡献也不同。所以考评管理人员，首先要根据不同岗位的工作性质，设计合理的考评表，以合理的方式提出问题，通过考评者对这些问题的填写得到考评的原始资料。

2. 选择考评者。

考评工作往往被视为人事管理部门的任务。实际上，人事部门的主要职责是组织考评工作，而非具体地填写每张考评表。考评表应该由与被考评对象在业务上发生联系的有关部门的工作人员去填写。

与被考评对象发生业务联系的人员主要有三类：上级、关系部门、下属。由上级人员来填写考评表，主要是考核和评价下属的理解能力和组织执行能力；关系部门的考评主要是评估当事人的协作精神；下属的评价则着重于管理者的领导能力和影响能力。

传统的考评方法，往往是由直接上司来考评各管理人员。直接上司虽然对部属比较了解，但每个上司都不希望在下属的能力和贡献评价中得到不利的结论（培养部下的能力往往是影响上司晋升的一个重要因素），所以在考评时往往打分过宽。这种考评方法有可能促成管理人员“唯上”的坏作风，只做上司能够看得到的表面文章，而忽视部下和关系部门的要求，不做扎扎实实的工作。让相关部门或部属来填写考评表，可以克服这些弊端，促进管理人员加强民主意识和协作意识。

3. 分析考评结果，辨识误差。

为了得到正确的考评结果，首先要分析考评表的可靠性，剔除那些明显不符合要求的、随意乱填的表格。比如对表中的各个问题均是给最高分，或均是给最低分，显然不是实事求是的科学态度。对这些表格不加剔除，则会影响考评结论的质量和可信度。

在此基础上，要综合各考评表的打分，得出考评结论，并对考评结论的主要内容进行对照分析。比如某管理人员的贡献考评得分偏高，而能力考评得分则偏低，或相反。这就需要检查和分析考评中有无不符事实的、不负责任的评价，检验考评结论的可信程度。

4. 传达考评结果。

考评结果应及时反馈给有关当事人。反馈形式可以是上级主管与被考评对象的直接单独面谈，也可以用书面形式通知。有效的方法应是把这两种结合起来使用：主管与被考评对象会晤之前，已让后者了解考评的结论，知道组织对自己能力的评价和贡献的承认程度，以及组织所认为的自己的缺陷，从而明确改进的方向，以使得被考评者有时间认真考虑这些结论。如果考评有不公正或不全面现象，则在会面时，被考评对象有充分申辩或补充意见的机会。

5. 根据考评结论，建立人才档案。

有制度、规范、定期地考评管理人员，可以使企业了解管理人员的成长过程和特点，建立起人力资源档案，根据不同的标准将管理人员分类管理。比如根据每个人的发展潜力分成：①目前即可提升的；②经过适当培训后便可提升的；③基本胜任工作，但有缺陷需要改善的；④基本不符合要求、需要更换的，等几种类型，为企业制定人事政策、组织管理人员的培训和职业发展提供依据。

第三节　组织力量的整合

一、集权与分权

任何一个组织，仅有一个良好的结构设计是不够的，还须有一套系统的运行机制，才能保证既定目标得以顺利实现。因此，现代的组织理论应该是动态的，既要包括组织结构本身的设计，又要包括组织运行机制两个方面。组织结构与组织运行机制之间的关系，具有形式与内容、物质与精神之间的关系。组织结构要由运行机制来强化，蕴藏于组织结构框架之中的运行机制则赋予组织机构体系以内容和活力。

组织运行机制的核心就是组织运行过程中的集权、分权和授权。

（一）职权及其形式

1. 职权的概念。

职权是指设计中赋予某一管理职位做出决策、发布命令和希望命令得到执行而进行奖惩的权力。职权与组织内的一定职位相关，而与占据这个职位的人无关，所以它通常也被称做制度权或法定权力。

职权是权力的一种，职权来源于职位的权力，是一种制度化的权力。它是上级正式授予的，来源于上级的委任。与其他权力相比职权具有以下特征：

(1)它是职位产生的权力，具有相应的职责和义务。

(2)它是一种合理合法的权力，职权是由制度或法律所赋予的，所以有人称职权是“正式的权力”。

(3)它拥有奖罚权力以维护权力的有效性。

2. 职权的分类。

职权分为三种形式：直线职权、参谋职权和职能职权。

(1)直线职权。直线职权是直线人员所拥有的包括发布命令及执行决策等的权力,即通常所说的指挥权。这种职权由组织的顶端开始,延伸向下至最低层,形成所谓的指挥链。在指挥链上,拥有直线职权的管理者有权领导和指挥其下属工作。显然,每一管理层的主管人员都应具有这种职权,只不过每一管理层级的功能不同,其职权的大小及范围不同而已。

(2)参谋职权。当组织规模逐渐增大且日渐复杂时,直线主管将发现他们在时间、技术、知识、精力、能力和资源等各个方面都不足以圆满完成任务,这就必须创造出参谋职权,以支持和弥补直线主管在能力等方面的缺陷和障碍。

所谓参谋职权是指参谋所拥有的辅助性职权。参谋的种类有个人与专业之分,前者即参谋人员,他是直线人员的咨询人,协助直线人员执行职责;专业参谋通常是一个单独的组织或部门,即一般的"智囊团"。参谋和直线之间的界限有时是模糊的,一名主管人员既可以是直线人员,也可以是参谋人员,这取决于他所起的作用及行使的职权。当他处在自己所领导的部门中,他行使直线职权;当他同上级或别的部门打交道时,他又成为参谋人员。

(3)职能职权。职能职权是指参谋人员或某部门的主管人员所拥有的原属直线主管的一部分权力。在纯粹参谋的情形下,参谋人员所具有的仅仅是辅助性职权,并无指挥权,但是,随着管理活动的日益复杂,主管人员仅依靠参谋的建议还很难做出最后的决定,为了改善和提高管理效率,主管人员就可能将职权关系作某些变动,把一部分原属自己的直线职权授予参谋人员或某个部门的主管人员,这便产生了职能职权。

(二)集权、分权与授权

1. 集权与分权。

集权和分权是组织层级化设计中的两种相反的权力分配方式。

集权指决策指挥权在组织层级系统中较高层次上的集中,下级部门和机构只能依据上级的决定、命令和指示办事,一切行动必须服从上级指挥。

分权是指决策指挥权在组织层级系统中较低管理层级上的分散。组织高层将其中一部分决策指挥权分配给下级组织机构和部门的负责人,可以使他们充分行使这些权力,支配组织的某些资源,并在其工作职责范围内自主地解决某些问题。一个组织内部要实行专业化分工,就必须分权。否则,组织便无法运转。

集权和分权是一个相对的概念。绝对的集权意味着组织中的全部权力集中在最高领导一个人,组织活动的所有决策均由他做出,他直接面对所有的命令执行者,中间没有任何管理人员,也没有任何中层管理机构。这在现代社会经济组织中几乎是不可能的,也是做不到的。而绝对的分权则意味着将全部权力分散下放到各个管理部门中去,甚至分散至各个执行、操作层,这时,主管的职位就是多余的,一个统一的组织也不复存在。因此,将集权和分权有效地结合起来是组织存在的基本条件,也是组织既保持目标统一性又具有柔性、灵活性的基本要求。戴尔(R. Dell)曾提出判断一个组织分权程度的四条标准:

- 较低的管理层次做出的决策数量越多,分权程度就越大。
- 较低的管理层次担当的决策越重要,分权程度就越大。
- 较低的管理层次担任的决策影响面越大,分权程度就越大。
- 较低的管理层次所作的决策审核越少,分权程度就越大。在根本不需要审核决策的情况下，则分权程度最大。若做出决策后还必须上报上级领导，则分权程度就较小。如果在决策之前必须请示上级领导，分权程度则更小。

在组织层级化设计中，影响组织分权程度的主要因素有：

(1)组织规模的大小。组织规模增大，管理的层级和部门数量就会增多，信息的传递速度和准确性就会降低。因此，当组织规模扩大之后，组织需要及时分权，以减缓决策层的工作压力，使其集中精力考虑最重要的事务。

(2)政策的统一性。如果组织内部各个方面的政策是统一的，集权最容易达到管理目标的一致性。然而，一个组织所面临的环境是复杂多变的，为了灵活应对这种局面，组织往往会在不同的阶段、不同的场合采取不同的政策，这虽然会破坏组织政策的统一性，却有利于激发下属的工作热情和创新精神。

(3)员工的数量和基本素质。如果员工的数量和基本素质能够保证组织任务的完成，组织可以更多地分权；组织如果缺乏足够受过良好训练的管理人员，其基本素质不符合分权式管理的基本要求，分权将会受到很大的限制。

(4)组织的可控性。组织中各个部门的工作性质大多不同，有些关键的职能部门，如财务等部门往往需要相对地集权。而有些业务部门，如研发、市场营销等部门，或者是区域性部门却需要相对地分权。组织需要考虑的是围绕任务目标的实现，如何对分散的各类活动进行有效的控制。

(5)组织所处的成长阶段。在组织成长的初始阶段，为了有效管理和控制组织的运行，组织往往采取集权的管理方式。随着组织的壮大，管理的复杂性逐渐增强，组织分权的压力也就相对增大，管理者对权力的偏好就会减弱。

2. 组织层级化设计中的有效授权。

(1)授权的含义及其有效性。在组织层级化设计中，当今组织都注意到了纵向权力高度集中的层级式组织所带来的组织僵化和臃肿的问题。单纯地凭借高层主管进行决策很难动态地响应环境的变化。随着信息时代的到来，组织越来越意识到，把权力分解下去可以更好地使组织成员自由、圆满、高效地完成各项工作，向下授权因而也成为组织发展的一个必然趋势。

所谓授权就是组织为了共享内部权力，调动员工的工作积极性，而把某些权力或职权授予下级。这些职权授予给下级之后，下级可以在其职权范围内自由决断，自主处置。同时也负有完成任务并报告上级的义务，上级仍然保留对下级的指挥与监督权。

授权与分权有所不同。孔茨认为，分权是授权的一个基本方面。授权的含义略大于分权，授权是上级把权力授予下级，分权是上级把决策权力分配给下级机构和部门负责人。授权的含义有：一是分派任务，即向被托付人交待所要委派的任务。二是授予权力或职权，即授予被托付人相应的权力或职权，使之能有权履行原本无权处理的事务。三是明确责任，即要求被托付人对托付的工作负全责。所负责任不仅包括需要完成的指定任务，也包括向上级汇报任务的具体情况和结果。

要想使授权具有充分而理想的效果，组织必须提供一定的条件，包括：

• 共享的信息。组织中的信息作为一种资源具有共享性，组织如果能够使员工充分地获取必要的信息资源，就会大大提高员工的工作积极性和主动性。

• 知识与技能。组织必须对员工进行及时、有效的培训，以帮助他们获取必需的知识和技能。这种培训能够有效地帮助员工进行自主决策，提高他们参与组织活动的能力，并为组织的团队合作和组织目标的实现打下扎实的基础。

• 权力。组织若要充分发挥团队的作用，就必须真正地放权给团队中的每个成员，使每个成员都能根据工作过程进行适当的安排，各种类型的权力才能够得到充分发挥。

• 对绩效的奖励。组织应该制定合理的绩效评估和奖励系统，对组织成员的绩效贡献给予奖励。这种奖励系统应该既包括工资奖金提成，也包括一定的股权比例。

(2)授权的过程。授权的过程大致可以分为以下几个基本阶段：

第一阶段是授权诊断阶段。在这一阶段，组织设计者应该重点对组织内部的权力分布状况进行全面诊断，仔细分析是哪些因素导致了权力的不平衡和分配的不合理，进而识别在授权阶段所必须变革的基本要素。

第二阶段是授权实施阶段。在这一阶段，组织设计者首先要对诊断阶段所出现的不合理要素进行变革，然后努力创造和提供有效授权所必须具备的一些要素条件，如共享信息、知识与技能、权力和奖励制度等。组织高层主管需要进一步明确组织的目标和远景，使组织成员充分理解授权的基本要求。

第三阶段是授权反馈阶段。在这一阶段，组织设计者应将重点放在对授权实践之后员工绩效的考核上，使贡献突出的员工能够得到及时的回报反馈，这样，就可以对授权的效果进行巩固，并对偏差进行及时的修正。

(3)授权的原则。有效的授权必须掌握以下原则：

• 重要性原则。组织授权必须建立在相互信任的基础上，所授权限不能只是一些无关紧要的部分，要敢于把一些重要的权力或职权放下去，使下级充分认识到上级的信任和管理工作的重要性，把具体任务落到实处。

• 适度原则。组织授权还必须建立在效率基础上，授权过少往往造成主管工作量过大，授权过多又会造成工作杂乱无序，甚至失控，所以不能无原则地放权。

• 权责一致原则。组织在授权的同时，必须向被托付人明确授权的任务和目标、责任及权力范围，权责必须一致。否则，被托付人要么可能会滥用职权并导致形式主义，要么会对任务无所适从，造成工作失误。

• 级差授权原则。组织只能在工作关系紧密的层级上进行级差授权，越级授权可能会造成中间层次在工作上的混乱和被动，伤害他们的工作积极性，并导致管理机构的失衡，进而破坏管理的秩序。

二、正式组织与非正式组织

(一)正式组织及其活动

正式组织是指为实现一定目标并按照一定程序建立起来的有明确职责和组织结构的组织。

正式组织有四个基本特征：

1. 目的性。

正式组织有明确的目标。它是经过设计、规划，为了实现组织目标而有意识建立的，因此，正式组织要采取什么样的结构形态，从本质上说应该服从于实现组织目标和落实战略规划的需要。这种目的性决定了组织工作通常是在计划工作之后进行的。

2. 合法性。

正式组织是经过政府认可的实体，不是自发形成的。

3. 正规性。

正式组织是一个有机的系统，它建立不同层次结构并配备相应的人员、职务、权力与责任，其成员在各自岗位上为实现组织目标而分工合作。正式组织通过其所制定的严格规章制度来规范成员行动，规章制度对成员具有强制性作用。正式组织还建立了考核和奖惩制度，对所属单位和个人有显著贡献者给予表彰或奖励；对于未完成工作任务或违反纪律者，视情况给予必要的处罚。

4. 稳定性。

正式组织一经建立，通常会维持一段时间相对不变，只有在内外环境条件发生了较大变化而使原有组织形式明显不适应时，才会提出进行组织重组和变革的要求。

正式组织按在管理中所处的地位分，有高层、中层、基层管理组织；按不同职能分，有生产或业务经营组织、参谋组织、行政事务组织。它们纵横交叉，各司专职。

（二）非正式组织的形成及特点

非正式组织是伴随着正式组织的运转而形成的。在正式组织展开活动的过程中，组织成员必然发生业务上的联系。这种工作上的接触会促进成员之间的相互认识和了解，他们会渐渐发现在其他同事身上也存在一些自己所具有、所欣赏、所喜爱的东西，从而相互吸引和接受，并开始工作以外的联系。频繁的非正式联系又促进了他们之间的相互了解。久而久之，一些正式组织的成员之间的私人关系从相互接受、了解逐步上升为友谊，一些无形的、与正式组织有联系但又独立于正式组织之外的小群体便慢慢地形成了，这被人们称做非正式组织。

非正式组织具有如下特点：

1. 它是不受正式组织制度束缚的自发性群体。

2. 它是以情感为纽带、有弹性的团体。

非正式组织的成员不是固定的，由于“感情”缺乏外在的固定模式，所以非正式组织的进入和退出不需要履行正式组织那样的手续。正式组织为提高效率需要，可以将两个互有敌意的人安排在一个部门，而在非正式组织中，这种现象是根本不可能出现的。也由于以感情为联系纽带，使得非正式组织比正式组织具有更强的凝聚力。

3. 非正式组织内的活动是自愿的，对于其成员来说是没有任何报酬的，他们所得到的只是感情上的需要和心理上的满足。

4. 非正式组织的行为规范是非制度化的。

非正式组织虽在形成过程中会逐步形成成员一致认同和接受的不成文规范，而且成员也会自觉地遵守，但这些行为规范不可能采取制度化的形式。非正式组织中的行为规范被违反时，所采取的只能是孤立、疏远等拉开感情的措施。

5. 非正式组织一般会有一位核心人物，但大多不是正式组织中的领导。

非正式组织的领袖人物没有制度化的权力，他们发挥作用的唯一基础是个人影响力。

由此可见，正式组织与非正式组织由于形成过程和目的不同，决定了它们的存在条件也不一样。两者的区别在于：正式组织是以效率逻辑为其行为规范的，而非正式组织则是以感情逻辑为其行为规范的。

正式组织与非正式组织两者相互依存、相互影响，后者因前者而产生，两者的成员交叉混合。由于人们感情的影响在许多情况下要胜于理性的作用，因此，非正式组织的存在必然要对正式组织的活动及其效率产生影响，有时甚至是较大的影响。只有对非正式组织进行缜密地分析并予以正确引导，才能为正式组织的目标实现产生积极的作用，从而最大限度地提高工作质量和工作效率。

(三)非正式组织的类型及作用

1. 非正式组织的类型。

非正式组织的类型包括：

- 情感型，即以深厚的感情和友谊为基础而形成，如患难之交。
- 爱好型，即出于共同爱好和兴趣而形成，如喜欢文艺、体育。
- 经历型，即以共同的经历而形成，如同学会、战友会。
- 利益型，即以成员的共同利益为基础形成的非正式组织。
- 互补型，即以特质互补而形成的非正式组织，如性格的内向、外向产生互相吸引。
- 亲缘型，即以亲戚、血缘等关系形成的非正式组织。

2. 非正式组织的作用。

对于正式组织来说，非正式组织的作用主要看其对组织目标的达成度。

(1)与组织目标一致。对正式组织目标的实现起到积极促进的作用，对这类非正式组织应持支持和保护的态度。

(2)与组织目标有偏差。对正式组织目标的实现有促进作用，也有部分消极作用，对这类非正式组织应注意疏导，逐步纠偏，使其与正式组织目标相一致。

(3)与组织目标无影响。这类非正式组织的存在，对正式组织的目标达成既无正作用，也无反作用，此时对这类非正式组织应加强引导，使其走上正确的轨道。

(4)与组织目标相抵触。这类非正式组织对正式组织目标的达成只有消极作用，对这类非正式组织要瓦解、分化甚至取缔。

三、组织文化

组织具有自己的各种构成要素，把这些要素有机地整合起来，除了要有一定的正式组织和非正式组织以及“硬性”的规章制度之外，还要有一种“软性”的协调力和凝合剂，它以无形的“软约束”力量构成组织有效运行的内在驱动力。这种力量就是被称为“管理之魂”的组织文化。

(一)组织文化的概念和基本特点

一般而言，文化有广义和狭义两种理解，广义的文化是指人类在社会历史实践过程中所创造的物质财富和精神财富的总和。狭义的文化是指社会的意识形态，以及与之相适应的礼仪制度、组织机构、行为方式等物化的精神。文化具有民族性、多样性、相对性、积淀性、延续性和整体性等特点。

对于任何一种组织来说，它都有自己特殊的环境条件和历史传统，从而也就形成了自己独特的哲学信仰、意识形态、价值取向和行为方式，每个组织都具有自己特定的组织文化。就组织特定的内涵而言，组织是按照一定的目的和形式建构起来的社会群体。为了满足组织自身运作的要求，必须要有共同的目标、共同的理想、共同的追求、共同的行为准则以及相适应的机构和制度，否则组织就是一盘散沙。组织文化的任务就是努力创造这些共同的价值观念体系和共同的行为准则。

组织文化是指组织在长期的实践活动中所形成的，并且为组织成员普遍认可和遵循的具有本组织特色的价值观念、团体意识、行为规范和思维模式的总和。

组织文化本质上属于“软文化”的范畴，是组织的自我意识所构成的精神文化体系。组织文化是整个社会文化的重要组成部分，既具有社会文化和民族文化的共同属性，又具有其自身的特点。它的基本特点有：

1. 独特性。

每个组织都有其独特的组织文化，这是因不同的国家和民族、不同的地域、不同的时代背景以及不同的行业特点所形成的。如美国文化强调能力主义、追求卓越、个人奋斗和不断进取；日本文化深受儒家文化的影响，强调团队合作、利益一致、家族精神；中国文化提倡的是集体主义、中庸和谐。

2. 相对稳定性。

组织文化是组织在长期的发展中逐渐积累而成的，具有较强的稳定性，不会因组织结构的改变、战略的转移或产品与服务的调整而改变。在一个组织中，精神文化比物质文化具有更强的稳定性。

3. 融合继承性。

每一个组织都是在特定的文化背景之下形成的，必然会接受和继承其国家和民族的文化传统和价值体系。当然，组织文化在发展过程中，也必须注意吸收其他组织的优秀文化，融合世界上最新的文明成果，不断地充实和发展自我。也正是这种融合继承性使得组织文化能够适应时代的要求，做到历史性与时代性相统一。

4. 发展性。

组织文化随着历史的积累、社会的进步、环境的变迁以及组织的变革逐步演进和发展。科学健康的组织文化有助于组织适应外部环境和变革，而不科学、不健康的组织文化则可能导致组织的不良发展。改进现有的组织文化，重新设计和塑造科学健康的组织文化过程就是组织适应外部环境变化、改变员工价值观念的过程。

（二）组织文化的结构及基本要素

1. 组织文化的结构和表现形态。

一般认为，组织文化有三个层次结构，即表层文化、中介文化、深层文化。

（1）表层文化。表层文化又称物质层文化，是指凝聚着组织文化抽象内容的物质体的外在显现，它包括了组织实体性的文化设备、设施等，如带有本组织色彩的工作环境、作业方式、图书馆、俱乐部等。表层文化是组织文化最直观的部分，也是人们最易于感知的部分。

（2）中介文化。中介文化指体现具体组织文化特色的各种规章制度、道德规范和员工行为准则的总和，也包括组织体内的分工协作关系的组织结构。它是组织文化核心层（内隐部分）与显现层之间的中间层，是由深层文化向表层文化转化的中介，是制度文化和行为文化的综合体。

（3）深层文化。深层文化是体现组织理念潜层次的精神层，是指组织文化中的核心和主体，包括组织的精神、价值观念、道德观念等。

组织文化的表现形态有物化文化、制度文化、管理文化、生活文化、观念文化等。

2. 组织文化的基本要素。

组织文化的构成要素有组织精神、组织理念、组织价值观、组织道德、组织素养、组织行为、组织制度、组织形象等。

从最能体现组织文化特征内涵的角度来看，组织文化的基本要素包括：

(1)组织精神。组织精神是组织的灵魂，一般是指组织经过共同努力奋斗和长期培养所逐步形成的认识和看待事物的共同心理趋势、价值取向和主导意识。组织精神是一个组织的精神支柱，是组织文化的核心，它反映了组织成员对本组织的地位、形象和风气的理解和认同，也蕴涵着对本组织的发展和未来所抱有的理想和希望，折射出一个组织的整体素质和精神风格，是凝聚组织成员无形的共同理念和精神力量。组织精神一般是以高度概括的语言来表达的。如美国国际商业机器公司的精神——"IBM 就是服务"；海尔的企业精神是：敬业报国，追求卓越。

(2)组织价值观。组织价值观是指组织内部全体员工对该组织的生产经营、服务等活动以及指导这些活动的行为的一般看法或基本观点。它包括组织存在的意义和目的，组织中各项规章制度的必要性与作用，组织中各层级和各部门中不同岗位、人们的行为与组织利益之间的关系等。

组织价值观一旦形成就会成为组织评判事物和指导行为的基本信念观点和选择方针。每一个组织的价值观都会有不同的层次和内容。成功的组织总是会不断地创造和更新组织的信念，不断地追求新的、更高的目标。

组织价值观的基本特征包括：

• 调节性。组织价值观以鲜明的感召力和强烈的凝聚力，有效地协调、组合、规范、影响和调整组织的各种实践活动。

• 评判性。组织价值观一旦成为固定的思维模式，就会对现实事物和社会生活作出好坏优劣的衡量和评判，或者肯定与否定的取舍选择。

• 驱动性。组织价值观可以持久地促使组织去追求某种价值目标，这种由强烈的欲望所形成的内在驱动力往往构成推动组织行为的动力机制和激励机制。

组织价值观具有不同的层次和类型，优秀的组织总会追求崇高的目标、高尚的社会责任感和卓越、创新的信念。如海尔集团的核心价值观是"创新"，美国百事可乐公司认为"顺利是最重要的"，日本三菱公司主张"顾客第一"。

(3)组织道德。组织道德是通过道德伦理规范表现出来的。它由组织向组织成员提出应当遵守的行为准则，通过组织群体舆论和行为压力规范人们的行为。组织文化内容结构中的伦理规范既体现组织自下而上环境中社会文化的一般性要求，又体现着本组织各项管理的特殊需求。因此，如果高层主管不能设定并维持高标准的伦理规范，那么，正式的伦理准则和相关的培训计划将会流于形式。由此可见，以组织道德为内容与基础的员工伦理行为准则是传统的组织管理规章制度的补充、完善和发展。正是这种补充、完善和发展，使组织的价值观融入了新的文化力量。

(4)组织素养。组织素养包括组织中各层级员工的基本思想素养、科技和文化教育水平、工作能力、精力以及身体状况等。其中，基本思想素养的水平越高，组织中的组织精神、价值观念、道德修养的基础就越深厚，组织文化的内容也就越充实、丰富。可以想象，当一个行为或一项选择不容易判定对与错时，基本思想素养水平较高的管理者容易帮助组织作出正确决策。组织文化必须包含组织运作成功所需的组织素养。

(5)组织形象。组织形象是指社会公众和组织成员对组织、组织行为与组织各种活动成果的总体印象和总体评价,反映的是社会公众对组织的承认程度,体现了组织的声誉和知名度。

组织形象包括人员素质、组织风格、人文环境、发展战略、文化氛围、服务设施、工作场合和组织外貌等内容,其中对组织形象影响较大的有以下五个因素。

• 服务(产品)形象。对于企业来说,社会公众主要是通过产品和服务来了解企业的,并在使用产品和享受服务的过程中不断形成对企业的感性化和形象化的认识。因此,那些能够提供品质优良、造型美观的产品和优质服务的企业,总是能够赢得良好的社会形象。

• 环境形象。主要是指组织的工作场所、办公环境、组织外貌和社区环境等,它反映了整个组织的管理水平、经济实力和精神风貌。因为整洁、舒适的环境条件不仅能够保证组织工作效率的有效提高,而且也有助于强化组织的知名度和美誉度。

• 成员形象。是指组织的成员在职业道德、价值观念、文化修养、精神风貌、举止言谈、装束仪表和服务态度等方面的综合表现,是组织形象人格化的体现。组织成员整洁美观的仪容、优雅良好的气质、热情服务的态度,加上统一鲜明的服饰,既反映了个人的不俗风貌,也反映了组织的高雅素质,有利于组织在社会公众中树立良好的形象。

• 组织领导者形象。组织领导者形象体现为组织领导人的领导管理、待人接物、决策规划、指导监督、人际交往行为乃至言谈举止之中的文化素质、管理能力等。那些富有领导能力、公正可靠、气度恢弘、勇于创新、正直成熟、忠诚勤奋的组织领导者不仅能以无形的示范能力潜移默化地影响组织中的每个成员,而且也会得到社会公众对组织的信赖和支持,有利于不断扩大和巩固组织的知名度。

• 社会形象。是指组织对公众负责和对社会贡献的表现。组织要树立良好的社会形象,既有赖于与社会广泛的交往和沟通,实事求是地宣传自己的社会形象,又要在力所能及的条件下积极参与社会公益活动。良好的社会形象就会使组织在社会公众的心目中更加完美,使之增强对组织的认同理解。

(三)组织文化的性质

1.组织文化的核心是组织价值观。

一个组织总是把自己认为最有价值的对象作为本组织追求的最高目标、最高理想或最高宗旨。一旦这种最高目标和基本信念成为统一组织成员行为的共同价值观,就会构成组织内部强烈的凝聚力和整合力,成为组织成员共同遵守的行动指南。因此,组织价值观制约和支配着组织的宗旨、信念、行为规范和追求目的。从这个意义上来说,组织价值观是组织文化的核心。

2.组织文化的中心是以人为主体的人本文化。

人是整个组织中最宝贵的资源和财富,也是组织活动的中心和主旋律。因此,组织只有充分重视人的价值,最大限度地尊重人、关心人、依靠人、理解人、凝聚人、培养人和造就人,充分调动人的积极性,发挥人的主观能动性,努力提高组织全体成员的社会责任感和使命感,使组织和成员成为真正的命运共同体和利益共同体,这样才能不断增强组织的内在活力和实现组织的既定目标。

3.组织文化的管理方式是以软性管理为主。

组织文化是以一种文化的形式出现的现代管理方式。也就是说，它通过柔性的而非刚性的文化引导，建立起组织内部合作、友爱、奋进的文化心理环境，以及协调、和睦的人群氛围，自动地调节组织成员的心态和行动，并通过对这种文化氛围的心理认同，逐渐地内化为组织的主体文化，使组织的共同目标内化为员工的自觉行动，产生最大的协同合力。

4.组织文化的重要任务是增强群体凝聚力。

组织中的成员来自于五湖四海，不同的风俗习惯、文化传统、工作态度、行为方式、目的愿望等都会导致成员之间的摩擦、排斥、对立、冲突，乃至对抗，这就不利于组织目标的顺利实现。而组织文化通过建立共同的价值观和寻找观念共同点，不断强化组织成员之间的合作、信任和团结，使之产生亲近感、信任感和归属感，实现文化的认同和融合，在达成共识的基础上，使组织具有一种巨大的向心力和凝聚力，这样有利于组织共同行动的步调一致。

(四)组织文化的功能

1.整合凝聚功能。

组织文化通过培育组织成员的认同感和归属感，建立起成员与组织之间的相互信任和依存关系，使个人的行为、思想、感情、信念、习惯以及沟通方式与整个组织有机地整合在一起，形成相对稳固的文化氛围，凝聚成一种无形的合力和整体趋向，以此激发出组织成员的主观能动性。正是组织文化这种自我凝聚、自我向心、自我激励的作用，才构成组织生存发展的基础和不断成功的动力。

2.约束适应功能。

组织文化能从根本上改变员工的原有价值观念，建立起新的价值观念，以适应组织正常实践活动的需要和外部环境的变化要求。一旦组织文化所提倡的价值观念和行为规范被成员接受和认同，成员就会自觉不自觉地作出符合组织要求的行为选择，倘若违反，则会感到内疚、不安或自责，从而自动修正自己的行为。尤其对于刚刚进入组织的员工来说，为了减少他们本来带有的在家庭、学校、社会所养成的心理习惯、思维方式、行为方式与整个组织的不和谐或者矛盾冲突，就必须接受组织文化的改造、教化的约束，使他们的行为趋向组织的一致和谐。在这个意义上说，组织文化具有一定程度的改造性。这种约束适应功能就是帮助组织指导员工的日常活动，使其能快速地适应各种因素的变化。

3.激励导向功能。

组织文化的核心是具有共同的价值观，它并不对组织成员进行硬性要求。与组织成员必须强行遵守的、以明文规定的制度规范不同，组织文化主要是一种软性的理智约束，通过组织的共同价值观不断地向个人价值观渗透和内化，使组织自动生成一套自我调控机制，以一种适应性文化引导着组织个体成员的行为和活动，以“看不见的手”协调着组织的管理行为和实务活动。组织文化这种激励导向功能以尊重个人思想、感情为基础，形成一种无形的非正式控制，使组织目标自动地转化为个体成员的自觉行动，达到个人目标与组织目标在较高层次上的统一。组织文化激励导向功能具有的这种软性约束和自我协调的控制机制，往往比正式的硬性控制规定有着更强的激励力、持久力，在某些方面的激励作用是硬性控制无法比拟的。

4.自我完善功能。

组织文化的形成是一个复杂的过程,往往会受到政治、社会、人文和自然环境等诸多因素的影响,因此,它的形成需要长期的倡导和培育。正如任何文化都有历史继承性一样,组织文化一经形成,便会具有持续性,不会因为组织战略或领导层的人事变动而立即消失。组织文化不断深化和完善的行为一旦形成良性循环,就会持续地推动组织不断发展。反过来,组织的进步和提高又会促进组织文化的丰富、完善和升华。

组织在不断发展过程中所形成的文化积淀,通过反复反馈和强化,随着实践的发展而不断创新和优化,推动组织文化从一个高度向另一个高度迈进。

四、学习型组织

(一)学习型组织的含义

所谓学习型组织,是指通过培养弥漫于整个组织的学习气氛、充分发挥员工的创造性思维能力而建立起来的一种有机的、高度柔性的、扁平的、符合人性的、能持续发展的组织。这种组织具有持续学习的能力,具有高于个人绩效总和的综合绩效。

彼得·圣吉所希望建立的学习型组织是这样一个学习团体:它像个具有生命的有机体,即使前所未有的复杂、混沌、变化扑面而来,也总能灵活伸展、轮转向前。在这个团体中,人们胸怀大志,心手相连,相互反省求真,脚踏实地,勇于挑战,不为眼前近利所诱,以远大的共同愿景为指导,充分发挥整体搭配及成员个人的潜力,大家得以不断突破自己的能力上限,创造真心向往、超乎寻常的结果,培养全新、前瞻而开阔的思维方式,全力实现共同的抱负,并不断共同学习,从而在真正的学习中体会工作真谛,追求内心的成长与自我实现,并与周围世界产生一体感。

学习型组织是一个不同凡响的、更适合人性的组织模式,它有着崇高而正确的核心价值、信念与使命,具有很强的生命力与实现梦想的共同力量,不断创新,持续蜕变。它首先是一个学习团体,其次是一种更适合人性的组织模式,最后它有共同的价值观和共同愿景,并具有很强的生命力。

从学习型组织的这些定义中,我们可以归纳出学习型组织三个层次的内涵:学习型组织是一个层次扁平化、组织咨询化、系统开放化的新型组织。

1.层次扁平化。

在学习型组织中,已不存在各种等级制度。员工之间由原来的彼此顺从关系转变为伙伴关系。所谓层次扁平化是指在学习型组织中,领导与员工之间的组织结构已经不再是以前的金字塔形式了,而是一种网状的、扁平的、富有弹性的组织结构,领导与员工可以直接对话、直接交流,大大减少了组织中的交流成本。

2.组织咨询化。

整个组织就像一个咨询公司,员工之间彼此询问,非常和谐、非常融洽,并且信息能够在组织中畅通无阻。

3、系统开放化。

组织本身形成一个开放的系统,而这个系统又是社会系统的一部分,它能与社会有机地结合起来。

（二）学习型组织的核心

探讨学习型组织，就应该知道和了解彼得·圣吉的五项修炼，这也是学习型组织的核心。学习型组织的五项修炼包括：

1. 自我超越。

自我超越的意义在于用创造的观点来面对生活与生命。无论是政府或个人，重要的是培养其能力，为自己的愿望服务。通过学习，意识到高度自我超越的人应该永远不停止的学习，会敏锐地警觉自己的无知、力量不足和成长极限，但这绝不能动摇他们的自信。

2. 改善心智模式。

心智模式是指人们工作中表现出来的特有的思维方式、价值观念和行为习惯的总和。通过改善心智模式，有效地表达自己的想法，并以开放的心灵容纳别人的想法。

3. 建立共同愿景。

共同愿景是指建立在组织员工共同价值观基础之上的组织的共同愿望，这个共同愿望不仅仅是被要求这样做，而是大家努力学习、追求卓越、衷心想要如此。

4. 团队学习。

团队学习是指一个合作性的学习过程。组织不是整齐划一的相同，而是整体的有效配合。通过学习而意识到，团体学习之所以非常重要，是因为在现在组织中，学习的基本单位是团体而不是个人，最终产生 1＋1＞2 的效果。

5. 系统思考。

系统思考是学习型组织的基石，是五项修炼的归宿。通过以上四项修炼，组织及组织成员达到一种系统思考的境地，即形成心灵的转变。通过系统思考，组织及成员在分析和解决问题时，既能将自己与世界分开，又能将自己与世界联结。

从五项修炼的内容可以看出，彼得·圣吉在价值观上提出了两个向度的修炼：一方面要求个体在工作中去领悟生命的意义，不断超越自我，把生命价值的取向由传统的外在物的满足转为内在精神的满足，激发出巨大的创造力；同时主张由组织的自我超越以获得精神上的满足，在工作中获取生命的意义。另一方面，修炼内容是对组织共同利益的认同和促进。这一项内容贯穿于第二项修炼（改善心智模式）、第三项修炼（建立共同愿景）和第四项修炼（团队学习）之中。它要求在认知、未来追求、学习中充分体现出组织共同价值的统率性。

（三）学习型组织的特点

1.组织成员拥有一个共同的愿景。

组织的共同愿景，来源于员工个人的愿景而又高于个人的愿景，它是组织中所有员工的共同理想，它能使不同个性的人凝聚在一起，朝着组织共同的目标努力。

2.组织由多个创造个体组成。

在学习型组织中，团队是最基本的学习单位，团队本身应理解为彼此需要配合。组织的所有目标都是直接或间接地通过团队的努力来达到的。

3.善于不断学习。

这是学习型组织的本质特征。所谓“善于不断学习”，主要有四点含义：

一是强调“终身学习”。即组织中的成员均应养成终身学习的习惯，这样才能形成组织里浓厚的学习气氛，促使其成员在工作中不断学习。

二是强调"全员学习"。即企业组织的决策层、管理层、操作层都要全心投入学习，尤其是管理决策层，他们是决定企业发展方向和命运的重要阶层，因而更需要学习。

三是强调"全过程学习"。即学习必须贯穿于组织系统运行的整个过程之中。一个学习型组织不是先学习然后准备、计划、推行，不要把学习与工作分割开，应强调边学习边准备、边学习边计划、边学习边推行。

四是强调"团体学习"。即不但重视个人学习和个人智力的开发，更强调组织成员的合作学习和群体智力（组织智力）的开发。

学习型组织就是通过保持学习的能力，及时铲除发展道路上的障碍，突破组织成长的极限，从而保持组织持续发展的态势。

4."地方为主"的扁平式组织结构。

传统的企业组织通常是金字塔式的，学习型组织的组织结构则是扁平的，即从最上面的决策层到最下面的操作层，中间相隔层次极少。它尽最大可能将决策权向组织结构的下层移动，让最下层单位拥有充分的自主权，从而形成以"地方为主"的扁平化组织结构。例如，美国通用电气公司目前的管理层次已由九层减少为四层。只有这样的体制，才能保证上下级的不断沟通，下层才能直接体会到上层的决策思想，上层也能亲自了解到下层的动态，掌握第一线的情况。只有这样，企业内部才能形成互相理解、互相学习、整体互动思考、协调合作的群体，才能产生巨大的、持久的创造力。

5.自主管理。

自主管理是使组织成员能边工作边学习，并使工作和学习紧密结合的方法。通过自主管理，组织成员可以自己发现工作中的问题，自己选择伙伴组成团队，自己选定改革、进取的目标，自己进行现状调查，自己分析原因，自己制定对策，自己组织实施，自己检查效果，自己评估总结。团队成员在自主管理的过程中，能形成共同愿景，能以开放求实的心态互相切磋，不断学习新知识，不断进行创新，从而增加组织快速应变、创造未来的能力。

6.组织的边界将被重新界定。

学习型组织的边界界定，建立在组织要素与外部环境要素互动关系的基础上，超越了传统的根据职能或部门划分的"法定"边界。例如，把销售商的反馈信息作为市场营销决策的固定组成部分，而不是像以前那样只是作为参照。

7.员工家庭与事业的平衡。

学习型组织努力使员工丰富的家庭生活与充实的工作生活相得益彰。学习型组织承诺支持每位员工充分的自我发展，而员工也以承诺对组织的发展尽心尽力作为回报。这样个人与组织的界限将变得模糊，工作与家庭之间的界限也将逐渐消失，两者之间的冲突也将大为减少，从而提高员工家庭生活的质量，达到家庭与事业之间的平衡。

8.领导者的新角色。

在学习型组织中，领导者是设计师、仆人和教师。领导者的设计工作是一个对组织要素进行整合的过程，他不只是设计组织的结构和组织政策、策略，更重要的是设计组织发展的基本理念。领导者的仆人角色表现在他对实现愿景的使命感，他自觉地接受愿景的召唤。领导者作为教师的首要任务是界定真实情况，协助人们对真实情况进行正确、深刻的把握，提高他们对组织系统的了解能力，促进每个人的学习。

(四)学习型组织对管理实践的意义

1.适应团队工作而不是个人工作。

传统的直线结构以由上至下的指挥取代了人们寻求合作的自然能力,这是难以适应时代发展需要的。目前国内外可行的管理创新几乎都在一定程度上依赖于团队的力量。

2.适应项目工作而不是职能性工作。

当员工从静态工作转向解决一系列问题时,他们将工作组织成项目,每个项目通常需要一个跨部门的小组,这些小组随着项目的进展而一起学习。

3.适应创新而不是重复性工作。

在电子技术日益发展的今天,重复性工作将越来越多地由机器处理。人的工作是创新和关心他人,这是机器所不能做到的。

4.有利于员工的相互影响、沟通和知识共享。

学习型组织着力于形成一个宽松的、适于员工学习和交流的气氛,以利于员工之间的沟通和知识共享。

5.有利于组织的知识更新和深化。

学习型组织一般都建立一定的学习制度,定期组织教育和培训,鼓励员工学习,不断更新和深化自己的知识。

6.有利于组织集中资源完成知识的商品化。

学习型组织有利于将一些在知识和经验上互补的员工集中起来,共同进行研究开发,加快知识的商品化过程。

7.有利于组织增强对环境的适应能力。

由于不断吸收新信息和新知识,学习型组织能够站在时代的前端,把握住组织所处的大环境,随时调整自己的发展方向和市场适应能力。

本章小结

1. 组织结构中纵向垂直管理层的层级数就是管理层级。一个管理者直接有效领导下属的数量称为管理幅度或管理跨度。组织设计受组织的战略、环境、科技条件、规模和生命周期的影响。

2. 组织结构的常用类型有直线型、职能型、直线—职能型、事业部型、矩阵型、动态网络型。它们有各自的特点、优点、缺点,其适用范围也各不相同。

3. 人员配备的原则主要有因事择人的原则、因材器用的原则、人事动态平衡的原则。

4. 管理人员选聘的标准主要有管理的欲望、正直诚信的品质、冒险精神、决策能力、沟通技能。

5. 管理人员的培训方法主要有工作轮换、设置助理职务、临时职务与彼得原理。

6. 集权和分权是组织层级化设计中的两种相反的权力分配方式。集权指决策指挥权在组织层级系统中较高层次上的集中,下级部门和机构只能依据上级的决定、命令和指示办事,一切行动必须服从上级指挥。分权是指决策指挥权在组织层级系统中较低管理层级上的分散。

7. 正式组织是指为实现一定目标并按照一定程序建立起来的有明确职责和组织结构的组织。非正式组织是伴随着正式组织的运转而形成的，它是不受正式组织制度束缚的自发性群体，它是以情感为纽带、有弹性的团体，它的活动是自愿的，它的行为规范是非制度化的，它一般会有一位核心人物。两者的区别在于：正式组织是以效率逻辑为其行为规范的，而非正式组织则是以感情逻辑为其行为规范的。

8. 组织文化是指组织在长期的实践活动中所形成的，并且为组织成员普遍认可和遵循的具有本组织特色的价值观念、团体意识、行为规范和思维模式的总和。组织文化本质上属于“软文化”的范畴。一般认为，组织文化有三个层次结构，即表层文化、中介文化、深层文化。

9. 所谓学习型组织，是指通过培养弥漫于整个组织的学习气氛、充分发挥员工的创造性思维能力而建立起来的一种有机的、高度柔性的、扁平的、符合人性的、能持续发展的组织。这种组织具有持续学习的能力，具有高于个人绩效总和的综合绩效。

思考题

1. 你认为哪些行业管理幅度可以大一些，哪些行业相对来说应该小一些？
2. 考察一家饭店管理公司，其组织结构属于哪种类型。
3. 人员配备在组织职能中有何作用？如何配备企业人员？
4. 你认为管理人员选聘最重要的标准是什么？说明理由。
5. 管理人员考评的内容和程序有哪些？
6. 你认为哪些情况适用集权，哪些情况适用分权？分权和授权是什么关系？
7. 怎样对待非正式组织？
8. 组织文化有哪些基本要素？有哪些功能？

案例 4.1 惠普公司的组织文化

惠普公司是世界上最大的电脑公司之一。早在 1997 年，其计算机产品的营业收入就占其总收入的 80%以上，仅次于 IBM。惠普公司也是全球著名的电子测试测量仪器公司，它拥有 29000 种各类电子产品。惠普的工厂和销售部门分布于美国的 28 座城市，以及欧洲、加拿大、拉丁美洲和亚太地区。到底是什么支持着惠普公司有今天的成就呢？

公司创始人休利特相信，员工们都渴望把工作干得出色、干得有创造性，只要为他们提供适当的环境，他们就能做到这一点。体贴和尊重每一个人，承认个人的功绩是公司的一大传统。多年前，公司就不实行下班计时制了，最近又推行了一项灵活的工作时间方案，为每个员工提供了一种能够按个人生活习惯来调整时间的机会。公司还实施了独具特色的“实验仪器完全开放政策”，这项政策不仅允许工程技术人员自由使用实验设备，而且还激励他们把设备带回家里自行使用。这项政策实施后，大大激发了技术人员的研发热情，为公司的科学研究和产品创新奠定了良好的基础，蓄积了强大的实力。

公司尊重员工大大激励了员工工作的动力，这才是惠普公司长盛不衰的秘诀。

讨论题：

1. 请概括惠普公司组织文化的独特内涵。为什么惠普公司能形成独特的组织文化？

2. 惠普公司的组织文化在所有的企业都适用吗？

案例 4.2 比特丽公司的分权管理

比特丽公司是美国一家大型联合公司，总部设在芝加哥，下属有 450 个分公司，经营着 9000 多种产品，其中许多产品如克拉克棒糖、乔氏中国食品等，都是名牌产品，公司每年的销售额达 90 多亿美元。

多年来，比特丽公司都采用购买其他公司来发展自己的积极进取战略，因而取得了迅速的发展。公司的传统做法是：每当购买一家公司或厂家以后，一般都保持其原来的产品，使其成为联合公司的一个新产品市场；另一方面，则对下属各分公司采用分权的形式，允许新购买的分公司或工厂保持其原来的生产管理结构，不受联合公司的限制和约束。由于实行了这种战略，公司变成由许多没有统一目标，彼此又没有什么联系的分公司组成的联合公司。

1976 年，负责该发展战略的董事长退休以后，德姆被任命为董事长。新董事长德姆的意图是要使公司朝着他新制定的方向发展。根据他新制定的战略，德姆卖掉了下属 56 个分公司，但同时又买下了西北饮料工业公司。

据德姆的说法，公司除了面临发展方向方面的问题外，还面临着另外两个主要问题：一个是下属各分公司都面临着向社会介绍并推销新产品的问题。为了刺激各分公司的工作，德姆决定采用奖金制，对干得出色的分公司经理每年奖励 1 万美元。但是，对收入远远超过 1 万美元的分公司经理人员来说，1 万美元奖金起不了多大的刺激作用。另一个面临的更严重的问题是，在维持原来的分权制度下，应如何提高对增派参谋人员必要性的认识，如何发挥直线与参谋人员的作用。德姆决定给下属每个部门增派参谋人员，以更好地帮助各个小组开展工作。但是，有些管理人员则认为只增派参谋人员是不够的，有的人则认为，没有必要增派参谋人员，可以采用单一联络人联系几个单位的方法，即集权管理的方法。

公司专门设有一个财务部门，但是这个财务部门根本就无法控制这么多分公司的财务活动，因此造成联合公司总部甚至无法了解并掌握下属部门支付支票的情况等等。

讨论题：

1. 你对德姆的管理方法有何评价？

2. 参谋人员有何作用？如何协调直线与参谋人员之间的关系？

第五章　领　导

本章导读　一个国家、一个单位、一个企业，其兴衰成败都与领导水平的高低关系极大。领导既是一门科学，又是一门艺术，是艺术创造的过程。其目的是通过影响下属来达到组织的目标。

领导职能实质上是引导组织成员发挥他们的才能和潜力，为组织目标作出贡献。本章主要介绍领导行为，领导方式，领导艺术；组织激励理论，组织激励实践技能；沟通理论，沟通障碍及其克服，管理沟通技能的开发，冲突处理等。

第一节　领导概述

一、领导的概念

（一）领导的定义

领导是领导者在特定环境下，对组织成员的行为进行引导和施加影响，把组织成员个体目标和组织目标进行有效的匹配，以实现组织目标的过程。这个定义包括下列三个要素：

(1)领导必须有领导者与被领导者，否则就谈不上领导。

(2)领导者拥有影响追随者的能力或力量。这些能力或力量包括由组织赋予领导者的职位和权力，也包括其个人所具有的影响力。

(3)领导的目的是通过影响下属来达成组织的目标。

领导者的权力主要来自两个方面：

(1)职位权力。这种权力是组织授予的，随职位的变化而变化，包括法定权力、奖励权力和强制权力。人们往往迫于压力和习惯不得不服从这种职位权力。

(2)个人权力。这种权力来自领导者自身，由于其自身的某些特殊条件才具有的，包括专长权力和个人影响权力。这种权力不会随职位的消失而消失，所产生的影响力是长远的。

（二）领导与管理

领导与管理之间既有联系又有区别。而领导者和管理者之间既有某些相似之处，也有较大的不同之处。

1. 领导与管理的联系。

(1)领导活动和管理活动的开展都是以组织为基础的。领导活动需要有领导者与被领导者的参与，而管理活动也需要有管理者和被管理者的参与。如果没有组织，而只是单独的一个人，则不存在所谓的领导活动或管理活动。

（2）领导行为是管理行为之一。管理活动包括决策、组织、领导和控制等多种活动，领导活动只是组织中诸多管理活动中的一种。

（3）领导者和管理者在开展职能活动时，都有一定的权力。管理者在履行管理职能时，需要有组织赋予的权力为基础。比如质量管理人员在检验产品的质量时，就要运用组织所赋予他对质量进行“管理”的权力。同样，领导者在实施领导职能时也要有一定的权力，这种权力可能来自于组织，也可能来源于领导者个人，如个人魅力等。

（4）领导活动和管理活动在现实生活中，具有较强的复合性和相容性。领导和管理的界限并不总是很清晰的。在现实生活中，一个人可能既是领导者，又是管理者；他在从事管理工作的时候，也在担负着领导工作，例如，公司的首席执行官（CEO）。

2. 领导与管理的区别。

（1）领导活动与管理活动的侧重点不同。领导活动注重对组织内部各个组成部分进行整体性的计划、协调和控制，而管理则是一种技术性较强的工作，其目的在于提高某项工作的效率。

（2）领导与管理的权力来源不完全一样。管理者是被任命的，他们拥有合法的权力进行奖励和处罚，其影响力来自于他们所在的职位所赋予的正式权力。领导者则可以是任命的，也可以是从一个群体中产生出来的，领导者可以不运用正式权力来影响他人的活动。比如非正式组织中最具影响力的人就是典型的例子。组织并没有赋予他们正式的管理职位和职权，他们也没有义务负责组织的计划和组织工作，但他们却能引导、激励，甚至命令自己的追随者。

（3）领导者与管理者在组织中的角色不一样。领导者与被领导者之间是上级与下级之间的关系。而管理者却是与组织中的分工不同联系在一起，管理者与被管理者之间是组织中分工不同的协作劳动关系。

（4）领导者与管理者的素质要求也不尽相同。管理者通过周密的计划、严密的组织、严格的控制，来取得工作中的成效。而领导是一种影响力或者说是对下属施加影响力的过程。领导者可能更多的是通过其个人的魅力与专长来影响追随者的行为，并使下属自觉地为实现组织的目标而努力。

（三）领导的作用

1. 指挥作用。

在集体活动中，需要有头脑清晰、胸怀全局，能高瞻远瞩、运筹帷幄的领导者帮助人们认清所处的环境和形势，指明活动的目标和达到目标的途径。一方面，领导者必须具有广博的知识、深邃的思想、敏捷的反应、良好的判断力，有能力指明组织的战略方向和需达到的目标；另一方面，领导者还必须是行动者，能率领员工为实现组织的目标而努力。

2. 协调作用。

在由许多人协同工作的集体活动中，即使有了明确的目标，也因各人的理解能力、工作态度、进取精神、性格等不同，加上各种外部因素的干扰，人们之间在思想上发生各种分歧、行动上出现偏离组织目标的情况是不可能避免的。因此，需要领导者来协调人们之间的关系和活动，引领大家朝着共同的目标前进。

3. 激励作用。

在组织中，劳动仍是人们谋生的手段。劳动者为了取得更多的报酬，大都具有积极工作的愿望，但这种愿望能否变成现实的行动，取决于劳动者的经历、学识、兴趣及需要等的满足程度。当劳动者的利益在组织的各项制度中得到切实的保障，并与其自身的物质利益紧密联系时，劳动者的积极性、智慧和创造力就会充分发挥出来。因此，需要领导者创造满足劳动者各种需要的条件，激励劳动者的动机来调动劳动者的积极性，激发大家的创造力，鼓舞大家的士气，使组织中的每个人都自觉地融入组织的目标中，为实现共同的目标而努力工作。

引导员工朝共同的目标努力，协调员工在不同时空的贡献，激发员工的工作热情，使其在组织活动中保持高昂的工作热情，这是领导者在组织和率领员工为实现组织目标而努力工作中所必须发挥的作用。

(四)影响领导效果的因素

领导工作的效率是由三个相互作用的因素(领导者、被领导者和领导环境)决定的。

1. 领导者。

领导者是领导工作的主体。领导者本身的背景、知识、经验、能力、个性、价值观念以及对下属的看法等，都会影响到组织目标的确定、领导方式的选择以及领导工作的效率。因此，领导者是决定领导工作有效性的主要因素。

2. 被领导者。

被领导者接受领导者的领导。被领导者的背景、专业知识、经验和技能、要求、责任心以及个性等，都会对领导工作产生重大影响。被领导者的状况，既影响领导方式和方法的选择，也影响领导工作的效率。

3. 领导环境。

领导工作是在一定的环境中进行的，领导环境更多的是指组织内部环境。美国俄亥俄州立大学的教授们在研究领导行为时指出，对领导行为有效性的评价，实际上并不取决于领导者所采用的某一特定领导方式，而是取决于领导方式对特定环境的适用性。与环境相适应的领导方式通常是有效的，而与环境不相适应的领导方式，则往往是无效的。

二、领导方式的分类

领导方式是领导者在活动中表现出来的比较固定的和经常使用的行为方式和方法的总和，又称为领导者的工作作风，它表现出领导者的个性。领导方式是领导者运用权力对下属施加影响的方式，而影响领导工作的因素很多，这些因素的不同组合决定了不同的领导方式。

1. 以领导活动的侧重点为标准进行划分，可分为任务取向的领导方式和人员取向的领导方式。

领导活动的行为是在两个维度展开的，结构维度反映了领导者的工作行为或任务取向，关系维度反映了领导者的关系行为或人员取向。

(1)任务取向的领导方式。任务取向的领导方式，主要关心组织效率，重视组织设计，明确职责关系，确定工作目标和任务。它注重任务的完成，而不注重人的因素，忽视人的情绪和需要，把下属变成机器。任务取向的领导方式是以领导者的工作行为为中心的。工作行为包括：建立组织，明确职责，规定信息交流渠道，完成任务的时间、地点及方法等。

(2)人员取向的领导方式。人员取向的领导方式表现为尊重下属的意见，重视下属的感情和需要，强调相互信任和尊重。领导者的关系行为包括：建立友谊、互相信赖、意见交流、授权，让部下发挥智慧和潜力并给予感情上的支持。

在现实生活中，领导者只有将任务取向的领导方式和人员取向的领导方式进行有机的结合，才能保证领导目标的达成。任何偏重于一方的领导方式都只能导致领导的失败。每一位领导者在行使其领导职能时，都会产生自己的领导行为和领导风格。这一行为和风格的形成，有赖于组织结构、人员素质、组织目标和环境等客观因素，也有赖于个人气质、经历、学识、价值偏好等主观因素。

2.以领导者组织领导活动的方式为标准，可划分为命令式、说服式和示范式的领导方式。

(1)命令式领导方式。命令具有强制性的特征，它是建立在下属对领导者职位权力之畏惧或恐惧的基础之上的。命令的强制性在不同的领域中的效应是不同的。从政府系统的行政领导到企业领导再到社会团体、学术机构中的领导，命令的效应呈递减趋势。

命令式领导的特征是：领导者采取单向沟通方式，以命令的形式向下属布置工作任务和完成任务的程序和方法，下属不了解或无法了解组织的整体目标和最终目的。领导者和被领导者相分离，领导者一般不参加集体活动。领导者凭个人的经验和理解，对下属的工作表现作出评价。这种领导方式，在领导者与被领导者之间，纯粹是一种命令与服从、指挥与执行的关系。

(2)说服式领导方式。说服式的领导方式较之命令式的领导方式来说，更符合领导学的原理，是一种建立在领导者影响力之上的领导方式，其中领导者的威信、人格、能力是说服式领导方式能够取得成功的关键。

说服式领导与命令式领导的不同之处，在于领导者作出决策后，不仅向下属人员发出指令，而且还要做说明工作，即所谓“推销其决策”。也就是说，通过双向沟通方式进行宣传和教育，使下属了解工作任务要求，了解组织的整体目标，以有利于提高下属的积极性。

(3)示范式领导方式。示范式领导方式是一种较为保守的领导方式，因为它是建立在下属对领导者的主动归依和主动模仿这一基础之上的。但是，示范式的领导方式在特殊情况下会取得意想不到的良好效果。

3.以领导者运用权力的范围和被领导者自由活动程度为标准，分为集权型、参与型和宽容型三种类型的领导方式。

(1)集权型领导方式。集权型领导方式又被称为独裁或专制的领导方式，由领导者单独作决策，然后发布指示和命令，明确规定和要求下属做什么和怎么做。对于决策，下属没有参与权和发言权。在整个组织内部，资源的流动及其效率主要取决于集权领导者对管理制度的理解和运用，同时，个人专长权和影响权是他行使上述制度权力成功与否的重要基础。

(2)参与型领导方式。参与型领导方式是在决策工作中，领导者让下属人员以各种形式参与决策。这种领导方式的特点表现在：在领导者与被领导者之间进行双向沟通；职工的民主权利得到尊重，他们的意见能够影响决策；能提高决策的科学水平，减少决策工作的失误；有利于决策的实施和执行。

(3)宽容型领导方式。宽容型领导方式又叫分权型领导方式，就是领导者向下属人员或部门进行高度授权，让下属相对独立地去完成任务和处理问题。这种领导方式又可具体分为放手型和放任型两种方式。

1)放手型领导，就是上级为下级给定工作目标和方向，提出完成任务的大致要求和期限，同时授予下属完成任务所必需的权力，在工作进行过程中只实行宽松的监督和控制。

2)放任型领导，就是领导者对下属实行高度的授权，下属可以完全独立地去开展工作。具体地说，就是领导者不为下属安排和规定具体的工作任务和目标，下属做什么，如何做，要达到什么目标，完全由自己决定。在工作过程中，领导也不进行经常性的监督。

总之，领导者的行为方式有多种多样，它们没有绝对的优劣之分。只有与被领导者和工作环境的特点相适应，才能取得预期的领导效果。

三、领导艺术

领导者的工作效率和效果在很大程度上取决于领导艺术。领导艺术的内涵极为丰富，是一门博大精深的学问。

(一)授权的艺术

领导者有条不紊地办事是一种艺术。在组织中，经常可以看到这样一些领导者，他们习惯于事必躬亲，整天忙忙碌碌，超时工作，没有娱乐、休息和学习的时间，还总是感到时间不够用。作为一个领导者，当发现自己忙不过来的时候，就应该考虑自己是否已经影响了下属的职权，做了本应由下属去做的事。领导者必须明白，凡是下属可以做的事，都应授权让下属去做，领导者只做领导应做的事。通过合理授权，领导者能获得很多益处。

1.节约时间。

通过授权，领导者可以有较多时间去考虑和处理关系组织全局的重大问题，发挥领导者应有的作用。同时可以集中时间和精力抓好决定企业生死存亡的大事，科学合理地安排好日常工作，不忽视关键性的例外活动。

2.提高决策质量。

授权使下级和上级之间的沟通加深，使下属能大胆地、有效地思考自己职责范围内的事情，从而可以提高决策的速度和质量水平。

3.提高下属积极性。

授权显示了对下属的信任，既激发了下级的工作热情及创造性，增强了工作的责任心，同时也更充分发挥了下属的专长，还可以使下属在工作中不断得到锻炼和发展，有利于管理者的培养。

领导工作包括决策、用人、指挥、协调和激励。这些都是大事，是领导者应该做的，但绝不是说都应由组织的最高领导人来做，而应该分清轻重缓急，主次先后，分别授权让每一级去管其应管的事。组织的最高领导者应该抓重中之重、急中之急的事，并且严格按照“例外原则”办事。凡是已经授权给下属去做的事，领导者就要克制自己，不要再去插手；领导者只需管那些没有对下授权的例外事项。

在社会化大生产条件下，提高企业生产效率和经济效益，靠的是企业分工、严密的协作，领导不必也不能事事包办代替。否则，既破坏了分工协作关系，又使下级有职无权，失去了实践和成长的机会。

领导者对于那些必须由自己亲自处理的事，也应先问三个能不能：能不能取消它？能不能与别的工作合并处理？能不能用更简便的方法处理？这样就可以把那些可做可不做的事去掉，把一部分事合并起来用最简便的方法去完成，从而减轻负担，腾出更多时间去思考和筹划大事，更好地发挥领导的作用。

（二）用人的艺术

领导的对象是人，没有人际之间的联系与信息的交流，就不可能有领导。领导者在实施指挥和协调的职能时，必须把自己的设想及决策等传递给被领导者，以影响被领导者的行为，不断激励下属为实现组织目标而努力。同时，还要善于用人，让其在合适的职位上发挥最佳的作用。因此，领导者必须掌握用人的方法与艺术。

1. 激励下属。

激励是实现目标的重要驱动力。领导者的大部分任务是由下属完成的，如果不知道或不懂得激励下属，那么领导者所能取得的成功是有限的。领导者应善于运用各种刺激手段，唤起人的需要，激发人的动机，调动人的积极性。这要求领导者懂得基本的激励理论和方法，了解下属需要的性质和强度，设计一个通过满足需要引导其行为的激励方案。

2. 影响下属。

领导者要实现有效的领导，关键在于其影响力大小。影响不是把自己的意志强加给下属，而是在价值观念方面培养共识。领导者的影响力在人际交往中表现得尤为重要。

(1)加强上下级沟通。领导者无法对组织上上下下的复杂问题都进行考虑，作出决策。要想使下属每个人都发挥个人的积极性，就必须加强与下级的沟通，通过价值观的教育、启迪，使大家对组织目标达到基本一致的认识。

(2)鼓励下属参与管理，共同决策。领导者的决策制定应多听取下属的意见，可能的话，让下属参与决策。这样，决策方案出来后，会增加下属对决策方案的认同。

3. 知人善任。

领导者在企业活动中属于主导、率领的地位，负责制定整个企业的大政方针以及经营战略与管理决策。要使决策付诸实践，领导者必须团结下属，借助他们的智慧和力量去完成任务。因此，领导者必须将下属安排到适当的位置上，用其所长。这要求领导者要知人善任。知人是要了解人，对人进行正确全面的考察、识别，以便选择；善任是要用好人，使用得当。知人是善任的前提。

(1)识别人才。人才总是有的，所以领导者要相信人才的客观存在，并且要爱惜人才。同时，要坚持实事求是的原则，用全面的、发展的观点看人才；要看人才的全部历史和全部工作，综合考察，科学地分析；要坚持德才兼备的原则。

(2)正确使用人才。识别人才的目的是用人。人才用得好，能收到事半功倍的效果；使用不当，不仅会降低生产效率，还会导致人才的流失。因此，合理地使用人才是领导者人才观的中心环节。尤其是在竞争日益激烈的现在，领导者不仅应使用好人才，更应重视人才的开发与培养。

(三)交谈和倾听的艺术

领导者必须善于同下属交谈，倾听下属的意见。没有人与人之间的信息交流，就不可能有领导。领导者在行使指挥和协调的职能时，必须把自己的想法、感受和决策等信息传递给被领导者，这样才能影响被领导者的行为。同时，为了进行有效的领导，领导者也需要了解被领导者的反应、感受和困难。这种双向的信息传递十分重要。交流信息可以通过正式的文件、报告、书信、会议、电话和非正式的面对面会谈等方式进行。其中，面对面的个别交谈是深入了解下属的较好方式，因为通过交谈不仅可以了解到更多、更详细的情况，并且可以通过察言观色来了解对方心灵深处的想法。

善于同下级交谈是一种领导艺术。有些领导者在同下属谈话时，往往同时批阅文件，左顾右盼，精力不集中，不耐烦，其结果不仅不能了解对方的思想，反而会伤害对方的自尊，失去下属对自己的尊重和信任，甚至还会造成冲突和隔阂。所以，领导者必须掌握善于同下属交谈、倾听下属意见的艺术。

1. 悉心倾听。

即使你不相信对方的话，或者对所谈的问题毫无兴趣，在对方说话时，也必须悉心倾听，善加分析。同时，要仔细观察对方说话时的神态，捉摸对方没有说出的意思。如果你希望对某一问题多了解一些，可以将对方的意见改成疑问句简单重复一遍，这将鼓励对方作进一步的解释和说明。

2. 不随意打岔。

谈话一经开始，就要让对方把话说完，不要随意插话，打断对方的思路，岔开对方的话题。也不要迫不及待地解释、质问和申辩。对方找你谈话是要谈他的感受，领导者倾听下属意见的目的，在于了解对方的想法，而不应摆出“权威”的架势去说服、教育对方。对方讲的是否有理，是否符合事实，可以留待后面思考。

3. 态度诚恳地回答下属的问题。

如果下属诚恳地希望听到你的意见，你必须抓住要领，诚恳地就实质性问题作出简明扼要的回答，帮助对方拨开心灵上的云雾，解开思想上的疙瘩。同时，也要注意对方说的许多情况你可能并不清楚，在未加调查之前，不应表态和许愿，以免造成被动，引起更大的不快。对于谈话涉及的重大原则问题或应由上级主管部门处理的问题，领导者应实事求是地告诉对方，这些问题是自己不能单独处理的，需待研究以后才能答复。

4. 控制自己的情绪，不能感情用事。

下属说话的内容，领导者可能同意，也可能不同意，有怀疑，甚至反感和不满。不管领导者自己的观点和情绪如何，都必须加以控制，始终保持冷静的态度，让对方畅所欲言。这样，就会使对方感到领导在注意他的意见，彼此在沟通思想感情。至于是非曲直，可留待以后再谈，或留待对方冷静后自己去判断。

(四)争取信任与合作的艺术

有些新踏上领导岗位的人，往往自己埋头苦干，不善于争取别人的信任与合作；也有个别人只想利用手中的权力来使副手和下属慑服，而较少考虑如何取得他们的支持和配合。其实，领导者和被领导者之间的关系不应当是一种刻板的、冷漠的上下级关系，而应当是建立在真诚合作基础上的同志关系。领导者不能只依靠自己手中的权力，还必须取得同事和下属的信任与合作。

1. 平易近人。

领导者由于在组织中处于领导职位，很容易让下属产生居高临下的感觉，造成与下属的距离。所以，领导者在与同事和下属相处时，要注意礼貌，主动向对方表示尊重和友好；在办事时要多用商量的口吻，多听取和采纳对方意见中合理的部分；要勇于承认和改正自己的缺点、错误。既不要轻易发脾气、要态度、训斥人，也不要讲无原则的话，更不能随便表态、许诺。要谦虚待人，以诚待人。

2. 信任对方。

在分工授权后，领导者对下属不要再三关照叮嘱，更不要随便插手干预，使对方感到你在怀疑他的能力。领导者要用实际行动使下属感到你的信任，感到自己对组织的重要性。这样，下属就会主动加强同领导者的合作。如果领导者能在授权的同时，主动征求并采纳下属对工作的意见，使下属感到领导对他的器重，将有利于增进相互之间的友谊和合作。如果领导者让自己的副手或下属长期感到被忽视，不能发挥作用，则必将招致他们的不满和怨恨。

3. 一视同仁。

人与人之间的关系有亲有疏，这是正常的社会现象，领导者也不例外。为了加强组织的凝聚力，领导者既要团结与自己亲密无间、命运与共的骨干，更要注意团结同自己意见不一致甚至疏远或反对自己的人，领导者不应将其视为异己加以排斥，而应关心和尊重他们，努力争取他们的合作和支持。特别是在处理诸如提级、调资、奖励等有关经济利益和荣誉的问题时，必须一视同仁、公平公正。

当下属犯了错误的时候，要公正严格对待，真诚地帮助他们认识、改正错误。领导者必须懂得，许多人工作上犯错误，都是想多做工作、做好工作而无意造成的。领导者对下属工作上的错误要勇于承担责任，即使自己并不沾边，也应主动承担领导或者指导责任。当下属受到外界侵犯或蒙受冤屈时，领导者应挺身而出，保护下属。这样，组织的全体人员就会感到，在你的领导下，没有亲疏，只要好好干，谁都可以得到应有的尊重和信任，就会产生一种安全感、归属感，组织内部常有的“宗派”自然也就失去了存在的基础。

(五)利用时间的艺术

创造财富都要耗用时间，做任何事情都需要占用时间。时间似乎是一种用之不竭的资源，但就个人来讲，时间又是有限的，“时间就是金钱”，“时间就是生命”。

1. 学会合理地使用时间。

有许多领导者忙了一天、一周或者是一个月，往往说不出究竟做了什么事，哪些是自己应该做的，哪些是自己不该做的，年复一年地如此下去，浪费了许多宝贵的时间。为了珍惜自己的时间，应把有限的时间用在自己应该做的领导工作上，应养成记录自己时间消耗情况的习惯，每做一件事就记一笔账，写明几点到几点办什么事，每隔一两周，对自己的时间消耗情况进行一次分析。这样，就会发现自己在时间利用上的不合理之处，从而找到合理利用时间的措施，提高时间利用效率。

2. 提高开会的效率。

开会是交流信息的一种重要而有效的方式，但开会要讲究艺术。有些领导者成天沉湎于文山会海中，似乎领导的职能就是开会、批文件。而开会是否解决了问题，效率如何，却全然不顾。其实不解决问题的会议有百害而无一利，开会也要讲究时间效益。会议占用时间也是劳动耗费的一种，会议的成本应纳入企业经济核算体系之内进行考核，借以提高开会的效率，节约领导者和与会者的宝贵时间。

第二节 激 励

激励是发掘人潜能的重要途径。哈佛大学教授威廉·詹姆斯发现，按时计酬的职工一般仅发挥20%～30%的能力，即可保持住职业而不被解雇。如果受到充分的激励，则职工的能力可发挥到80%～90%。这其中50%～60%的差距，则由激励的作用所致。可见，人的潜能是一个储量巨大的"人力资源库"。因此，使每位员工始终处于良好的被激励状态中，是管理者所追求的理想状态。

一、激励概述

激励是指运用各种有效手段激发人的热情，启动人的积极性、主动性，发挥人的创造精神和潜能，使其行为朝向组织所期望的目标而努力的过程。

激励不仅要考虑努力的强度，还必须考虑努力的方向，即指向组织目标并且和组织目标保持一致的持久努力是激励所追求的效果。由激励激发人的积极性、主动性是一种内部心理过程，这种心理过程不能直接被观察到，只能从行为和工作绩效上进行衡量和判断。

1. 激励的三个特点。

(1)努力。这是员工在工作中表现出的行为强度。

(2)持久。这是员工在完成工作任务方面表现出的长期性。

(3)与组织目标有关。这是员工行为的质量。

2. 激励的三个基本要素。

(1)激励时机。激励时机是指给激励对象施以刺激的时间，应根据员工的具体需要而定。在员工最需要的时候施以激励，其效果也就越好。

(2)激励频率。激励频率是指在一定时期内对激励对象施以刺激的次数。激励的次数要恰如其分，过高过低都会达不到应有的效果。

(3)激励程度。激励程度是指激励手段对激励对象刺激力的大小。激励手段越符合员工的需要，刺激力就越大。

二、激励理论

(一)激励行为模式

激励行为是由需要、动机、行为、目标四个变量组成的关系模式，我们称之为简单激励行为模式。如图5-1所示。

图5-1 激励过程简单行为模式

其中,需要与动机属于机体变量。是支配有机体反应的有影响的特征,如性格、气质、内驱力强度等。需要是人体内部的匮乏状态,它会使人感到生理失衡或心理紧张,进而在躯体内部产生驱动力,这种内驱力就是行为的动机。

目标是激励变量,是指支配有机体的反应发生的刺激条件和因素,包括可以变化与控制的自然与社会的环境刺激。目标是行为的导向,既可以是物质性的,也可以是精神性的。

行为属于反应变量,是指刺激变量与机体变量在行为上引起的变化。人的行为既有共同性,也有差异性。

这一模式可以概括为:需要引起动机,动机诱导行为,行为实现又会产生新的目标。这说明,人的行为是由动机支配的,而动机则是由人的需要引起的,人的行为是在某种动机策划下达到某个目标的活动。

这一模式的心理机制是刺激变量引起机体变量,机体变量影响反应变量。具体说,人受到刺激就产生需要,需要不满足时,引起心理紧张,成为寻找目标以满足需要的驱动力,由此激发了动机,产生持续不断的兴奋,从而引起积极的行为反应。当目标达到之后,经反馈又强化了刺激,如此周而复始,连续不断。

(二)马斯洛的需要层次理论

马斯洛认为,每个人都有一套复杂的需要系统,按需要的先后顺序,可将这套复杂的需要系统从低到高划分为五个层次(详见第二章)。马斯洛认为,通常只有当低层次的需要得到满足后,高层次需要才能对人起到激励作用;一个人在同一时期内可能同时存在几种需要,但总有一种需要占支配地位;低层次需要比较客观,容易发觉,主要从外在的物质方面获得满足,高层次需要难以确认,从内在精神方面寻求满足。越是高层次的需要越难得到满足。

马斯洛的需要层次理论启示管理者,在工作中要了解员工的真正需要,找出相应的激励因素,采取积极的组织措施,来满足不同层次的需要,以引导员工的行为,实现组织目标。值得注意的是,人们的需要并不是一成不变的,也不是一经满足就再也不发生变化,需要也是不断变化的。

(三)麦克利兰的成就激励理论

与马斯洛的需要层次论不同,麦克利兰不讨论基本生理需要,他主要研究在人的生理需要基本得到满足的前提下,人还有哪些高层需要。他研究的对象是一些比较高级的人才,这些人的生存条件和物质需要得到了相对的满足。他的结论是权力需要、关系需要和成就需要是人的三种高层次需要。

1. 权力需要。

具有较高权力需要的人,常常希望获得更高的权力。他们对施加影响和控制他人往往表现出很大的兴趣,这样的人希望担任领导者,也有一定的才干和水平。

他还将组织中管理者的权力分为两种:一是个人权力,追求个人权力的人表现出来的特征是围绕个人需要行使权力;二是职位性权力,它要求管理者与组织共同发展,自觉地接受约束,从体验行使权力的过程中得到满足。把权力建立在个人需要的基础上是不利于组织发展的。

2. 关系需要。

通常从友爱、情谊和人际交往中得到欢乐和满足,并设法避免因被某个组织或社会团体拒之门外而带来的痛苦。

注重关系需要的管理者容易因为讲交情和义气而违背或不重视管理工作原则，从而导致组织绩效的下降。但如果将关系需要强烈的人安排在需要众人合作的工作岗位上，将大大提高工作效率。

3. 成就需要。

高成就需要的人，把做好工作、取得成就看成人生最大的乐趣，从工作成就中获得极大的满足，他们追求的是成功本身而不是成功的报酬。它有以下几个特点：

(1)喜欢设置自己的目标。他们不满足于随波逐流和随遇而安，总是渴望有所作为，总是精心选择自己所要从事的目标，并完全承担达到目标的责任。

(2)在选择目标时倾向于回避极端的困难。他们乐意接受挑战，往往为自己树立有一定难度但又不是高不可攀的目标，当他们认为一项任务成功的可能性是50%时，就是一个人从个人努力中获得成功感和满意感的最佳时机，此时绩效最好。

(3)对所从事的工作希望得到明确而又迅速的反馈。这类人喜欢从事有明确规定标准的工作，而不喜欢没有明确的绩效考核标准的工作。

(4)把个人成就看得比金钱更重要。从成就中得到的鼓励，超过物质鼓励的作用，把报酬看成是衡量成就大小的工具和符号。

在大量研究的基础上，麦克利兰对成就需要与工作绩效的关系得出了一些具有相当可信度的结论：

①高成就需要的人更喜欢具有个人责任、能够获得工作反馈和适度冒险的环境，当具备了这些特征，高成就者的激励水平会很高。

②高成就需要的人不一定就是一个优秀的管理者，尤其在一个大型的组织中。高成就需要者感兴趣的是他们个人如何做好工作，而不是如何影响他人。

③关系需要和权力需要与管理者的成功有密切关系。最优秀的管理者有高权力需要和低友谊需要。

④成就需要者并不全是天生的，可以通过训练来激发员工的成就需要。

(四)赫茨伯格的双因素理论

这一理论不像马斯洛的理论那样由纯理论性来研究得来，而是通过调查研究开始的。根据调查所得的大量资料分析，发现了影响人们积极性的两类不同的因素：①激励因素。一般都是由工作本身产生的使员工感到非常满意的因素。②保健因素。主要是由于工作环境所引起的造成员工不满意的，这一类因素称为“保健因素”(详见第二章)。

赫茨伯格对传统的关于满意与不满意观点进行了修正。

传统观点认为：“不满意”的对立面是“满意”

不满意←————→满意

赫茨伯格的观点：

保健因素：不满意(没有)←————→(有)不会不满意

激励因素：不会满意(没有)←————→(有)满意

赫茨伯格认为，保健因素有，就不会不满意；保健因素没有，就会不满意。如：饭店给员工提供了住宿条件，就不会不满意；不提供住宿条件，就会使员工不满意。激励因素有，就会满意；激励因素没有，就不会满意。如：在一个班组的员工中要提拔一名主管，被提拔的员工，会感到满意；没有被提拔的员工，不会满意，但不会不满意。这里的难点是要将“不会满意”和“不会不满意”理解为“中性词”。

赫茨伯格采用的两面三刀分法，有其独特性，它在管理上的意义是很明显的：

(1)应提供充分的保健因素以消除不满。如果不满情绪出现，将会严重影响工作积极性，降低工作效率。不能因为保健因素不会产生高度的工作动机，就可有可无。

(2)激励因素是非常重要的，它是调动广大员工积极性、主动性、创造性，提高责任感的最重要最基本的内在因素。

扩大工作范围、工作丰富多样化、职业生涯的准确设计等可以起到激励作用。

(五)弗鲁姆的期望理论

期望理论按照人们的期望来解释激励问题。需要本身是一种动力，但需要在未被满足之前，对需要者来说只是一种期望，可以说，需要作为一种动力是通过期望表现出来的(详见第二章)。

期望的结果往往并不等于现实的结果，管理者在管理工作中应当注意通过环境条件的改变，调整期望与现实之间的关系，有效地调动员工的积极性。期望与现实存在三种关系，具体分析如下：

1.“期望＜现实”，即实际的结果大于预期的结果，对当事人来说有助于提高积极性。

因为现实高于期望会使员工喜出望外，容易增加动机力量。所以，在正强化时应注意降低员工的期望值，同时创造条件提高实现值。

2.“期望＝现实”，即人们的期望变为现实，这种情况下有利于调动人的积极性。

但是，若没有进一步的激发，其积极性往往只维持在原期望值的水平上，甚至逐渐消退。

3.“期望＞现实”，即实际结果小于预期估计的结果，在正强化的条件下，它会使人因失望而产生消极情绪，导致积极性下降。

即平常所说的期望越高，失望越大。在实际工作中，有些领导封官许愿、随意表态，结果做不到，造成不良后果的原因就在于此。但是，在负强化情况下，使期望值高于现实值，则会收到良好的效果。因为这时人们做好了最坏的准备，结果却比预期好得多，如：员工犯了错误，本来是要被开除的，但能主动承认错误，又能以实际行动来改正，给他留店察看处分。这会使人产生感激之情，自然会增强工作积极性。

一个人的行为，通过一定的努力，可以得到两个阶段的结果：第一阶段结果是工作绩效，第二阶段结果是组织报酬，最终是为了达到个人目标。由此，期望理论模式又可以描述为：

个人努力→工作绩效→组织报酬→个人目标

具体来说，只有当员工认为努力会带来良好的绩效评价时，当良好的绩效评价结果会带来组织奖励时，当组织奖励会满足员工的个人目标时，他才会受到激励进而付出更大的努力。

期望理论的关键是了解个人目标及努力与绩效、绩效与报酬、报酬与个人目标满足之间的关系。许多员工在工作中不能被激励，是因为他们看不到努力与绩效的关系、绩效与报酬的关系，或他们得到的报酬不是他们预期想要的。如果你想激励员工，就应该加强这三对关系的有机结合。

同时，不存在一种普遍的原则能够激励所有人，差别化、个性化的激励才是有效的激励。

（六）亚当斯的公平理论

公平理论认为，组织中的员工都有估价自己的工作投入和获得报酬的倾向，他们不仅关心自己报酬的绝对值，也关心自己报酬的相对值。每个人都会自觉或不自觉地把自己付出的劳动和所得的报酬同他人付出的劳动和得到的报酬进行社会比较，也会把自己现在付出的劳动和所得的报酬同自己过去付出劳动和所得的报酬进行历史的比较。当发现自己的收支比例与他人的收支比例相等，或自己现在收支比例与过去收支比例相等时，便会产生公平感，增强其工作动机；否则，便会感到不公平，影响工作积极性。公式表示如下：

A 代表自己的报酬与投入之比，B 代表他人的报酬与投入之比。当 $A=B$ 时，报酬相当，感到公平；当 $A>B$ 时，报酬多于投入或多于他人，会产生负疚感；当 $A<B$ 时，报酬少于投入或少于他人，会感到吃亏、委屈、气愤。

常见的投入要素有：知识、学历、年龄、性别、努力、建议、过去的功绩、级别地位、责任大小、能力、培训、资历、忠诚、时间、经验、现在的功绩、工作难度、任务风险等。

常见的报酬要素有：工资、提升、承认、安全、个人发展、津贴、生活福利、交往机会、发展机会等。

分配公平感的构成要素几乎是当事人的主观判断和感受，心理因素有极大的作用。所以，分配是否公平的标准常常是主观的，主要取决于当事人的个性、需要、动机、价值观等个人因素，它因人而异。

研究表明，不公平感的产生绝大多数都是由于经过比较认为自己的报酬过低引起。不公平感使人紧张、心里不舒服、不平衡。通常人们通过以下六种方式中的一种来重新确立公平感。①改变投入；②改变报酬；③改变对于投入或报酬的知觉；④改变他人的投入或成果；⑤改变“参照人”；⑥离开这种环境。

分配的公平感是一个强有力的激励因素，以下建议或许有助于建立组织中的公平感：

1. 确立组织的价值观念，统一对公平的认识。

破除“大锅饭”的平均主义观念，使员工认同以绩效为基础的分配方式是目前条件下的最佳选择。

2. 建立合理的绩效评价体系，制定衡量贡献的尺度和标准。

有了公认的公平观念还不够，还要有可供操作的绩效评价方法和标准，同时使员工了解组织是如何定义和评价绩效的。对于企业来说，建立合理、科学、使员工能接受的绩效评价体系是非常必要的。

3. 坚持公开的原则，分配程序要公开。

及时公布考核标准和分配方案，使多得的员工理直气壮，少拿的人也心服口服。研究表明：程序公开，员工即使对工资、晋升和其他个人报酬不满意时，也能以积极的态度看待上司和组织。

此外，员工对公平的感知可能是有道理的，也可能没有道理。但是，不管这种感知是准确的还是歪曲的，只要员工感到不公平，就会影响其在工作中的行为。因此，管理者可以通过收集数据和访谈测量员工对他们的投入和报酬的评价，确认他们所选择的参照对象，评估他们对产出的知觉，这样也可以发现他们做出的错误绩效比较。一旦发现错误的感知，就可以对他们进行阐释，这样就可以使员工在报酬体系中重新获得公平感。

（七）斯金纳的强化理论

强化理论着重研究个体外在的行为表现，强调人的行为结果对其行为的反作用，指出行为的结果，如果有利于个体则这种行为便会加强并重复出现，如果不利于个体则这种行为会消退和终止。

强化理论认为人的行为可分为应答行为与操作性行为两大类。应答性行为是由环境的刺激所引起的行为；操作性行为是个体在内部需要的激励下自身发出的行为。而人的行为主要是操作性行为，因此，操作性行为是研究的主要对象。

强化理论发现，在操作性行为中，如果行为结果使其需要得到满足，这种行为便会重复出现并得到增强。凡能增强行为的刺激物叫强化物，通过强化物增强某种行为的过程叫正强化。如果行为的结果对主体是不利的，这种行为便会减弱并消失。凡能减弱行为的刺激物叫负强化物，其过程叫负强化。可以通过控制正负强化物来控制人的行为，求得行为的改变。

在组织管理过程中，管理者运用强化手段来调动职工的积极性，必须遵守下列原则：

1．时效性原则。

从人的心理状态来看，在行为结束时，人对行为结果的关心程度最高，及时强化效果最佳；员工随时掌握工作进度与质量情况可以了解自己行为目标的差距，从不断接近目标的信息中增强信心，鞭策自己不断努力；每一种强化手段的作用只能保持一段时间，超过时限就会失效。如管理者对员工的闪光点要及时给以肯定和认可，千万不要漠视员工的长处。否则员工会对工作产生麻木，影响员工积极性的发挥。

2．渐进性原则。

要“小步子，多阶段”；强化物的刺激量要逐步递增，如果后一次奖额比前一次少，反而会引起不满。

3．整体一致性原则。

物质强化与精神强化要一致；个人心理效应与群体心理效应要一致；外强化与人的内强化要一致；不同管理者要采取一致的强化措施。

4．公正原则。

如果奖励和批评不公正，不能满足人们的公正需要，会导致人们的气愤和不满，这种情绪会降低继续工作的积极性。

研究表明，要使奖励手段产生良好的强化效果，必须具备下列条件：

- 创造一个接纳奖励的群体气氛。
- 制定明确的奖励标准。
- 奖励的程度要与贡献相当。
- 奖励方式要多样化。

奖励是正强化，惩罚是负强化，在有些情况下，适当实施有效的惩罚有时会比奖励的效果更好。实行有效的惩罚，必须具备下述条件：①目的正确，与人为善；②轻重适度，方法得当；③宽严一致，一视同仁；④群众认可、参与；⑤时机掌握恰当。

三、激励实践

(一)工作安排中的激励技能

在企业中，每一个员工都有自己的工作，而且大部分时间都花在工作上。怎样通过工作激发员工的热情，让员工感到工作不仅仅是谋生的手段，而且是发展自我、实现自我价值的重要途径，使工作本身就成为激励因素，是对管理者的重大挑战。根据赫茨伯格的双因素理论，如果员工从事的工作是重要的、有趣的、具有挑战性并从工作中可以获得成长和发展，员工和工作是相互匹配的，工作本身就是很重要的激励因素。

1. 怎样通过岗前培训激励新员工尽快融入组织。

新员工进入企业后，一个关键问题是帮助他们熟悉企业，了解工作状况，尽快融入组织中。

为新员工提供上岗引导培训是帮助员工尽快融入组织的重要环节。第一部分培训一般由员工的直接上司完成，主要是给新员工介绍未来工作中的新同事，让他们尽快地熟悉工作环境，为他们讲解工作的性质和内容。除此之外，为了减轻新员工初到一个陌生环境的焦虑感，管理者应该注重与新员工谈心，关心他们的日常生活，帮助他们解决各种疑虑和困难。尤其是对那些刚刚离开学校的新员工来说，提供这样的帮助是非常必要的。一方面，理想与现实总是有一定的差距，刚步入社会的青年人可能不善于自我排解现实落差所带来的心理焦虑，更需要心理上的指导，这样能帮助他们尽快实现从学生到员工的社会化过程的顺利过渡。另一方面，没完成社会化过程的学生是最具有可塑性的，加强对他们的影响和培养，使其融入企业的文化氛围相对于再次择业的员工来说要容易得多。这个环节对于稳定员工的思想也十分关键，非常值得管理人员关注。

下面提供几种帮助新员工尽快适应组织氛围的方法：

(1)举办新员工讨论会。可邀请有经验的老员工参加，这样能使新员工尽快进入角色，融入组织氛围，并在今后工作中表现良好。

(2)新员工导师制。对新员工进行现场指导，帮助他们尽快适应环境。

(3)建立与新员工之间的心理契约。现代企业重视培养与员工之间的心理契约关系，而上岗引导期恰恰是培养员工对饭店目标和价值观的信仰和认同的重要时期。

2. 怎样为新员工安排第一项工作。

对于新员工来说，第一项工作是建立自信、学会与上司和同事相处的一个关键时期，也是为他们今后的职业发展奠定基础的重要阶段。第一次工作的好坏直接关系以后的发展趋向和发展质量。对于刚刚参加工作的人来说，初入企业的一段时期是一个比较痛苦的适应阶段，因为他们的天真第一次要面对现实的冲击。企业能够做的最重要的事情之一，就是为新员工提供的第一份工作是富有挑战性的，因为在这个时期新员工恰恰最需要对其价值的重视和认可。

3. 怎样做到人与工作相适应。

只有把合适的人放在合适的位置上，使个人的特征和工作的要求相适应，才能最大限度地激发人的工作潜力和积极性。反之，当员工和工作匹配不良时，工作满意度和组织绩效就会大大降低。

(1)工作与能力的匹配。能力是一个人顺利完成某种活动所必须具备的一种心理特征,它直接影响着活动的效果。一个人的总体能力可以分为两大类:心理能力和体力能力。心理能力是从事心理活动所需要的能力,它包括运算能力、语言理解、知觉速度、归纳推理、演绎、空间视知觉和记忆力。体力能力则是从事体力活动所需要的能力。不同的工作要求员工运用不同的能力。

每个人在能力方面都有自己的强项和不足,转化到工作方面,每个人都有适合的工作,也有不适合的工作。作为管理者,要根据工作要求,发现员工的长处,做到知人善任,扬长避短,用人所长,使员工所具备的能力和工作要求相适应。当你的员工绩效出现问题时,首先要考虑的就是你安排的工作是否合适。切忌大材小用,也不要小材大用,更不要马头装在牛脖子上。

(2)工作与气质的顺应。所谓气质,通俗地说就是人的脾气和秉性。心理学家把气质分为多血质、胆汁质、黏液质和抑郁质。不同气质类型的人在工作和生活中会表现出不同的行为倾向,气质不同的特点决定了不同气质的人对不同工作的适应性不一样。例如,多血质和胆汁质的人比较适合一些要求做出迅速、灵活反应或与人打交道的工作,如前台服务、市场营销、人力资源管理等工作;而黏液质和抑郁质的人则更适合细致、规范的或与事打交道的工作,如财会、工程、仓库保管等常规性工作。

(3)工作与人格类型的契合。

• 现实型:真诚稳定、持久顺从、讲究实际。这类人较适合从事需要一定的技巧、力量和协调来完成的操作性工作。

• 研究型:分析、创造、好奇、独立。这类人比较适合从事那些主要侧重于认识和研究方面的工作,例如调研、设计和咨询工作。

• 社交型:友好合作、乐于助人、喜欢社交。这类人适合从事包括大量交往的工作,例如营销、公关、广告和媒介传播工作。

• 常规型:顺从实际、守秩序、高效率、不灵活、缺乏想象力。这类人适合从事那些包含着大量固定结构性和规律性的内容和工作,例如财务、档案管理工作。

• 企业型:自信冒险、乐观进取、精力充沛、盛气凌人。这类人适合从事以影响他人为目的的工作,例如经理人、组织者等。

• 艺术型:富有想象力、理想化、情绪化、杂乱无序、不切实际。这类人适合从事艺术创造以及表现个性化的工作,例如艺术创作、策划等。

(二)绩效考核中的激励技能

绩效考核是指对员工的工作行为、工作态度和工作结果进行考核评估,从而得到有关员工工作表现的准确信息。绩效考核的目的并不是为了惩罚绩效低劣者,更大程度上是引导员工采取恰当的行动,对优秀员工进行奖励,对处于边缘的员工提供鼓励和指导,对低于标准的员工给予及时的反馈和帮助。

1. 员工从绩效考核中能获得什么。

(1)获得荣誉和尊重。人们总是希望自己的努力能够得到别人的认可和赞扬,希望别人能够知道自己在某个方面所作出的成绩。

(2)获得平等的竞争机会。绩效考核为创造公平的竞争环境提供了依据和标准。

(3)获得反馈和指导。有些人在工作中没有取得成功,一个重要的原因是他们不知道采取怎样的行动才能实现工作目标。因此,人们总是期望能够在工作中获得反馈,知道自己原来做得怎么样,下一步到底该怎样做。而绩效考核可以为员工提供关于他们目前做得怎么样的信息,告诉他们是否偏离了目标和方向,指导他们如何去纠正不恰当的行为,然后采取恰当的行动。

2. 怎样强化"努力—绩效—报酬"之间的关系。

对于管理者来说,要加强"努力—绩效—报酬"三者之间的实际联系。

(1)强化努力与绩效之间的关系。主要体现在帮助下属确立对个人努力程度与绩效之间存在着潜在正相关关系的信心。同样,重视对工作过程的考核,并把考核的要点公之于众,可以坚定员工增强对考核公正性的信心。

(2)阐明绩效与报酬之间的关系。管理者要清楚地阐释各种报酬的含义,并使它们与个人和团队绩效相挂钩。虽然很多组织对于处于同一工资段的员工没有根据绩效差距进行报酬细分,但是管理者可以提供其他的外部报酬。例如:管理者可以为那些超过了绩效目标的员工分配他们更喜欢的工作任务。

(3)提高报酬对员工的价值。管理者可以为下属提供他们认为对自己更有价值的报酬形式,如本来是发钱的,可将同样价值的钱送他去进修培训或外出考察学习或度假旅游。也可以通过改变报酬形式在员工心目中的地位来提高报酬的相对价值,如本来是将某项奖金打在工资卡内,则改为将奖金送到他家里,给他的家人,或在部门内公开发放。这样,企业花同样量的钱,对员工来说,相对价值大大提高。

3. 怎样提高绩效考核的公正性与公开性。

绩效考核的过程涉及员工的切身利益,如果公平问题处理不好,很容易引起员工的抱怨,挫伤员工的积极性,甚至在员工之间制造矛盾,造成内耗。

(1)选取适当的考核内容和考核方法。要根据工作性质和标准选取恰当的考核内容和方法。有些部门以考核结果为主,有些部门以考核过程为主。考核方法可以是上级考核、分组考核、相互考核及其组合考核。哪种考核方法更能减少误差,提高考核的准确性和有效性,就选用哪种。

(2)明确考核标准。应以岗位职责和工作规范为依据,能量化的尽量要量化。考核要有记录,避免考核的主观随意性,强调客观性,从而得出准确的考核结果。

(3)增加考核的参与性和公开性。在制定考核标准以及实施考核的过程中要积极听取员工的意见,保证员工有申述和解释的权利,切忌管理者闭门造车,考核情况与员工不通气,来一个所谓的一锤定音。管理者要明白,考核方案是企业工作目标的具体化,绩效考核不仅仅是为了发奖金,更重要的是对企业经营目标的再认识,是将企业目标深入内化于员工思想的过程。

要将绩效考核标准和考核步骤安排及时向员工交底,通过绩效面谈让他们清楚考核的结果及组织给予的帮助和指导。

4. 怎样进行绩效面谈。

绩效考核结束后,要及时地将结果与员工进行沟通和反馈,绩效面谈就是这样一种方法,即管理者和下属员工之间,针对绩效考核所做的面对面的沟通。其目的是,让员工了解上一考核周期中的考核结果,作为改进今后工作的依据;给下属提供一个良好的沟通机会,了解下属工作的实际情况和困难,并让员工确信组织可以给予他们所需要的帮助;共同讨论下属未来的发展规划和目标,确定企业、管理者、员工个人的行动计划。

绩效面谈的实际操作步骤为：①创造轻松的面谈氛围；②说明面谈的目的；③告知考核的结果，可采用“三明治”手法；④请下属自述原因，管理者听取意见；⑤明确下一阶段的工作目标；⑥共同制订详细的绩效改进计划，达成共识；⑦以积极的方式结束面谈；⑧整理面谈记录，向有关部门报告，并做好改进落实的跟踪工作。

绩效面谈中应注意以下几点：①多问少讲；②重心放在“我们”；③反馈要具体；④对事不对人；⑤应侧重思想、经验的分享；⑥把握良机，适时反馈。

（三）薪酬管理中的激励技能

在员工的心目中，薪酬不仅仅是一定数目的钞票，它还代表了身份、地位、个人能力的高低和成就的大小。合理而有效的薪酬制度不但能有效激发员工的积极性与主动性，促进员工努力实现组织目标，提高组织效益，而且能在竞争日益激烈的人才市场上吸引和留住一支素质良好的员工队伍。相反，不合理的薪酬制度则是一种“去激励因素”，它会引发各种各样的组织矛盾，降低员工的积极性。

1. 薪酬是什么。

薪酬是组织对它的员工为组织所做的贡献，其中包括员工的工作绩效、付出的努力、时间、学识、技能、经验与创造等给予的回报。一般由基本薪资、奖励薪资、附加薪资、福利薪资组成。

基本薪资，通常也称为工资，是薪酬中相对固定的部分。它由员工的劳动熟练程度、工作的复杂性、工作责任风险的大小以及劳动强度所决定。

奖励薪资，也叫业绩工资、效率工资，是根据员工的特殊业绩或组织的经济效益而支付的薪酬。

附加薪资，是为了补偿和鼓励员工在艰苦甚至恶劣的工作环境下劳动而支付的薪资。

福利薪资，基本薪资的补充，是一种带有保障性和保护性的薪酬。如养老保险、医疗保险、失业保险、工伤保险、生育保险、住房公积金、午餐补贴等。

一般来说，薪酬大致包括以上各部分，但在不同的组织中，各部分所占的比重是不一样的，其激励的效果也不同，组织可以根据自己的具体情况来设计薪酬体系。

2. 怎样提高薪酬结构的激励性。

从员工的激励角度来说，薪酬分为两类：一类是保健性因素，另一类是激励性因素。如果保健性因素达不到员工的期望，会使员工感到不安全，出现士气下降、人员流失，甚至招不到职工等现象。另一方面，尽管高额工资和多种福利项目能够吸引员工加入并留下，但这些常常被员工视为应得的待遇，难以起到激励作用。真正能调动员工工作热情的是激励性因素。

此外，将现金性薪酬和非现金性薪酬结合起来运用，有时能取得意想不到的效果。非现金性薪酬要让员工感到特别有“面子”，让员工有更多意外的惊喜。但在现实当中，非现金性薪酬往往被忽视，主要原因是：一是管理者对员工的真正需求不清楚；二是管理者没有充分认识到非现金性薪酬的作用；三是可能人手不足，没有人来操作。

3. 怎样使薪酬的支付更加公平。

主要是两个方面：一是内部的公平性；二是外部的竞争性。

（1）优化绩效与薪酬的挂钩方式。计薪方式通常包括按时计酬、按件计酬、按绩计酬等。对企业而言，最缺乏激励效果的是按时计酬，但保健效果比较明显。计件薪酬对员工的激励作用十分明显，但它仅适用于产出数量容易计量、质量标准明晰的工作，对以脑力劳动为主的工作很难计件。业绩工资需要有合理的目标设定方法和良好的绩效考评系统作支撑。可以是单一的计酬方式，也可以是复合的计酬方式，要始终确保薪酬的最大激励效果和内部公平性。企业中多数部门是按时计酬和按绩计酬的组合。

(2)做好薪酬调查，确保在外部市场的竞争性。企业的薪酬水平始终高于外部平均水平，将会对员工产生激励作用，促使员工以加倍的热情和努力投入到工作中去，这一点是不言而喻的，从公平理论中也可以得到恰当的解释。如果低于外部平均水平，要稳定员工队伍是不可能的，稳定优秀员工更是无从谈起，因为优秀员工被人挖走的概率很高。

4. 怎样让福利项目更有吸引力。

完善的福利体系对吸引和留住员工非常重要，是企业人力资源系统是否健全的一个重要标志。福利项目设计得好，不仅能给员工带来方便，解除后顾之忧，增加对企业的忠诚度，而且可以节省在个人所得税上的支出，同时提高企业的社会声望。

对企业而言，福利是一笔庞大的开支，在外企中能占到工资总额的30%以上，但对员工而言，其激励性不大，有的员工甚至还不领情，企业为此无所适从。主要是由于人与人之间存在个体差异，不同的福利形式对人的价值也会不同。有时，从福利的绝对值来看是相同的，但由于福利的形式不同，可能增值也可能贬值。从激励的角度来看，企业最好采用菜单式福利，即根据员工的特点和具体要求，列出一些福利项目，并规定一定的福利总值，有规定福利，也有自选福利，让员工在自选福利中选择，各取所需。这样，既具有保健因素，又具有激励因素。

(四)职业管理中的激励技能

职业一般是指人们在社会生活中所从事的，以获得物质报酬作为自己主要生活来源并能满足自己精神需求的、在社会分工中具有专门技能的工作。职业不仅是谋生的手段，也是人存在的意义和价值的证明。选择一个合适的职业，度过一个成功的职业生涯，是每一个人的追求和向往。

企业能不能赢得员工的忠诚，能不能充分调动员工积极性的一个关键因素在于其能不能为员工创造条件，使他们有机会获得一个有成就感和自我实现感的职业。

1. 怎样按照职业生涯发展的不同阶段为员工提供职业帮助。

职业生涯有一定的规律，需要员工对这些规律有深入的理解，并能结合自己的特点和工作实践进行判断和决策。根据研究，职业生涯的过程可以分为四个阶段：

(1)职业探索阶段。一般从参加工作起到25岁左右，具体时间长短根据员工知识储备、学历不同而有所不同。这个时期员工经常调换不同工作的愿望十分强烈。从企业人力资源的角度来看，这个阶段的主要任务是帮助新员工准确地认识自己，制订初步的职业生涯发展规划，使员工一进企业就产生强烈的职业意识：找准方向，找准位置，尽快知道该怎样发展自己。千万不能使新员工觉得毫无目标，不知道将来干什么。

(2)职业建立阶段。一般从25岁到35岁。这个阶段是员工最有追求和抱负的时期，也是他们一生中的高产时期，企业应该准确把握处于这个阶段的员工的特点和他们对培训、成长和晋升等方面的需求，密切注意员工的发展方向，在员工最需要的时刻、最关键的时刻助他们一臂之力,此时的帮助是员工终身难忘的,也一定会给企业以回报的。

(3)职业中期阶段。一般从35岁到50岁。这一阶段是一个时间长、变化多,既有事业成功,又可能引发职业危机的敏感时期。在这一时期的职业生涯管理中,企业要保证员工合理的职位轮换和晋升。所谓职业轮换是指把一个人安排到另一个工作岗位上,其所承担的义务、责任、职位和报酬都与前一个工作差不多。职业轮换可以使员工学到新知识和新技能,为今后的晋升和发展奠定基础。企业还要为员工设置合理畅通的职业发展通道。职业通道是组织中职业晋升的路线,是员工实现职业理想和获得满意工作、达到职业生涯目标的路径。组织中的职业发展通道不应是单一的,而应是多重的,以便使不同类型的员工都能寻找到适合自己的职业发展途径。

(4)职业后期阶段。这是职业生涯的最后阶段,一般从50岁到退休。企业要注重帮助他们做好退休前的各项心理和工作方面的准备,让他们愉快地结束自己的职业生涯,帮助他们顺利实现向退休生活的过渡。

2. 怎样通过晋升激励员工。

(1)晋升的渠道。内部晋升还是外部招聘?企业能不能吸引并留住人才,一个重要因素就是能否为个人提供充分的发展和提升空间。大量研究表明,内部晋升对员工更具有激励作用。

(2)晋升的依据。资历还是能力?从激励的角度看,以能力为依据的晋升是最好的。当晋升以能力为依据时,还必须决定如何衡量能力。过去的工作绩效是反映能力的一个方面,但在晋升员工时却不能过分依赖过去的工作业绩。在对员工的能力做出判断时,要考虑员工的潜能与提升职位的适应性。表现很出色的员工做管理者不称职,说明该员工缺乏当管理者的潜能。

(3)晋升程序。正规化还是非正规化?企业应该制定并发布正规的晋升政策和程序,实施内部信息公开化管理,向全体员工提供组织变动的各种信息,定期公布空岗情况和招聘条件,鼓励员工根据自己的能力、特长选择岗位参加竞争。这样员工会感到时时有机会,处处有机会。

(五)不同类型员工的激励技能

1. 如何激励先进者。

先进工作者对企业的贡献大,受到人们的尊重和赞扬。但是,先进工作者只是竞争中的暂时优胜者,由于找不到可以做榜样的人,很可能导致他们产生安于现状、不求上进的想法。事实上,昔日明星走向没落的例子在现实生活中的确不在少数。因此,如何激励先进者不断向前,是管理者应该格外注意的一个问题。

第一,正确对待先进者的长处和短处。先进者只不过是他的长处与短处之差比其他员工多一点而已,并不是任何地方都先进。

第二,要给先进者的不断提高创造一个良好的环境,为他们提供更多的参加学习和培训的机会。

第三,要正确对待"三多"现象(职务多、会议多、社会活动多),使他们的主要精力放在本职工作上。

2. 如何激励落后者。

要善于发现和挖掘他们身上的闪光点,帮助他们以积极的心态面对目前落后的局面，激励他们重新找回自信。

第一，关心体贴，动之以情。企业中落后的员工最害怕的就是被人看不起，最需要上司和同事的信任和亲近。所以激励要以正强化为主，以负强化为辅，不要老是抓住问题不放，要热心帮助他们解决工作中的困难。

第二，正确疏导，晓之以理。落后者一般都有一定的个性，采取强硬措施会产生逆反心理。所以，要用针对性强、能触动心灵的道理来启发他们。

第三，经常注意，导之以规。落后者一般自控能力比较差，需要别人经常监督和帮助，适时用规章制度来规范他们的言行，让他们在工作的点滴中逐步养成良好的习惯。

第四，循序渐进，持之以恒。落后者的转化是一个艰难的过程，要有恒心和爱心，及时鼓励他们不断的成长和进步。爱意味着理解、尊重、包容，意味着无限的耐心、永远的信任和永不衰减的希望。

3. 如何激励中间层。

在企业中，先进者和落后者毕竟占少数，大多数员工处于中间位置。据调查，目前在先进企业里，中间层的员工占65%左右，在后进企业中则占70%以上，把这些人的积极性调动起来，将是一股非常了不得的力量。管理者不能只注意抓“两头”，忽视中间层这个主体部分，因为中间层恰恰是真正给企业带来最大效益和最具有推动力的一部分，激励工作的重心应在于此。

4. 如何激励有后台的员工。

面对有后台的员工，骂也不是，亲也不是，管理者应该怎样做才能激励他们努力工作呢？关键是要看到他们的优势，并挖掘这些优势。例如，有后台的员工一般来说有很强的自信心，这应该是他们的一种优势，因为自信是一个人成功的重要基石，也正因为他们有过人的自信，所以管理者要适当的引导他们，让他们的自信体现在工作上，就可以预期他们有高过同等水平者的成绩。

首先，在有后台的员工上岗前，管理者有必要与他进行一次较深入的谈话，从而对他的个性、特长、优点、缺点等有一个全面的了解，切记在谈话结束时，不要忘记以退为进的鼓励他一句：“某某领导对我们的工作非常关心，你身为他的朋友（或亲属）一定会争气的。”

其次，若即若离也是最好的办法。表扬要适度，批评要公正，有时让他们感到亲切，有时感到有距离。在你与他们保持着这样一种若即若离的关系时，发扬组织一贯的团队优势，以各种活动或团队精神逐渐吸引他，让他有一种想加入到你们中间来的愿望，并不断激发这种欲望，让他真正的融入组织中来，在工作中体会到公平与尊重，他才会像个一般员工一样，努力地工作。

5. 如何激励斤斤计较的员工。

对于斤斤计较的人来说，帮助别人或许不是他们深恶痛绝的，只是他们的心里对一些小事、个人得失看得过于严重，他们只对个人分内之事才感兴趣。

首先，鼓励他们热心行动，从而提高其助人为乐的热情。

其次，在公开场合提出员工的工作不只限于正式规定范围内的内容。

再次，让他们感受到团队的力量，可以有意识地制造一些环境，让那些不愿意帮助他人的员工感受一下缺少别人帮助是什么滋味，渴望别人帮助又是什么滋味，再让团队去帮助他，从而触动他们的团队意识。

6. 如何激励有私人问题的员工。

私人问题是指发生在工作环境以外的造成员工工作失败的私人事务。例如:花费很多时间打电话处理私人问题,工作量小或经常犯错误的员工,总是花费很多时间与同事谈论他们的私人问题。

研究表明,容易引起情绪紧张、低落、气愤的私人问题会影响与客户、同事,甚至主管之间的关系。因此,管理者有必要对员工的私人问题保持敏感,并及时帮助他们排忧解难。

首先,要意识到家庭生活对人们的重要性,要让员工说出他们的私人问题,在恰当的时机表达你对他们是非常理解的,也是十分关切的。

其次,辨别非正常行为的私人问题,引导下属处理私人问题,必要时建议员工向专业人员寻求帮助,这样可以少走弯路。

再次,在不影响全局和可能的情况下,给员工放假处理个人事务,允许在某段时间晚些上班或早些下班来处理个人事务,这样员工在上班时会有更充沛的精力、更高的热情投入到本职工作。

第三节 沟 通

人类活动中之所以会产生管理活动,是因为随着社会的发展,产生了群体活动和群体行为。在一个群体中,要使每一个群体成员能够在一个共同目标下,协调一致地努力工作,就离不开有效的沟通,沟通是协调的基础和前提。

一、沟通概述

(一)沟通的含义

在每一个群体中,它的成员要表示愿望、提出意见、交流思想,群体的领导者要了解下情、获得理解、发布命令,这些都需要有效的沟通。可以说,组织成员之间良好有效的沟通是提高组织效率的保证,而管理者和被管理者之间的有效沟通则是所有管理艺术的精髓。现代管理艺术中,沟通的作用正日益体现,在管理工作过程中发挥着不可替代的作用。沟通是信息传递与接受的过程,是意义的传递与理解。

沟通首先是意义上的传递,如果信息和想法没有被传递到,则意味着沟通没有发生。意义不仅需要被传递,还需要被理解。沟通有完美的沟通、良好的沟通和不良的沟通。

完美的沟通指的是,经过传递之后,信息的接受者所感知到的信息与发送者发出的信息完全一致,并且信息的接受者能够让信息传递方知道其对于信息的认同。

良好的沟通是沟通双方能够达成协议或取得一致意见。如果对方不同意自己的看法,就认为不是良好的沟通,这种理解是错误的。只要沟通对象准确理解了传递的信息的意义,就是良好的沟通。换言之,一方可以非常明确地理解对方的意思但是却不同意对方的看法,但沟通本身已经完成了它的任务,这就是良好的沟通。

不良的沟通就是信息接受者不能准确地理解信息的意义或是误解了信息的意义。

这里主要介绍工作过程中人与人的沟通,即组织中的沟通。事实上,沟通的内容无非是两方面内容,即事实内容与情感内容。在工作场景中,进一步将事实内容定义为工作过程，包括工作前、工作中与工作后；情感内容则可以分为观念沟通与感情沟通。

（二）沟通的功能

1. 沟通是人际关系建立、交往的基础。

现代管理理论中的人本主义思想越来越被认可，人力资源成为企业的核心竞争力，出现了“人际关系也是生产力”的说法。但良好的人际关系的前提是组织内部良好的沟通，可以减少团队内部的冲突，促进员工之间、管理层与员工之间的信任，减少工作的重复和脱节，从而避免人力、物力、财力及时间上的浪费。

2. 沟通是组织内部协调的基本手段。

组织维持正常的运作过程，比如规章的制定、计划的传达、命令的下达、人事的协调等，都离不开沟通。现代组织机构庞大、业务繁杂，组织成员的工作是一个不断进行决策的过程，而组织成员不可能以一己之力获得决策所需要的全部信息，需要凭借沟通方式从他人那里得到有效信息。同时，对管理者来说，沟通还是一种有效的激励方法，可以提高员工满意度，促进组织形成整体凝聚力。

3. 沟通帮助管理者展现才能，获得支持与认同。

组织行为学的研究表明，组织成员并非仅为了物质需求而工作，人们还从组织中获得精神需求，包括归属感、参与感、荣誉感等。管理人员有效、及时的沟通方法可以在很大程度上满足员工类似的精神需求，同时也帮助管理者获得组织成员的支持与认同。

4. 有效的沟通可以激活思想，是创新的源泉。

可以将自己的一元纸币与别人的一元硬币或两个五角硬币相交换，交换后，没有损失；当然，也没有使自己的一元纸币增值。但如果是两种想法的交换，那么彼此就会发现自己多了一种想法或思维方式。两种思想的碰撞，甚至还可以产生出两种思想之外的火花。创新思维方式中的“头脑风暴法”，以“迟延评判”为原则，就是为了创造更好的沟通氛围。

5. 沟通是组织与外界交往的桥梁。

一个组织只有对外沟通，才能成为一个与外部环境发生相互作用的开放系统。在市场情况瞬息万变的情况下，与外界保持良好的沟通状态，了解客户的需求、市场信息、供应商信息、政策信息等外部环境信息，是组织管理人员的一项关键职能，直接关系到组织的生存与发展。

（三）沟通过程

完整的沟通过程如图 5-2 所示。

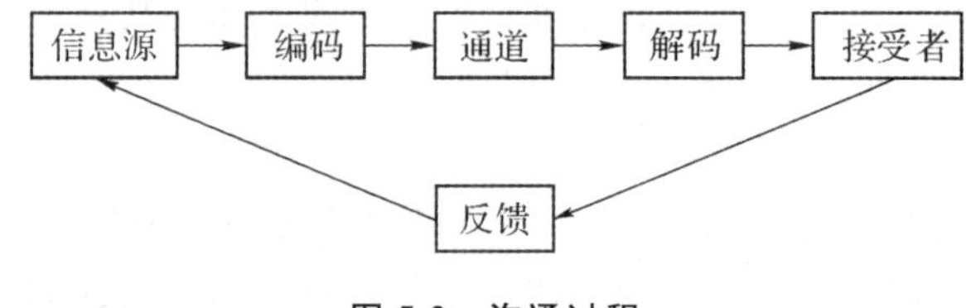

图 5-2 沟通过程

在图 5-2 中一个信息在信息源（即信息的发出者）与信息的接受者之间传递，信息首先被转化成信号的形式，即要经过一个编码过程，然后通过媒介物（通道），经过一个解码过程，把信号转变为接受者可以理解的信息，到达信息的接受者。从接受者到信息源之间还有一个反馈的过程，反馈是把信息返回给发出者，对信息是否被理解进行核实，这种反馈可以是直接对信息的语言反馈，也可以是按照信息源发出信息的要求做出行为反馈。

在电视上经常能看到娱乐节目里的猜词游戏，即两个人一组，一个人看到一个词语后想方设法地把这个词语的意思表达给另一个看不到这个词语的人，在限定的时间内看哪一组猜出的词语最多。如果把猜词游戏的过程看做一个完整的沟通过程，就可以这样解释沟通过程：用语言或动作表达词语意义的一方作为信息源即信息的发出者，他们所选择的语言或动作就是对信息进行编码的过程，然后通过语言（声波）或肢体动作（视觉）的通道，猜词的一方作为信息的接受者，把听到的语言或看到的动作还原为思想，形成个人对信息的理解，并把他理解到的意义反馈给信息的发出者，以检验对信息的理解是否正确。

值得注意的是，沟通过程并不总是完整的，有的时候缺乏反馈，使得信息接受者对信息的理解不一定与信息发出者传递的意义一致；另外，在沟通过程中还存在着沟通中的“噪声”，即沟通障碍。

（四）沟通分类

1. 按沟通的媒介进行分类，分为口头沟通、书面沟通、非语言沟通或体态语言沟通、语言沟通、媒介沟通等。

表 5-1 给出了几种主要沟通方式的比较。

表 5-1 沟通方式比较

沟通方式	举例	优点	缺点
口头沟通	交谈、会议、电话、讨论	传递与反馈快，信息量大	层次愈多失真愈重，核实困难
书面沟通	文件、报告、信件、期刊	持久、有形、可核实	效率低，缺乏反馈
非语言沟通	声音、信息号、仪态表情，语调、肢体语言	信息意义明确，内涵丰富，含义灵活	受距离限制，界限模糊，容易出现理解误差
电子媒介沟通	传真、电视、网络	快、容量大，可远程、多次传播，廉价	单向，看不到表情（视频除外）

以上沟通方式中值得注意的是非语言沟通方式。行为比语言更有效，如：在别人家做客，向主人告辞时，主人一面挽留，一面又从座位上欠身准备站起来，我们当然知道怎样做了。据研究发现，在人们的口头交流中，55%的信息来自于面部表情和身体姿态，38%来自于语调，而仅有 7%来自于真正的词汇，所以在沟通中要注意非语言沟通方式的运用。

2. 按沟通是否存在反馈进行分类，可分为单向沟通与双向沟通。

单向沟通指没有反馈的信息传递，双向沟通指有反馈的信息传递。从两者的特点比较来看，单向沟通速度较快，在单向沟通里，只有单方面的信息传递，没有交流、提问，信息发出者的权威地位比较容易确立，不易受到质疑、否定，但为了更好地达到沟通目的，需要信息发出者精心组织好语言或做好沟通方式的选择。因为没有交流，信息的接受者对自己是否充分了解了信息的意义不大有把握，沟通的准确性较双向沟通要差。双向沟通的准确性较高，在双向沟通中，因为存在反馈，需要交流、提问及一些确认等，因而速度比较慢，信息发出者需要对其传递的信息有充分的了解与把握，否则会受到质疑或否定，但信息的接受者对自己是否充分了解信息有很强的自信心。表5-2给出了单向沟通与双向沟通的主要特点与适用情况的比较。

表 5-2 单向沟通与双向沟通的比较

<table>
<tr><th colspan="2">比较因素</th><th>单向沟通</th><th>双向沟通</th></tr>
<tr><td rowspan="5">主要特点</td><td>速度</td><td>快</td><td>慢</td></tr>
<tr><td>准确性</td><td>低</td><td>高</td></tr>
<tr><td>信息发出者态度</td><td>自信度高</td><td>需要全面了解信息</td></tr>
<tr><td>信息接受者态度</td><td>自信度低</td><td>自信度高</td></tr>
<tr><td>沟通秩序</td><td>好</td><td>差</td></tr>
<tr><td rowspan="4">适用情况</td><td>时间与问题</td><td>时间紧张，问题简单</td><td>时间充裕，问题复杂</td></tr>
<tr><td>接受者接受程度</td><td>接受者易于接受解决方案</td><td>接受者对解决方案的接受程度很重要</td></tr>
<tr><td>接受者建议程度</td><td>无充分信息提出建议或意见</td><td>能提供有价值的建议与意见</td></tr>
<tr><td>信息发出者处理反馈的能力</td><td>弱</td><td>强</td></tr>
</table>

3. 按沟通的组织系统进行分类，可分为正式沟通和非正式沟通。

一般来说，正式沟通指以组织的正式系统为渠道的信息传递，非正式沟通指以组织的非正式系统或个人为渠道的信息传递。组织除了需要正式沟通外，也需要并且无法避免地存在着非正式沟通。正式沟通提供了组织所要沟通信息的“骨架”，非正式沟通则提供了该“骨架”上的“血”与“肉”，包括各种各样的观点、猜测、疑问、刁难、敌意、奉承、冲突、威胁等，这些都是正式沟通所不能且无法传递的。非正式沟通主要传播组织成员(包括管理者与非管理者)所关心的和与他们有关的信息，取决于员工的个人利益与兴趣，一般来说与组织的正式要求无关。非正式沟通有以下几个特点：

(1)非正式沟通的信息交流速度较快。由于这些信息与员工利益相关或是他们比较感兴趣的话题，再加上没有正式沟通的种种程序，信息传播速度大大加快。

(2)非正式沟通效率较高。原因有两个：其一，非正式沟通中的信息一般是比较准确的，据研究表明，其准确率可达到95%。一般情况下，非正式沟通中的信息失真主要来源于形式上的不完整，而不是提供无中生有的东西，与谣言不可混为一谈。其二，非正式沟通中的信息是有针对性地、有选择地提供给各个组织成员，而正式沟通中的信息常常由于形式及正式渠道的原因将信息传达给本不需要的人。

(3)非正式沟通可以满足组织成员的心理需要。组织成员对组织除了有物质保障的需要外，还有归属需要、社交需要、尊重需要等。非正式沟通不是基于管理者的权威，而是出于成员的愿望与需要，所以在满足成员的心理需要方面卓有成效。

(4)非正式沟通具有一定的片面性。由于非正式沟通常以个人为渠道进行信息传递，信息常会被加以个人的理解，带有主观色彩，可被夸大、曲解，需要慎重对待。

无论怎样看待和评价非正式沟通，它都是客观存在的，并在组织中发挥着重要的作用。组织的管理者应当如何对待非正式沟通呢？

首先,管理者必须认识到它是组织中一种重要的沟通方式,是客观存在,任何企图否认、消灭或阻止非正式沟通的措施都是不可取的。从非正式沟通的渠道来看,组织成员以个人身份进行沟通是不可避免的;同时,非正式组织伴随正式组织的运转,在正式组织产生后而产生。在正式组织展开活动的过程中,组织成员必然发生业务上的联系,这种工作上的接触会促进成员之间的相互认识与了解。由于工作性质相近、社会地位相当、对某些具体问题的认识基本一致、基本观点相同,或者在性格、业余爱好相投的基础上,产生了一些与正式组织有联系,但又独立于正式组织的小团体,产生出逐渐被小团体成员所接受并遵守的行为规则,形成非正式组织。既然非正式组织形成是客观的结果,非正式沟通就必然存在。

其次,管理者应当充分利用非正式沟通为正式组织服务。管理者可以从非正式沟通中得到许多从正式沟通中不可能获得的信息,可以将自己所需要但又不便以正式沟通传递的信息,利用非正式沟通传递。

最后,管理者应认真对待非正式沟通中的错误信息。非正式沟通中的错误信息不可忽视,不理不睬有时会在短期内造成较大的混乱。但正面一再地纠正失真信息,有时会起到相反的作用。一般情况下,管理人员可采用用事实反驳的方法,不提及和重复失真信息,只用事实说明问题。

4.按沟通方向进行分类,可分为上行沟通、下行沟通与平行沟通,亦称三百六十度沟通。

上行沟通是指下级将信息传达给上级,是由下而上的沟通;下行沟通指上级将信息传达给下级,是由上而下的沟通;平行沟通指同级之间横向的信息传递,也称为横向沟通。在组织中按照沟通方向与有无反馈对沟通进行划分,可以形成不同的沟通网络。有一个或两个主要信息发出者,并且没有反馈的沟通网络是集权型沟通网络,这种沟通网络在完成比较简单的任务时快速、有效而准确,组织的领导者或中心人物比较满意于集权型沟通网络。由全面的信息传递者与全面且充分的信息反馈渠道形成的沟通网络是分权型沟通网络,这种沟通网络适合于完成比较复杂的任务,便于信息交换和更加充分地利用资源,组织的普通成员更满意于分权型沟通网络。

5.按沟通的功能进行分类,可分为工具式沟通与情感式沟通。

一般来说,工具式沟通指信息发出者将信息、知识、想法、要求传达给接受者,其目的是影响和改变接受者的行为,以完成任务为目的,最终达到组织目标。情感式沟通指沟通双方互相表达情感,获得对方精神上的同情和谅解,最终改善相互间的人际关系,以影响情感为目的。

二、沟通障碍及其克服方法

(一)沟通障碍形成的原因

在沟通过程中还存在着沟通中的“噪声”,我们称之为沟通障碍。就是说,由于存在着外界的干扰因素及其他原因,信息常被曲解或部分丢失,形成信息失真,使得沟通不能发挥应有的作用。沟通障碍形成的原因有个人因素、人际因素、结构性因素、客观性因素四个方面。

1.个人因素。

个人因素即出于沟通个体的原因形成的沟通障碍,具体又有以下几种情况:

(1)选择性接受。在沟通过程中,接受者会根据自己的需要、动机、经验、背景及其他个人特点有选择地去接受信息。或者说,人只接受自己想要的东西。有人曾做过这样一个实验,请一家公司的23位部门主管回答一个问题:"如果你是公司总裁,你认为什么问题对公司是最重要的?"结果,每个主管都认为,从全公司的角度考虑,自己所负责部门的问题是最重要的。销售经理说营销是最大问题,生产经理认为产品是生命,人事经理则回答现代管理中人才是核心。

(2)过滤信息。与选择性接受相对应,过滤信息是指信息的发出者故意操纵信息,使信息显得对接受者更为有利。比如,在布置加班任务时,管理者习惯于重点说明加班的额外奖金与福利待遇,而很少说任务的繁重程度;同样,下级在向上级汇报时,报喜不报忧,多选择告诉上级他想听到的东西。信息过滤造成信息的片面传递。

(3)心理障碍。心理上的障碍有防卫心理、不恰当的假设、认知障碍、情绪化等,个人心理障碍可以造成沟通障碍。防卫心理造成无法全面充分的沟通或双向交流信息;不恰当的假设使得对信息的理解出现片面性;认知障碍同样导致对信息的片面理解;情绪化常使人们对信息无法进行客观而理性的理解,代之以情绪化的判断,从而影响沟通功能的发挥。

(4)个人沟通技巧的差异。个人沟通技巧各不相同,有的人不能口头上进行完美的表述,但却能用文字清晰简明地写下来;有些人口头表达能力很强,有感染力,但不善于听取意见;有些人对阅读中的理解比较困难,等等。每个人习惯于自己的沟通方式,但不同的事件或情况本身有比较适合的沟通方式,当两者发生冲突时,也会造成沟通障碍。

2. 人际因素。

人际因素指由于沟通双方的相互信任或情感上的关系不同,形成对信息的不同接受程度,包括沟通双方的相互信任、信息来源的可靠性和沟通双方的相似性。沟通本身是一种双方或多方的交流,人际因素就是指沟通中信息的接受者与发出者之间的关系对沟通的影响,同样的一句话或一件事,由不同的发出者发出信息,对于同样的信息接受者沟通的效果可能差异很大。在沟通过程中,沟通双方的诚意与相互信任至关重要。上下级之间的猜疑只会增加抵触情绪,减少坦率交谈的机会,也就不可能进行有效的沟通。

信息来源的可靠性由四个因素决定,即诚实、能力、热情、客观。这些因素的存在与否是由信息接受者主观决定的,只要接受者认为发出者具有这些因素,信息的接受程度就会很高。例如,当面对来源不同的同一事件或问题的信息时,组织成员相信来自被认为是最诚实、最有能力、最热情、最客观的一个信息来源的信息。信息来源的可靠性对组织成员与组织行为的影响很大。就个人而言,员工对上级是否满意很大程度上取决于他对上级可靠性的评价;就组织而言,可靠性大的组织能较为公开、准确和经常地进行内外沟通,其工作成就也更为出色。

沟通双方的相似性与沟通的准确性有直接的关系。沟通双方的特征,如性别、年龄、智力、文化、地位、价值观、能力、兴趣等方面,如一方认为对方与自己很相近,那么接受对方的意见与建议比较容易,同时也比较容易达成共识。同时,相似性也影响了沟通的难易程度与坦率程度,如,"代沟"的存在、东西方文化影响下思维方式的差异等。

3.结构性因素。

结构性因素是指组织结构本身给沟通带来的不利影响,主要包括地位差别、信息传递链现象、组织规模与组织文化四个方面。组织中成员的地位差别对沟通方向和频率有很大影响。比如,人们一般愿意与地位较高的人沟通,地位较高的人则更愿意相互沟通,地位差别越大,信息趋向于由地位高的流向地位低的。在沟通中,地位高的人常居于中心地位。事实表明,地位是沟通中的一个重要障碍。

信息传递链现象是指信息连续地从一个等级传递到另一个等级时所发生的变化。一般来说,信息通过的等级越多,到达目的地的时间就越长,失真率越大。一项研究表明,董事会的决定通过五个等级后,信息损失率平均达80%。其中,副总裁这一级的保真率为63%,部门主管为56%,工厂经理为40%,第一线工长为30%,职工为20%。在组织等级中,纵向层次越多,信息被过滤的机会也就越多。

当组织规模越大时,组织内部人与人的沟通也相应较为困难。首先由于组织规模的增大,沟通的形式会越来越复杂,人际沟通渠道增加的速度也大大超过人数的增长。其次,组织规模的增大也加大了空间约束,工作往往要求组织成员只能在某一特定地点进行操作,空间约束不仅不利于组织成员之间的交往,也限制了他们的沟通。

组织文化对成员的沟通频度、深度等首先起到鼓励或限制的作用。组织文化如果提倡民主,鼓励交流,上下级之间的关系融洽,无疑会增进组织沟通的信息量,反之则起到限制沟通的作用。另外,组织文化通过奖励系统,也可以鼓励或抑制过滤信息的行为,组织奖励注重哪些方面,信息的传递者(尤其在上行沟通中)便会有意识地按照接受者的喜好调整或改变信息。

4.客观性因素。

客观性因素指在沟通过程中客观存在的影响沟通效果的因素,包括技术性因素、信息过量与环境噪音。

(1)技术性因素。技术性因素分为语言、非语言暗示与沟通媒介的有效性。

• 语言。沟通的准确性很大程度上依赖于沟通者赋予字与词的含义,因为每个人表述的内容常是由他独特的经历、个人需要及社会背景等决定的。因此,语言和文字极少对信息发出者与接受者具有完全相同的含义,而且语言文字的不确定性还表现为它们能表现各种各样的感情。所以,同样的词语对不同的沟通对象来说,会产生完全不同的感情和不同的沟通结果。

• 非语言暗示。非语言暗示是指在交谈的过程中,人们常常伴随一系列有含义的动作。这些动作包括身体移动的姿势、头的偏向、手势、面部表情、眼神、触摸等。这些动作强化了人们所表述的含义。教师上课时,当看到学生眼神无精打采或者有人开始翻阅报纸时,学生们就已经无声地告诉教师,他们厌倦了;同样,当笔被收起,笔记本开始合上时,所传达的意思也十分明确:“该下课了。”语言信息与非语言暗示的信息两者协调一致时会彼此强化沟通的信息,但是非语言暗示的信息与语言信息不一致时,信息的清晰度会受到影响,会出现沟通障碍。

• 沟通媒介的有效性。沟通媒介的有效性指不同沟通工具的效率。比如,书面沟通和口头沟通各有所长,各有所短,一个有效的管理者会十分注重对沟通媒介的选择。

(2)信息过量。管理者是利用信息来做决策的,在做决策前需要充分的信息。但是,如果信息量过大,则过犹不及,无法分清主次,不仅没有时间去处理,而且也难以向组织成员提供有效的必要信息,沟通会发生困难。现在常说我们生活在一个信息爆炸的年代,每一个人都会面临信息过量的问题。

(3)环境噪音。环境噪音主要指外界干扰,如在马达轰鸣的环境下交谈是一件吃力而又效率低下的事,阅读文件时由于办公室同事的谈笑而难以集中精力,经理想与职员好好沟通时却不停地有人敲门请示或受电话打扰,等等,这些都会影响沟通的效率。环境噪音最为常见,但相对来说也最好克服。

(二)跨越沟通障碍

沟通障碍的存在是客观的,其形成原因有主观与客观两方面因素,要取得有效的沟通效果,就需要跨越沟通中的障碍因素。每一位组织成员在不同的沟通过程中不会是单一的信息发出者或接受者身份,会由于时间、对象、场景、事件等条件充当信息发出者或接受者,或两者兼而有之。所以,对沟通障碍的克服,就需要从信息发出者与接受者两方面来看待。当然,其中有些方法无论对于信息的发出者还是接受者,同样都有增强沟通效率的作用。

对于信息的发出者,可以利用以下方法来克服沟通障碍:

1.明确沟通目的,充分做好沟通准备。

在沟通之前,信息发出者必须明确沟通目的,通过此次沟通,想要达到什么样的结果,要使沟通对象获得什么信息。确定沟通目的,沟通就有了一个明确的方向,根据要达到的结果准备信息并选择沟通方式。信息的准备要详尽,信息量的大小、信息的性质、可能的影响等方面,都会影响到沟通方式的选择。做好沟通准备还包括对沟通环境的考虑,具体包括交通背景、社会环境、人的因素及过去沟通的情况等,使沟通与情境相配合。

2.充分运用反馈。

充分运用反馈是指在情况允许的条件下更多地运用双向沟通,可以在较大程度上避免沟通障碍。反馈是指输出信息的返回信息流动。许多管理问题是直接由于误解或理解不准确而造成的,如果在沟通中信息发出者能充分运用反馈,则会减少这些问题的发生。反馈有语言反馈与非语言反馈两种。对于管理者来说,可以通过提问及鼓励接受者复核或评论等方式来获得反馈信息,也可以通过仔细观察对方的神态或行动来获得反馈信息。

3,积极倾听。

听与倾听不是一回事。听是人的一种本能反应,但倾听是对信息进行积极主动的搜寻。积极倾听要求能够站在对方的立场上,运用对方的思维方式去理解信息。通过倾听,可以了解更多重要的信息,感受对方的感情,激发对方的谈话欲望,发现说服对方的关键要素,还可以获得对方的友谊与信任,从而达到增强沟通效果的目的。

4.注意非语言暗示。

行动比语言更能明确地表达出真实的意思,非语言信息在沟通中占据很大的比重。有效的沟通者要十分注重自己的非语言暗示,确保它们和语言相匹配并起到强化语言的效果,同时还要注意接受者语言与行为产生矛盾的时候。比如,一个新员工在回答是否明白上级的口头指示时,犹豫地说“是”,因为他羞于说“不”,但他皱着的眉、红着的脸以及困惑的表情都在暗示他的上级需要再重复一次。作为信息的接受者,同样要密切注视对方的非语言暗示,从而更多更全面地理解对方的真实意图。

5. 调整心态，抑制情绪。

人的心态、情绪对沟通过程有着巨大影响。在情绪沮丧时做出的决策与情绪正常时的决策差异很大。同样，在沟通过程中，过于兴奋、失望等情绪一方面容易形成对信息的误解，另一方面也容易形成过激的反应。因而，在沟通前，信息的发出者应主动调整到平静的心态。信息的接受者更要注意调整，以平和、理智的心态接受信息或做出反馈。

6. 了解信息接受者。

了解信息接受者包括了解信息接受者的地位、原有心理准备状态、对不同沟通方式的接受程度、个性特点等，可以帮助信息发出者考虑接受者对沟通信息的反应与影响程度，用换位思考的方法可以更好地组织沟通信息与沟通重点，最大限度地避免沟通障碍。对于组织的管理者而言，如果想进行有效的沟通，必须避免以自己的职务、地位、身份为基础去进行沟通。一位经理若只站在自己的立场上，不去考虑员工的利益、兴趣，必然加大与员工的距离，从而为沟通制造障碍。

7. 利用多种沟通方式。

沟通按照不同的标准可以分为不同的方式，每种方式都有各自的特点与适用情况。一般情况下，运用多种方式进行沟通能够提高信息的有效性。比如，在语言沟通时可以加之以表情、手势，在进行书面沟通时加之以口头解释等等。文字的沟通方式往往更郑重，在应用文字语言时，尽量使用明白易懂的语言，表意要明确，条理要清楚，语言要精练，针对性要强。

以上是作为信息发出者需要注意的一些可以克服或避免沟通障碍的方法。作为信息的接受者，也应当主动、积极地调整自己的心态，避免沟通障碍，使沟通功能得到更好的发挥。对于信息的接受者来说，除了上面提到的几点，还要注意以下三个方面：

首先，消除防卫心理，不盲目猜测信息发出者的目的与动机。如果沟通中信息接受者存在防卫心理，就不能保证以客观与开放的态度接受信息，做出的反馈也会含义不明确，给沟通带来不必要的影响。

其次，不要急躁，避免鲁莽行事。在组织沟通中作为信息的接受者可能有以下几种情况：接受任务时，急于马上完成任务而忽略了某些细节要求；因为信息量比较大而难以集中精力获取关键信息；因急于了解结果而忽略过程，等等。这些都会影响沟通功能的发挥。

最后，语言与行为反馈要一致，避免"自相矛盾"的现象。比如，在员工接受任务时用语言表示一定按期完成任务，但实际执行过程中却不能做到，就是一种矛盾现象，会给今后的个人沟通造成障碍。

三、管理沟通技能开发

一项对生产工人的研究表明，他们每小时要进行16～46分钟的沟通活动，而在组织中的等级越高，花费在沟通上的时间就越多。对于完成生产任务的基层管理人员来说，其工作时间的20%～50%用于语言沟通；至于中层与高层管理人员，其工作时间的66%～87%用于语言沟通（即面对面的谈话与电话沟通），这些数据还没有包括其他的沟通形式，如阅读和书写文件等。因此，管理者需要开发有效的沟通技能，最大限度地消除沟通障碍，争取提高沟通效率，从而提高管理水平。下面将从管理者的倾听技能、反馈技能、说服技能三个方面进行具体分析。

（一）倾听技能

1. 听与倾听。

听是一种本能反应，不需要借助外力，人同时可以听到许多声音，比如在教师授课的时候，学生听到的不仅仅是授课的内容，还有窗外的风声、书页翻动的声音与同学偶尔的窃窃私语。但倾听是具备分析与理解力的复杂活动，需要倾听者利用逻辑与感觉能力，需要专心与长时间的注意力投入来进行倾听活动。积极的倾听是一项辛苦的劳动，倾听者希望主动地理解信息，从中得到有价值的东西。运用积极倾听技能的学生，一节课下来，他们和教师一样疲惫，因为他们在倾听时所投入的精力与教师讲课时投入的精力一样多。

人人都可以听，但优秀的倾听者只有少数。倾听不仅仅是简单的信息收集，而是听到具有特定意义的声音，能为管理者创造个人与工作上的利益。积极的倾听技能必须经过学习才能掌握。

2. 积极倾听的要求。

积极倾听有四项基本要求：①专注；②移情；③客观；④完整。

一般正常说话的速度是每分钟 150 个词汇，而倾听的能力是每分钟 1000 个词汇。两者之间的差距显然留给了大脑充足的时间。那么，在大脑的空闲时间里，积极的倾听者在做什么呢？这就体现出倾听对专注的要求：概括和综合所听到的信息，不断把新的、细微的信息纳入到自己思考的框架中。

移情是倾听者将自己置于说话者的位置上，努力去理解说话者想表达出的意思。移情要求是对说话者的知识水平与倾听者的灵活性两方面的要求。作为倾听者应当暂停自己的思想与感受，从说话者的角度调整自己的所观所感，这样可以进一步保证倾听者对所听到的信息进行解释时能够符合说话者的本意。

客观的倾听表现为谈话者对谈话内容的接受，即客观地倾听其内容而不做出判断。做到这点不容易，尤其是对说话者有偏见或对其所表达的内容存在不同意见时。当听到不同的观点时，会不自觉地在心里阐述自己的看法并反驳发言者。显然，这样做也使倾听者同时失掉一部分信息。客观的倾听就是要接受发言者的话，而将自己的判断推迟到别人的话说完之后。

完整的倾听是指倾听者应当对信息的完整性与系统性负责。换言之，倾听者要千方百计地从沟通中获得说话者所要表达的信息，同时要注意说话者所要表达的内容与情感。为了确保理解的正确性，倾听者可以用提问的方式来确保对倾听内容的完整理解。

3. 倾听技巧。

(1)给人说话的机会，这是倾听的基本前提。有的管理者抱怨，要听到员工提出的意见或建议十分困难，一问大家“谁有不同意见”时，得到的只是沉默。如果经常出现此类情况，管理者需要从自己的沟通方式或行为方式上寻找原因，给人说话的机会包括为成员创造说话的机会，尤其要注意不太发言的人与想说而不敢说的人。

(2)做好倾听的准备。倾听的心理准备包括集中注意力，关注说话者。管理者应当记住，你在用耳朵听，他人却通过观察你的眼睛判断你是否在倾听。目光的接触可使倾听者集中精力，减少分心，并能鼓励说话者。另外，在倾听的时候做好物质准备也是很必要的，如准备好笔与记事本，给说话者以受到尊重或重视的感觉，促使说话者更多、更清晰地表达出个人意见。

(3)倾听时要有表情、有兴趣。有效的倾听者会对所听到的信息表现出兴趣，表现方式就是通过赞许性地点头、恰当的面部表情与积极的目光接触相配合，向说话者表示自己在认真倾听。在倾听时，不要进行下列活动：看表、心不在焉地翻阅文件、用笔乱写乱画等等，这些举动会使说话者以为你很厌倦或不感兴趣，同时也表示倾听者没有集中注意力，可能会遗漏一些说话者想传递的信息。

(4)不随意打断对方。管理者对发言者所讲的内容作出反应之前应当让其讲完，而避免在发言者说话的时候猜测其想法。事后管理者可以同意或不同意发言者的意见，但对组织的每一成员来说，在现代开放式管理的方式下，他们有表达个人意见的权利。至于信息的真实含义，管理者也需要在听到完整的发言之后才能作出判断。

(5)对发言者的话有所反应。包括运用积极的反馈方式、用提问或复述等方式对发言者传递的信息作出反应。这种反应除了能够使倾听者更精确地理解信息以外，还能给发言者以思考与整理的时间，为深入沟通创造条件。

(二)反馈技能

1.积极的反馈方式。

(1)探询式反馈。当希望获得另外的信息，或者想把讨论深入下去，进一步弄清对方对某一问题的看法时，可以使用这一方法。利用探询式反馈的技巧在于，可以要求补充说明或建议对方讲得更详细一些；还可以利用提问的方式，直接对感兴趣的问题或有疑惑的地方进行提问，要求对方更详尽、明确、清楚地阐述。

(2)理解性反馈。为表示已完整地把握对方阐述的内容而做出的反馈。在沟通过程中，理解性反馈的技巧在于可以指出共同意见与经历，或者简述过去的经验，或者简要解释自己类似的观点，以显示与沟通对象存在共同的态度、价值观等，表明对对方的理解。理解性反馈的第二原则在于回答明确，对对方的提问与想法，态度明朗、含义明确地予以回答，从而避免干扰因素的出现；还可以采用交换答语的方法，形成对沟通信息的双向理解。

(3)评价性反馈。指对发言者的内容、立场、品质、说话是否得体等方面的评价。评价性反馈的技巧在于多采用描述性的回答而非评论性的回答。在反馈过程中，如想给予肯定回答，用“是、我理解、我明白”等表达方式对自己可接受的内容表示肯定，相当于一种支持性反馈。

(4)支持性反馈。指在双向沟通中表示对对方的支持与赞同。管理者对自己赞同的内容明确表示支持，有助于加深与发言者之间的关系，取得情感上的认同。在反馈中，应避免闷头不语，这是一种消极的反馈方式，会引起对方误解，以为对他所讲的内容不认同或对其本人有看法。

(5)解释性反馈。是指用自己的语言解释对方语言的确切含义的反馈方式。可以复述对方所讲的内容，注意要简单复述对方所讲内容的要点，可以表示理解，但必须简明扼要。在反馈过程中简述自己的理解，用自己的语言解释对方语意，能够为表达自己的意见、影响沟通对象创造机会。解释性反馈还可以试图解释对方的意图，即用自己的语言把对方为什么这么说的意图进行说明，表明自己的理解是正确的。

2.有效的反馈技能。

管理者还需要针对成员的行为作出反馈。传递给组织成员的反馈信息可能不完全是他们愿意听到的，而管理者也倾向于传递给员工好消息，从而更加受到员工的欢迎，而不情愿成为坏消息的传递者，不愿意面对接受者的防卫或失望的心理状态。但是，管理者必须认识到，在不同的情况下提供不同的反馈是管理者的工作职责所在，管理者应当运用各种反馈技能来取得良好的沟通效果。

(1)在反馈中强调具体行为。反馈应当具体化而非一般化，管理者应当避免这样的陈述："你的工作态度很不好"或"你出色的工作给我留下很深的印象"。这些信息过于模糊，在提供这些信息时，管理者没能指出改正其工作态度的具体行为，也没有相关资料表明判定"工作出色"的标准。换一种反馈方式，如管理者这样说："小王，我对你的工作态度有些担心。昨天部门例会你迟到了半小时，要你做的工作计划你也没能按时交，今天你又要请一下午的假去参加同学聚会。"这种陈述针对具体的行为，能够告诉对方为什么受到批评或赞许，使接受反馈的对象能够把握具体的行为标准。

(2)把握反馈的时机。有效管理原则中有一条为"即时原则"，即组织成员的行为与获得对该行为反馈的相隔时间越短，反馈越有效果。比如，新员工在做错一件事之后，最好在紧接错误之后或一天工作结束时就从上级主管那里得到改进的建议，而不是要等到几个月后进行工作总结时才获得。当管理者需要花费时间去唤起组织成员对过去情境的记忆，其反馈很可能是没有效果的。在纠正员工不当行为时尤其要注意，拖延对不当行为的反馈会降低反馈所能起到的预期效果。不过，在管理者没有掌握充分信息之前，或者情绪不稳定，难于自我控制时进行快速而匆忙的反馈也会适得其反。

(3)对事不对人。反馈，尤其是提出批评性的反馈，应当是描述性而不是评价性的，无论管理者心理上的感觉如何气愤或失望，其反馈都应当是针对工作的，不能因为员工不恰当的行为而指责员工本身，尤其不要使员工感觉受到人身攻击。比如，教师说学生"太笨了"与管理者说员工"没有能力，反应迟钝"时收到的效果是一样的，会激起学生或员工很大的情绪反应，这种反应会使他们忽视学习上或工作中的错误，从而产生对抗心理。当管理者进行批评性反馈时，记住指责的是与工作相关的行为，而不是对个人做出评价。比如，你可能在心里觉得某人"无礼而且迟钝"，最好这样说："你三次因为不紧急的小事打扰了我，而你知道我正在与客户进行商谈。"

(4)确保对方充分理解反馈意义。反馈本身是双向沟通中的行为，双向沟通的目的之一就是确保对方充分理解信息的意义。如果管理者提出了反馈，但员工并没理解反馈的真正含义，或者发生误解，就难以使员工知道改进的方法与必要性。为了使反馈有效，应确认接受者的理解。与倾听一样，让接受者复述你反馈的内容或通过提问的方式了解其对反馈内容的理解。

(三)说服技能

管理者需要通过别人来进行工作，而要让组织成员有效地按照管理者的想法与要求去工作，就需要管理者进行有效的说服。说服本身也是取得认同、沟通情感的重要手段。说服技能包括明确说服的意义与说服技巧两方面。

1. 说服的意义。

管理者的工作职责就是协调组织成员团结一致地为组织的目标而努力，要求员工服从组织分工，能各负其责。管理者应当成为一名说服者，这源于人本管理原理的要求。现代组织越来越认识到组织的人力资源是最宝贵的资源，员工积极性的发挥对组织目标的实现具有重大意义。同时，人本管理说明现代管理的核心是使人性得到最完美的发展，任何管理者都会在管理过程中影响下属人性的发展。当管理者对员工完美人性的发展负有责任时，就不能简单依靠管理措施与制度来完成管理，就要求更多地确定员工对工作的认知度与对待组织目标的态度。

员工态度表现为对任务的服从状态。服从状态是指员工接受任务并按要求完成任务的心理状态，不同的服从原因可能导致不同的服从状态。管理者在可能的情况下，应当了解员工服从的原因，根据任务的要求来确定怎样做对实现组织目标最有利，从而采取相应的影响策略。

表面服从是一种最低水平的服从状态，可以完成工作任务。在确认的服从状态下，员工可以比较负责地完成工作任务。而在内在化的服从状态下，员工认为工作任务可以满足其自我实现的心理需要，就能够发挥主动性，以高度的责任感来完成工作。管理者当然希望组织中所有的员工都能够达到内在化的服从状态，但很明显这是一种理想化状态，而且需要管理者长时期细致的工作，需要各种奖罚制度、规章条例等行政手段与组织文化、领导者风格等的全面配合，是一项系统工程。

在多数情况下，管理者可能只需要员工按要求完成任务即可，但对于需要员工极大地发挥出主动性与创造性才能完成的任务，就必须使其达到较高层次的服从状态。比如，想让员工加班五个工作日比较容易，但想让员工心甘情愿地加班五个工作日就不简单了。这种情况下，需要管理者进行说服工作。很多管理者口才不错，往往用自己的口才将员工口头上所说的全部意见驳倒，就以为自己说服了员工，却不知道或根本不想知道员工心里的疑虑或不满意的地方。这样的说服并非真正的说服。管理者想提高自己的说服能力，必须先做到关心员工，了解员工，在此基础上再提高自己的说服技巧。

2.说服技巧。

每个人的思想感情不同，其接受能力也各不相同，如果管理者不了解自己员工的这些差别，就会影响到说服效果。要说服必须要先了解，要有耐心，而且要创造说服的条件，能够有针对性地进行说服。

(1)使说服任务合理化。与沟通时要明确目的一样，管理者进行说服时，首先要使说服任务合理化。一是任务明确，要让说服对象知道你急切需要他们做什么，同时明确所要完成任务的目的以及所要达到的标准，并且有确切的期限。在提出说服任务的时候，尽量具体。二是使任务具有针对性，说明为什么需要某一特定的团队或组织成员来完成。当管理者能以充足的理由说明自己为什么需要时，员工就能够感觉到重视、理解。这要求管理者对任务的系统性与关联性有相当程度的了解。

(2)创造说服的条件。一是建立信任关系，管理者应尽最大努力取得员工的信任。建立起信任关系的条件有管理者的能力及品性特质、人际吸引力与表达方式等因素。有效的管理者还善于寻找与其组织成员的共同点来建立信任关系，或者寻找出某些一致性的东西，如双方目标、言行态度或比较一致的角色关系等，利用一些共同的、一致性的因素建立起信任关系。二是创设说服的环境，包括寻找说服的场合、营造协调的气氛。说服的场合选择不会被人打扰的地方最适宜，四周的气氛平静舒适，而且没有压迫感的空间是最基本的。按照这个要求，根据说服的内容，来考虑一个比较有效的场所，营造比较宽松、不受拘束的气氛，这样能使人放松心情，在心理上会产生较宽广的空间进行思考。

(3)寻找动机、抓住要害进行说服。这是一个在说服过程中遇到障碍时需要运用的方法。首先管理者需要明确，每个人的行为都有自己的理由，所以遇到不接受意见的状态时，应研究其深层次的原因，从而抓住关键因素来进行说服。有人不愿意接受新的工作任务，表达的原因是她需要更多的时间来照顾孩子，而实际上是她觉得工作任务分配不公平，这些原因可以利用积极倾听的方式寻找出来，在了解实际原因后，清晰地分析出利害关系。想达到好的说服效果，关键要站在对方的立场上进行利害关系陈述，这样可以增进情感，加强说服的感情因素与利害因素，达到说服的目的。

(4)对不同个性成员的说服。管理者可以将员工分为以下几种类型，有针对性、有重点地进行说服内容的控制。

• 攻击型。也可以称作引人注目型，这种员工有很强的表现欲，喜欢以自我为中心，总希望在别人前面，为显示自己的特别而故弄玄虚。对待该类型的人，说服时不要勉强对方明确表态，有必要顾全他的“面子”，而且在说服前要有相当充分的准备，以应对质疑与问题。作为管理者，对这类人不宜正面交锋。

• 冲动型。属于爆发型的性格，容易冲动，但清醒得也快，性情不大稳定。情绪好的时候能发挥所长，有时也会得意忘形。所以进行深入说服时，最好能诉诸情感，待情绪稳定后再进行说服。

• 忧虑型。属于行动表现比较消极，不善于言谈，只一味地杞人忧天。由于该类型员工在众人之中通常并不出色，所以自我意识相当强，非常在意别人的批评，也相当敏感。因此说服的要点是，表现出接受他的想法，制造和谐的沟通气氛，积极地提供帮助，创造信任关系后，该类型员工将会是很好的合作伙伴。管理者应注意在平时就尽量多培养其坦率、不受拘束畅谈的能力。

• 冷静型。从事精细工作的技术人员、研究人员，大都属于该类型。他们经常是冷静地思考问题，处理事情一丝不苟，不大积极与人交往或关心别人，但因为工作能力强，是达成任务的中间力量。对该类型员工说服的重点，是要以很平常的轻松口气去说服，用不易亲近及过于客气的态度反而收不到好的效果。

• 固执型。这种类型的员工对事情过于认真，且对已经决定的事情绝对遵守，对规则与制度严格遵守，谨守时间，准时，对约会迟到的人会一直记在心里，常被认为拘泥于形式、缺乏幽默感、不知变通等，但他们仍然我行我素。说服的重点，在于必须博得此类型员工的信任。如果管理者一副漫不经心的样子，做事马马虎虎，无形中便会对该类型员工失去信用而减弱说服力。而且该类型的员工，大都慑于权威，借权威之名进行说服也不失为好办法。

• 精巧型。该类型的员工待人亲切、和蔼，但表里不一，当事情进行顺利时，他会情绪高昂，但事情变得复杂时，却狡猾地见机逃脱。这种员工个性坦率而受人喜爱，适应、熟悉环境能力强，但凡事只看表面，不能深入，不实事求是，不愿意负责。对该类型员工说服的要点在于减轻他的负担以引导他，多让其做些容易处理的事情，逐步训练他的责任意识。这类员工大多较为敏感，在说服时少用“狡猾”之类的字眼，以免引起过高的防卫心理。

四、冲突处理

传统的管理观认为，冲突是不利的，会给组织造成消极影响，应该尽可能避免，管理者有责任在组织中消除冲突。现代的管理观认为，冲突不可避免地存在于所有组织之中，冲突存在是合理的，不可能被消除，有时甚至会为组织带来好处。这一理论观点认为，融洽、和平、安宁、合作的组织，容易对变革和革新的需要表现为静止、冷漠和迟钝，不利于组织创新与发展，所以应鼓励管理者维持组织中的一种冲突水平，从而使组织保持旺盛的生机和活力，不断进行发展与创新。

（一）冲突的概念

冲突是指由于某种差异而引起的抵触、争执或争斗的对立状态。人与人之间由于利益、观点、掌握的信息或对事件理解的不同而存在差异，有差异就可能引起冲突。

1. 建设性冲突。

支持组织目标实现的冲突，被称为建设性冲突。即冲突各方的目的和利益一致，仅是达到目的的手段或途径不同。其具体表现特点为：

(1)双方对实现共同的目标都十分关心。

(2)彼此愿意了解对方的观点、意见。

(3)大家以争论问题为中心。

(4)互相交换的信息不断增加。

2. 对抗性冲突。

与建设性冲突相对应的是对抗性冲突，或称破坏性冲突，冲突各方的目的或利益不一致，其结果能够阻碍组织目标的实现。对抗性(破坏性)冲突的具体表现特点为：

(1)双方对赢得自己观点的胜利十分关心。

(2)不愿意听取对方的观点、意见。

(3)由问题的争论，转为人身攻击。

(4)互相交换的信息不断减少，以致完全停止。

对于管理人员来说，一定要明确组织中出现冲突的性质，才能有效地对组织中的冲突进行处理。

（二）冲突处理

1. 冲突处理原则。

(1)发展建设性冲突，消除破坏性冲突，提倡引入竞争机制。这是管理者处理冲突的基本原则。其中，引入竞争机制是发展建设性冲突的有效手段。

(2)提倡民主，鼓励发表不同意见，形成生动活泼的局面。这一原则有助于形成民主、开放、创新的组织文化氛围，能够激发建设性冲突。

(3)加强信息沟通，增加透明度，缩短心理距离。该项原则主要利用信息沟通的方法，有助于消除破坏性冲突，促使可能发生冲突的各方力量认清一致目标，从长远利益考虑问题，并能够达到增进情感、减少摩擦的作用。

2. 预防对抗性冲突的方法。

(1)为各团体设立共同的竞争对象。

(2)设立能够满足各团体需要的目标。

(3)安排各团体相互往来的机会，促进沟通与情感交流。

(4)避免形成你胜我负的情况。

(5)强调整体效率与整个组织效率，以及各部门对整体贡献的重要性。

(6)加强教育引导，明确后果并讨论得失。

3. 冲突处理方法。

(1)谨慎选择需要处理的冲突。管理者可能面对许多冲突。其中,有些冲突非常琐碎,不值得花很多时间去处理;有些冲突虽然很重要但不是自己力所能及的,不宜插手;有些冲突难度很大,需要花费很多时间与精力,还未必有好的回报,所以不应轻易介入。管理者应当选择那些组织成员关心的,影响面大,对推进工作进展、增强组织凝聚力、建设组织文化有意义和价值的冲突事件进行处理,而且要一抓到底。对其他冲突可尽量回避,时时处处都冲到第一线不是真正优秀的管理者。

(2)仔细研究冲突双方的代表人物。如果管理者选择了某一冲突进行处理,仔细研究冲突双方的代表人物是十分重要的。包括哪些人卷入了冲突,冲突双方的观点是什么、差异在哪里,双方真正感兴趣的是什么,代表人物的价值观、人格特点、经历、情感和资源因素如何,等等。如果管理者能站在冲突双方的立场上看待问题,则化解成功的可能性会大大提高。

(3)深入了解冲突根源。冲突的出现总是有原因的,解决冲突的方法很大程度上取决于冲突发生的原因。不仅需要了解表层的、公开的原因,还要深入了解深层次的、隐晦的原因。冲突也可能是各种原因交叉作用的结果,如果事实如此,还需要进一步分析各种原因作用的强度。

(4)妥善选择处理方法。通常对冲突的处理方法有五种:回避、迁就、强制、妥协与合作。当冲突无关紧要时,或当冲突双方情绪极为激动、需要时间恢复平静时,可采用回避策略。当处理冲突的成本超过冲突解决后获得的利益时,也可采用回避策略。当维持和谐的关系十分重要时,可采用迁就策略。当必须对重大事件或紧急事件进行迅速处理时,可采用强制策略,用行政命令牺牲某一方利益后,再慢慢安抚,即事后的平衡心理差异工作。当冲突双方势均力敌、争执不下时,管理者希望对该项复杂的问题取得暂时的解决办法,或时间过于紧急需要采取些权宜办法时,让双方均做出一些让步和妥协是解决冲突的最佳策略。当事件十分重大,双方不可能妥协时,可采用合作的方法,各方之间开诚布公地讨论,积极倾听并理解各方差异,在组织目标的作用下,求大同,存小异,有利于各方的解决办法,即双赢的解决方式。

本章小结

1. 领导是领导者在特定环境下,对组织成员的行为进行引导和施加影响,把组织成员个体目标和组织目标进行有效的匹配,以实现组织目标的过程。这个定义包括下列三个要素:①领导必须有领导者与被领导者;②领导者拥有影响追随者的能力或力量;③领导的目的是通过影响部下来达成组织的目标。

2. 常见的领导艺术有:授权的艺术;用人的艺术;交谈和倾听的艺术;争取信任与合作的艺术;利用时间的艺术。

3. 激励是指运用各种有效手段激发人的热情,启发人的积极性、主动性,发挥人的创造精神和潜能,使其行为朝向组织所期望的目标而努力的过程。激励有三个特点:①努力;②持久;③与组织目标有关。

4. 常见的激励技能有:工作安排中的激励技能;绩效考核中的激励技能;薪酬管理中的激励技能;职业管理中的激励技能;不同类型员工的激励技能。

5. 沟通是信息传递与接受的过程,是意义的传递与理解。沟通有完美的沟通、良好的沟通和不良的沟通。完美的沟通指的是,经过传递之后,信息的接受者所感知到的信息与发送者发出的信息完全一致,并且信息的接受者能够让信息传递方知道其对于信息的认同。良好的沟通是沟通双方能够达成协议或取得一致意见的沟通。不良的沟通就是信息的接受者不能准确地理解信息的意义或是误解了信息的意义。

6. 管理者的沟通技能有倾听技能、反馈技能、说服技能三个方面。

7. 冲突是指由于某种差异而引起的抵触、争执或争斗的对立状态。冲突分为建设性冲突和对抗性冲突。

思考题

1. 你认为领导与管理有哪些异同?
2. 作为领导,你认为争取信任与合作的艺术要掌握哪些要领?
3. 根据赫茨伯格的双因素理论,谈谈怎样激发员工的工作积极性。
4. 在工作实践中,怎样做到人与工作相适应?
5. 怎样跨越沟通障碍?
6. 冲突就是对立,对企业没有好处,对吗? 为什么?

案例 5.1 人格结构的 PAC 分析

加拿大柏恩博士提出了人际相互作用分析的理论,又称为人格结构 PAC 分析理论。其要点体现在他 1964 年发表的《人们玩的游戏》一书中。柏恩认为,个体的个性是由三种心理状态构成的,这就是"父母"、"成人"、"儿童",简称人格结构的"PAC"。

"父母"状态即 P 状态,以权威和优越为标志,通常表现为统治人的、训斥人的以及其他权威式的做法。"成人"状态即 A 状态,表现为客观和理智。"儿童"状态即 C 状态,表现为服从和受人摆布,一会儿逗人喜爱,一会儿发脾气令人讨厌,这种状态出自一个人一时的感情冲动。当一个人的人格结构中 P 成分占优势时,行为表现为凭主观印象办事、独断专行、滥用权威,总喜欢用"你应该……,你不能……你必须……"等语气说话;当人格结构中的 A 成分占优势时,其行为表现为待人接物冷静、慎思明断、尊重别人,总喜欢用"我个人的想法是……"等语气说话;当人格结构中的 C 成分占优势时,其行为表现为无主见、遇事畏缩、感情用事、激动愤怒,总喜欢用"我猜想……我不知道……"等语气说话。

根据上述分析可知,人们在相互交往作用过程中起主导作用的是 PAC 三者中的一种心理状态。当甲、乙两人交往,乙方接到信息后,按照甲方的期望做出反应时,这种交往关系属于"平行性"或称"互补性"的。如甲方用 AA 型(即成人—成人性)交往方式,乙方也用 AA 型方式回答甲方,就是这种交往关系。在现实生活中,比如,甲方作为上级领导,问:"这个任务,一星期能完成吗?"乙方作为下属答道:"如果没有干预,我想是能够完成的。"在这种情况下,交往可以无限制地继续下去。但在现实生活中,也常常会遇到交叉的作用,如 PC 型对 CP 型,即甲方作为下级问上级:"我希望能被提拔!"这种交往中,乙方反应会出乎甲方的期望,这种关系会导致交往中的误会、紧张以及信息交流的中断。

作为一个管理者,在利用 PAC 理论处理人际关系时,应尽量地让组织成员理解自己和他人交往中的心理状态。若他们在交往中遇到障碍,应尽量采用"成人"反应去处理,以防止交往或信任危机的产生。所谓"成人"反应,即采用 AA 型交往方式,促使人们相互了解、信任和支持。比如当一女售货员同时接待一名男顾客和一名女顾客，女售货员同男顾客讲话时女顾客等得不耐烦了，破口大骂道："你是同男人谈情说爱吗？半天说不完，烦死了。"此时这位女顾客的行为表现为"儿童"状态，即C状态，并以恼火的"父母"状态即P状态训斥人，就是说这位女顾客是以CP型模式交往的，倘若此时女售货员以CP或PC方式反唇相讥，则争吵将会没完没了，交往危机就出现了。要避免危机，这时女售货员则应以AA型模式回答："非常抱歉，让你久等了，你需要什么？"而不计较对方的骂人话语，采用"成人"反应，便可使事情顺利。

总之，通过人际交往的PAC分析，有助于帮助管理者了解人与人之间交往时的心理状态，并通过改变交往中的心理状态来改善人际关系；同样也有助于培养组织成员理性地冷静分析，用成熟的"成人"心态去交往，避免主观偏见和感情冲动，从而形成心平气和的交往氛围，最终实现组织的目标。

讨论题：

1. 当一个人用PC模式与人交往时，另一个人为了不与其发生交往误会，最好采用什么心理交往模式与其交往？为什么？

2. 假如你是一个领导者，你如何利用心理交往模式引导人们正确交往？

案例5.2 安利人性化的激励制度

企业的成功仅仅依靠产品的品牌是不够的，整体人员的忠诚度常常像一只无形的手，在左右着公司的业绩。而之所以产生忠诚度，与更合理化、人性化的分配、嘉奖制度的出台是密切相关的。每个公司只有正视这个问题，更好地激励员工，才不会在市场竞争中处于劣势。

作为国内唯一经国家三部委批准的直销公司，安利（中国）自1995年在广州经济技术开发区投资成立工厂以来，截止到2001年7月，累计上缴税款超过17亿人民币。谈到安利（中国）的成功，固然与它优异的产品质量、领先的科研能力和对社会的积极回报有关，更值得关注的还是安利先进的销售激励制度，由此产生的销售人员忠诚度使安利的全球化市场战略宏伟目标得以实现。

嘉奖——提升忠诚度

安利销售人员的嘉奖制度是对优秀员工激励制度的完美诠释。帮助销售人员相信自我、挑战自我和成就自我使得安利的骨干销售队伍固若金汤，并由此提升了顾客满意度和忠诚度，从而使员工更加明白，努力工作是为了什么。

合理的奖金制度。安利公司针对销售人员设计的奖金制度曾被美国著名的哈佛商学院收入MBA教材。这一合理的奖金制度不仅很好地激发了销售人员的销售热情，同时也把安利和危害社会的非法传销"老鼠会"区分开来，因为在这一制度下不可能一劳永逸或者不劳而获。销售业绩上升了，收入自然提高；反之，如果抱着拉人头的一劳永逸思想，收入就会下降，甚至为零。

花红的可世袭性。当你为安利事业发展所作的贡献达到一定程度时，就可以享受世袭的管理花红。前人栽树，后人乘凉，这洞悉了中国人的心理。以你为本，为你着想，杜绝了你发愤图强的后顾之忧。

旅游研讨会。无论是享有"购物天堂"美称的香港，还是"欧洲之花"的巴塞罗那，都可以看见不同肤色安利销售人员的身影。别小瞧这种境外旅游"贿赂"，它吸引了很多销售人员为之全身心地投入工作。旅游形式的产品、销售技能研讨会既丰富了知识，增加了阅历，又陶冶了情操，放松了身心。而在安利团队旅游中享受的那份尊荣，有着独自旅游无法体验的快乐。每个参加过这种活动的销售人员，回来后无不更加勤勉地工作。

良好心态来自过硬的心理素质教育

安利公司的产品专业知识培训很有特色，并富有成效。它是根据中国市场销售代表的薄弱点来制定的。首先，它要求每个营业代表有展示自我的勇气，并熟悉产品的性能、性价比演示及其独有的销售主张(USP)。所有营业代表在掌握了上述的基本销售技巧后，紧接着要增强自己与潜在用户的沟通能力，于是便有营业代表不断演示产品品质及其正确使用方法，而且通过专业的测试工具，诸如pH试纸的酸碱度测试，使顾客对产品的功效认识由理论上升到实践，为进一步说服其购买相关产品降低了难度。安利的培训不仅仅是聆听，更多的是销售人员的自我展示，是一种行为毅力的积累。当然，在实际的销售工作中会遇到各式各样的问题，譬如客户不给你演示产品或服务的机会，藐视你的存在，这时需要的是销售人员锲而不舍的精神和良好的心理承受能力。而良好的心态，来自于安利未雨绸缪的心理素质教育。安利为每一位即将成为产品销售代表的培训对象在将来的具体工作中会遇到的一些问题做了预见性分析，并为他们提供了客观的解决、借鉴方法，免除了他们在解答客户咨询时难以周全的尴尬。同时通过这种不间断的延续性培训，增强了整个销售团队的凝聚力。

品牌与沟通能力缺一不可

安利公司认为，在产品质量优良的前提下，顾客的忠诚度来源于顾客对企业提供的产品或服务的满意度，而顾客第一次亲密接触企业产品或服务载体就是企业销售人员。销售代表的精神面貌是企业的一面镜子，销售代表的销售技巧和热情从很大程度上决定了产品的市场占有率，尤其在一般日用消费品市场上的表现更为突出。

公司单纯为自己的销售人员提供仅限于产品知识的教育和学习机会，显然是不够英明的。一种叫做“ERG”的理论正受到安利公司的关注。根据中国现实情况，安利将销售代表的需求分为3类：生存需求(existence needs)，即生理及安全方面的物质需求；关系需求(relatedness needs)，即与人际关系及社会结构有关的方面，如被爱、有人需要和得到承认；成长需求(growth needs)，即与个人进步及成长有关的方面，如尊重和自我实现。需求能否满足，影响着销售代表的忠诚度。

安利公司给予销售代表的不仅仅是他们对于物质上的渴望，更给了他们事业和精神上的追求。

安利公司深知，原有的市场营销4P理论已经受到了挑战。专业人士指出，未来市场营销的重点集中在品牌和沟通能力上。一个公司拥有纯粹的品牌，没有与客户的沟通能力，仅靠产品去打动顾客，市场很难做大；一个企业只具备良好的沟通能力，但缺少有内涵和竞争力的品牌，也很难主宰它所属的市场领域。要想成为市场竞争中的优胜者，公司必须兼具上述两个特征。安利有着良好的品牌形象，而沟通能力的代表是什么呢？不是天花乱坠的广告，而是有扎实说服技巧的销售人员。一旦掌握终端客户资料的销售人员因为缺乏对公司的热爱而倒戈或跳槽，势必影响公司产品或服务的销售。安利公司对于销售代表忠诚度的维护，不只是单纯依赖加薪和升职，更通过公司独有的凝聚力及人文气息感染他们，让他们觉得公司不再是为了薪金和职位而拼杀的战场，更是关怀他们成长的“家庭”。

讨论题：

1. 安利的销售激励制度在哪些方面符合了现代激励理论？
2. 如何看待安利销售代表心理素质培训与员工激励管理的关系？
3. 安利品牌建设对销售代表的激励有何作用？

案例 5.3 阿里巴巴的精神控制术——马云打造职场乌托邦

在以“白娘子传奇”闻名的江南杭城，坐落着两个气质与这座城市极不搭调的楼宇。这个富有“攻击性”的空间——“淘宝”，迫使全球最有影响力的女人之一，eBay 总裁惠特曼放弃了亲自角逐中国互联网市场的欲望。

与其气质一脉相承的，还有附近华星时代广场和创业大厦的 9 个楼层——“支付宝”和“阿里巴巴”。2007 年伊始，“支付宝”宣布对非“淘宝”商家收取技术服务费。锋芒毕露背后，他们有一个共同的小个子领袖——马云，因超凡的个人魅力，他被公众供奉于“神”坛已经有 6 年。

“多么奇怪！”一位杭城老媒体人说，“6 年 2190 天，这个正迅速扩张的团队仍超乎寻常地保持‘亢奋’和‘战斗欲’。”然而这个团队的绝大部分人，拿着国内同行业中下水平的工资（在杭州处于中等），却有着职场人士少见的忠诚、幸福感和向心力。

关于这种神秘能量的来源，坊间有诸多私语，如“中国式狂想”、“精神控制术”。进一步的解释是——“个人崇拜在国内互联网公司中，无出其右，极其宗教感的文化保证了团队的勃起。”另有人将其比喻为“米老鼠帝国——在迪斯尼，没人敢把以前的思想一扫而光，每个人心里都明白，公司创建人沃尔特不会喜欢那样的。”

对此，阿里巴巴的官方说法不痛不痒——“企业文化”。但据接近该公司的人士透露，在新近结束的集团战略会议上，阿里巴巴已第一次将此魔力作为“制度化”建设提出，“其在阿里巴巴 2007 年战略的重要性，甚至要高于‘速度’、‘创新’这些互联网公司耳熟能详的名词。”

“职场乌托邦”

“这恐怕是中国笑脸最多的一个公司，而且执行力超强，但我也不知道为什么。”这是卫哲的答案。两个月前，他刚从百安居中国区总裁变身为阿里巴巴集团资深副总裁。7 个月前，首次踏入阿里巴巴的卫哲，这个传统零售业的“销售狂人”就已经看到，一群互联网销售人员在一部部冰冷电话前长时间站立，手舞足蹈。

“难道你不觉得，这是理所当然的么？”一位淘宝新雇员已经没有疑问。虽然两个月前，他还因不能理解公司无处不在的激情而独自偷笑。另一位因挫折极度消沉的女士来到阿里巴巴，三个月后姿态已焕然一新。尽管她 3000 元左右的薪水在大部分白领看来毫无兴奋点，但她口气铿锵——“请不要再和我提自杀那些愚蠢的话题，我正在给中国的电子商务作贡献。”

魔力还蔓延到与阿里巴巴雇员朝夕相处的亲人。马云习惯不定时邀请他们到公司“视察”并非秘密，但是大部分人不知道他们走出大门后，会对“枕边人”感慨——“加油干吧，以后就靠你了。”曾有一位以抱怨“丈夫工作过于拼命”著称的妻子，最后在阿里巴巴开员工大会时跌跌撞撞冲上了主席台：“我想感谢你们，我很荣幸将丈夫交给了阿里巴巴。”

还有更激动人心的画面。据一位淘宝雇员透露，当淘宝交易额冲过目标值时，雇员们将在部门经理带领下愉快"裸"奔，男生脱掉上衣，甚至只剩下一条裤衩。当然，这一业绩并不直接返点到个人薪水上。

这里的一位"销售冠军"还在一个寒冷的冬日跳下了西湖。事情源起一次"豪赌"——如果他能在2004年实现一年1000万元的销售额(相当于其2003年的3倍)，马云将应允他去世界上他喜欢的一个城市喝咖啡，但如果失败，代价是在最冷的节气"跳西湖"。结果，该销售冠军达到了似乎异想天开的销售额，但离马云"老客户续签持率必须在80%以上"的附加条件差了一个百分点。

还有更多疯狂的场景。阿里巴巴和各子部门的狂欢频繁发生——马云会打扮成维吾尔族姑娘或江南小城的普通渔夫；而阿里巴巴的首席财务官蔡崇信，这个被业界认为不好说话、极其严肃的人，偶尔也会穿上女人的丝袜、在众目睽睽下跳起缠绵的钢管舞。

所有的人都在提示，这个类似"职场乌托邦"的团队，是马云头脑的一个翻版。这个4800多名员工的团队有着和军事企业一样高度统一的价值观，马云推崇的"六脉神剑"——"客户第一"、"团队合作"、"拥抱变化"、"诚信"、"激情"和"敬业"。

有人指出，如果把"职场"视为一个交易系统，阿里人降低了交易成本——"长期处于同样的氛围，对内高度统一，大家都用同样逻辑对待他人，不适合的人将被'舆论'自然淘汰，实际上避免了很多单位的'口是心非'，是管理成本的极大节省。"

"精神控制术"

然而，阿里巴巴团队魔力来源的核心，关乎人性的深层秘密。对此，有一位通晓心理学的商界人士解释——"阿里巴巴一直在有意无意维护马云的'神坛'形象，以实现类似崔健《一块红布》中叙述的'神秘控制'。"

这个判断似乎得到了佐证。大部分员工事先听说过马云的传奇，而在其此后的职业生涯中，马云的神话、价值观和理想在公司的各种场合被宣讲、重复，然后无孔不入地传染。而当一个团队对领导者产生图腾崇拜的心理，它内在循环所产生的力量，将导致遇敌时的所向披靡。

根据美国心理学家利夫顿对"精神控制"的分析，除核心的"神秘控制"外，方式还包括——发展一套内部术语用于交流与思考，以强化个体对所倡导价值的使用等。

在这里，每个淘宝雇员都有一个"花名"，它们来自马云酷爱的金庸小说。最近，这个"花名"单正逐渐向中国神话《西游记》的角色拓展。

"符号是一种自我定位。"员工们说，当这些"令狐冲"、"黄蓉"和"孙悟空"在一起，把每次平淡的业绩冲刺幻化为热烈的小组竞争。而马云判断员工优劣的思维，已在公司广而告之——有业绩没团队合作精神的属"野狗"，应被坚决清除；老好人但没业绩的属"小白兔"，会被逐步淘汰；有业绩也有团队精神的属"猎犬"，这才是阿里巴巴最需要的。

与此同时，员工保持着忙碌状态。这些雇员除要共同冲刺高标准的部门业务指标外，个人还要接受公司安排的各种培训，这些必须修满学分的科目包括"阿里课堂"、"阿里夜谈"、"阿里夜校"、"百年大计"、"百年诚信"和"百年阿里"等。

"这已经是阿里巴巴团队的一个定式。"上述杭城老财经媒体人说，忙碌被认为是实现"精神控制"的必要条件——因为忙碌将导致员工们没有时间深入思考集团内部的事，不能分身接受更多信息，因此对身边一切习以为常。

但不少淘宝员工说，"精神控制"并不是"蒙蔽"。他们的理解是——"马云通过团队培训和系列潜移默化的训导，让员工在他的价值观和体系面前选择，否则能力再强，也不能呆在阿里巴巴。”

不过，两者在解读阿里巴巴团队魔力的另一入口——“一个严厉的制度设置”时，取得了一致。

的确，这里除每年10%的淘汰率外，还有一个与众不同的考核制度——50%是业绩考核，另50%则以“六脉神剑”为参照的价值观打分；又如这个公司奖罚分明，而也曾有一位销售冠军因对客户“过度承诺”伤害“诚信”一条，而被驱逐。

这里的员工还被热情告之，他们拥有一个特别的“安全保障”——个人对公司的“不满”除可以向上司沟通外，还有来自人力资源部门一位负责点对点的“员工关系”职员。

但在另一些人看来，这又是一种“头脑”监管。“我尝试的结果是更坏，而不是更好。”阿里巴巴某个老雇员说，“虽然提倡民主，但实际上，我们的文化之一就是‘服从’，因为‘上司总是对的’。”

期权与“魔力”

有批评人士指出，对于互联网这样一个以自由为时尚的行业，阿里巴巴的管理方式貌似“污点”。不过，在专业鉴定和出版机构荷兰CRF关于“中国杰出雇主2007”的评选中，阿里巴巴作为中国唯一的互联网企业荣登榜单。

有人说，这里的雇员每人每年有1800元的“outing”(游玩)费；有一个连厕所也充满人生哲语的办公室；这里以客户利益至上，“六脉神剑”的各个要素都积极向上；如果工作卖力，销售人员的提成其实相当不菲，何况这里还“温情脉脉”，如果离开(包括被淘汰)也有重新回来的机会，因为每个人的编号都被无限期保留。

在新近结束的集团战略会议上，阿里巴巴要将此魔力作为“制度化”建设提出，使其成为一个诉诸文字的“基本法”。分析人士认为，在一个知识时代，团队价值即最大价值。尽管阿里巴巴分散的股权结构让人担心，但“如果马云控制了团队和士气，并有效地使团队共进退，那么这是一个不可能被并购的企业，因为投资人的并购目的是实现投资增值。”

现在，这个“魔鬼训练营”团队因为扩张正在迅速变成一个庞然大物，阿里巴巴在一年内进入了将近1000名员工。而马云还可能退休，他个人对团队的现实影响可能会逐渐减弱。

“如果这个集体还在，我会愿意留下。”这是淘宝新员工的回答。或许，这也是阿里巴巴需要“基本法”的另一个原因。但是，这种管理方式是否真能够长久？

在最根本的经济利益上，据了解，在2003年9月以后进入“阿里巴巴”事业部的员工将不能获得公司期权(“淘宝”和“支付宝”仍能获得)，虽然之后马云为这批员工补了部分股权，但数量仅每人在2000～4000股之间，相比此前几万股已经大大减少。

现在，按照阿里巴巴公司的官方说法，每位新进员工仍有机会获得公司期权，但主要以奖励形式出现，并不是绝对。而事实上，阿里巴巴事业部与其他事业部的期权分配相比显得比较少，因此颇有意见。而确有部分拥有2000～4000股的员工私下透露，等期权兑现可能会考虑离开。

讨论题：

1. 阿里巴巴公司是从哪几个方面进行“精神控制”的？
2. 阿里巴巴公司的高层领导是如何运用其领导权力的？其合理性是什么？
3. 通过阿里巴巴公司的案例，你认为如何才能提高领导的魅力？

第六章　控　制

本章导读　控制是确保组织的所有活动与组织目标和计划相一致。控制职能的内容包括：确定标准；测量实际工作；发现偏差，采取纠正措施。有效的控制不仅要求选择关键的经营环节，确定恰当的控制标准和频度，及时收集信息和信息反馈，而且要求合理运用预算或非预算的控制方法和手段。

本章除了介绍控制的含义、作用、对象、基本过程、类型外，主要介绍财务控制、经营控制、人力资源控制三种常用方法，以及质量控制方法。

第一节　控制概述

一、控制的含义与必要性

（一）控制的含义

控制是指为了确保组织的目标以及为此而拟定的计划能够得以实现，各级主管人员根据事先确定的标准或因发展的需要而重新拟定的标准，对下级的工作进行衡量、测量和评价，并在出现偏差时进行纠正，以防止偏差继续发展或再度发生。或者，根据组织内外环境的变化和组织发展需要，在计划的执行过程中，对原计划进行修订或制订新的计划，并调整整个管理工作过程。因此，控制工作是每个主管人员的职能。控制的含义包括以下三点：

- 控制有很强的目的性，即控制是为了保证组织中的各项活动按计划进行。
- 控制是通过“监督”和“纠偏”来实现的。
- 控制是一个过程。

（二）控制的必要性

在一个封闭、静态、理想化的组织系统中，所有的指令皆可完美无缺地执行，就不需要控制。但现实中的组织尤其是企业组织，显然不是在这种理想状态下运作的，而是一个开放的系统。在这个开放系统中，由于有太多的变化和不确定性，控制显得非常重要。

1. 环境的变化。

现代组织系统，不论是营利性组织还是非营利性组织，都是一个开放性系统。投入的各种资源的获得和资源转换的成果，其社会认可都是组织无法控制的因素，都受到外部因素的影响。这些外部因素包括宏观环境因素和微观环境因素。宏观环境因素是指政治法律因素、经济因素、社会文化因素和科技因素。微观环境因素指市场、行业、顾客、竞争、供应商和社会团体等。它们直接和间接的影响，导致资源的可获得性及获得成本再变化，导致转换成果的社会认可性及收益回报的变化，这些变化必然迫使组织采用严密的控制方法，控制投入、产出及其转换的整个过程，以保证计划任务的完成与组织目标的实现。不能适应外部环境的变化，组织是无法生存的。

2. 适应变化的内部反应。

现代组织唯一可控的是组织内部资源转换系统。由于它的两端都处于变化状态，这就要求资源转换系统也必须具备适应变化的功能。事实上，组织内部资源转换系统具有相对稳定性，如企业组织形成的流水生产线规模。适应变化只能靠转换系统资源的整合与控制，如人力资源的调整、产品线或产品项目的变化等。但唯一不变的是转换系统的功能要得到充分有效的利用，没有控制，就难以达到这一要求。

3. 管理权力的分散。

只要组织发展到一定的规模，管理人员就不可能直接地、面对面地组织和指挥部属的工作。时间、精力和专业知识的限制要求组织的管理人员尤其是高层管理人员委托一些助手代理部分管理事务。由于同样的原因，这些助手也会再委托其下属帮助自己工作。这便是组织管理层次形成的原因。为了使助手们有效地完成受托的部分管理事务，高一级组织的管理人员必然要授予他们相应的权限。因此，任何组织的管理权限都制度化或非制度化地分散在各个管理部门或层次。组织分权的程度越高，控制就越有必要。

4. 工作能力的差异。

即使组织制订了全面完善的计划，经营环境在一定时期内相对稳定，对组织的各项活动的控制也仍然是必要的。这是由于组织成员的认识能力和工作能力的差异所造成的。组织计划的实现要求每个部门的工作严格按计划的要求协调地进行。然而，由于组织成员在不同的时空进行工作，他们的认识能力不同，对计划要求的理解也会发生差异。即使每个员工都能完全正确地理解计划要求，由于工作能力上的差异，实际工作结果也可能在质和量上与计划要求不符。个别环节产生的这种偏离计划的现象会对整个组织目标的实现造成破坏性的影响。因此，加强对这些环节的控制显得非常必要。

（三）管理控制的作用

由上述分析可以看出，控制并非由于它是管理的最后一个职能而无足轻重。在现代组织运作环境条件下，管理控制的作用主要表现在如下几个方面：

1. 保证组织目标或计划的实现。

控制职能是管理循环中重要的一环。它是前一计划执行的结果又是新一轮计划任务的开始。控制能及时发现计划执行的各个环节存在的问题，并提出解决问题的措施，使计划得以实现。在动荡的环境条件下，没有控制，组织的目标、计划就形同虚设。

2. 提高组织整体的管理水平。

管理总是在组织运作的某个环节出现问题时才显露出其存在。从组织的角度讲，计划的安排、活动的组织和领导过程不可能一步到位、百分百正确，总有不尽如人意之处。在现代学习型组织中，正是由于控制职能的存在，总是感受到工作的欠缺、知识的不足和经验的匮乏。控制不仅能帮助组织不断发现显性问题，使组织的计划得以经济地实现，使工作技能和操作熟练程度进一步提高，同时它还能帮助组织发现隐性问题，从而使组织的工作水平和业绩迈上一个新台阶，进而引发组织的创新。没有控制，就没有组织的进步和发展。

3.提高组织运作效率和效果。

从控制的过程可以看出，控制总是设立一个努力工作后方能实现的工作标准。没有控制，就没有各种消耗水平的下降，就没有资源配置的调整、优化，就没有工作积极性、主动性和创造性的发挥。控制使工作更有成效、资金周转加快和成本降低等愿望变为现实。

（四）控制的对象

1. 控制的基本对象。

控制职能就是对组织的所有系统进行控制，以保证组织任务的有效完成。能否有效地完成组织任务就是要看组织资源是否能够有效地获取、优化地配置和高效地利用。控制的基本对象可分为以下几类：

(1)物。物是组织系统所需要的各种原材料、辅助材料及各种设施的泛称，是产品实体的重要组成部分或实现产品的过程中所必不可缺的物料消耗品及设施、工具等。没有原材料、辅助材料、设施和工具，组织系统就无法运转，而原材料及辅助材料、设施和工具在量和质方面如存在问题，要么导致转化无法完成，要么导致组织低效率运作。

(2)财。财泛指资金，资金是组织的血液。组织运作的过程可以说就是资金运动的过程。组织的运转从资金开始，然后资金物化为组织运转所必需的各种资源，最后通过成果的实现又转化为资金。在组织运作的任一阶段，不管是资金还是物化了的各种资产若存在问题，将导致组织运作的失败或低效率。

(3)人。在这里指的是人力资源。组织中每一项工作都与人有关，没有人、人力不足或人的能力素质达不到要求，组织目标就无法实现或实现得低效率、低效益。

(4)时间。时间是公平的，对世间万物都一视同仁。但只有将时间与具体对象相联系时，时间才具有价值。如人的工作时间、物的使用时间或资金的占用时间。对占用原材料的时间、生产时间、资金占用时间等希望愈短愈好，而对人的工作时间、设备的可利用时间则希望愈长愈好。时间融于具体对象之中，在控制中它是隐性存在的。

(5)信息。信息是组织重要的资源。信息必须是有效的才具有价值。外部的信息能帮助组织进行正确的决策，内部的信息有助于发现问题的存在。与时间一样，信息只有与某一具体对象相联系时才具有意义。如原材料供应和使用的信息、人力资源方面的信息及市场需求信息等。信息也融于具体对象之中。在控制中，信息是基础，是实施控制的依据。

2. 控制的具体对象。

控制的五大基本对象是一个有机的整体，它们的组合状态决定了组织运作的状况。针对在各个运作系统中的资源组合状态的控制，控制的具体对象可分为：

(1)财务控制。财务控制致力于资金的积累，着重于控制经营的收益性、资产的结构性和财务的抗风险性等指标。它关注资金的获取、配置和使用状况，以确保组织的生存和发展。其控制方法请参看本章第二节。

(2)作业(经营)控制。作业控制主要是控制组织资源转化系统，它着重于对产出质量、产出速度、产出成本和加快周转等活动进行控制，监控着资源转化活动的进程与结果。具体控制方法参见本章第二节。

(3)人力资源控制。人力资源控制专注于组织的人力资源队伍对组织各项工作的支持与参与,着重于保持人力资源队伍的活力与创造力的监督与控制。具体控制方法参见本章第二节。

二、控制的基本过程

不管控制的对象如何变化,控制的过程是不变的。即:确定标准、测量实际工作、发现偏差以及采取纠正措施。

(一)确定控制标准

1. 控制标准的含义。

控制标准是控制行为实施的依据。控制标准来源于计划,又不同于计划。计划是为实行某一决策目标而制定的综合性行动方案,其内容有时很难和具体情况完全接轨,因此,必须根据计划内容和组织实施的具体情况,确立专门的控制标准。一般并不是计划实施过程的每一步都要制定控制标准,而是选择一些关键点作为主要控制对象。

确定控制关键点的过程也是一个分析决策的过程。它需要对计划内容作全面深入的分析,同时还要充分考虑组织实施过程中的具体情况以及外部环境带来的干扰影响。确定关键点需要有丰富的经验和敏锐的观察力。

只有关键点选准了,控制才能更加有效。一般关键点都是目标实施过程中的重要部分,它可能是计划实施过程中最容易出偏差的点,或是起制约因素的点,或者是起转折作用的点,或变化度大的点等等,应根据具体情况具体分析。控制标准要求尽可能简化明了,具体化、数字化,容易测定,容易执行。例如,麦克唐纳快餐店的管理员控制标准就包括:①95%以上的顾客进门后 3 分钟内,服务员必须迅速上前去接待;②事先准备好的汉堡包必须在 5 分钟内热好送给顾客;③服务员必须在顾客离开后 5 分钟内把餐桌打扫干净。

2. 控制标准的分类。

控制标准可分为定量标准和定性标准两大类。定量标准中有实物量标准、货币标准;定性标准分为目标标准和无形标准等。

(1)实物量标准。这是一种非货币标准,一般适用于原材料、产品和提供劳务的基层单位。这些标准反映了定量的工作成果。如,企业中的产品产量、单位产量工时、单位产品消耗定额等。实物量标准是制订计划的基础,也是控制工作的基本标准。

(2)货币标准。用货币计量的标准,同实物量一样普遍适用于基层单位。具体包括:①费用标准,指把货币价值加到各种经营费用之中,用来说明费用指标。如单位产品的直接费用和间接费用、人工费、材料费、单位产品成本等。②资金标准,指用货币计量实物项目引起的,与组织投入的资金有关,如投资回报率等。③收入标准,指把货币价值与销售额相联系产生的标准,如饭店中每销售一间客房的货币收入(销售收入)、利润等。

(3)目标标准。即把目标作为标准,在组织各级管理机构中建立一套完整的可以考核的目标体系。可考核的目标分成定性和定量目标。定量目标是可以比较准确考核的。定性目标是可以用比较详细的说明计划或其他具体目标的特征和完成期限的方法来提高考核的程度，如，生产线的节拍、生产周期、交货时间、劳动生产率、市场占有率等。

(4)无形标准。这种标准既不能用实物来衡量也不能用货币来衡量。如判断顾客对酒店服务的满意程度，企业在社会上的美誉度和企业形象等，在第三产业的服务行业中这种评价地位显得特别的突出。这些内容的判断很难有定性或定量的标准，因此对类似内容的管理控制仍需以无形的标准、主观判断、反复实验，甚至是预感为依据。

3. 确定控制标准的方法。

控制的对象不同，为它们建立标准的方法也不一样。一般来说，企业可以使用的建立标准的方法有四种：

(1)统计法。统计性标准，也叫历史性标准，是在分析反映企业经营在历史上各个时期状况数据的基础上为未来活动建立的标准。这些数据可能来自本企业的历史统计，也可能来自其他企业的经验。据此建立的标准，可能是历史数据的平均数，也可能是高于或低于中位数的某个数，比如上四分位值或下四分位值。

(2)估算法。对于新从事的工作，或对于统计资料缺乏的工作，可以根据管理人员的经验、判断和评估为之建立标准。利用这种方法建立工作标准时，要注意利用各方面管理人员的知识和经验，作出综合判断，给出一个相对合理的标准。从精确度来说，由于缺乏历史数据和资料，可能与实际运作有一定偏差。但这种方法更重视新问题的解决，更适宜在新的环境下或缺乏统计资料的情况下制定控制标准。

(3)工程法。严格地说，工程标准也是一种用统计方法制定的控制标准，不过它不是对历史性资料的分析，而是通过对工作情况进行客观的定量分析来进行的。这种测量又称为时间研究和动作研究，它是由 F. W. 泰罗首创的。经过几十年乃至上百年的实践和完善，形成今天所谓的“标准时间数据系统”(standard data system，SDS)。这种方法适用于组织环境变化剧烈的时期，有时需要与经验估计法结合使用。

(4)技术法。它是根据产品设计和工艺的需求，按照构成定额的组成部分和影响定额的各种因素，在充分考虑先进技术和先进经验的基础上，通过科学分析和技术计算制定出来的标准。这种方法制定的标准比较准确，但工作量大。一般是在产品定型、技术资料较全的情况下采用。

4. 控制标准举例：通用电气公司(美国)的控制标准。

通用电气公司在分析影响和反映企业经营绩效众多因素的基础上，选择了对企业经营成败起决定作用的八个方面，并为它们建立了相应的控制标准。这八个方面如下：

(1)获利能力。通过提供某种商品或服务取得一定的利润，这是任何企业取得效益的直接动因之一，也是衡量企业经营成败的综合标志，通常可用与销售额或资金占用量相比较的利润率来表示。它们反映了企业对某段时期内投资应获利润的要求。利润率实现情况与计划的偏离，可能反映了企业生产成本的变动或资源利用效率的变化，从而为企业改进方法指出了方向。

(2)市场地位。其实质是对企业产品在市场上占有份额的要求。这是反映企业相对于其他企业经营、实力和竞争能力的一个重要标志。如果企业占领的市场份额下降，那么意味着由于价格、质量或服务等某个方面的原因，企业产品相对于竞争产品来说其吸引力降低，应采取相应的措施。

(3)生产率。生产率标准可用来衡量企业各种资源的利用效果，通常用单位资源所能生产或提供的产品数量来表示。其中，最重要的是劳动生产率标准。企业其他资源的充分利用在很大程度上取决于劳动生产率的提高。

(4)产品领导地位。产品领导地位通常指产品的技术先进水平和功能完善程度。通用电气公司是这样定义产品领导地位的：它表明企业在工程、制造和市场方面领导一个行业的新产品和改良现有产品的能力。为了维持企业产品的领导地位，必须定期评估企业产品在质量、成本方面的状况及其在市场上受欢迎的程度。如果达不到标准，就要采取相应的措施。

(5)人员发展。企业的长期发展在很大程度上依赖于人员素质的提高。为此，需要测定企业目前的活动及未来的发展对职工技术、文化素质的要求，并与他们目前的实际能力相比较，确定如何为提高人员素质采取必要的教育和培训措施。要通过人员发展规划的制定和实施，为企业及时供应足够的经过培训的人员，为员工提供成长和发展的机会。

(6)员工态度。员工的工作态度对企业目前和未来的经营成就有着非常重要的影响。测定员工态度的标准是多个方面的。比如，可以通过分析离职率、缺勤率来判断员工对企业的忠诚；也可通过统计员工对企业的作业方法或管理方法的合理化建议的数量，来了解员工对企业的关心程度；还可通过定期调查的评价分析，来测定员工态度的变化。如果员工态度不符合企业的预期，那么任其恶化是非常危险的，企业应采取有效的措施来提高他们在工作或生活上的满足程度，以改变他们的态度。

(7)公共责任。企业的存续是以社会的承认为前提的。而要争取社会的承认，企业必须履行必要的社会责任，包括提供稳定的就业机会、热心公益事业等多个方面。公共责任能否很好地履行，关系到企业的社会形象。企业应根据有关对公众态度的调查，了解企业的实际社会性与预期的差异，改善对外政策，提高公众对企业的满意程度。

(8)短期目标与长期目标平衡。企业目前的生存和未来的发展是相互依存、不可分割的。因此，在制订企业经营括动计划时，应能统筹长期与短期的关系，检查各时期的经营成果，分析目前的高利润是否会影响未来的收益，以确保目前的利益不是以牺牲未来的利益和经营的稳定性为代价而取得的。

(二)测量实际工作

有了控制的标准和评定下属人员实际工作情况的手段，对实际或预期的执行情况进行评价就会容易得多。事实上，如何评定管理活动成效，在拟定标准时就已经部分地得到了解决。也就是说，通过制定考核标准，同时也将计量单位、计算方法、统计口径等确定下来了。因此，对于评定绩效而言，剩下的主要问题是如何及时地收集使用可靠的信息，使信息传递到主管人员手中。从控制职能的角度看，除了要求信息的准确性以外，还要对信息的及时性、可靠性和适用性提出了新的要求。

1. 信息的及时性。

所谓及时，有两层含义：一是对那些时过境迁后不能追忆和不能再现的重要信息要及时记录，例如供需质量的检验信息、产量信息、生产调度信息等。二是信息的加工、检索和传递要快，如果信息不能及时提供给各级主管人员及相关人员，就会失去它的使用价值，而且可能给组织带来巨大损失。例如，产品订货会议上用户需求信息，尤其是大用户对产品的价格、数量、设计款式、交货期的特殊要求，这些信息必须以最快的速度传递给企业销售部门的主管人员及相关部门及企业的最高领导人，以便他们不失时机地进行决策。

2. 信息的可靠性。

信息的可靠性除了与信息的精确程度有关外，还与信息的完整性有一定的对应关系。例如，在某个时期某个地区宾馆很紧俏，不能说明平常也很紧俏，因为这个时期刚好有重大活动，这种单一的信息通常是不可靠的。企业必须收集有关消费者平均收入水平、消费结构、竞争企业的生产能力甚至宏观经济政策等多方面的现状信息和变化信息，进行综合分析，才能做出正确判断。要提高信息的可靠性，通常的办法就是尽量多地收集有关信息。信息收集要及时，不及时就会贻误时机，再可靠的信息也没有用。因此，在可靠性和及时性之间要会平衡，这是一种科学和艺术的统一。

3. 信息的适用性。

一方面，信息要适量。不同的管理部门对信息的种类、范围、内容、详细程度、精确性和需要频率等方面的需求是各不相同的，如果向这些管理部门不加区分地提供同样信息，不仅会造成信息的大量冗余，增加信息处理工作的负担和费用，而且还会给这些部门的主管人员查找所需要的信息带来困难，造成时间的浪费甚至经济上的损失。另一个方面，信息必须经过有效的加工。例如，反映实现利润情况的信息，可以把利润表示为销售收入的百分比、投资回收的百分比、总资金的百分比和去年同期增减率等，便于反映实现利润与企业经营的全面情况，从而发现经营中的问题，以便及时采取纠正措施。如果仅仅是一个利润数字是说明不了多少问题的。

（三）发现偏差和采取纠正措施

如果所测量的实际工作与标准之间存在偏差，这只是一个信号，但并非要马上采取行动纠正偏差，因为在相当广泛的领域里，对控制对象的控制常常不是点控制，而是区域控制，即允许控制指标在一定幅度内波动。

发现偏差的过程实际上包含了许多过程。由于控制对象区域控制的特征，决定了不能根据某一点的对比结果对控制对象是否在可接受的范围内做出判断，而是通过连续性的比较来认识或发现其变化的趋势或规律性，进而提交控制报告并及时上报到能够采取纠正行为的管理人员手中，这是管理控制中最关键的环节之一。

将实际工作与控制标准相比较的目的是及时发现与计划的偏离状况，但只有在明确了造成偏离的原因并据此采取纠偏措施时，这种比较才具意义。

1. 寻找偏差产生的原因。

并非所有的偏差都影响企业的最终成果。有些偏差可能反映了计划制订和执行工作中的严重问题，而另一些偏差则可能是一些偶然的、暂时的、区域性因素引起的，从而不一定会对组织活动的最终结果产生重要影响。因此，在采取纠正措施以前，必须对反映偏差的信息进行评估和分析。首先，要判断偏差的严重程度，是否足以构成对组织活动效率的威胁，从而值得去采取纠正措施。其次，要探寻导致偏差产生的主要原因。发生偏差的原因一般可归类为：

（1）由实际操作者自身原因产生。例如，工作不负责任，不胜任工作等。更不能容忍的是，唯利是图，私欲膨胀，它能把一个企业搞垮。如 2008 年三鹿奶粉事件，使得一个颇具规模的企业一夜间倒闭。

(2)由于外部环境发生重大变化,事先又没有估计到,以致产生偏差。例如,国家宏观政策发生变化、国际政治风云变化、市场出现新的强劲竞争对手、某个大客户或大供应商突然破产等。如2008年世界次贷金融风暴,对出口产品造成利润率严重下降的局面。

(3)由于计划目标本身不合理。有时制定目标时,不切合实际,好高骛远,盲目把目标定得太高,而实际上根本达不到。也有在制定目标时,过于保守,低估自己的力量,把目标定得太低,这时也要调整目标。难度系数为50%的目标是合理的目标,也就是通过努力能够达到,不努力是不可能达到的目标。

2.确定纠偏措施。

确定纠偏措施的前提是明确了造成偏差的真正原因,而且值得或必须采取纠偏措施。此时的纠偏措施可能涉及一些主要的管理职能。针对偏差产生的原因,主管人员可能采取重新制订计划或修改目标的方法来纠正偏差,也可能利用组织手段来进一步明确职责、补充授权或是对组织机构进行调整,还可能用撤换责任部门主管或是增配人员的办法来纠正偏差,也可能通过改善领导方式、增加物质鼓励等办法来纠正偏差。

制定和实施纠偏措施时要注意以下问题:

(1)使纠偏措施双重优化,一是采取行动比不采取行动要好;二是所采取的行动是解决偏差效果最好的方案。

(2)充分考虑原计划实施的影响。纠正偏差实际上是一种决策而且是非初始决策,它属于追踪决策。要认识到初始决策的实施已形成的各种资源投入和对客观环境造成的影响,要尽量利用初始决策。

(3)消除对纠偏措施的疑虑。任何决策都会带来既得利益阶层的失望和不满。决策的任何变化都会涉及利益的重新分配并导致支持者和反对者的产生。在纠偏方案的实施过程中,要把纠偏的利弊分析清楚,给员工讲清楚,尽可能地避免决策实施的人为障碍。

三、控制的类型

控制工作的类型按照不同的标准可分为许多种。例如按照业务范围可把控制分为生产(作业)控制、质量控制、成本控制和资金控制等;按照控制对象的全面性,又可分为局部控制和全面控制。下面介绍两种常见的分类方法。①根据信息获取的方式和时点的不同,分为前馈控制、现场控制、反馈控制(即预先控制、事中控制、事后控制);②根据改进工作的方式不同,将控制分为直接控制和间接控制。

(一)前馈控制、现场控制和反馈控制

控制工作的实质是"信息反馈"。在计划付诸实施后,如果不重视信息反馈,则是一种盲目和不科学的态度。随着计算机的普及和在数据收集、传递、贮存上的应用,实时信息系统得到了很大的发展。所谓实时信息就是指事件发生就出现的信息,它的出现为实时控制提供了条件。例如,一些航空公司利用这样的系统来取得机舱座位的信息情况:把航空班次、旅行地点和日期输入贮存系统,立即就能显示是否还有座位的回答(输出信息)。但是,在目前大多数的管理活动中,得到的信息却都是"时(间)滞(后)信息"。

1. 前馈控制——是在工作正式开始前对工作中可能产生的偏差进行预测和估计,并采取措施将可能的偏差消除于产生之前。

前馈控制是一种防患于未然的控制,通常又称为预先控制。其内容是对活动最终产出的确定和资源投入的控制,其重点是防止资源在质与量上发生偏差,其目的是保证某项活动有明确的绩效目标、保证各种资源要素的合理投入。

前馈控制的优点有:一是防患于未然;二是适用于一切领域的所有工作;三是针对条件的控制,不对人,易于被接受并实施,不易与员工发生冲突。

前馈控制需要及时和准确的信息,并要求管理人员充分了解前馈控制因素与计划工作的影响关系。其缺点有:一是需要大量准确的信息;二是需对过程充分了解;三是需要及时了解新情况、新问题。从现实来看,要做到这些是十分困难的,因此,组织还要依靠其他方式的控制。

2. 现场控制——在工作进行中所给予的控制,也称同步控制、同期控制。

管理者亲临现场就是一种最常见的现场控制活动,管理人员可以在发生重大偏差之前及时发现问题并解决问题。这类控制方法主要被基层主管人员所采用。现场控制的主要职能有两个方面:监督与指导。监督是按照预定的标准检查正在进行的工作,以保证目标的实现;指导是管理者针对工作中出现的问题,根据自己的经验指导下属改进工作,或与下属共同商讨纠正偏差的措施,以便使员工能够正确地完成所规定的任务。现场控制的标准来自于计划,控制工作的重点是正在实施的计划过程。控制的有效性取决于管理人员的个人素质、个人作风、指导的表达方式以及下属对指导的理解程度。

现场控制的优点是:有助于提高员工的工作能力和自我控制能力。

现场控制的缺点是:一是受时间、精力和业务水平的限制,管理者不能时时事事都进行现场控制,只能偶尔或在关键项目上使用这种控制方式;二是应用范围较窄,一般来说,对于便于计量的工作容易进行现场控制,而对一些难以计量的工作,就很难进行现场控制;三是易产生对立情绪,伤害控制者的工作积极性。

3. 反馈控制——是在工作结束或行为发生之后进行的控制,也称事后控制,是管理控制工作的传统方式,也是最主要的方式。

这种控制把注意力主要集中在工作或行为的结果上。其工作过程主要由几个环节构成:首先对比预期工作标准与实际工作结果,找出偏差;其次分析偏差产生的缘由;最后制订出纠正计划并实施,有时还会对原有的预期标准进行调整,为下一阶段的工作做好计划与准备。通过对已形成的结果进行测量、比较和分析发现偏差,依此采取措施,对今后的活动进行纠正,其目的并非要即刻改变下次行动的依据,而是要力求"吃一堑长一智"。

反馈控制的优点是:一是在周期性重复活动中,可以避免下一次活动发生类似的问题;二是可以消除偏差对后续活动过程的影响,如产品在出厂前进行最终的质量检验,剔除不合格产品,可避免不合格产品流入市场后对品牌信誉和顾客使用所造成的不利影响;三是可以提供员工奖惩的依据。因此,在实际工作中,反馈控制得到了相当广泛的应用。

反馈控制的缺点是:只能事后发挥作用,在矫正措施实施之前,偏差、损失已经产生,无法改变和挽回,只能"亡羊补牢"。

前馈控制与反馈控制的主要区别:反馈控制是以系统输出的变化信息作为馈入信息,其目的是防止已经发生或即将出现的偏差继续发展或今后再度发生。前馈控制则是以系统的输入或主要变动的变化信息作为馈入信息,其目的是防止所使用的各种资源在质和量上产生偏差,在系统运行过程的输出结果受到影响之前就作出纠正。因此,前馈控制克服了反馈控制中因时间滞差所带来的缺陷,并且前馈控制的纠正措施往往是预防性的,作用在计划执行过程的输入环节上。也就是说,控制原因,而不是控制行动结果,这是前馈控制在现代管理中一个很重要的特点。

(二)直接控制和间接控制

1. 直接控制——是相对间接控制而言的,它通过提高管理者素质来进行控制。

直接控制的指导思想是:称职的管理者出的差错最小,他能察觉到正在形成的问题,并能及时采取纠正措施。计划执行的结果取决于执行计划的人,管理者及其下属的素质越高,就越不需要间接控制,因此,直接控制是着眼于培养更好的管理人员,使他们能熟练应用管理的思想、技术和原理,以系统的观点来进行和改善管理工作,从而防止出现因管理不善造成的不良后果。

直接控制的优点:一是在对个人委派任务时能有较大的准确性;二是可以促使主管人员主动采取纠正措施并使其更加有效;三是可以获得良好的心理效果;四是可以提高主管人员的素质,减少偏差的发生,从而节约经费支出。

直接控制的缺点:一是直接控制的采用需要一定的条件;二是要求管理人员一定要充分理解管理的原理、方法和职能等。

2. 间接控制——它是基于这样的事实:人们经常会犯错误,或者常常没有察觉到那些将要出现的问题,因而不能及时采取适当的纠正措施或预防措施。

间接控制即影响控制。间接控制是在出现偏差、造成损失之后才采取措施。间接控制的方法是建立在以下假设的基础上:一是工作成效是可以计量的;二是人们对工作成效具有个人责任感;三是追查偏差所需要的时间是有保证的;四是出现偏差可以预料并能及时发现;五是有关部门和人员将会采取措施纠正偏差。

间接控制的优点:一是间接控制是利用组织规章制度来约束员工的行为,从而促使其合乎企业的需要;二是间接控制成本的增加是间接的,主要增加的是组织规章制度的拟定成本、解释成本及执行成本。

间接控制的缺点:一是有些管理工作的成绩难以计量;二是责任感高低难以衡量;三是调查产生偏差原因耗费较长的时间;四是有许多偏差不能预先估计或及早发现;五是有时虽然能够发现偏差并找到原因,但却无人愿意采取措施纠正偏差。所以,间接控制并不是普遍有效的控制方法。

第二节　控制应用与方法

一、财务控制

(一)财务控制概述

不管是营利性还是非营利性的组织,财务控制都是最古老、最重要的话题。组织运作需要投入的各种必需资源的最终表现为资金。从财务角度看,人力资源已没有素质和数量之分，它是需用支付多少工资和津贴来衡量的，固定资产是用固定资金来表现的，原材料等是以流动资金来表现的。

1．财务。

财务，简单地说指的是有关财产的事务。现代组织，尤其是组织的基本目标是追求利润，先要筹集资金，然后投放资金，通过生产经营过程又收回资金，并力争多获利润，最后还要分配资金。现代组织的财务是以货币形态来计量的。对企业组织来讲财务的目标是使组织利润最大化或组织财富最大化。

2．财务控制。

现代组织的实质就是发展。为了保证组织财务目标的实现，加速组织资金的周转，优化组织的财务结构，提高组织资金的收益水平，针对组织资金运作全过程(收入、支出、占用、耗用)的监督并及时发现问题、解决问题的全过程即为财务控制。

3．财务控制的必要性。

首先，企业的资金筹措取决于金融市场的状况。国家金融政策的调整或变化，重点扶持的行业，金融体系的政策和发展及经济发展的周期性变化对企业的融资难易影响极大，企业对这些变化无法控制，只能被动适应。而一旦无法取得企业运作所必需的资金，企业的资金链断裂，就会打乱组织运作的整体部署。

其次，并不是企业有了资金就一定能获得组织运作所必需的经济资源。劳动力(人力资源)的供给取决于人才市场。原材料的获得取决于生产资料市场，土地的获得取决于房地产市场等。这些市场的变化是组织不可控制的。供需的变化以及这些变化导致的价格上升将致使组织在资金供给方面留下缺口或使资金转化为储备资金和固定资金的能力下降，进而影响组织的运作和预期目标的实现。

再次，资源转化过程中和各种耗费也是一个变数。它取决于转化过程中的技术组织与管理水平。大量的生产资金占用、废品的出现和转化效率低下导致成本上升将影响生产资金转化为成品资金的效率和能力，使财务目标的实现化为泡影。

第四，成品资金转化为货币资金的能力取决于市场需求。现代社会经济环境下，技术进步的日新月异，新产品的层出不穷和消费者需求的多变性及竞争的日益加剧，大大提高了企业销售环节的不确定性。

最后，企业资金的再分配。是重视眼前利益，还是重视长期利益，即是否强化投资力度，抓住发展的机遇还是兑现投资者的现期收益，这是一个战略问题，风险与机遇并存。

4．财务控制的作用。

(1)保证组织运作的收益水平的实现。收益性是企业组织的经营目的，如资产收益率、资金收益率、成本利润率、销售利润率等指标，它是衡量企业组织经营成果的重要指标。财务控制关注收益性指标的实现状况，分析差异产生的原因并采取相应措施，提高收益的整体水平。

(2)提高组织整体经营管理水平。财务控制监控资金运作的全过程，通过资金的调度，强化经营环节，寻找经营过程中的“盲点”，优化组织的资本结构，在整体上保证提高组织运作的效果，培养和强化组织的经营优势，使组织整体经营管理水平稳步提高。

(3)降低经营风险。财务控制通过对经营风险指标的监控，如短期偿债能力、长期偿债能力、速动比率等指标的控制，及时发现并修正导致经营风险增大的关键要素，通过资产经营使组织整体的经营活动保持在较理想的状态。

5. 财务控制的具体对象。

财务控制的对象是资金。为了达到对组织资金进行控制的目的，在组织实际运作的进程中，财务控制的具体对象可以分为以下几类：

(1)收入控制。将成品资金通过销售转化为现金收入的控制，一般也包括其他投资所获得的即期收入。由于企业是一个投入产出系统，保证最大可能的产出并迅速地将其转化为货币资金以维持组织的收支平衡是财务控制的基本原则之一。它要求经过卓越的营销策划实现销售收入的最大化。

(2)支出控制。对企业运作过程中各种资金支付的控制。支出最小原则是企业运作的基本原则。一般来说，收入与支出控制只有结合在一起进行分析才具有意义，财务控制中称之为收支平衡原则。这种收支平衡不仅要求某一期间的平衡而且要求时点上的收支平衡，否则企业就会面临短期财务危机。

(3)收益控制。收益最大化是企业永恒的主题。收支平衡只能维持组织的运作，是组织生存的前提；只有收入大于支出，组织运作才具有意义，才是组织所追求的目标。组织的发展仅仅是追求该目标的一种手段。要实现组织运作的收益性，就必须实现组织资源的优化配置，如重点经营赢利高的产品。

(4)资本结构控制。组织的资金运动周而复始，延绵不绝，生生不息，从而形成了相对稳定的资本结构，如流动资产、流动负债、负债与资产、负债与权益等。合理的资本结构有利于稳定与提高组织的信誉、信用，规避经营的风险。

(二)财务控制的常用方法

财务控制的方法很多，下面介绍几种比较成熟具广泛应用的财务控制方法。

1. 财务报表法。

财务报表，用来追踪出入组织的商品和服务的货币价值。财务报表是组织监控财务状况的基本工具，主要有以下三个方面：

(1)流动性。将资产转变为现金以满足现期财务需要和偿债需要的能力。

(2)总体财务状况。负债和股本之间的平衡状况(扣除负债后的资产)。

(3)盈利能力。在某一时期内获取稳定利润的能力。

财务报表可以按年、按季或按月编制，具体方式因企业而异。大多数公司(无论是大公司还是小公司)最普遍采用的财务报表是资产负债表、损益表、现金流量表。

(1)资产负债表。资产负债表传递了一个企业在某一特定时点的财务状况的总体信息。资产负债表是对企业某一天资产状况拍摄的“快照”。通俗地说，就是某一天企业的资产净值是多少。

资产负债表通常包括资产、负债和净值。资产包括流动资产(如银行存款、有价证券、应收账款、存货)、固定资产(如土地、厂房和设备)、其他资产(如专利和商业信誉)等。流动资产能在较短时间内(通常是一年)以合理价格转变成现金；固定资产显示的是企业的厂房、设备、所有权、专利权及其他资产的货币价值，这些资产用于持续生产商品或服务，其使用期限一般超过一年。负债也由两部分组成：流动负债和长期负债。流动负债包括应付账款、短期借款以及应付未付的税金等，这些负债都要在当前财务年度内被清偿；长期负债包括抵押借款、债券和其他需逐渐偿还的负债。净值是总资产减总负债的剩余值。

(2)损益表。资产负债表描述组织在某一时点上的财务状况，而损益表则概括了组织在给定时期内的财务绩效。所以，损益表实际上是在告诉你“公司在这一段时间内赚了多少钱”，而不是“公司现在值多少钱”。

损益表从毛收入或销售额开始，然后减去实现这些销售额所付出的费用。例如销售成本、管理费用、利息和其他营业费用。剩下的就是股东的净收益，可用来发放股利或留在企业里再投资。当企业对员工采用股权或采用利润分享计划时，如果员工熟悉损益表和其他财务报告，那么对每个人都将是有益的。威斯康星州阿格马的威斯康星标签公司是一家专业印刷厂，它的首席执行官特里·福维斯在每月的例会上与员工一起研究精制的损益表。有时，他发现员工并未完全理解钱是从哪里赚来的。他印刷了票面价值为200万美元的玩具钞票，把标志着劳动力、折旧、利息等等的大卡片分发给几个员工，在会议上，让分别代表着劳动、折旧等的各“类”员工站出来，拿走总收入中属于他们的一份——这些收入表现为200万美元玩具钞票。这种方式形象地让员工认识到他们以前可能从没考虑过的问题：公司每月要为劳力、折旧、利息等各类项目花多少钱，每个月劳力、利息等是如何支出的。

(3)现金流量表，即资金来源和运用表。除了标准的资产负债表和损益表外，许多公司还以现金流量表或资金来源和运用表的形式公布财务数据。这些报表说明本财政年度资金的来源(例如：来自经营、减少应收账款、出售投资等)，以及用于何种用途(购买设备、支付股利、归还应付账款等)。现金流量表不能与损益表相混淆。现金流量表表明资金是如何运用的，而不是形成了多少利润或亏损。现金流量表反映企业盈利模式和支出结构是否合理，对企业的可持续发展有重要的作用。

2. 预算控制方法。

预算控制是财务控制最常用的方法，它的前提是计划，预算是计划的货币化方案，是计划执行的各项费用标准，是保证计划目标得以实现的重要手段。

(1)预算。是指完成给定时期的计划活动所需资源的数字陈述。因此，预算被广泛应用于组织不同层次的计划和控制活动。预算得以广泛应用的具体原因如下：

首先，预算是用货币形式表示的，可以很容易将其作为衡量组织各种活动的成效，如雇用和培训职工、采购设备、生产、广告和销售等指标。

其次，预算的货币性意味着它可以直接传递组织的关键性资源——资本、组织的关键目标——利润的信息。

第三，预算为某一特定时期(通常为一年)组织的绩效建立了一个明确无误的标准。在考察这一特定时期的某一区间时，可以将组织的业绩与预算相比较，以找出偏差并加以修正。

除了作为一种主要的控制手段外，预算还被作为一种协调组织活动的重要手段。在制定预算过程中，管理者与下属相互沟通、相互协调，有助于规范并整合组织成员的活动。

(2)预算制定过程。通常当管理者得知高层管理者对下一年的经济预测、销售与利润目标，以及预算必须在何时编制完毕的时间表以后，就开始着手编制预算。高层管理者提供的预测和目标是编制预算的指导方针。

对组织而言，自下而上的预算编制过程具有很多优点。首先，管理者对自己的需要更了解，可以给高层管理者提供更现实的建议；其次，管理者不可能忽略某些关键性因素或可能阻碍预算实施的缺陷；再次，管理者更愿意接受和实施自己亲身参与形成的预算；最后，当个人积极参与对他们本身有影响的决策时，士气和满意程度都会有所提高。

基层管理者参与预算形成的过程与多层次计划过程比较相似，基层管理者根据上级管理者下达的指令来准备预算建议书。然后部门经理审查下一层次提出的预算，并协调下属各部门之间的预算，汇总后编制部门预算。这些预算接着被送到更高一层管理者手中审批。持续这个过程，直到所有的预算都被编制完毕，由总会计师或预算主任汇总，并送交预算委员会进一步审查。最后总预算被提交高层管理层审批。

(3)预算的种类。预算在形式上是一整套预计的财务报表和其他附表。按照不同的内容，可将预算分为经营预算、投资预算和财务预算三大类。

1)经营预算。经营预算是指组织日常发生的各项基本活动的预算。在企业中，它主要包括销售预算、生产预算、直接材料采购预算、直接人工预算、制造费用预算、单位生产成本预算、推销及管理费用预算等。其中，最基本和最关键的是销售预算，它是销售预测正式的、详细的说明。由于销售预测是计划的基础，加之企业主要是靠销售产品和劳务所提供的收入来维持经营费用的支出并获利的，因而销售预算也就成为预算控制的基础。生产预算是根据销售预算中的预计销售量，经过对生产能力的平衡，排出分季度的生产进度日程表，又称为生产计划大纲。在生产预算和生产进度日程表的基础上，可以编制直接材料采购预算、直接人工预算和制造费用预算。这三项预算构成对企业生产成本的统计。而推销及管理费用预算，包括制造业务范围以外预计发生的各种费用明细项目，例如销售费用、广告费、运输费等。对于实行标准成本控制的企业，还需要编制单位生产成本预算。

2)投资预算。投资预算是对企业固定资产的购置、扩建、改造、更新等，在可行性研究的基础上编制的预算。它具体反映何时进行投资、投资多少、资金从何处取得、何时可获得收益、每年的现金净流量为多少、需要多少时间回收全部投资等。由于投资的资金来源往往是企业的限定因素之一，而厂房和设备等固定资产的投资又往往需要很长的时间才能回收，因此，投资预算应当力求和企业的战略以及长期计划紧密联系在一起。

3)财务预算。财务预算是指企业在计划期内反映有关预计现金收支、经营成果和财务状况预算。它主要包括“现金预算”、“预计收益表”和“预计资产负债表”。需要指出的是，前述的各种经营预算和投资预算中的资料，都可以折算成金额反映在财务预算内。这样，财务预算就成为各项经营业务和投资的整体计划，故亦称“总预算”。

• 现金预算。主要反映计划期间预计的现金收支的详细情况。在完成了初步的现金预算后，就可以知道企业在计划期间需要多少资金，财务主管人员就可以预先安排和筹措，以满足需求。为了有计划地安排和筹措资金，现金预算的编制期应越短越好。西方国家有不少企业以周为单位，逐周编制预算，我国最常见的是按季和按月进行编制。

• 预计收益表(或称为预计利润表)。是用来综合反映企业在计划期间生产经营的财务情况，并用作预计企业经营活动最终成果的重要依据，是企业财务预算中最主要的预算之一。

• 预计资产负债表。主要用来反映企业在计划期末那一天的预计财务状况。它的编制需以计划期间开始日的资产负债为基础，然后根据计划期间各项预算的有关资料进行必要的调整。

(4)可变预算和固定预算。如果以年销售额 1200 万美元为基础制定的费用预算，在销售额升至 1500 万美元时会完全不适用。因为生产的产品增加时，制造费用相应也会增加。为解决这个问题，管理者就应借助于可变预算(也被称为弹性预算、移动规模预算和分步预算)。固定预算表示在某一特定产量下的所需费用，而可变预算是随产出水平变化而变化的费用水平。这样，可变预算就可以比较公正、客观地反映出成本与产出的关系。

在编制可变预算时必须考虑三种类型的成本：固定成本、可变成本和准可变成本。

• 固定成本。固定成本只随时间的流逝而累积。例如，在许多企业里，管理人员的月工资、保险费支出以及租金和研究费用，在一定范围内不随活动量的变化而明显变化。

• 可变成本。可变成本是直接随工作量变化而变化的费用。如生产的产品越多，需要的原材料数量就越大。

• 准可变成本。准可变成本是指那些虽然随工作量变化而变化，但与工作量变化不是呈比例变化的费用。准可变成本常常代表企业费用中的主要部分。例如，短期的劳动力成本通常是准可变的，销售总成本一般也不直接随销售量变化而呈比例变化。

在设计这些预算时，管理者应将其总成本分解为固定成本、可变成本和准可变成本等不同部分，这将会产生更准确、更实用的预算。

可变预算最适合应用于作业具有重复性、会发生很多不同的费用且可以准确估计的部门。可变预算方法的主要缺点是编制预算的成本通常比较高。

3. 审计。

作为财务控制方法的重要补充，审计对组织财务控制的作用为大多数组织所接受并广泛采用。对大多数公众而言，审计一词是与差错相联系的。虽然实践上差错是审计的一个重要方面，但审计的含义远不止于此。从证实财务报表的诚实和公正到为管理决策提供关键基础资料，审计有许多重要的应用。

(1)外部审计。外部审计是对一个组织财务账目和财务报表进行独立评价、核实的过程，如对资产和负债进行核实、对财务报告的完整和准确性进行核实等。外部审计是由组织外部的注册会计师公司或注册会计事务所实施。其目的不是为企业准备财务报告，而在于证实企业在编制财务报告和对资产负债进行估价时遵循了一般的会计准则。外部审计在鼓励诚实方面的重要作用不仅体现在财务报表准备方面，而且体现在组织的实际经营中。外部审计是针对组织内部真实性的一种主要的检查系统，它发生在组织的某一运营期结束并已编制完财务报表之后，通常不作为控制组织目前经营的主要工具。但是，定期审计对管理部门而言，是一个很强的约束，这会使组织不至于做出日后可能会被审计出问题来的尴尬事。

(2)内部审计。内部审计是由组织成员进行的，其目的是保证组织的资产得到有效保护，以及为财务报表准备的数据具备足够的可靠和准确性。内部审计也帮助管理者评估组织的经营效率和控制系统的效果。因为内部审计集中于组织的经营，所以又被称为经营审计。

二、经营控制

(一)经营控制概述

经营控制,也称作业控制。从组织的运作过程角度看,经营控制指的是对组织资源转化过程的控制。它是组织资源投入和产出成果之间的中间阶段。经营控制的目的是保证整个转化过程中的成本最低(各种物料消耗),保证转换的连续性和节奏性,缩短转化周期,保证和提高产品或服务质量。

1. 经营控制的必要性。

企业的生产目标、生产方式和方法都必须适应生产环境的变化,在以多样化为特征的市场需求条件下,组织的资源转换过程日益重要且复杂。

(1)产品更新换代速度加快。由于科学技术的飞速发展,市场竞争的日益加剧,产品的更新换代速度正以前所未有的规模和态势向前发展。一件新产品从构思、设计、商业性投产在19世纪大约要用70年的时间,在20世纪第二次世界大战之前缩短为40年,"二战"后到60年代中期缩短为20年,70年代则缩短为5～10年,而目前仅需要3年或更短的时间即可完成。同时,各种新技术、新发明的应用周期也愈来愈短。电动机经过了65年,电话经过了50年,电视机只经过了12年,子弹只经过了6年,晶体管只用了3年,而激光仅用了1年时间。据统计,美国机械产品每隔20年全部更新一轮,电子产品每10年更新一轮。在美国,食品的70%是近10年开发的新产品,医药用品有50%是近5年研制的。产品更新换代速度加快,必然对企业的资源转化过程提出了更高的要求。

(2)产品寿命周期缩短。它与产品的更新换代速度加快密切相关。产品寿命周期一般要依次经过开发、成长、成熟、衰退后退出市场。该周期的缩短和竞争的压力,要求企业必须努力将产品、服务在最短的时间内推到市场上并迅速形成规模。

(3)买方市场的形成。国际市场的一体化和市场经济的不断完善和发展,导致由卖方市场向买方市场的过渡已经完成。在买方市场下,要以满足消费者需要为中心,企业生产什么,生产多少,甚至如何生产都取决于消费者。企业的资源转化系统必须适应这一变化。

2.经营控制的主要内容。

(1)原料/物料控制。形成产品实体或在产品或服务形成过程中的各种物料消耗是构成产品成果成本的重要内容。如为保证转化系统对物料的需求的订货量与订货期间的选择;保证物料仓库管理方法和半制品、在制品的管理控制等。

(2)生产控制。生产各种各样的产品、进行各种服务,需要协调大批职员和各种设备之间的活动。

(3)生产进度控制。它涉及在资源转化过程中人、物料、设备和时间及信息的组合优化,没有生产进度控制,就没有高效的生产。

(4)产品质量控制。质量是企业的生命。质量是设计出来的,是在转化过程实现的,没有资源转化过程的质量控制就没有产品和服务的质量保证。

3.经营控制的作用。

(1)保证转化过程的效果,以降低各种物耗、库存费用。

(2)保证转化过程的高质量,以稳定和提高产出产品和服务的质量。

(3)保证转化过程的速度,通过对转化过程中生产技术组织水平的提高,加快转化的节奏,提高产量。

(二)经营控制的常用方法

这里主要介绍原料/物料控制的常用方法。

1. ABC 分析法。

ABC 分析法以"关键的是少数,次要的是多数"这一原理为基本思想,通过对影响企业产品质量诸方面问题的分析,以产品质量问题的个数和产品质量问题影响度为两个相关的指标,进行定量分析。先计算出每个产品质量问题在问题总体中所占的比重,然后按照一定的标准把产品质量问题分成 A、B、C 三类,以便找出对企业产品质量影响较大的一至两个关键性问题,并把它们纳入企业产品质量的 PDCA 循环中去,从而实现有效的产品质量管理。它既保证解决重点质量问题,又照顾一般质量问题。ABC 分析法采取如下步骤:

第一步:确定产品质量问题的收集方式。具体方式有产品质量调查表、客人投诉、批评意见单和各部门的检查记录等。

第二步:对收集到的有关产品质量问题的信息进行分类。根据产品质量构成因素,将有关方面的问题分成几类,然后统计出每类质量问题出现的次数,并计算出每类质量问题在总体中所占的百分比。

第三步:ABC 分析示意图是有一个直角坐标图(见图 6-1)。横坐标轴上是分类后的产品质量问题的个数比例,纵坐标轴是这类质量问题对经营的影响程度,根据 ABC 分析示意图进行分类。一般的划分标准为:

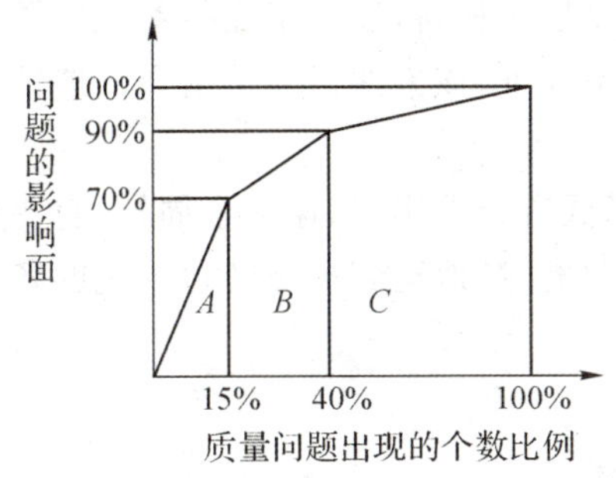

图 6-1 ABC 分析示意图

A 类产品质量问题是存在的主要问题。这类问题在企业产品质量影响中占了 60%~80%。由图 6-1 可知,A 类问题的个数虽然很少,只占 15%,但这一问题却在企业产品质量中影响面占 70%,说明是关键的少数问题。如果这类问题得以解决,则企业的产品质量将有较大幅度的提高。因此,企业管理人员对 A 类问题必须给予充分的重视,把它作为当前产品质量 PDCA 循环的对象。

B 类问题属于一般的质量问题。这类问题虽然问题相对较多,占 25%,但影响面只占 20%~30%。这类问题尽管没有列入当前产品质量的 PDCA 循环,但也应给予足够的重视,以防止其上升。

C 类产品质量问题是次要的问题。虽然这类问题最多,占 60%,但影响面不大,只占 5%~15%(图 6-1 中为 10%)。管理人员只要提供一些防范或改进措施就可以了。

第四步:进行分析,找出主要质量问题。

2. 经济批量法。

对上述的重点控制对象A类产品,必须尽量缩短供应间隔期间,选择最优的订购批量,以减少对资金的占用,常用的方法是经济批量法。

该方法基本上属于前馈控制,其基本原理是:订购量是企业所需要的某种物资每次采购订货的数量,由于订购量的大小要考虑采购费用与保管费用,一般来说,订购量增加,保管费用增加,采购费用降低;反之,订购量减少,其保管费用下降,采购费用上升。因此,最佳的订购量就是指保管费用和采购费用加起来总费用最小的订购量。公式如下:

D 表示计划期间的需求量;P 表示某种物资的单位价格;L 为计划期间的保管费用,以储备价值的百分比表示;K 表示每次订货的订购费用;Q 表示批量;TC 表示总费用。

因此,平均库存水平$=Q/2$,计划期间的保管费$=QPL/2$,计划期间的订货费$=KP/Q$

$$TC=(Q/2)\times PL+D/Q\times K$$

值得注意的是该方法的应用需要以上述数据的必要资料为前提,以企业的计量和统计工作上的应用为基础。

3. 材料需要量计划。

即把采购材料与安排资源(生产)转化进度结合起来并加以优化。在企业中,它首先是把组织的销售预测化成逐项产品或服务的资源转化进度表,然后把这些资源转化(生产)进度表化为何时需要投入材料,以此来完善整个资源转化(生产)进度。在现代计算机和网络广泛应用的条件下,该方法极具价值和发展性。

4. 准时盘算控制。

为了控制库存成本,降低资金占用,加速资金周转,它要求组织的供应厂商保存所订购的物资材料,并把它们“准时”地运到资源转化系统的各个环节。

三、人力资源控制

(一)人力资源控制概述

1. 人力资源控制的概念。

人力资源是指一定范围内具有劳动能力的人口总量。它与人口资源、劳动力资源、人才资源既有联系又有区别。人口资源是指一定范围内的人口总和,人口资源重在数量。劳动力资源是指一定范围内符合法定规定年限的有劳动能力的人口的总和。人才资源是指一个国家或地区具有较强的管理能力、研究能力、创造能力和专门技术能力的人的总和,人才资源重在质量。

人力资源控制是对组织人力资源的数量、能力、工作表现和工资总额等方面设置标准,并据此与实际状况相比较,及时发现问题,并根据问题产生的原因采取纠正措施,最大限度地提高劳动生产率,实现组织目标的一种方法。

2. 人力资源控制的必要性。

人力资源最大的特征是弹性大,与其他固定资源相比较具有巨大的潜力。人力资源控制的必要性具体表现在:

(1)有利于人岗匹配。组织要对不同部门和岗位的职责要求,配备不同的人员,使人员与岗位相匹配。人力资源配置失误可能导致整个组织系统的低效率。

(2)有利于提高劳动生产率。组织内部既要避免人浮于事,又要避免人手紧缺,两者中出现任何一种情况都将带来劳动生产率的下降。

(3)有利于创新和学习。随着现代化技术设备大量使用,要求组织成员不断学习,不断创新,以适应新形势变化发展的需要。同时,为适应不同部门、不同岗位的差异性,对不适应新技术岗位的人员配置要不断进行调整。

(4)适应现代化的管理手段。先进的管理和技术对人力资源的配置,尤其是对人力资源的能力、素质要求不断提高。

(5)有利于调动员工的积极性。工作表现的不确定性,是人力资源与其他资源的最大区别。人力资源可能因为外部环境的变化、组织内部政策的变化、与同事或领导关系的变化及家庭环境的变化等,产生情绪波动,进而影响工作的可靠性、积极性和工作质量。

(二)人力资源控制的常用方法

人力资源首先要够用,其次是精干、高效。具体体现为人力资源的成本要低,但不能以牺牲员工个人的收入为代价,控制人力资源要科学合理。

1. 人力资源总数的控制方法。

对人力资源总数的控制不仅体现在管理的难度上,而且也体现在人力资源成本上。工资总额是人力资源成本的具体体现。一般来说,工资总额与人力资源的总数成正比。在一些劳动密集型行业,如宾馆饭店,工资总额占销售额的比例达20%以上。影响人力资源数量的主要有以下因素。

(1)一个组织人力资源的数量,一般来说,与该组织的规模、生产技术、组织水平、管理水平等密切相关。组织规模与人力资源数量成正比,组织规模越大,用人就越多,反之越少。

(2)生产技术水平与人力资源数量成反比。生产技术水平越高,设施设备越先进,用人就越少,反之用人越多。

(3)组织水平的高低与人力资源数量成反比。组织结构设计越科学,分工协作越合理,用人越少,反之越多。

(4)管理水平的高低与人力资源数量成反比。管理水平越高,人力资源的配置越合理,员工的积极性越高,用人就越少,反之越多。

控制人力资源总数的目的并不是用人越少越好,而是在完成既定目标任务下的人力资源成本最低。人力资源的数量与质量同等重要,质量属于人力资源的配置问题,属于管理的组织职能范畴。

人力资源总数控制方法最常用的是组织一览表。该表具体规定了某项活动或某种工作所需要的人数和技术要求,所有活动和工作所需要人员的总和就是人力资源总数,是控制的标准值和依据。企业用工数量的增减只与企业活动或工作变动有关,力求以较少的局部或个人加薪方案来替代需要增加的员工,或考虑工作的调整,或将业务外包。

2. 间接劳动比率控制法。

间接劳动比率是指间接劳动人数与直接劳动人数的比率。间接劳动人员是指参谋和二线部门的职员，直接劳动人员是指生产一线的职员。间接劳动的贡献一般地说要少于直接劳动。影响间接劳动比率的因素有：

(1)行业的技术密集程度。行业技术密集度高，意味着最新技术在该行业得到了较广泛的应用，其结果是以较多的技术应用来替代劳动力使用，组织的直接劳动者就少，而间接劳动者就较多，间接劳动比率就大；反之，间接劳动比率就小。如IT行业间接劳动比率就比较大，饭店行业间接劳动比率就较小。

(2)生产技术水平。生产技术水平高，直接劳动就少，间接劳动比率就大；反之，间接劳动比率就小。如全自动流水生产线大于半自动流水生产线的间接劳动比率。

(3)直接劳动人员的素质、能力。直接劳动人员的素质高、能力强，其间接劳动比率就大。

(4)组织的管理层次。管理层次越多，间接劳动比率就越大；管理层次越少，间接劳动比率就越小。

(5)组织的管理幅度。管理幅度越大，间接劳动比率越小；管理幅度越小，间接劳动比率就越大。

间接劳动比率的大小影响组织劳动生产水平的高低，从提高劳动生产率、提高资源使用效率和效果的角度来看，降低间接劳动人员的数量对组织是有利的。

间接劳动比率控制方法，主要是把住间接劳动人员的进口关，挑选复合型的人才，尽量做到一人多能、一人多岗；要根据行业的总体用人水平，制定间接劳动人员的控制标准；要根据企业的发展战略，加强培训，提高全员劳动者的素质和能力。间接劳动控制属前馈控制。

3. 迟到与缺勤控制法。

迟到与缺勤是考察组织人力资源表现的重要指标，它反映的是人们对待组织、对待工作的态度。影响迟到与缺勤的因素有：

(1)世界观。对于同一件事、同一个人，由于世界观的不同，其反应是不一样的，有时甚至截然相反。如对一个上司，有些员工认为有魄力、敢作敢当，而另一些员工认为是暴君、独裁。因为每一个人在解释自己所面临的一切时，总是遵循自己看待事物的定式——即世界观，这种定式可能有助于妥善面对现实，也有可能使其误入岐途。

(2)个性。个性对工作表现影响极大。有的人天生不愿被约束，有的人天生温顺，有的人能处理得恰到好处。同样的个性在此讨人喜欢，而在另一处又令人生厌。作为管理者，要有宽广的胸怀，能接纳各种个性的员工。

(3)需要。人的每一项行动，不管如何表现都是试图满足自己的需要。管理者只有了解员工的需要，并尽量满足这种需要，为员工提供工作动力，才能调动员工的积极性，才有利于员工创造力的发挥。

迟到与缺勤控制方法，主要是灌输理念，统一思想，认识到位；关键在于组织文化和领导风格的塑造，并制定出明确的工作标准和奖罚措施。迟到与缺勤控制法属于前馈控制。

4. 成果控制法。

组织内的每一个成员是否令组织满意，最终不是看成员的能力大小和素质高低，而是看工作的具体成果。影响员工工作成果的因素有：

(1)潜力。潜力包括诸如“天性、天资”，特别乐于、善于做某种事情的品格。它可以通过适当的引导，一有机遇便能充分发挥出来。如有的人有语言方面的潜力，有的人有音乐方面的潜力，有的人有技能方面的潜力，有的人有逻辑思维方面的潜力等。

(2)价值观。价值观是对人生要义持久而普遍的信念，它主导着人的行为。价值观不同，工作热忱也不同，努力工作的程度就会有差异，工作的成果也就不同。

(3)态度。态度或以解释为信仰、感觉以及行为反应，它是一个人对另一个人、一件事或一个事物的表现。员工态度最重要的表现是他所做的工作，对工作持否定态度的员工不可能有满意的工作结果，而持肯定态度的员工相对来说会有满意的业绩回报。

成果控制的方法具体为产量控制、质量控制和工作表现控制。

(1)产量控制。通俗的对产量的理解可以表达为“干了多少”。产量要有标准，根据标准与实际业绩比较，提出改进要求，或进行岗位调整、培训。

(2)质量控制。通俗的理解是“干得好不好”。质量标准必须明确，根据标准，判断实绩与标准的差异，并寻求解决问题的方案。质量完成状况要与工作表现相结合。

(3)工作表现控制。通俗的理解是“工作的状态怎么样”。员工的产量、质量与工作表现有关，员工只有以饱满的工作热忱、努力工作的态度和充满合作意愿的精神才能保证组织的发展和经济效益的提高。

第三节 质量控制

一、质量控制概述

(一)质量控制的定义

1986 年，国际标准化组织(ISO)提出：质量是指产品或服务所具备的满足明确或隐含需求能力的特征和特性的总和。质量控制是为满足质量要求而使用的操作技术和活动。简单地说，质量控制是指在生产过程中，对确保和达到产品质量所必须的全部职能和活动的控制。质量控制既包括产品(商品和服务)的质量控制，也包括工作的质量控制。

(二)质量的类别

(1)产品质量，指有形产品的质量。包括：①时间上的质量特征，如耐久性、可靠性等；②技术性或物理化学的质量特征，如产品的光洁度、化学成分、硬度等；③安全上的质量特征，如使用的安全性；④心理上的质量特征，如产品的外观设计、包装、产品的名称等给消费者带来的心理满足。

(2)服务质量，指提供给用户的服务所具有的质量特征。①时间上的质量特征，如服务的及时、快捷；②心理上的质量特征，如用户感受、心情；③伦理上的质量特征，如诚信、责任感。

(3)工作过程的质量。质量不是检查出来的，而是在工作过程中生产出来的。质量水平的高低不仅取决于质量制造过程，而且取决于组织的方方面面。

(三)有效质量控制的特征

(1)可理解性。所有的质量控制机制和政策，对于产生和运用它们的管理者和员工来说，都必须是容易理解和掌握的。有关质量控制标准的描述应该用简洁的语言来表达。

(2)精确性和客观性。质量控制标准应力求精确,避免模棱两可。有效质量控制系统能够提供准确、及时的数据,使管理人员及时了解偏差情况,及时采取措施。质量控制应尽量采用客观的计量方法评定绩效,把定性内容具体化。

(3)及时性。信息是质量控制的基础,如果信息的收集、传递不及时,信息处理时间过长,就会影响管理层的决策,会带来不可弥补的损失。

(4)合适性和经济性。控制标准定得过高或过低,都不能起到激励员工的作用。有效质量控制还应考虑经济性,即要不要控制、控制到什么程度都要考虑费用问题,只有当控制产生的价值大于所需费用时,质量控制才有意义。

(5)指示性。控制系统不仅能发现问题和偏差,还应该指出偏差的确切原因,以及发生的位置和方向,从而便于纠正偏差。

(6)灵活性。组织的内、外环境都处在不断变化之中,当环境变化时,控制机制必须允许变化,否则控制就会失效。

(四)实施有效质量控制的基础工作

(1)建立有效的控制系统。控制系统设计主要包括以下内容:首先要确定目标变量及其测定方法,然后确定事前标准、测定结果沟通方式及事后评价标准。一方面要明确控制的目标、重点和方法,另一方面要建立控制的标准和程序,这是控制最基本的工作。

(2)实施目标管理。目标管理是一种综合的以工作为中心和以人为中心的系统管理方式。其基本特点是以科学的目标体系为中心,实行自我控制,注重成果评价。

(3)发挥员工的作用,让员工参与控制。控制者与被控制者是平等的,在质量控制活动中,应调动员工的重要性,发挥员工的作用,让员工参与,这样控制才能发挥作用。

(4)不断提升企业管理基础工作。建立精简高效的控制机构,配备合适的控制人员;建立明确的控制责任制;建立严密的组织;完善组织内部信息系统,保证信息的上下沟通顺畅和及时反馈;合理分权,做好协调工作,形成高效的控制网络等。

二、质量保证体系

(一)全面质量管理的特点

所谓全面质量管理,就是企业全体人员及各个部门齐心协力,把经营管理、专业技术、数量统计方法和思想教育结合起来,建立起产品的研究与开发、设计、生产作业、服务等全过程的质量体系,从而有效地利用人、财、物、时间、信息等资源,提供符合规定要求和用户期望的产品和服务。全面质量管理的特点可归纳为以下四个方面:

1. 全方位的管理。

质量不仅是产品的技术性能,还包括服务质量和成本质量。质量由设计质量、制造质量、使用质量、维护质量等多种因素构成。全面质量管理对所有产品质量的内容进行管理,而不是只关注局部的质量管理。

2. 全过程的管理。

质量管理其范围是产品质量的产生、形成和实现的全过程,包括市场调查、研究、开发、设计、制造、检验、运输、储存、销售、安装、使用和维护等多个环节和整个过程的管理。所以,影响产品质量的因素是全方位的,既有组织准备,又有过程中的实施,还有善后处理,而这三者又是一个不可分割的完整的过程。

3. 全员参与的管理。

产品是通过员工劳动来完成的,企业中的每位员工及其工作都与产品质量密切相关。而且企业所提供的产品也不仅仅是一线人员努力的结果,同时也需要后台员工的配合才有保障。所以,全面质量管理要求全体员工都参加质量管理工作,并与每位员工的工作有机地结合起来,从而保证企业的产品质量。

4. 方法多样化的管理。

产品质量的影响因素复杂,既有人的因素,又有物的因素;既有客观因素,又有社会、心理因素;既有内部因素,又有外部因素。要全面系统地控制这些因素,就必须针对具体情况采取灵活的管理方法,才能使消费者满意。

(二)全面质量管理的内容

全面质量管理的内容包括设计过程、制造过程、辅助过程、使用过程等四个过程。

1. 设计过程的内容。

产品设计过程的质量管理是全面质量管理的首要环节,设计过程包括市场调查、产品设计、工艺准备、试制和鉴定等过程,即产品正式投产前的全部技术准备过程。

2. 制造过程的内容。

制造过程是指对产品直接进行加工的过程,它是产品质量形成的基础,是企业质量管理的基本环节。包括质量检验、组织文明生产、质量分析、工序质量控制等过程。

3. 辅助过程的内容。

辅助过程是指为保证制造过程正常进行而提供各种物资技术条件的过程。包括物资采购供应、动力生产、设备维修、工具制造、仓库保管、运输服务等。

4. 使用过程的内容。

使用过程是考验产品实际质量的过程。包括开展技术服务工作、处理出厂产品质量问题、调查产品使用效果和用户要求。

(三)ISO9000 系列标准

ISO9000 系列标准是国际标准化组织适应国际贸易发展的需要,于 1987 年发布的一套关于质量管理和质量保证的系列标准。内容包括正式的国际标准、技术规范、技术报告、手册和网站文件等,大约有 25 个文件。它集中发展了世界上技术先进、工业发达的国家质量管理的实践经验。ISO9000 系列标准一经发布就很快得到世界上众多国家的普遍重视,现已成为国际公认的对供方质量体系实施评审、注册的统一标准。

ISO9000 系列标准的目标是通过顾客满意让该组织全体成员和社会受益,以达到长远成功。一般来说,一个组织能够为社会提供产品或服务,就具备一个质量体系,但这个体系通常都是不完善的,存在这样或那样的问题。要健全这个体系,可以充分利用 ISO9000 系列标准,从而为企业有效地进行全面质量管理提供保证。

(四)质量管理的八项原则

在《ISO9000:2000 质量管理体系的基础和术语》以及《ISO9004:2000 质量管理体系业绩改进指南》标准中,给出了质量管理的八大原则,成为对组织进行质量管理和指导业绩改进的框架,是组织领导者有效实施质量管理工作必须遵循的原则。

1. 以顾客为中心。

组织依存于顾客，因此，组织应当理解顾客当前和未来的需求，满足顾客要求并争取超越顾客期望。

2. 领导作用。

领导者将本组织的宗旨、发展方向和内部环境统一起来，创造出使员工能够充分参与实现目标的环境。

3. 全员参与。

各级人员是组织之本，只有他们的充分参与，才能使他们的才干为组织带来最大收益。

4. 过程方法。

将相关的资源和活动作为过程进行管理，可以更高效地得到期望的结果。

5. 管理的系统方法。

针对设定的目标，识别、理解并管理一个由相互关联的过程所组成的体系，有助于提高组织的有效性和效率。

6. 持续改进。

持续改进是组织的一个永恒目标，是提高组织实力并增强竞争优势的一种手段。

7. 基于事实的决策方法。

对数据和信息的逻辑分析或直觉判断是有效决策的基础。

8. 互利的供方关系。

通过互利双赢的供方关系，增强组织和供方创造价值的能力。

八项质量管理原则可以统一概括为：组织的最高管理者应充分发挥“领导作用”，采取“过程方法”和“管理系统方法”，建立和运行一个“以顾客为关注焦点”、“全员参与”的质量管理体系，注重以数据分析等“基于事实的决策方法”，使组织得以“持续改进”。在满足顾客要求的前提下，使供方受益，并建立起“与供方互利互惠的关系”，以便在供方、组织和顾客这条供应链上实现良性运作和多赢目标。

三、质量控制方法

（一）PDCA 工作循环

在推行产品质量管理的方法时，普遍运用 PDCA 工作循环的方法。

1. PDCA 循环的步骤。

第一个步骤是计划阶段(plan)。具体内容包括明确质量管理的任务，建立质量管理的机构，设立质量管理的标准，设计质量问题检查、分析和处理的程序。

第二个步骤是实施阶段(do)。具体内容包括完成上述计划制订的各项质量管理任务，主要是实施质量标准，按照质量标准进行作业。

第三个步骤是检查阶段(check)。对实施后产生的效果进行检查，并和实施前进行对比，以确定所做的是否有效果。

第四个步骤是处理阶段(action)。对现存的质量问题立即进行纠正，同时，对未来质量的改进方案不断提出建议，并将未解决的问题转入下一轮 PDCA 循环。

计划、实施、检查、处理是一个不断循环往复的动态过程，每一次循环后都应该进入一个新的质量阶段。

2. 具体运用。

运用 PDCA 循环来解决企业质量问题，可分成八个程序：

(1)计划阶段。

程序一：对产品质量的现状进行分析，运用 ABC 分析法找出主要质量问题。

程序二：运用因果分析法分析产生质量问题的原因。

程序三：在分析出的原因中找到关键原因。

程序四：制定解决质量问题要达到的目标和计划，提出解决质量问题的具体措施和方法以及责任者。

(2)实施阶段。

程序五：按已定的目标、计划和措施执行。

(3)检查阶段。

程序六：在程序五执行以后，再运用 ABC 分析法对产品质量情况进行分析，并将分析结果与程序一所发现的质量问题进行对比，以检查在程序四中提出的提高和改进质量的各种措施和方法的效果，同时检查在完成程序六的过程中是否还存在其他问题。

(4)处理阶段。

程序七：对已解决的质量问题提出巩固措施，以防止同一问题在下次循环中再次出现。对已解决的质量问题应给予肯定，并使之标准化，即制定或修改服务操作标准，制定或修改检查考核标准以及各种相关的规程与规范。对已完成程序五但未取得成效的质量问题，也要总结经验教训，提出防止这类问题再发生的意见。

程序八：提出程序一所发现而尚未解决的其他质量问题，并将这些问题转入下一个循环中去求得解决，从而与下一循环衔接起来。

(二)因果分析法

用 ABC 分析法主要寻找企业产品的质量问题。可是这些主要的质量问题是怎样产生的呢？原因是什么？因果分析法是分析质量问题产生原因的简单而有效的方法。

在企业经营过程中，影响产品质量的因素是错综复杂的，并且是多方面的。因果分析对影响质量(结果)的各种因素(原因)之间的关系进行整理分析，并且把原因与结果之间的关系用带箭线的图形表示出来。

因果分析法采用以下程序：

(1)确定要分析的质量问题，即通过 ABC 分析法找出 A 类质量问题。

(2)分析 A 类质量问题产生的原因。找出质量问题产生的各种原因是用好这个方法的关键。

(3)将找出的原因进行整理，按结果与原因之间的关系画出因果分析图。

本章小结

1. 控制是指根据组织内外环境的变化和组织发展需要，在计划的执行过程中，对原计划进行修订或制订新的计划，并调整整个管理工作过程。控制的含义包括控制有很强的目的性、控制是通过“监督”和“纠偏”来实现的、控制是一个过程。

2. 控制的基本过程：确定控制标准；测量实际工作；发现偏差和采取纠正措施。

3. 控制工作的类型,按照不同的标准可分为许多种。按照业务范围可把控制分为生产(作业)控制、质量控制、成本控制和资金控制等。按照控制对象的全面性,又可分为局部控制和全面控制。根据信息获取的方式和时点的不同,分为前馈控制、现场控制、反馈控制(即预先控制、事中控制、事后控制)。根据改进工作的方式不同,将控制分为直接控制和间接控制。

4. 财务控制的方法很多,比较成熟且广泛应用的控制方法有财务报表法、预算控制方法、审计。

5. 原料/物料控制的常用方法:ABC分析法;经济批量法;材料需要量计划;准时盘算控制。

6. 全面质量管理可归纳为四个方面:全方位的管理;全过程的管理;全员参与的管理;方法多样化的管理。

思考题

1. 美国通用电气公司的控制标准从八个关键方面进行控制,如果是一家高星级酒店,你认为要从哪几个关键方面进行控制?

2. 为什么在计划的实施过程中会出现偏差? 纠正偏差时要注意哪些问题?

3. 调查一家高星级酒店,哪些措施属于前馈控制,哪些属于现场控制,哪些属于反馈控制? 它们分别有哪些优缺点?

4. 走访一家企业,对该企业某一时点或时期的资产负债表、损益表、现金流量表进行解读。

5. 调查一家酒店的物资库存情况,看该酒店的库存量是否合理,为什么? 并提出你的意见和建议。

6. 你是如何理解质量管理的八项原则的?

案例6.1 新香园酒店餐饮标准成本控制

杭州新香园酒店采用了标准成本法实施对餐饮部的成本管理。在精确计算的基础上,酒店为餐饮部的每种菜肴都确定了标准成本。到营业期末,再将餐饮实际成本与标准成本相对比并进行分析,找到两者之间的差异及相应原因,协助餐饮部抓好成本控制。具体做法如下:

一、餐饮标准成本的确定

酒店首先制作标准成本书,这项工作由厨房和财务部餐饮成本组共同完成。厨房根据菜单确定每个品种菜肴的配方和用量(酒水由餐饮部酒吧组负责),由财务部成本组根据当时原材料价格计算出标准成本的金额。完整的标准成本卡还应配上菜肴或酒水、点心的照片。在餐饮经营中,由于有客人零点、宴会、自助餐及酒店内部公关等多种就餐形式,因此,餐饮标准成本的确定方法也各不相同。酒店采取了不同的办法。其中,零点菜肴按照每个品种菜肴的标准成本确定;宴会按照每套菜单中各种菜肴、点心确定整套菜单的标准餐,酒店内部公关标准餐的标准成本确定方法也类似;自助餐的标准成本确定不易把握,酒店对此十分慎重,先对自助餐投入的菜肴、点心、水果分别计算成本,然后再根据客人就餐人次和已消费的菜肴数量进行估算,测算出每位客人就餐的标准成本近似值；酒水的标准成本确定比较简单，酒店只需要对销售过程中配置的混合酒按配方计算粗标准成本，一般酒水只需按照一定时期的标准价格计算即可。

二、标准成本的计算过程

该酒店实行电脑化管理，这为实施标准成本控制带来了方便。餐饮部在实际的经营过程中只需将每一种菜肴、酒水、点心的售价和标准成本价格事先输入收银系统，在任何时候运用酒店电脑系统都可以取出各餐厅各种分类的销售收入、标准成本、标准成本率等指标的电脑报告。但在实际操作过程中，部分餐厅存在如下原因，往往使电脑不能处理出标准成本：

1. 宴会餐厅餐饮以及零点餐厅中按标准就餐的团队餐和酒店公共用餐由于标准及菜单经常变化，导致成本随之变化。

2. 餐厅推出特选、临时性特别菜肴等电脑中无标准成本价格的品种。

3. 餐厅收款员不能准确地按照货号输入订单菜肴而大量使用电脑中食品或酒水功能键，使电脑无法按菜肴品种进行区分统计。在这种情况下就需要成本组按照每一张未识别账单后的宴会菜单或餐厅订单进行单独统计，达到各餐厅销售的全部品种才能计算出标准成本。

三、标准成本分析

实施标准成本，分析是控制的关键。当月末财务人员将餐饮标准成本计算出来时，其结果与当月餐饮部实际耗用成本往往差异较大，这就需要分析影响实际成本差异的正常因素和不正常因素。

（一）影响实际成本差异的正常因素有：

1. 酒店经营过程中向客人提供的免费欢迎酒水，房间内赠送水果、食品等。

2. 免费客人的餐厅消费。

3. 没有即期收入的饭店内部公关消费和饭店高级管理人员的消费。

4. 当期餐饮原材料价格与制定标准成本时期有变化幅度。

（二）影响实际成本差异的不正常因素有：

1. 食品、酒水供应储存过程中产生损耗、短少，但由当期实际成本承担。

2. 食品粗加工过程中出净率提高或降低。

3. 食品烹饪过程中产生损耗或漏洞，如加工用量不当造成浪费、质量不合格食品不能出售、跑冒滴漏等。

4. 餐厅销售过程中管理不当造成收入和成本流失，如不按照订单出菜甚至无订单出菜等。

5. 厨房、餐厅经营过程中合理的综合利用可以降低成本消耗，如用鱼头、鸭骨、碎牛肉等做汤，用自助餐厅客人未用的剩余水果做水果色拉等。

在分析的基础上，将影响实际成本的正常差异因素，根据酒店内部有关统计单据、报表计算结果，逐一剔除出来，然后再与当月实现的营业收入的标准成本进行比较，这个差异结果就是当期实际成本与标准成本的差异，这个差异的大与小完全反映了酒店餐饮成本控制水平的低与高。在认真分析、寻找出不正常的影响实际成本差异的原因，管理方可据此采取相应的控制措施。

讨论题：

1. 餐饮企业实施成本控制的难点在哪里？
2. 实施标准成本控制法应注意哪些问题？

案例 6.2 星巴克成功的秘密

从一个咖啡店发展成咖啡帝国，星巴克以事实证明关系资产与有形资产一样至关重要。

1986 年，霍华德·舒尔茨购买并改造了星巴克。15 年后，星巴克已经成为全球最大的咖啡零售商、咖啡加工厂及著名咖啡品牌。目前，该公司已从西雅图的一个小公司发展成为一个在全球四大洲拥有 5000 多家零售店的大型企业。星巴克给品牌市场营销的传统理念带来的冲击同星巴克的高速扩张一样引人注目。在各种产品与服务风起云涌的时代，星巴克公司却把一种世界上最古老的商品发展成为与众不同的、高附加值的品牌。然而，星巴克并没有使用其他品牌市场战略中的传统手段，如铺天盖地的广告宣传和巨额的促销预算。在过去的 20 年中，星巴克在广告上的支出大约为 2000 万美元，平均每年 100 万美元。2001 年《商业周刊》分析世界前 100 个品牌中，宝洁公司的“帮宝适”(Pamper)品牌排在第 92 位(星巴克排名第 88 位)，其每年在广告上的支出大约为 3000 万美元。

那么，星巴克从一个西雅图小公司发展成为全球的商业帝国，其秘密究竟何在？事实上，“关系理论”作为星巴克的核心价值观，同烤制高品质的咖啡豆一样重要。星巴克的核心价值观贯穿于公司的业务始终，这种核心价值观起源并围绕于人与人之间的“关系”。

当现代的企业集中精力做好主营业务的时候，他们越发地依赖同主要股东的合作关系——使客户参与产品的开发、与供应商共享信息资源、与合作伙伴建立广泛和持久的沟通桥梁，企业的各个部门需步调一致。历史证明许多企业已有了一定的心得体验并在不断地完善。随着知识经济全球化的发展，企业应该以星巴克公司为榜样，用同样严格的手段，管理自己的“关系”网络。

星巴克的历程

1971 年在美国西雅图“Pike Place”市场，星巴克第一家分店正式开业。当时，美国经济已经从 60 年代巅峰走向衰退，咖啡的销量也已经下滑，咖啡的消费群体占总人口的 75%；80 年代咖啡销量进一步减少；90 年代以后，咖啡消费人群基本保持稳定。现在，美国 52% 的成人每天都喝咖啡，平均每天 3 杯；另外有 28% 的成人不定期饮用咖啡。

20 世纪 70 年代初，咖啡消费人群不断地减少，但三个大学伙伴还是建立了星巴克公司，开发咖啡消费领域并在今后的几十年中飞速发展。自从星巴克以磅为单位销售咖啡以后，市场上对这种特制咖啡——口感丰富、味道浓郁、粉末细致的咖啡兴趣与日俱增。北美每年都有更多的人执迷于咖啡，像星巴克公司这样的咖啡店对人们的影响是巨大的。它增强了客户对高品质咖啡的意识与需求。星巴克的最初发展，得益于舒尔茨早期的战略和理念，公司始终追求“市场第一”的战略，从太平洋西岸到芝加哥再到加利福尼亚广建分店。

1990 年，星巴克开始盈利，但只有充足的资金才能满足舒尔茨雄心勃勃的发展计划。他拒绝从银行贷款和以特许经营方式获取资金。他害怕自己精心挑选和烤制的咖啡在销售末端由于无法顾及的细节而遭到玷污。最终他选择资本密集型战略——上市。1992年6月26日，星巴克在Nasdaq市场正式挂牌上市，缩写“SBUX”，上市招股210万股，每股17美元，融资总额为2800万美元。它为星巴克今后的发展补足了动力燃料。

星巴克依靠最初的战略扩张到美国各地。先在主要的城区开店，再围绕该店在附近郊区开店。城区店成为郊区店和小城镇店分店的起点。由于有些分店相邻太近，竞争无法避免。但是公司认为同一地区的多家分店可以树立品牌形象和增加客户的便利度。星巴克很少使用传统的广告手段进行宣传。众多相临分店增强了品牌的认知度，极大方便了老客户。如果以特许经营方式开分店，这种矛盾就很难解决。1996年，星巴克已经在美国开设了1000多家分店。同年，它在日本东京开设第一家海外分店，全球扩张战略开演了。

星巴克在以绿茶为主要饮料的国家获成功，说明它的理念能被不同文化背景所接受。到2002年，星巴克已经在四大洲拥有分店。2000年营业额为22亿美元，利润9460万美元。2001年营业额为26亿美元，利润大涨32%，达到1.81亿美元。星巴克的成功主要得益于对“关系理论”的重视，特别是同员工的关系。后来，舒尔茨写道：知名的品牌和尊重员工使我们挣了很多钱并很具竞争力，两者缺一不可。

舒尔茨意识到员工在品牌传播中的重要性，他另辟蹊径开创了自己的品牌管理方法。本来用于广告的支出被用于员工的福利和培训。1988年，星巴克成为第一家为临时工提供完善的医疗保健政策的公司。1991年，星巴克成为第一家为员工(包括临时工)提供股东期权的上市公司。通过一系列“员工关系”计划，公司确实收获不浅。在改革福利政策之后，员工的流动率大幅下降。

星巴克通过有效的奖励政策，创造环境鼓励员工们自强、交流和合作。因为所有的员工都拥有期权，他们同样被称为“伙伴”。即使星巴克公司的总部，也被命名为“星巴克支持中心”，说明管理中心的职能是提供信息和支持而不是向基层店发号施令。

星巴克公司通过权力下放机制，赋予员工更多的权力。各地分店也可以做出重大决策。为了开发一个新店，员工们团结于公司团队之下，帮助公司选择地点，直到新店正式投入使用。这种方式使新店最大程度地同当地社会接轨。创造“关系”资本，跨越企业内部障碍，实现文化、价值观的交流，是创造企业关系资本的基础。

客户资产。星巴克认为他们的产品不单是咖啡，而且是咖啡店的体验。研究表明：2/3的成功企业的首要目标就是满足客户的需求和保持长久的客户关系。相比之下，那些业绩较差的公司，这方面做得就很不够，他们更多的精力是放在降低成本和剥离不良资产上。

星巴克一个主要的竞争战略就是在咖啡店中同客户进行交流，特别重要的是咖啡生同客户之间的沟通。每一个咖啡生都要接受24小时培训：客户服务、基本销售技巧、咖啡基本知识、咖啡的制作技巧。咖啡生需预感客户的需求，在耐心解释咖啡的不同口感、香味的时候，大胆地进行眼神接触。

星巴克也通过征求客户的意见，加强客户关系。每个星期总部的项目领导人都当众宣读客户意见反馈卡。

当星巴克准备把新品发展成为一种品牌的时候，客户关系是星巴克考虑的因素。

他们发现:客户会建议将新品改良成为另一品种。客户能够看到一种新产品或服务与星巴克品牌核心实质的关系。例如,客户不认可咖啡与冰激凌口味的不一致性。

供货商资产。星巴克的关系模式延伸到供货商,包括咖啡种植园的农场、面包厂、纸杯的加工厂等。

通过对"关系"资本的研究表明:星巴克遵从着成功企业的模式。当企业把工作的重心放在主业的时候,同供应商的关系至关重要,特别是关键商品和附加服务的供应商。成功企业知道商业交易和相互信任之间的根本区别,他们使相互信任在采购过程中"制度化",因此在进行正常业务的时候,成功企业进一步紧密供应商的关系,最后捆绑和整合成战略伙伴。供应商将承担更多的责任和义务。

企业希望同供应商保持长久的合作关系,这不像从一个价格比较低廉的供应商那里买东西那么简易。星巴克的采购经理 Buck Hendriy 说:"质量放在第一位,服务放在第二位,价格放在第三位。我们不会因为低价格而在质量和服务方面放宽标准。"

挑选供应商是一个相对漫长和正规的过程,各部门有关员工都将参与进来,由采购部门牵头,履行程序,提供范围。产品开发、品牌管理和业务部门的员工也会参与其中,这使星巴克公司了解整个供应渠道及对今后业务的影响。为达到特殊的质量标准,星巴克从生产能力、包装和运输等多个方面对供应商进行评估,只有具备发展潜力的供应商才能与星巴克荣辱与共。

星巴克已经花费大量人力、物力、财力来开发供应商,所以希望长期稳定的关系,积极配合控制价格而不只是简单地监管价格。星巴克副总裁 John Yamin 说,失去一个供应商就像失去我们的员工,我们花了许多时间和资金培训他们。

双方合作的合约一旦签订,星巴克公司希望得到特惠待遇,如价格、折扣、资源等。作为回报,供应商的营业额将会随着星巴克的壮大而上升。由于星巴克极其严格的质量标准,供应商们也会得益于星巴克良好的品牌。长期的合作提升了供应商的声誉,他们会收到更多的订单。

一旦采购程序开始履行,星巴克会积极地同供应商建立良好的工作关系。在开始的第一年合作双方的代表会见面 3～4 次,以后每半年或一年做一次战略业务评估。战略性的产品或战略性的地域越多,高层人员介入的也越频繁。评估的内容包括供应商的产量、需要改进的地方等等。另外,双方还会就生产效率、提高质量、新品开发进行频繁的接触。星巴克希望供应商了解业务需求,包括产品的趋势发展、成本的理想化、生产效率等诸多因素,以求得牢固的合作关系。特许经营模式在舒尔茨精心呵护下,星巴克凭借日益强大的品牌,通过各种联盟来销售和开发星巴克的产品。

为使客户在更多的地点感受星巴克的服务,除星巴克分店之外,星巴克通过机场、书店、酒店、百货店来销售产品。"在星巴克严格的质量管理和特许销售行为之间,产品品质的控制是有风险的,"舒尔茨说,"这是一种内在矛盾"。因此,星巴克制定了严格的选择合作者的标准:合作者的声誉、对质量的承诺和是否以星巴克的标准来培训员工。

星巴克的特许业务包括业务联盟、国际零售店许可、商品零售渠道许可、仓储娱乐部项目、直销合资厂等等。星巴克的第一张许可证是给 HMS(美国最大的机场特许经营服务商)。如今,星巴克的特许经营店已经发展到 900 多家,包括:Barnes & Noble 书店,零售连锁店 Target Albertson,另外美联航与 Marriot 等公司也已经和星巴克签订协议，只提供星巴克的咖啡。

星巴克在许可经营和特许加盟连锁店之间，更倾向于前者，因为前者更容易控制。两者在销售品牌上是最近似的，但因为许可经营者不像后者拥有加盟店的产权，只是付费经营，因此更容易控制管理。星巴克希望合作者们赢利，对于合作者提供的相关产品(比如运输和仓储等)都不赚取利润，星巴克只向合作者收取一定的管理费用。

Barnes & Noble 公司是同星巴克合作最成功的公司之一。他们认为书籍和咖啡是天生的一对。Barnes & Noble 书店早已经发起一项活动——把书店发展成人们社会生活的中心。为吸引更多的顾客，这里需要一个休闲咖啡店。1993 年 Barnes & Noble 开始与星巴克合作，星巴克在书店里开设自己的零售业务，双方都从中受益。早晨星巴克已把人流吸引进来小憩而不是急于购书；而书店的人流则增加了咖啡店的销售额。以后，Barnes & Noble 书店在星巴克没有业务的地区或暂没有开店计划的地区，设立了 Barnes & Noble 咖啡店。它得到星巴克的许可经营星巴克咖啡，星巴克的 Hendrix 说，由于该公司的经营理念与星巴克相近似，使合作顺利进行。但当星巴克在美国中西部开始设立自己分店的时候，尽管双方都试图尽量不侵犯对方领地而又要确保自己的业务量增长，但是双方的矛盾冲突却不可避免。最终双方坐下来解决矛盾，达成一致。星巴克不在 Barnes & Noble 设立咖啡专卖店。而在 400 多家 Barnes & Noble 图书连锁店内只提供星巴克咖啡，拥有大量不可缺少的客户。Hendrix 说，你可以设想一下在这 400 多家书店里，顾客品尝的是另外品牌的咖啡是什么感觉？

星巴克还同食品公司和消费品公司结成战略联盟。例如：食品服务集团和指南针集团为公司、学校、医院、提供晚餐，在这里人们可以喝到星巴克咖啡。通过同百货公司如 Kraft 和 Dreyer 等公司的合作，使星巴克的品牌延续到了百货零售渠道中，充分利用了现有的分销网络，并共同分担了物流费用。星巴克同 Kraft 公司的合作开始于 1998 年，它使人们可以在商店里买到星巴克的咖啡豆和咖啡粉。Kraft 公司拥有食品工业中最大的直销团队，成为星巴克最大的零售商之一。它还为星巴克展开一系列市场推广活动，人们可以从咖啡车上得到星巴克咖啡的样品。

不过，在迅猛的扩张过程中，星巴克在关系资本的管理方面也面临一系列挑战，比如如何使用先进技术工具，提高服务质量，又不会破坏咖啡调制生和顾客的亲密关系？如何使新的合作者接受企业文化，理解其在组织机构的重要地位？如何使更多的供货商保持卓越的质量、合理的价格？

对这些问题，舒尔茨的看法是："更多的分店使人们感到星巴克正变得无处不在，如果我们始终保持同合作者相互信任这个优势，能否会使一个 25000 人的企业发展到 50000 人的企业？对实现这个目标，我坚信不疑。而关键问题在于我们如何在高速发展中保持企业价值观和指导原则的一致性。"

讨论题：

1. 从控制理论角度来看，星巴克的管理活动属于什么类型的控制？
2. 星巴克把握了哪些关键控制点，控制的有效性如何体现？
3. 试分析星巴克管理控制的艺术性体现于哪些地方？
4. 星巴克是如何解决利益相关者冲突的，如何获取合作价值的？

第七章　创新管理

本章导读　管理是在动态环境中生存的社会经济系统，仅有维持是不够的，必须不断调整系统活动的内容和目标，以适应环境变化的要求，这即是创新管理。

所谓创新是指建立“新的生产函数”，即“企业家对生产要素的新组合”，也就是把一种从来没有过的生产要素和生产条件的“新组合”引入生产体系，从而引起生产方式的变革，形成一种新的生产能力。通过本章的学习，使学生了解创新的基本类型和主要内容，重点掌握技术创新和管理创新，形成创新意识。

第一节　创新概述

一、创新的概念

创新是管理的永恒主题。“创新”这一概念，最早是由奥地利经济学家约瑟夫·熊彼特提出来的。他在1912年出版的著作《经济发展理论》一书中首次阐述了“创新”的含义，指出创新就是建立“新的生产函数”，即“企业家对生产要素的新组合”，也就是把一种从来没有过的生产要素和生产条件的“新组合”引入生产体系，从而引起生产方式的变革，形成一种新的生产能力。具体来说，创新包括以下五种情况：

(1)引进一种新产品，即消费者还不熟悉的产品，或提供产品的一种新功能。

(2)采用一种新的生产方法，即制造部门中未曾采用过的方法。这种新的方法并不需要建立在新的科学发现基础之上，可以是商业上处理产品的一种新的方式。

(3)开辟一个新的市场，就是使产品进入以前不曾进入的市场，不管这个市场以前是否存在过。

(4)获得一种原材料或半成品的新的供给来源，不管这种来源是已经存在的，还是第一次创造出来的。

(5)实行一种新的企业组织形式，比如造成一种垄断地位或打破一种垄断地位。

值得注意的是，熊彼特所指出的创新的五个方面，都具有特殊的含义。他所说的采用一种新产品，不是开发一种新产品，而是向消费者推销一种他们尚不熟悉的产品的方式方法的运用过程；他所提到的采用一种新的方法，也不是建立在新的科学发现之上的方法，而是新的商业处理方式；他所指出的开辟一个新市场、寻求新的原材料供给来源、创造新的组织形式等均可以理解成资源配置的新方式。可见，熊彼特所提出的创新概念，其含义是相当广泛的。凡是能够提高资源配置效率的新活动都是创新，但创新并不一定是全新的东西，旧的东西以新的形式出现或以新的方式结合，只要这种新组合能够带来资源配置效率的提高，都包含在熊彼特所定义的创新范畴之内。

创新的最主要特点是新颖性和具有价值性。新颖性包括三个层次：世界新颖性或绝对新颖性；局部新颖性；主观新颖性，即只是对创造者个人来说是前所未有的。具有价值这个特点与新颖性密切相关，世界新颖性的价值层次最高，局部新颖性次之，主观新颖性更次之。

二、创新的基本类型

创新可以按照不同的标准进行分类。对创新进行分类的目的，是为了在实际工作中能够针对不同类型的创新，采取不同的创新方法和手段，从而更有效地开展创新活动。由于创新主体所在的行业、规模、环境及创新能力不同，创新必然表现出不同的类型。

（一）按创新的广度和深度，可以把创新分为渐进性创新、根本性创新、技术系统变革和技术经济范式变更

从创新的一般定义看，创新主要包括两层基本含义：一是指对原有事物的改变；二是指新事物的引入。据此，创新可分为两大类：一类着重于对原有事物的改进，另一类着眼于新事物的形成。

1. 渐进性创新。

渐进性创新是指渐进的、连续的小创新。这些创新常出自直接从事生产的工程师、工人、用户之手。渐进性创新所涉及的变化都是建立在现有技术和生产能力之上的变化和用于现有市场和顾客的变化。通常情况下，渐进性创新对产品成本、可靠性和其他性能都有显著的影响。虽然每个渐进的创新所带来的变化是小的，但它的重要性不可低估。这是因为：一是许多大创新需要有与它相应的若干小创新辅助才能发挥作用，如计算机是一项重大创新，但 离开软件的不断升级换代这些小创新，计算机就不可能普及得那么快。二是一些创新虽然从规模、科学突破上较小，但却具有很大的商业价值。三是渐进创新的累积效果常常促使创新发生连锁反应，如由火柴盒、包装箱发展起来的集装箱、由收音机发展起来的组合音响等，都是渐进创新的结果。

2. 根本性创新。

根本性创新是指在观念上和结果上有根本突破性的创新，通常是指企业首次向市场引入的、能对经济产生重大影响的创新产品或技术。它一般是研究开发部门精心研究的结果，常伴有产品创新、过程创新和组织创新的连锁反应。这类创新要求全新的技能、工艺，以及贯穿整个企业的新的组织方式。根本性创新不仅会造成现有技术和企业原有的核心能力过时，而且会引起产业结构的变化，从而使竞争的性质和竞争格局发生改变。

根本性创新主要表现在三个层面上：一是对企业系统的局部变革，如生产工艺、操作方法的改进等。它既可能形成新的学科理论，也可熊产生新的管理方法。二是对企业系统的整体变革。其特征是波及企业生产经营活动的整个系统，形成了有关联的创新簇群，并因此形成全新的管理模式。三是超企业系统的社会变革。即企业通过创新成果的扩散影响或改变整个社会的结构和条件。

3. 技术系统变革。

这种创新将产生具有深远意义的变革，影响经济的几个部门，并伴随新兴产业的出现。这种创新不但有根本性的创新、渐进性的创新，而且有技术上有关联的创新群的出现。

4. 技术经济范式变更。

这种创新既伴随着许多根本性的创新群，又包含许多技术系统变革的创新。例如，蒸汽机、电力、电子技术、计算机等就属于这种创新。这种创新不仅创造新的产品，而且创造新的产业门类，几乎影响到经济的每一个部门，并改变人们的常识。

（二）按创新的组织方式，可以把创新分为自主创新、模仿创新和合作创新

1. 自主创新。

自主创新是指企业通过自身的努力，依靠自身力量所进行的创新。在自主创新中，知识、技术或制度等方面的关键性突破是依靠自身力量实现的，这是自主创新的本质特点。就其运作机制而言，自主创新或者源于所要解决问题的特殊性，或者旨在追求知识、技术或市场方面的率先性。一般来说，自主创新所具有的率先性不仅能为创新企业在竞争环境中确立优势地位提供前提，而且还能给创新企业带来大量的渐进创新以及与之相关联的创新簇群。在各种创新活动中，自主创新最具有主动性和专有性，但这种主动性和专有性是以企业自身的知识和能力为条件的，也是以独立承担创新风险为代价的。因此，自主创新也是难度最大、风险最高的创新。自主创新主要适用于风险型及高新技术中小企业。“据美国学者马奎斯对美国企业500个小型创新的调查，自主创新的比例在产品创新中占80%，在元件创新中占84%，在工艺创新中占65%。”

2. 模仿创新。

模仿创新是指企业在率先创新的示范影响和创新利益的诱导之下，通过合法方式学习、模仿别人的创新思路和创新成果，并在此基础上进行改进的一种创新形式。显然，模仿创新不是照抄照搬性的原样仿造，而是在保持原样的前提下有所发展、有所改善。一般来说，模仿创新是一种跟随性的被动创新。但模仿创新对模仿对象的选择，往往以率先创新的成功企业为基础，这样模仿创新就具有较低的风险，而且可以吸取率先创新成功者的经验和教训，因而模仿创新常常具有较强的针对性。

3. 合作创新。

合作创新是指企业与科研机构、高等院校及其他企业之间所进行的联合创新行为。它通常是以合作伙伴的共同利益为基础，以资源共享和优势互补为前提，有明确的合作目标、合作期限和合作规则，双方相互信任，在创新的全过程或某些环节共同投入、共同参与、共享成果、共担风险。因此，合作创新不但可以使创新资源组合趋于优化，缩短创新时间，减少创新的不确定性，扩大创新空间，而且能够分解创新成本，分散创新风险。通过合作创新，还往往可以使具有激烈竞争关系和利益冲突的企业联合起来，使合作各方获得更大的利益。所以合作创新已成为非常重要并日渐趋于普遍的一种创新方式。合作创新的主要形式有：企业与企业之间的合作创新，企业与科研机构之间的合作创新，企业、高等院校及研究机构之间的合作创新等。

(三)按创新的动力来源,可以把创新分为主动创新和被动创新

1. 主动创新。

主动创新是指企业受到激励而产生的主动创新行为,表现为"我要创新"。主动创新在创新时间上领先、在创新成果上领先、在创新的持续性上领先。企业从事主动创新的前提是企业家看到或寻找到潜在的市场机会或发现科技成果的应用前景。企业主动创新的支持力量来源于企业强烈的创新倾向,创新所需的知识积累和人才、资金、信息。从事主动创新的企业在创新方式上可以多样化,既可以自主创新,也可以是模仿创新。

主动创新的企业有三种类型:一是突破型。企业始终致力于开发同行业中的全新产品或用新产品打入新的行业。这类企业多为各行业中的竞争优势企业或著名企业。二是依存型。企业的生存与发展依赖于技术的更新换代,依赖于技术领先,没有这些变化企业难以生存。在新兴产业和竞争性产业中,这类企业较多。三是超越竞争型。这类企业旨在通过创新提高竞争力,使竞争对手的竞争力低于自己的竞争力。超越竞争表现在企业战胜竞争对手的意 图强烈。那些由弱变强的企业都是超越竞争的企业。

2. 被动创新。

被动创新是指企业迫于外在压力,在生存和发展受到威胁时所从事的创新。被动创新不会成为率先创新者,其最佳境界是成为创新追随者。被动创新有其存在的客观条件,采用守成战略或缺乏创新意识的企业从事的是被动创新。被动创新对企业发展是谋利之举,它也许对企业业绩无大的改观,但却能起到对业绩的维持作用。被动创新的企业属竞争适应型企业,其创新目标在于适应市场变化,不思创造新市场,满足于保护市场份额和竞争地位。

三、创新的主要内容

创新的内容主要有目标创新、技术创新、制度创新、组织创新、管理创新、环境创新。

(一)目标创新

企业是在一定的经济环境中从事经营活动的,特定的环境要求企业按照特定的方式提供特定的产品。一旦环境发生变化,要求企业的生产方向、经营目标以及企业在生产过程中与其他社会经济组织的关系进行相应的调整。在新的经济背景中,企业的目标必须调整为:"通过满足社会需要来获取利润。"至于企业在各个时期的具体的经营目标,则更需要适时地根据市场环境和消费需求的特点及变化趋势加以整合,每一次调整都是一种创新。

(二)技术创新

技术创新是企业创新的主要内容,企业中出现的大量创新活动是有关技术方面的,因此,有人甚至把技术创新视为企业创新的同义语。技术水平是反映企业经营实力的一个重要标志,企业要在激烈的市场竞争中处于主动地位,就必须顺应甚至引导社会技术进步的方面,不断地进行技术创新。

技术创新的内容将在本章第二节详细阐述。

（三）制度创新

技术创新主要是从技术角度分析了人、机、料各种结合方式的改进和更新，而制度创新则需要从社会经济角度来分析企业各成员间的正式关系的调整和变革，制度是组织运行方式的原则规定。

1. 产权制度是决定企业其他制度的根本性制度，它规定了企业最重要的生产要素的所有者对企业的权利、利益和责任。

不同时期，企业各种生产要素的相对重要性是不一样的。在主流经济学的分析中，生产资料是企业生产的首要因素，因此，产权制度主要指企业生产资料的所有制。目前存在两大生产资料所有制：私有制和公有制（或更准确地说是社会成员共同所有的"共有制"），这两种所有制在实践中都不是纯粹的。企业产权制度的创新也许应朝向寻求生产资料的社会成员"个人所有"与"共同所有"的最适度组合的方向发展。

2. 经营制度是有关经营权的归属及其行使条件、范围、限制等方面的原则规定。

它表明企业的经营方式，确定谁是经营者，谁来行使企业生产资料的占有权、使用权和处置权，谁来确定企业的生产方向、生产内容、生产形式，谁来保证企业生产资料的完整性及其增值，谁来向企业生产资料的所有者负责以及负何种责任。经营制度的创新应是不断寻求企业生产资料最有效利用的方式。

3. 管理制度是行使经营权、组织企业日常经营的各种具体规则的总称，包括对材料、设备、人员及资金等各种要素的取得和使用规定。

在管理制度的众多内容中，分配制度是极重要的内容之一。分配制度涉及如何正确地衡量成员对组织的贡献并在此基础上如何提供足以维持这种贡献的报酬。由于劳动者是企业诸要素利用效率的决定性因素，因此，提供合理的报酬以激发劳动者的工作热情对企业的经营就有着非常重要的意义。分配制度的创新在于不断地追求和实现报酬与贡献的更高层次上的平衡。

产权制度、经营制度、管理制度这三者之间的关系是错综复杂的。一般来说，一定的产权制度决定相应的经营制度。但是，在产权制度不变的情况下，企业具体的经营方式可以不断进行调整；同样，在经营制度不变时，具体的管理规则和方法也可以不断改进。而管理制度的改进一旦发展到一定程度，则会要求经营制度作相应的调整；经营制度的不断调整，则必然会引起产权制度的革命。因此，反过来，管理制度的变化会反作用于经营制度；经营制度的变化会反作用于产权制度。

企业制度创新的方向是不断调整和优化企业所有者、经营者、劳动者三者之间的关系，使各个方面的权利和利益得到充分的体现，使组织成员的作用得到充分的发挥。

（四）组织创新

企业系统的正常运行，既要求具有符合企业及其环境特点的运行制度，又要求具有与之相应的运行载体，即合理的组织形式。因此，企业制度创新必然要求组织形式的变革和发展。

从组织理论的角度来考虑，企业系统是由不同的成员担任的不同职务和岗位的结合体。这个结合体可以从结构和机构这两个不同层次去考察。所谓机构是指企业在构建组织时，根据一定的标准，将那些类似的或为实现同一目标有密切关系的职务或岗位归并到一起，形成不同的管理部门。它主要涉及管理劳动的横向分工问题，即把对企业生产经营业务的管理活动分成不同部门的任务；而结构则与各管理部门之间，特别是与不同层次的管理部门之间的关系有关，它主要涉及管理劳动的纵向分工问题，即所谓的集权和分权（管理权力的集中或分散）问题。不同的机构设置，要求不同的结构形式；组织机构完全相同，但机构之间的关系不一样，也会形成不同的结构形式。

由于机构设置和结构的形成要受到企业活动的内容、特点、规模、环境等因素的影响，因此，不同的企业有不同的组织形式，同一企业，在不同的时期，随着经营活动的变化，也要求组织的机构和结构不断调整。组织创新的目的在于更合理地组织管理人员的努力，提高管理劳动的效率。

（五）管理创新

管理创新是一种有目的的能动性实践活动，是管理者根据内外环境的变化而采用的一种新的更有效的资源整合和协调范式，以促进企业管理系统综合效率和效益目标实现的过程。

管理创新的内容将在本章第三节详细阐述。

（六）环境创新

环境是企业经营的土壤，同时也制约着企业的经营。企业与环境的关系，不是单纯地去适应，而是在适应的同时去改造、去引导甚至去创造。环境创新不是指企业为适应外界变化而调整内部结构或活动，而是指通过企业积极的创新活动去改造环境，去引导环境朝着有利于企业经营的方向变化。例如，通过企业的公关活动，影响社区政府政策的制定；通过企业的技术创新，影响社会技术进步的方向等等。就企业来说，环境创新的主要内容是市场创新。

市场创新主要是指通过企业的活动去引导消费，创造需求。成功的企业经营不仅要适应消费者已经意识到的市场需求，而且要去开发和满足消费者自己可能还没有意识到的需求。新产品的开发往往被认为是企业创造市场需求的主要途径。其实，市场创新的更多内容是通过企业的营销活动来进行的，即在产品的材料、结构、性能不变的前提下，或通过市场的物理转移，或通过揭示产品新的使用价值，来寻找新用户，或通过广告宣传等促销工作来赋予产品以一定的心理使用价值，影响人们对某种消费行为的社会评价，从而诱发和强化消费者的购买动机，增加产品的销售量。

第二节　技术创新

一、技术创新的概念

随着科学技术的日新月异，要想保持技术上的先进性，必须不断地实行技术创新。因此，研究企业技术创新的理论与方法，对增强企业的创新意识、提高企业的创新能力具有十分重要的现实意义与方法上的指导作用。

（一）技术创新的定义

熊彼特将技术创新定义为一种生产函数的转移，或是一种生产与生产条件的新组合，其目的在于获取潜在的超额利润。它包括以下几个方面：生产新的组合；引进新的生产方法、新的工艺过程；开辟新的市场；开拓并利用新的原料或半制成品的供给来源；采用新的组织方法。

随着时代的发展,技术创新可以简单定义为一项新构思从研究开发一直到市场价值实现全过程的活动。通俗地说,技术创新是科技成果的商业化过程。

(二)技术创新的主要类型

由于企业所处行业、技术水平、规模、发展环境及企业体制等呈现无限的多样性,企业技术创新技术也必然表现出不同的类型,而且随着经济的发展和科技的进步,企业技术创新的类型也将更加丰富多彩。

(1)产品创新。产品创新是指企业在产品的生产和经营过程中,对其自身生产或经营的产品所从事的改进、提高或发明的创新活动。它可分为重要创新和渐进创新两类。一般说来,重要创新对企业的发展影响较大,渐进创新对企业的影响有小有大,但前者往往比较难以实现,投入也大,后者较易做到。

(2)服务创新。服务创新是近些年服务业尤其是知识密集型服务业兴起的结果,它既包括新构思、新设想转变成新的或者改进的服务,又包括改变现有的组织机构推出新的服务。目前兴起的网络服务是服务创新的成功例证。由于服务创新投入较小,而且市场需求变化快,因而是最适合企业特点的技术创新类型之一。

(3)工艺创新。工艺创新是指研究和采用新的或有重大改进的生产方法,从而改进现有产品的生产或提高产品的生产效率。由于工艺创新对开发新产品、改进原有产品及提高原有产品的质量和产量都具有重要作用,因此其重要性并不亚于产品创新。一般情况下大多数工艺创新是渐进的,投入大小和难度都比较适合企业的特点,因而也是企业技术创新的重要途径之一。

产品(服务)创新和工艺创新之间常常互相影响、相互交融、相互促进,并与企业的直接经营活动密切相关,因而具有较大的普遍性,在企业的技术创新活动中占有重要位置。

(三)企业技术创新的必然性

技术的应用及创新对企业至关重要,而技术的创新更加关键。可以毫不夸张地说,如果哪个企业的技术停滞不前、不求创新,那就意味着这家企业给自己判了死刑。创新是一个企业发展的动力,可以增强企业的竞争力。

无论企业有多老,产品必须年轻,必须与时俱进。一个企业能够成为“剩者”已经不容易,而这个“剩者”还能做到长盛不衰就更难得。企业做久了容易做出定式,容易墨守成规。很多企业之所以由盛而衰,都是没能从企业过去的成功中走出来,背负了成功的包袱。时代变了,而自己没有跟着变,最终将被淘汰。微软的成功因素之一就是一直在不断地进行创新、创新、再创新。尽管人们无法忍受 Windows 居高不下的价格,尽管人们指责微软每次借版本更新的时机提升产品的价格,可还是抵挡不住 WindowsXP 的诱惑进而“喜新厌旧”舍弃 Windows 98,有时花费的代价还不仅仅是一套 WindowsXP 系统的价钱,甚至为此还要淘汰掉手中的“奔Ⅲ”计算机,否则,无论如何也体验不了 WindowsXP 的先进性和新增加的功能。如果微软不保持持续创新的能力,不继续更新 Windows 版本,或许早就死掉了,当年最受追宠的 Windows95 如今还会有人“买单”吗?比尔·盖茨总是“心惊胆战”地自称微软只有 18 个月的“寿命”。正是由于一直坚持打破常规,才使得微软成为全球最大规模的计算机软件公司和最有价值的企业,涉足操作系统、应用软件、开发工具、多媒体及网络技术等许多领域。其软件产品层出不穷,以数十种语言版本畅销上百个国家和地区;其业务机构遍及全球,员工总数达36000多人。在自身迅猛成长的同时，微软更时刻推动着全球个人计算机的广泛应用和电子信息产业的发展。

二、企业技术创新的模式和策略

（一）技术创新的模式

根据技术创新的方法，我们可以将其分为三种基本模式：自主创新模式、模仿创新模式和合作创新模式。

1. 自主创新模式。

这是指创新主体以自身的研究开发为基础实现科技成果的商品化、产业化和国际化、获取商业利益的创新活动。自主创新具有率先性，通常率先者只能有一家，其他都只能是跟随者。自主创新有时也用来表示一国的创新特征，与技术引进相对，仅指依靠本国自身力量独立开发新技术和实现创新过程的活动。自主创新所需的核心技术来源于企业内部的技术积累和突破。如美国英特尔公司的计算机微处理器、我国北大方正的中文电子出版系统就是典型的例子。这是它区别于其他创新模式的本质特点。另外，技术创新后续过程也都是通过企业自身知识与能力支持实现的。

自主创新作为率先创新，具有一系列优点：一是有利于创新主体在一定时期内掌握和控制某项产品或工艺的核心技术，在一定程度上左右行业的发展，从而赢得竞争优势；二是在一些技术领域的自主创新往往能引致一系列的技术创新，带动一批新产品的诞生，推动新兴产业的发展，如美国杜邦公司通过在人造橡胶、化学纤维、塑料三大合成材料领域的自主创新，牢牢控制了世界化工原料市场；三是有利于创新企业更早积累生产技术和管理经验，获得产品成本和质量控制方面的经验；四是自主创新产品初期都处于完全独占性垄断地位，有利于企业较早建立原料供应网络和牢固的销售渠道，获得超额利润。

自主创新模式也有自身的缺点：一是需要巨额的投入。不仅要投巨资于研究与开发，还必须拥有实力雄厚的研发队伍，具备一流的研发水平。如微软公司一年的研发投入就相当于我国一年的科技经费。二是高风险性。自主研究开发的成功率相当低，在美国，基础性研究的成功率仅为5%，在应用研究中有50%能获得技术上的成功，30%能获得商业上的成功，只有12%能给企业带来利润。三是时间长，不确定性大。四是市场开发难度大、资金投入多、时滞性强，市场开发投入收益较易被跟随者无偿占有。五是在一些法律不健全、知识产权保护不力的地方，自主创新成果有可能面临被侵犯的危险，“搭便车”现象难以避免。因此，自主创新模式主要适用于少数实力超群的大型跨国公司。

2. 模仿创新模式。

它指创新主体通过学习模仿率先创新者的方法，引进、购买或破译率先创新者的核心技术和技术秘密，并以其为基础进行改进的做法。模仿创新是各国企业普遍采用的创新行为，日本是模仿创新最成功的典范，日本松下公司、三洋电机等都依靠模仿创新取得了巨大成功。综观世界各国，当今市场领袖大多并非原来的率先创新者，更多的恰恰是模仿创新者。模仿创新并非简单抄袭，而是站在他人肩膀上，投入一定研发资源，进行进一步的完善和开发，特别是工艺和市场化研究开发。因此，模仿创新往往具有低投入、低风险、市场适应性强的特点，其在产品成本和性能上也具有更强的市场竞争力，成功率更高，耗时更短。模仿创新模式的主要缺点是被动性，在技术开发方面缺乏超前性，当新的自主创新高潮到来时，就会处于非常不利的境地，如日本企业在信息技术革命中就处于从属的地位；另外，模仿创新往往还会受到率先创新者技术壁垒、市场壁垒的制约，有时还面临法律、制度方面的障碍，如专利保护制度就被率先创新者利用，作为阻碍模仿创新的手段。

3. 合作创新模式。

它指企业间或企业与科研机构、高等院校之间联合开展创新的做法。合作创新一般集中在新兴技术和高技术领域，以合作进行研究开发为主。由于全球技术创新的加快和技术竞争的日趋激烈，企业技术问题的复杂性、综合性和系统性日益突出，依靠单个企业的力量越来越困难。因此，利用外部力量和创新资源、实现优势互补、成果共享已成为技术创新日益重要的趋势。合作创新有利于优化创新资源的组合，缩短创新周期，分摊创新成本，分散创新风险。合作创新模式的局限性在于企业不能独占创新成果，获取绝对垄断优势。

由此可见，以上三种创新模式各有优缺点，采用不同模式需要有不同的条件和要求。当然，上述三种模式也不是完全排斥的，而是可以相互结合的。首先，具有不同实力和研发水平的企业可以根据自身情况选择适宜的创新模式，少数有实力的大企业可以在某些有优势的领域选择自主创新，而大多数中小企业则适宜选择模仿创新和合作创新模式。其次，从时间上看，模仿创新往往是自主创新必经的过渡阶段，一个新建企业只有通过模仿创新才能逐步积累自己的技术、资金实力、管理经验和人才队伍，为进行自主创新创造条件。在一批这样有实力的大企业崛起之前，发展中国家过早地提出以自主创新为主是不现实的，也是难以做到的。最后，即使是一些大跨国公司，在其不同发展阶段以及对不同产品、不同技术领域，也可以同时分别采取三种不同的模式，扬长避短，改善创新效果。

（二）企业技术竞争的策略

企业技术竞争策略可以采取多种选择，但其中成功并被广泛采用的可归纳为四种：低成本型技术竞争策略、独特型技术竞争策略、多角化技术竞争策略和专门化技术竞争策略。

1. 低成本型技术竞争策略。

这一策略是通过企业内部各生产要素和各个环节的技术环节，节约能耗，从而使在向市场提供与竞争对手同样功能和同样质量产品的情况下，实现比竞争对手低的成本。这一策略适用于成熟产品与行业。低成本型技术竞争策略可以使企业在市场竞争中占有两方面优势：一是价格竞争优势；二是产业防御优势，即低成本成为潜在竞争对手的进入障碍，微利或无利可图能迫使其放弃对本产业的进入企图。但这一竞争策略也存在一定风险，如果成本膨胀便无利可赚，或是当更强大的企业进入时便导致成本战和价格战。

2. 独特型技术竞争策略。

独特技术有两种理解：一是指在整个工业范围内，或者就同行业比较来说，企业占独特优势的技术；二是指企业所采用的技术有独到之处。广义上讲，先进技术也是独特技术，因为企业开发出来的最先进技术意味着别的企业没有这种技术。

采取独特技术策略的企业，在一段时间内可以避免市场竞争压力，并获得较高的经济效益。但独特技术是动态的，环境的变化、市场需求的增加或减少以及竞争者的介入都会影响到技术的独特性。这些情况一旦发生大的变化，原有技术的独特性便会消失。企业必须寻找新的领域，研究开发新领域的独特技术，才能始终维持其竞争优势。

3．多元化技术竞争策略。

这一策略是指企业利用不同的市场机会，跨行业开发和经营多种技术产品，以分散产品开发和经营的风险，做到"东方不亮西方亮"。但采用这一策略，需要企业有雄厚的资金、技术等方面的实力。常见的多元化策略有：

(1)纵向多元化，即开发原有产品的深加工技术，以提高产品的附加值。

(2)横向多元化，即企业利用原有市场，针对原有顾客的其他需要，采用新的技术、工艺、设备来发展新产品，增加新品种。

(3)复合多元化，即把业务范围扩展到其他行业，进行与现有技术、产品没有联系的产品技术开发和经营活动。

4．专门化技术竞争策略。

这一竞争策略的核心是集中技术优势重点攻关，以特殊用途的技术产品满足特殊消费群，占领某一细分市场，并在此建立成本或产品差异方面的优越地位。专门化技术策略存在一定的市场风险，一旦发生竞争性侵入，小而专形成的局部成本优势或产品差别优势将会丧失。

三、企业创新成功的思考

知识经济时代，技术创新战略成为现代企业发展的第一战略。然而，并非任何创新都能取得成功，企业如何才能更好地把握技术创新战略，应考虑下面几个要素。

(一)发现和抓住市场机遇

满足市场需求、获得商业利润是检验创新成功与否的最终标准，所以技术创新要始于市场，终于市场，紧紧围绕市场。企业首先要对市场进行深入的了解、分析，进而发现市场的现实和潜在需求，抓住市场机遇。通常来说，市场机遇主要来源于市场的拉力和技术的推力，这两者是技术创新的催化剂，而以市场为导向的市场拉力式的技术创新，对技术创新的成功往往起着更为重要的作用。海尔开发的"双富豪"和"雪富豪"冷柜就属于市场拉动式技术创新。海尔在市场调查中发现，食品店或冷饮店对冷柜的需求量很大，但市场上却没有专门为此设计的产品，海尔从市场需求出发开发的"双富豪"和"雪富豪"冷柜，正是专为食品店和冷饮店设计的。这两款冷柜问世以来，在全国各地市场引起了轰动。

企业技术创新的实践表明，在企业参与的几乎所有成功的技术创新项目中，企业从一开始就对市场需求情况有所了解，并对创新项目可能带来的效益有一定的估计。同时，企业在技术创新过程中也要做好商业化的准备，抓住创新项目可能给企业带来的商机，而不是等到项目完成、新产品或新工艺开发成功后再去考虑市场，否则创新战略就很难成功。

(二)创新目标要明确

企业在确定创新目标时要从市场出发，结合技术的可行性，认真制定出简单明确、参与者认同的切实可行的技术创新目标。确定了创新项目的目标以后，还必须据此制订有关的工作计划，把各项目标细分和转化为对项目的实际要求。工作计划分为技术和经济两方面的计划，技术方面要确定所要达到的技术要求和指标，经济方面应确定项目成本和市场回报率。企业在选择创新目标时，技术方面的因素是前提，经济方面的因素是基础，必须把它们结合起来加以考虑，做好可行性的认证工作。

（三）技术创新战略要突出重点

技术创新战略就是根据技术创新目标来构造其创新过程所遵循的指导思想，以及在这种思想指导下一系列规划、内容和程序等方面的决策。它具有全局性、长远性和可靠性的特点。具体来讲，技术创新战略主要从宏观上解决 3 类问题：①技术创新面向市场竞争采取何种态势，是进攻型或是防卫型；②研究开发何种技术；③采用何种方式进行技术的研究和开发。企业在技术创新活动中要获得成功必须制定有效的技术创新战略，突出重点，确定长期、中期和短期发展目标及相应的措施。

首先，确定技术创新的战略意图。它是企业长期追求的最高目标和理论，其核心内容可用最简洁的语言来表达，如海尔的战略意图是“真诚到永远”。战略意图的主要特点是长期性、稳定性和超越性，它为企业技术创新提供长期指导并为企业技术进步和发展提供动力。

其次，确定战略意图实现的战略方案和战略措施。企业应将所要达成的总目标划分成阶段性的近期可望实现的分目标和切实可行的措施。这个目标要突出重点，如邯钢将行业最低成本指标作为自己的重要目标，佳能复印机为打败施乐而确定的创新重点是提高产品功能，同时降低成本。

最后，技术创新项目参与的各方动机和目的不同。企业关心的是商业回报和市场竞争优势的形成；研究机构主要的目的是开发技术，提高自身的技术水平；对企业来讲，协调好技术、商业和生产战略之间的关系特别重要。创新是一种持续过程，企业技术创新的长期战略就是要对产品和工艺进行持续不断的改进。

（四）注意细节创新定位

企业在从事技术创新的过程中不能一味地追求“高、精、尖”的技术，而要贴近消费者，无微不至地为消费者所想，把消费者的愿望和要求作为技术创新的出发点，哪怕是消费者的一个微不足道的问题，也要认真考虑。企业要学会从消费者的烦恼中捕捉用户的要求，并从解决消费者的烦恼出发来确定自己的细节创新定位。只有抓住一点一滴的细节创新，才能很快得到市场的回报。

（五）选择适当的合作伙伴

一项成功的创新项目往往是多方合作的结果，这就涉及合作伙伴的选择问题。

首先，合作伙伴的选择要有利于形成互补性的伙伴关系，包括横向和纵向互补。横向互补是指合作伙伴具有不同的产品市场目标或技术互补性。纵向互补涉及研究开发、产品生产、市场开发等过程。合作伙伴一般包括科研机构、大专院校、企业、用户等。建立稳定而有效的伙伴关系必须以互补性为基础，项目参与各方必须各有所长、各有所需、各有所获，具有共同的责任感，你中有我，我中有你，这样才能形成较强的合作创新能力，项目成功的可能性才能最大。

其次，合作协议应确定比较现实的条款和条件。伙伴间的合作关系可由协议予以保障，良好而紧密的合作关系除有法律约束外，还必须有强烈的合作意愿。

最后，创造良好的人际关系环境。合作项目成功的关键取决于参与创新的人员构成，良好的人际关系可以使人心情舒畅，情绪饱满，能充分发挥参与者的主动性和创造性。良好的人际关系是项目合作的前提，是创新成功的保证。

（六）具备创新所需的必要资源

创新需要投入，创新项目能否成功的关键要看企业是否具备必要的财力、物力和人力资源。财力资源为创新项目提供经费，保证创新项目能够及时有效地上马；物力资源也可称技术资源，它分为硬件资源（设备、仪器等）和软件资源（专利、工艺等）及技术测试能力，它是技术创新能够正常进行的技术保障；人力资源对技术创新的成功起决定性的作用，许多创新活动的成功都与参加项目的核心人员或项目负责人直接相关。项目核心人员必须具备一定的素质和技能，包括技术水平、商业意识、组织能力和工作热情等。一个合格的技术创新项目负责人应该能瞄准新目标，实事求是，精心组织，勤奋求实，坚决果断，善于制订计划，勇于面对困难及具有良好的交际能力、领导才能和创新意识。以上三种资源构成企业技术创新的必备资源，缺一不可。

（七）创新技术的保护与持续开发

这是企业取得竞争优势的重要条件。创新技术的保护取决于制度环境和技术性质。虽然我国已建立起比较好的专利制度，但目前还有不少企业专利意识差，不懂得用专利法来保护自己的发明创造和创新技术。通常，创新技术的保护除了用法律武器以外，还可利用技术的特殊性来保护。技术的保护性取决于技术的复制成本，凡易用文字、图表等表达的技术就不易保护；反之，就易于保护。对于企业来说，特别是依靠技术领先占领市场或以高新技术产业为基础技术的企业，应从两个方面加强技术保护：一方面是增强专利意识和法律观念，树立注册在先的观念；另一方面是充分利用自己的优势开发一些有特色、起点高、易于保护的实施技术。

另外，随着企业之间竞争的日益激烈，企业要保护市场竞争优势，还要注重技术的持续开发，不断创新，这就需要企业员工和创新人员有不断创新的动机和热情，并建立有效的分配制度和激励机制，加强对职工创新意识的教育，不断提高职工的求异思维、反向思维、替代思维、模仿思维、想象思维的能力，培养企业创新后劲，只有这样才能促进企业持续稳定地发展，企业竞争优势才能得到巩固和加强。

四、企业技术创新的过程控制

企业竞争优势是企业在竞争性市场中生存与发展的核心，竞争优势归根结底产生于企业为客户所能创造的价值。竞争优势来源于产品的技术优势、成本优势和销售优势，这些优势的取得根本在于企业技术创新。技术创新总体上是一个过程，是一个在市场需求和技术发展的推动下将发明的新设想通过研究开发和生产演变成为具有商品价值的新产品、新技术的过程，这一过程不仅是知识的产生、创造和应用的进化过程，更是一种破坏性的过程，通过创造性的破坏，促使资源从旧的、过时的方面转向更富有生产性的方面，因此对创新过程的控制是保证创新成功的关键。

为了有助于对技术创新过程的最佳控制，认真分析企业技术创新的各个阶段是十分必要的。根据国外的一些实际做法，特别是结合我国企业技术创新运行过程的实际，对技术创新过程从逻辑上可分为如下阶段。

(一)构思的形成阶段

创新构思的形成主要表现在创新思想的来源和创新思想形成环境两个方面。创新构思可能来自科学家或从事某项技术活动的工程师的推测或发现,也可能来自市场营销人员或用户对环境、市场需要或机会的感受。创新思想的形成环境主要包括市场环境、宏观环境、宏观政策环境、经济环境、社会人文环境、政治法律环境等。

(二)研究开发阶段

研究开发阶段的基本任务是创造新技术,一般由科学研究(基础研究、应用研究)和技术开发组成。企业从事研究开发活动的目的是很实际的,那就是开发可以或可能实现实际应用的新技术,即根据本企业的技术、经济和市场需要,敏感地捕捉各种技术机会和市场机会,探索起应用的可能性,并把这种可能性变为现实。研制出可供利用的新产品和新工艺是研究开发的基本内容。研究开发阶段是根据技术、商业、组织等方面的可能条件对创新构思阶段的计划进行检修和修正。有些企业也可能根据自己自身的情况购买技术或专利,从而跳过这个阶段。

(三)中试阶段

中试阶段的主要任务是完成从技术开发到试生产的全部技术问题,以满足生产需要。小型试验在不同规模上考验技术设计和工艺设计的可行性,解决生产中可能出现的技术和工艺问题,是技术创新过程不可缺少的阶段。

(四)批量生产阶段

按商业化规模要求把中试阶段的成果变为现实的生产力,产生出新产品或新工艺,并解决大量的生产组织管理和技术工艺问题。

(五)市场营销阶段

技术创新成果的实现程度取决于市场的接受程度。本阶段的任务是实现新技术所形成的价值与使用价值,包括试销和正式营销两个阶段。试销具有探索性质,探索市场的可能接受程度,进一步考验技术的完善度,并反馈到以上各个阶段,不断改进与完善。市场营销阶段实现了技术创新所追求的经济效益,完成技术创新过程中质的飞跃。

(六)创新技术扩散阶段

即创新技术被赋予新的用途,进入新的市场,如雷达设备用于机动车测速、微波技术用于微波炉的制造。

在实际的创新过程中,阶段的划分不一定十分明确,各个阶段的创新活动也不仅仅是按线性序列递进的,有时存在着过程的多重循环与反馈及多种活动的交叉和并行。下一阶段的问题会反馈到上一阶段以求解决,上一阶段的活动也会从下一阶段所提出的问题及其解决中得到推动、深入和发展。各阶段相互区别又相互联结和促进,形成技术创新的统一过程。

第三节 管理创新

一、管理创新的概念

管理创新是企业创新系统的重要组成部分。所谓管理创新,是指管理者根据内外环境的变化而采用的一种新的更有效的资源整合和协调范式，以促进企业管理系统综合效率和效益目标实现的过程。这个定义包括以下基本含义：

第一，管理创新是一种有目的的实践活动，不是一种自发性的随机事件，人们完全能够根据客观情况的变化和自身的实际，有计划、有步骤地开展管理创新活动。

第二，不论是高层管理者、中层管理者，还是基层管理者，他们都是管理创新的主体。管理创新贯穿于管理者的所有管理活动之中。

第三，管理创新的实质是创立一种新的更有效的资源整合和协调范式，包括创立一种新的管理理论、采用一种新的管理方法、运用一种新的管理手段等。只要这种新的资源整合和协调范式能够使管理活动更加有效，都属于管理创新。

第四，管理创新的目的在于能动性地适应环境的变化，达到提高企业整体效率和效益的目标。环境变化是客观的，它不以人们的意志为转移，企业要在动态多变的环境中发展壮大，就必须适应环境的变化，而管理创新正是企业主动适应环境变化的基本途径。当然，适应环境的变化并不是管理创新的目的，而管理创新的真正目的在于通过对变化环境的快速反应，更好地实现提高企业整体效率和效益的目标。

管理创新的具体特征主要表现在以下几个方面：①管理创新具有风险性；②管理创新具有破坏性；③管理创新具有系统性；④管理创新具有动态性。

二、管理创新的功能与作用

管理创新是企业在激烈的市场竞争中求生存谋发展的必然选择，是增强企业生机与活力的基本驱动力。它对于企业经济效益的提高和市场竞争能力的增强具有十分重要的功能和作用。

(一)管理创新的功能

1. 管理创新具有整合功能。

通过整合实现企业整体功能的放大效应，是管理创新的本质特征，也是管理创新的灵魂所在。一般说来，管理创新的整合功能主要有以下形式：一是资源整合。即将企业分散的资源整合起来，形成新的经营能力，“创新型企业成功的一个基本要素是使企业所拥有的各种有效资源实现最佳整合”。二是差异整合。即协调各部门的活动，使其成为一个有机整体。三是要素整合。即将资源、事业与组织这三项构成战略金三角的要素，合为整体。四是内外整合。即企业与竞争对手及外部环境在多元化基础上所进行的整合。五是战略整合。即对关系企业前途和命运的重大问题的整合，包括创新与稳定的整合、技术能力与社会能力的整合、个人价值与群体利益的整合等内容。

2. 管理创新具有约束功能。

管理理念和管理模式的创新必然带来管理体制与机制的更加开放和透明，随之产生的是企业用人制度、分配制度和考核制度的客观与公正。在这种管理氛围和管理体制下，积极的、健康的、美好的东西将得到进一步鼓励和弘扬，陈旧落后的思想和行为将会受到唾弃和制止，因而弃旧图新、追求进步将成为员工的自觉行为。

3. 管理创新具有激励功能。

管理创新的根本任务之一，就是要激发员工的积极性和创造性，管理创新通过对企业各种资源的重新整合，通过对管理体制、管理制度特别是分配制度的调整，使其达到最合理的状态，让能者有用武之地，使庸者自奋，从而激发员工主人翁的意识，认真负责并创造性地做好每一项工作。

（二）管理创新的作用

有人预测，21 世纪是管理的年代，是以管理取胜的年代。具体来说，管理创新的作用主要体现在以下几个方面：

1. 管理创新有助于提高资源使用的效率和效益。

管理创新的本质在于创立一种新的资源整合和协调范式，以便使企业资源使用的效率和效益更为有效。所谓更为有效，就是指企业资源使用的效率和效益得到明显改善和提高。效率的提高可以在众多指标上得到反映，如资金周转速度加快、资源消耗系数减小、劳动生产率提高等。但效率并不等于效益，效率仅仅是实现效益的条件和手段，效益才是管理创新要达到的最终结果。管理创新在提高企业经济效益上，不仅注重提高眼前效益，而且注重提高长远效益。有的管理创新能够提高当前效益，如生产组织优化和管理方法创新等，而有的管理创新则能够提高未来效益，如战略创新和理念创新等。但不论是提高当前效益还是长远效益，其目的都在于增强企业生命力，促进企业不断发展壮大。

2. 管理创新能够推动企业稳定健康地发展。

企业生产经营活动的协调性、有序性是推动企业稳定健康发展的重要力量。管理创新通过创立新的更有效的资源整合的方式与方法，不仅能为企业的健康发展奠定坚实的基础，而且能使企业产生更大的合力，从而为促进企业的快速成长创造条件。对此，钱德勒从一个侧面作出了证明，他认为："管理层级制一旦形成并有效地实现了它的协调功能后，层级制本身也就变成了持久性权力和持续成长的源泉。"因为"用来管理新型多单位企业的层级制，则有持久性，它超越了工作于其间的个人或集团的限制。当一名经理去世、退休、升职或离职时，另一个人已做好准备，他已受过接管该职位的培训。因而人员虽有进出，其机构和职能却保持不变"。由此看来，管理层级制的创新，不仅使层级制本身稳定下来，也使企业发展的支撑架构稳定下来，而这将有效地帮助企业长远的发展。

3. 管理创新能够增强企业的核心竞争力。

随着科学技术的进步和信息技术的发展，企业之间的技术差别越来越小。在这种情况下，企业增强核心竞争力的关键不再像过去那样依赖于技术，而是越来越依赖于管理。谁能够在管理上做到别人做不到的，或者比别人做得更好，谁就拥有了别人不具有的竞争优势。如麦当劳的生产技术并不复杂，生产过程也很简单，但麦当劳之所以能够把简单的快餐生产变成一种工业化的生产方式，依靠的就是其标准化的管理流程，这正是麦当劳管理创新的结果。虽然并不是任何的管理创新都能形成企业的核心竞争优势，但要形成核心竞争优势，却必须进行管理创新。海尔集团在实施名牌战略和国际化战略过程中，一直坚持以增强核心能力为基础，围绕核心能力进行各项创新活动。正如海尔集团首席执行官张瑞敏所说的，"核心能力是企业持续高速增长强有力的支撑。海尔的核心能力就是一种整合能力，这种整合既是企业机制和市场机制的整合，也是产品功能与顾客寻求的整合，它可以使全世界的优势技术为我所用，可以让企业借力腾飞"。而海尔集团的这种整合能力，说到底就是管理创新能力。由此可见，管理创新相对于其他创新而言，具有更重要的价值和作用，它不仅具有整合功能，而且更难模仿。它对企业创新能力的提升起着支持、整合和催化作用，是形成企业核心能力的前提和基础。

4. 管理创新有助于形成企业家阶层。

现代企业管理创新的直接成果之一，是形成了一支支薪的职业经理即企业家阶层。这一阶层的产生，一方面使企业的管理实现了由技术专家向管理专家的转变，从而提高了企业资源的配置效率，另一方面使企业的所有权与经营管理权发生分离，推动了企业更健康的发展。职业经理层的形成对企业的发展具有很大的作用，因为对支薪的企业家而言，企业的存续对其职业有至关重要的作用，他们"宁愿选择能促使公司长期稳定和成长的政策，而不贪图眼前的最大利润"。职业企业家从这一角度，必然更进一步关心创新，关心管理创新，因为他们知道管理创新的功效，因此往往成为最重要的管理创新主体。

三、管理创新的内容

管理创新的发展历史表明，管理创新常常发端于某种创意或灵感，尽管这种创意或灵感难以事先预料或估计，但管理创新并不是"杂乱无章"的随机事件，而是一种有计划、有目的的创造性活动。因此，在管理创新过程中，既要倡导一种全面、全员、全过程的管理创新理念，同时也要理清管理创新的思路，把握管理创新的重点。根据管理创新的一般规律和特点，管理创新总是首先起源于管理观念的变革，然后才引起一系列的管理内容创新。在管理创新内容上，尽管每个管理环节都存在创新的机会，但一般说来，比较重要且易于取得创新成效的管理创新领域主要有：管理观念创新、管理组织创新、管理模式创新和管理方式方法创新等。

（一）管理观念创新

观念是行为的先导，它驱动、支配并制约着行为。行为的创新首先是观念的创新，没有创新的观念就不会产生创新的行为，可以说观念创新是行为创新的灵魂。企业要想进行管理创新，首先必须实现观念创新。所谓观念创新，是指形成能够比以前更好地适应环境变化并能更有效地整合资源的新思想、新概念或新构想的活动，它是以前所没有的、能充分反映并满足人们某种物质或精神需要的意念或构想。对企业管理活动来说，管理观念的创新主要包括以下几种情况：提出一种新的经营方针及经营战略，产生一种新的管理思路并把它付诸实施，采用一种新的经营管理策略，采用一种新的管理方式和方法，提出一种新的经营管理哲学或理念，采用一种新的企业发展方式等。

观念创新既包括员工个人的观念创新也包括企业整个组织的观念创新，这两个方面的观念创新相互联系、相互影响。个人观念创新服务服从于组织观念创新，并对组织观念创新产生推动或阻碍作用；组织观念创新体现着观念创新的方向，并对个人观念创新产生引导、整合或抑制作用。无论个人观念创新还是组织观念创新，它们都是对客观环境变化的一种能动反映，是主动适应客观环境变化的结果。由于变化是客观环境的本质特征，所以观念创新也没有止境。根据观念创新与环境变化之间的关系，可以将观念创新简单概括为三种基本类型：一是超前型，即观念创新领先于环境变化，在时间上有一个提前量，能够随时应付环境的变化；二是同步型，即观念创新与环境变化同步，能随着客观环境的变化及时进行观念创新；三是滞后型，即观念创新落后于环境变化，观念落后于时代，少变、慢变或不变。作为管理者应该自觉地进行观念创新，力求超前，至少同步，绝不滞后。但这并不是说观念创新越超前越好，越新越好。一味超前创新，轻则会增加创新成本，重则会导致各种传统力量的反对和抵制，反而延误创新时机。

人的新思想、新观念不是与生俱来的，而是长期学习、积累和塑造的结果，所以只有坚持不断地学习，才能实现观念的不断创新。不仅如此，人的思想观念的形成和发展还受到思维模式的影响和制约，落后的思维模式只能导致观念的僵化，只有创新的思维模式才能带来思想观念的真正解放。因此，要实现观念的不断创新，就必须进行创新思维模式的培养和修炼。只有不断培养提高人们的创新思维能力，才能找到新思想、新观念产生的不竭源泉。

（二）管理组织创新

组织有两层含义，一是作为名词特性的“组织”，它是指一群人为了实现共同目标按照一定的规则组成的一个团体。在这个团体内部有明确的分工和相应的职权关系，有一定的机构和信息沟通网络，它们共同构成了组织成员活动有序化的支撑体系。二是作为动词特性的“组织”，它是指通过分工协作对组织资源进行有效整合以更好地实现组织目标的活动。名词性的组织是管理活动的载体，动词性的组织则是管理的重要职能或活动。由此可见，不管是名词性的组织还是动词性的组织，它们都属于管理的范畴，自然组织创新也属于管理创新的内容。由于组织目标和整合资源的方式方法不断发生变化，因此也要求组织不断地进行创新。

组织创新包括组织机构创新和管理制度创新，也正是在管理制度这个层次上，组织创新与制度创新存在着内容交叉。组织创新主要包括以下几种情况：提出一种新的组织理念；采用一种新的组织机构形式；采用一种新的组织沟通网络；采用一种新的职责权限划分方法；设计一种新的管理制度，并有效实施；提出一种组织学习的有效形式等。

（三）管理方式方法创新

管理方式方法既是进行管理创新的重要手段也是管理创新的直接成果。它直接影响着资源配置的效率和效益，是企业实现资源有效配置的必要条件。二次世界大战以来，许多管理学家、企业家把科学技术成果广泛引入企业管理之中，创造了许多旨在提高资源配置效率和效益的现代管理方法，如线性规划、目标管理、全面质量管理、网络计划技术、库存管理、决策技术、市场预测技术等。这些方法的产生和运用，对企业提高资源利用的效率和效益都产生了十分重要的推动作用。管理方式方法的创新，有两个主要方面：一是单一性的管理方式方法创新，如库存管理法、设备目视管理法等；另一是综合性的管理方式方法创新，如 MRP 及 MRPⅡ、TQC、JIT 等。目前管理界比较流行的管理方式方法创新是企业流程再造，这种创新的实质是对信息化条件下的企业业务流程进行重新组合，是对传统分工体系及信息技术条件下的生产流程和管理流程的改造性创新。管理方式方法创新，概括起来主要有以下几种情况：采用一种新的管理手段，实行一种新的管理方式，提出一种新的资源利用措施，采用一种更有效的业务流程，创设一种新的工作方式等。

（四）管理模式创新

所谓管理模式，是指基于整体的一整套相互联系的观念、制度和管理方式方法的总称。这个整体可以是一个国家、一个区域、一个企业乃至企业内的某个具体管理领域，在企业层次上产生的一整套相互联系的观念、制度和管理方式方法就形成了企业管理模式，如集成管理、危机管理、企业再造等，同样，在企业内的某个领域所产生的一整套相互联系的观念、制度和管理方式方法就形成了领域管理模式，如生产管理模式、财务管理模式、人事管理模式等。由此可见，管理模式既有宏观管理模式（如国家管理模式）也有微观管理模式（如企业管理模式），既有整体管理模式也有局部管理模式，它是一个非常宽泛的概念。但是，不管哪一种管理模式，相互联系的管理方式方法都是构成管理模式的基础，离开具有可操作性的一系列管理方式方法，管理模式就不能称之为模式，只能是一种管理理念和思路。需要指出的是，并不是所有的管理方式方法都是管理模式的基础，只有那些彼此相互联系并能与观念、制度形成一个有机整体的管理方式方法才是管理模式的基础，那些互不关联、彼此独立的管理方式方法仅仅是一般意义上的方式方法而已。但是，管理模式与管理方式方法也是有区别的：管理模式具有综合性，着重于内容的落实与贯彻，是围绕一定的管理内容而建立的一系列规则、范式和操作规程；管理方式方法则相对具有单一性，它是企业资源整合过程中所使用的工具和具体方法。

管理模式既是管理创新的条件也是管理创新的结果。所谓管理模式创新就是用新的先进的管理模式来代替陈旧落后的管理模式。一般说来，管理模式创新具体可以有以下几个方面：企业管理的综合性创新，企业中某一管理领域中的综合性创新，管理方式、方法和管理手段的综合性创新等。

本章小结

1. 界定了创新的概念，提出创新的最主要特点是新颖性和具有价值性。

2. 创新的主要内容有：目标创新、技术创新、制度创新、组织创新、管理创新和环境创新。

3. 知识经济时代，技术创新战略成为现代企业发展的第一战略，企业宜把握好该战略。

4. 管理创新是企业在激烈的市场竞争中求生存谋发展的必然选择，它对于企业经济效益的提高和市场竞争能力的增强具有十分重要的功能和作用。

思考题

1. 如何正确理解“创新”这一概念？
2. 企业如何更好地把握技术创新战略？
3. 管理创新的作用表现在哪些方面，如何进行管理创新？

案例 7.1　麦当劳的新举措

最近，北京的麦当劳食品有限公司推出一项新举措，在所属 57 家麦当劳餐厅内代售公交月票。麦当劳在对北京发售月票网点的调查后知晓，北京有 600 多万人使用月票乘公交车，而发售月票的网点只有 88 处，乘客深感不便。于是他们便“拾遗补缺”干起了“代售月票”的营生，为广大乘客创造便利条件。此举一推出就吸引了食客络绎而来。

其实,这种“好人好事”麦当劳做了不少并且一直在做。早在去年高考前夕,在麦当劳宽敞明亮的餐厅里就坐着不少手拿书本只要一杯饮料就呆上好几个小时的考生,面对此景,麦当劳不但未赶他们走,反而特意为这些学子延长了营业时间。

讨论题:

1. 麦当劳的上述创新属于何种创新?
2. 你从麦当劳的这项创新举措中得到哪些启示?

案例 7.2　经济型酒店的创新案例——模块式客房

经济型酒店在中国起步不久,其发展潜力极大,因此最近国际知名的经济型酒店品牌“莫泰 168”、“宜必思”、“假日快捷”、“速 8”等纷纷进入大陆,本土经济型酒店品牌“锦江之星”、“如家快捷”等也制订了大规模的扩张计划。

最近,马来西亚云顶集团背景的丽星邮轮通过子公司迈锦(杭州)酒店有限公司,租下位于杭州汽车南站对面的一座大楼,改建成经济型酒店“我的客栈”,每标准间统一日租价格仅为 99 元。“我的客栈”将引进邮轮的建筑方式及安全标准,采用整体预制安装式房间,由韩国思达科公司建造,每个房间 12 平米,造价 4 万元。丽星邮轮计划未来每年开 50 家客栈,远期目标是在中国开设 1000 家“我的客栈”,全力打造自己的经济型连锁酒店品牌。这是一种全新的理念。这种活动客房的优点如下:

1. 国家政策支持。

北京预计到 2008 年奥运会的时候,国内外旅游人数将达到 400 万人次。根据北京奥组委要求,在经济型饭店方面对现有的招待所及社会旅馆进行改造,2008 年前预计北京将有 300 家经济型旅馆纳入国际国内著名品牌公司管理。模块客房完全达到奥组委提出的“有空调、床、淋浴且每人每天 100 元的价格条件”。

2. 空间利用率高。

其他经济型酒店标间一般都在 18～35 平方米,“我的客栈”每个房间 12 平方米,国产品牌的模块客房完全可建成 7 平方米左右标准间,同样的空间模块客房可密集排列出成倍的房间。

3. 质量高价格低。

据计算,在国内建造模块客房造价并不昂贵,要做到每个标准间内装饰及整体卫浴设备都达到星级酒店标准,并都统一预留各专业管线及设备接口,具备防潮、防火、保温、隔音、环保等功能,造价也就在 2.5 万元左右,但却能可达到简洁、方便、舒适、安全的效果。

4. 价格竞争力强。

目前国内外名牌经济型酒店价格还是偏贵,双人标间日平均出租价格多在 180～280 元,而模块客房单人标准间可定为 60～80 元,双人标准间可定为 80～100 元,优势极为明显。

5. 投资回报率高。

一般经济型酒店入住率可达 90%,3～4 年就收回投资成本。但由于在相同面积内可密集排列更多房间,所以模块客房资金回报率将更高。

6. 投入使用快。

在新建多层框架结构的同时，模块客房就可在工厂流水线上生产并开始安装在多层框架结构已建成部分，结构封顶时，模块客房也基本安装完毕，极大节省了装修时间，加快了投资回报速度。

7. 适用范围广。

模块客房最适于对低档酒店进行改造，也适于建在多层框架结构的旧厂房、旧商场、旧仓库、旧校舍。它采用新建主体结构，或收购旧物业，或长期租赁旧物业，或合作经营旧物业等多种方式进行。

8. 转型快。

一旦度过十几年的经济型酒店黄金时期，可迅速将模块客房整体运出，原框架结构可根据当时市场热点改建成豪华酒店、高档写字楼、大型娱乐场所、超市商场等，选择多样化，可极大程度避免投资风险。

9. 节约开支。

拆卸运出的二手模块客房依然可以再次使用，稍加改造就可低价卖出，转做大型度假村木屋、保安岗亭或运到其他地区继续作为模块客房使用。

总之，模块客房是刚起步的新事物，发展前景极为乐观，它必将对现有的经济型酒店构成挑战，同时又给广大中小企业商务人士、政府工作人员、自驾游一族、小业主、推销员等出差和旅游人群带来巨大实惠。

讨论题：

1. 模块式客房属于何种创新策略？

2. 从经济型酒店的成功案例看，你认为成功企业应该考虑哪些因素？

第八章　创业管理

本章导读　自20世纪80年代，特别是新世纪以来，创业活动不断拓展，已从个体创业，发展到公司创业，进而拓展到社会创业，创业精神开始成为人们的思维方式和行动指南。

根据所创造事业的不同，人们可以从不同的角度对创业下定义。目前对创业的定义大致可以归纳为三种类型，即价值说、功利说和实体说。本章主要阐述了创业的概念，指出了创业需要的能力，并重点说明了创业需要的基本知识。通过学习，使学生掌握创业初期实务，并能立即运用到实践中去。

第一节　创业概述

一、创业的含义

创业学研究与教育的兴起最早产生于20世纪60年代末。目前对创业的定义大致可归纳为三种类型，即价值说、功利说和实体说，三者的差异表现在对创业实质的理解上，即分别认为创业是“创造价值”、“创造财富或利润”和“创造企业”。

（一）价值说——创造价值

价值说的观点认为，创业活动的创造性体现在价值的创造上。该定义重点在于强调“实现潜在价值”，强调了作为企业家或创业者的四个基本方面。

1. 创业包括一个创造过程。

创业意味着创造某种新事物，这种新事物必须是有价值的。这些新事物不仅对创业家有价值，而且对其开发的某些目标对象也是有价值的。这里所说的目标对象可因创业家所处行业的不同或其创造事物的不同而不同。它可以是产品，也可以是技术或服务，甚至可以是人、团队或组织。这种新事物的创造需要一个过程，这个过程必须具有创造性。

2. 创业需要付出时间和努力。

创业是一项创造新事物和新价值的过程，这就要求创业者能够付出必要的时间和努力。

3. 承担风险。

创业的意义在于创新和创造，通俗地说就是要“走他人没有走过的路”，只有这样才能称得上具有独创性。既然是做他人没有尝试过的事情，就必然存在风险，这种风险可能来自于多方面，如技术、资金、管理、政策以及其他环境因素等。

4. 回报。

风险与回报可以说是一对孪生兄弟。企业家在付出努力、承担风险的同时,期待在事业成功之后获得较高的回报。这种回报可以是金钱,也可以是理想的实现,还可以是荣誉、成就感、得到认可和尊重等。

(二)功利说——创造财富或利润

功利说认为,创业就是一个创造和积累财富的过程,创业活动具有开拓性、自主性和功利性等基本特征。

开拓性是指创业对于创业者来说是一项前所未有的事业。虽然创业者可以借鉴、模仿、学习前人的经验和方法,但是他必须从头做起。创业精神的实质就在于开拓创新,创业是一个创造财富、积累财富的过程,这就决定了创业充满了功利性。

(三)实体说——创建企业

实体说认为,创业需要一个实体,通常这个实体就是企业。创业者依据所在国家或地区的相关法律法规进行注册登记是创业过程的一个重要标志。

综上所述,我们认为创业概念可以分三个层次来理解,即狭义的创业、次广义的创业和广义的创业。

狭义的创业概念是指"创建一个新企业的过程"。而新创建一个企业需要符合以下几个方面的条件:①企业的创办必须符合法定的程序。各国对创业都有一些法律上的规定,比如注册资金、人数、机构、营业范围以及纳税的方式和税率等。我国在1999年通过了《中华人民共和国个人独资企业法》,规定个人独资企业的注册资金为1元,大大降低了创业的门槛。②创业要求企业提供能够满足市场需求的产品和服务。③创业需要确立适合于产品或服务的营销模式。④创业需要一个创业团队,并能根据企业发展需要进行有效的管理,包括技术管理、财务管理、营销管理、人力资源管理等。

次广义的创业概念是指"创造事业的过程",包括两个层次的内容,即创建新企业和企业内创业。创建新企业也就是我们说的狭义的创业,而企业内创业又称为"公司创业",是指在现有企业的框架内,通过在观念、技术、市场、制度、管理等方面的创新,创造新的价值,使企业产生更大活力的过程。公司创业突出表现在:一是由组织而非个人表现出来的企业家特征;二是这些特征转化为企业绩效是依靠组织而非个人的力量。

无论是创建新企业还是企业内创业,都离不开事业。但是,对事业的创造并不是局限于企业内的事业。从广义的角度去理解,创业既包括营利性组织,也包括非营利性组织;既包括官方设置的部门和机构,也不排斥非政府组织;既包括大型的事业,也包括小规模的事业甚至"家业"。

二、创业的要素

既然创业是一个创建企业的过程,那么企业所需具备的要素也就成为创业的要素。人的因素、物的因素、社会因素和组织因素就构成了创业的要素。

(一)人的因素

人是创业活动的主体。创业离不开人,人的因素包括以下内容。

1. 创业者。

创业者可以是一个人,也可以是一个团队。创业对于创业者来说就是一种行为。

创业者的动机直接影响创业过程，而且创业者的价值观和信念也会左右创业内容，影响企业的生存和发展。

2. 企业内部的人际关系。

创业过程中人的因素除了创业者以外，还包括企业内部的人际关系。只有处理好这种人际关系，才能真正发挥团队的作用，形成合力，使有限的人力资源发挥更大的作用。

3. 企业外部的人际关系。

人的因素还包括企业外部的人际关系。企业不是一个封闭的体系，而是一个开放的系统，它与外部的供应商、客户、当地政府和社区发生联系。

（二）物的因素

物的因素也是创业过程中不可缺少的条件。一个生产性的企业需要原料、设备、工具、厂房以及运输工具等，才能生产出产品。创业过程中物的因素主要包括以下方面。

1. 资金。

创业所需的资金有新创企业注册资金、技术（或专利）资金、生产设备资金、原材料购买资金以及人员的招募资金等。

2. 技术。

现在高技术产品所占的比例越来越高。能否在技术上领先，会直接影响企业可否迅速发展壮大。

3. 原材料和产品。

对于生产型企业而言，创业过程包括原材料和产品，这是一个不言自明的事情。对于从事其他事业的企业来说，同样存在一个由投入到产出的过程。

4. 生产手段。

是介于投入和产出之间的是一个“处理器”。对于企业而言，这种处理器就是生产手段，它包括设备、工艺以及相关的人员。

（三）社会因素

创业中的社会因素包括两个方面的含义。

1. 社会对创业活动的认可。

创业活动必须得到社会的认可。我国改革开放以来，创业活动得到了蓬勃的发展，一个重要的原因在于社会对创业活动的认可。创业是一个高风险高回报的活动，如果得不到社会的认可，创业活动就不可能顺利进行。

2. 所创造的事业符合社会发展的要求。

企业的存在在于它能够为社会提供某种产品或服务，因此事业就成为企业成立和生存的根本。

（四）组织因素

组织因素是协作体系的核心，只有通过组织的作用才能创造新的价值。我们说过，人是所有管理因素中唯一具有能动性的资源，但是这种能动性要通过组织来实现。具体到创业活动中，组织因素具有以下功能。

1. 决策功能。

决策是创业活动中的一项重要职能，既包括对创业目的的规定，也包括对实现目的之手段的决定。从创造价值的角度来看，对创业目的的规定显得尤为重要，因为它决定着创业活动的方向，甚至影响企业的发展。

2. 创建组织。

创业通常由一个团队来进行，因此需要对团队进行组织和管理。通过分工与协作，才能有条理地完成创业的相关活动。创建组织既包括组织结构的构建，又包括沟通体系的形成。

3. 激励员工。

创业需要最大限度地发挥现有人力资源的作用，那么对参与创业者的激励就成为创业活动的一项重要内容。“人心齐，泰山移”，充分调动人的积极性能够产生一种合力，同时会增加创业团队的凝聚力。

4. 领导。

创业者在创建企业的过程中，需要扮演多个不同的角色，承担不同的职能。其中，领导无疑是最重要的。巴纳德认为，领导的作用在于它能够创造新的价值。只有这样才能维持协作体系的内部均衡和外部均衡。对于创业活动而言，领导的作用是没有任何因素所能够取代的。

三、创业的过程

企业的成长是一个连续的过程，很难在时间上严格地区分各个阶段，也很难预测从创业到守业的转折点。为了便于理解，不妨将创业过程理解为企业从种子期向成熟期过渡的过程，可以划分为四个阶段：创业机会的识别、企业的创建、管理体系的形成和新创企业的发展。

（一）创业机会的识别

创业机会的识别是创业过程的起点。无论新创企业从事何种事业，机会的识别都有着举足轻重的作用。国家产业政策的调整、新技术的出现、人口和家庭结构的变化、人物质精神的需要变化、流行时尚等都可能形成商业机会。作为创业者，应该具有敏感的嗅觉，能够及时准确地识别创业机会。

创业机会的识别可以分为两个层次：一方面，创业机会的把握离不开对宏观环境的分析；另一方面，创业机会的识别也需要对行业状况和已有资源进行分析。只有这样才能做到有的放矢，根据掌握的资源选择行业、确定项目和业务范围，这也是减少创业风险的需要。

（二）企业的创建

创业者在完成创业环境分析、发现创业机会、确定事业内容之后，就开始着手创建企业。企业的创建需要进行大量的准备工作，其中创业计划、创业融资和注册登记尤为关键。

一个别出心裁的创意、一个稍纵即逝的点子、一件意想不到的突发事件都有可能成为创业的契机，但创业的关键是看这些“创意”、“点子”和“事件”能否形成一个周密的创业计划。创业计划是对创建企业的基本思想的阐述以及相关事项的总体安排，通常以商业计划书的形式出现。

创业计划不仅是创业者对创业思想及具体事宜的归纳和整理，而且能够成为风险投资者选择项目的依据，直接影响新创企业的融资。尽管可供选择的融资渠道和融资方式很多，但是获得资金上的支持绝不是一件容易的事情，资金往往成为新创企业的“瓶颈”。因此，创业融资在企业的创建过程中至关重要。

当创业者完成创业计划并获得融资之后，就可以按照法定的程序进行注册登记。该部分包括确定企业的组织形式、设计企业名称系统、向工商行政管理机关提出企业登记注册申请、领取《企业法人营业执照》等内容。

（三）管理体系的形成

完成注册登记意味着新创企业在法律上得到认可，也宣告了企业法人的正式成立。通常，新创企业在创立之初受业务量、资金、场地、人员等客观条件的限制，不可能像大企业那样拥有系统的管理机构，各个部门的职能划分并不严格，创业者团队的分工也不明确。但是，随着业务量的上升和人员的增加，形成系统的管理体系就成为当务之急。管理体系的形成是企业成长的一个重要前提，尽管不同规模、不同行业的企业情况有所区别，但是管理体系均应该包括会计控制、营销管理、人力资源管理和技术管理等内容。

由于新创企业规模小、资金实力薄弱、营运资金周转量低，所以加强内部会计控制对新创企业的成长至关重要。会计控制不仅要求创业者具备基本的会计控制知识，还要求财务会计人员具有良好的业务素质与职业道德，并在企业内部建立严格规范的内部会计控制体系。新创企业的成长离不开市场对企业所提供产品或服务的许可。相对于老企业而言，新创企业在行业内属于后发者，因此能否在短期内通过营销管理在市场上占有一席之地直接关系到创业的成败。寻找目标市场、产品的研制开发确定价格和销售渠道、整合销售手段等构成其营销管理的主要目标。

在各类经营资源中，人是唯一具有能动性的资源，因此新创企业的成长离不开人力资源管理，其重点在于维持和发展创业团队。如果创业团队能够团结一致、锐意进取，就能够促进企业发展。如果企业团队各自为政、分道扬镳，严重的甚至反目成仇，这将阻碍创业的成功。

新创企业的一个重要特点在于技术创新，因此技术管理成为管理体系中不可缺少的环节，包括科研团队的形成、科研经费的取得、科学技术情报的获取等内容。

（四）新创企业的发展

新创企业在市场上的地位相对稳定后，可能会因为市场需求的变化或者竞争对手的超越，逐渐丧失在原有技术、服务、管理等方面的优势，难有更大的市场突破。于是，寻求新的发展空间就成为发展的必由之路。

新创企业的扩张既包括开拓新的市场（包括地区市场、国内市场和国际市场），也包括业务的多元化；既包括企业规模的扩大，也包括管理水平的提升。新创企业扩张的方式也是多种多样的，既可以通过企业内创业来实现，也可以通过并购获得技术和资源、突破市场壁垒来实现。

企业之间的竞争可以分为许多层次，如价格、产品、技术、品牌、知识以及企业文化等。可以说，企业走向成熟的标志是能够形成一定的品牌，在品牌、知识和企业文化等方面形成竞争优势，而不是单纯依靠价格、产品和技术来赢得市场。

第二节　创业能力

一、能力的定义

能力是顺利完成某种活动所必需的并直接影响学习、工作、创造活动效率的个体心理特征，如思维能力、观察能力、记忆能力、操作能力。能力总是和人的某种活动联系在一起，并具有掌握和运用知识技能的综合表现。英语常用“ability”来表示能力，可解释为“从事体力或心智的行为”的能力。这里的“行为”，包括复杂而协调的动作和理智问题的解决技巧。有些因素，如体力、知识等，也会影响某种活动的顺利完成，但它们不是个性心理特征，不能称为能力。

能力按其发挥作用的领域、创造性大小和功能，可分为一般能力与特殊能力，再造能力与创造能力，认识能力、操作能力与社交能力。

二、创业能力的含义

创业能力是创业者发现和捕捉市场机遇以创造出新颖的产品或服务，并实现其潜在价值的能力。创业能力是一种影响创业实践活动效率、促使创业实践活动顺利进行的主体心理条件，是以智力活动为核心的有较强综合性和创造性的心理功能，是与个性心理倾向、特征紧密结合在一起的，在个性的制约和影响下形成并发挥作用的心理过程，是知识、经验、技能经过类比、概括化后形成的并在创业实践活动中表现为复杂而协调的行为动作的能力。

创业能力的特征，具体表现在三个层面：

1. 知识层面的创业能力。

知识本身并不能创业，但是，知识是创业的资本，是创业的力量。微软、英特尔等以知识资本为核心生产要素的“知识型”企业，其竞争力都不在资金、原料，甚至也不在制造优势上，而在于它们以知识为基础的创新能力。

2. 情感层面的创业能力。

主要体现在它围绕创业形成的一种“情感场”。在创业知识和创业操作水平相当的条件下，决定创业成果的支撑因素不是别的，而是创业情境。作为主体的创业者在创业情境中以一种情绪化的方式，立体地进行价值判断和价值选择，融入自己已有的创业经验，并不断地加以改造、重组、整合，在特定的“创业情感场”中逐渐积累与构建“创业情结”，产生创业成果。

3. 操作层面的创业能力。

创业操作离创业成果只有一步之遥，但有的人能够“操作”出成果，有的人则不然，为什么？这可以从创业操作方法论的结构性差别中加以辨析。随着社会的发展，大学毕业生自主创业已经成为社会的热门话题和时代潮流。在处理创业的“源”与“流”、市场规律和自身规律、“成才”先导与“做人”先导等方面的关系时，既要继承历史传统，顺应市场机制，建构对象主体；更要立足现实土壤，遵循创业规律，坚持以人为本。唯其如此，才能充分发挥创业操作能力。

三、创业能力的结构

创业是一种复杂的劳动，需要创业者具有较高的智商和情商，创业能力是创业成功的必要条件。创业能力是一种高层次的综合能力，它分为决策能力、经营管理能力、专业技术能力、沟通协调能力、把握机会的能力等。

（一）创业决策能力

决策是一个人综合能力的表现，一个创业者首先要成为一个决策者。创业的决策能力是创业者根据主客观条件，因地制宜，正确地确定创业的发展方向、目标、战略以及具体选择实施方案的能力。

创业决策能力是决策者的战略头脑和良好修养结合的产物。决策能力是决定创业活动采取哪种最有效方式的决断能力，决策就是方案选优。不过，这个选择不是简单地在是非之间挑选，而往往是在一种方案不一定全优于他种方案的情况下进行。科学创业决策必建立在对多种方案对比选优的基础上，这就要求一个人具有方案对比选优的能力。

创业决策需要有风险决策的精神。客观情况是复杂多变的，现实生活中，一个人常常遇到一些不确定型、风险型的决策，这就要求一个人有敢想敢干、敢冒风险的精神。创业决策要有当机立断的决策魄力。“当断不断，反受其乱”，决策往往在一定的时间和地点内进行，错过一定的时间和地点，最佳方案可能成为最差方案。一个人要善于当机立断，具有敏捷的思维，才能在复杂多变的情况下，措置自如。现代社会是信息社会，信息瞬息万变，机会稍纵即逝，就更需要创业决策者善于抓住机遇，当机立断，取得成功。当然，当机立断是在正确的分析、判断基础上的，不能是毫无根据，没有条件的冲动、莽撞行为。要提高决策水平，就要树立不断创新的思想，克服因循守旧，墨守成规的思想；要有渊博的学识，不仅要有哲学、经济学、政治学、法律和管理学知识，还要努力掌握现代科学的方法论，如系统论、信息论和控制论等。当然，一个人需要更多地依靠智囊团，但是专家的意见不能代替创业者的决策。因为正确的决策不但要智囊团的多谋，更要靠一个人的善断。

（二）创业的经营管理能力

创业的经营管理涉及管理者的质量观念、人才的选择和任用、资金的管理和创业者的诚信。创业者一旦确定了创业目标，就要组织实施，为了在激烈的市场竞争中取得优势，必须具有经营管理能力。

1. 管理者的质量观念。

创业者要始终坚持质量第一的原则。质量不仅是生产的物质产品的生命，也是从事服务业和其他工作的生命，创业者必须严格树立牢固的质量观。

2. 人才的选择和任用。

市场经济的竞争是人才的竞争，谁拥有人才，谁就拥有市场、拥有顾客。因此，必须学会用人，做到知人善任，吸纳比自己强或有某种专长的人共同创业。

知人善任，就是不仅要善于发现人才，还要善于用人。要用其所长，避其所短。知人善任，一是要善于慧眼识英才，发现和培养人才，不能求全责备，因为“金无足赤，人无完人”。二是要善于因材施用。一个人是学术上的权威，善于搞研究，分配到科研单位才能发挥作用。而如果让他们去做销售，也许就发挥不了作用。如果一个人有管理才能，就应当去担任具体工作。学非所用，用非所学，都会造成人才的浪费。管理者做到善任，才能使人才的聪明才智充分发挥出来。

3. 资金管理。

首先，创业理财要开源节流。开源就是培植财源，在创业过程中除了抓好主要项目创收外，还要注意广辟资金来源。节流就是节省不必要的开支，树立节约每一滴水、每一度电的思想。

其次，要学会管理资金。一是要把握好资金的预算决算，做到心中有数；二是要把握好资金的进出和周转，每笔资金的来源和支出都要记账，做到有账可查；三是把握好资金投入的论证，每投入一笔资金都要进行可行性论证，有利可图才投入，大利大投入，小利小投入，保证使用好每一笔资金。

总之，创业者心中时刻装有一把算盘，每做一件事、每用一笔钱，都要掂量一下是否有利于事业的发展、有没有效益、会不会使资金增值，这样才能理好财。

4. 创业者的诚信。

就创业者个人而言，诚信乃立身之本，“言而无信，不知其可也。”创业者在创业过程中，如不讲信誉，就无法开创出自己的事业；失去信誉，就会寸步难行。诚信，一是要言出即从，二是要讲质量，三是要以诚信动人。

（三）创业的专业技术能力

创业的专业技术能力是与创业密切相关的主要岗位或岗位群所要求的能力，它包括创业的专业技术知识与专业方法能力。劳动者在创办自己的第一个企业时，应该从自己熟悉的行业中选择项目。当然，创业者也可借助他人，特别是雇员的知识技能来办好自己的企业，但在创办第一个企业时，如果能从自己熟知的领域入手，就能避免许多“外行领导内行”的尴尬，大大提高创业的成功率。

1. 创业者应具备的专业技术知识主要体现在以下三方面。

(1)创办企业中主要职业岗位的必备从业知识。

(2)接受和理解与所办企业经营方向有关的新技术知识。

(3)把环保、能源、质量、安全、经济、劳动等知识和法律、法规运用于本行业实际的能力。

2. 创业方法的能力是指创业者在创业过程中所需要的工作方法，是创业的基础能力。创业者应具备的方法能力主要体现在以下九个方面。

(1)信息的接受和处理能力。

(2)捕捉市场机遇的能力。

(3)分析与决策能力。

(4)联想、迁移和创造能力。

(5)申办企业的能力。

(6)确定企业布局的能力。

(7)发现和使用人才的能力。

(8)理财能力。

(9)控制和调节能力。

（四）创业的沟通协调能力

创业必须与人打交道，具有较强的人际交往能力。创业者不但要与消费者、本企业雇员打交道，还要与供货商、金融和保险机构、本行业同仁打交道，更要与各种管理部门打交道，因此，创业者必须具有较强的人际交往能力，妥善处理好人际关系。主要是把握好四个环节。

1. 尊重。

每一个人都有被别人尊重的欲望，尊重是对一个人的品格、行为、能力的一种肯定和信任。尊重别人也是一个人优良品质的表现，包括尊重别人的人格、言论、举止、习惯等。尊重是相互的，只有尊重别人，别人才会尊重你。相互尊重是疏通、协调各种人际关系最重要的一环。只有相互尊重才能打消对方的疑虑，博得对方的信任。在工作中，无论是和上级、同级还是下级接触，都要尊重对方，这是取得对方信任、帮助和支持的前提。

2. 了解。

所谓了解，就是应该尽可能周详地了解上级、同级和下级的长处和短处，并在工作中扬其所长，避其所短。这是使对方避免感到"为难"，并能更加有效地给予帮助和支持的重要一环。

3. 给予。

在工作中，按对方最希望的方式给予对方所希望获得的支持、帮助、信任等，是很重要的。上级最希望下级圆满完成自己交办的工作任务；同级最希望互相之间建立起一种携手并进的融洽关系，在亲密无间的友好气氛中进行良性竞争；而下级最希望获得的是上级的"信任"，在困难时刻的有力支持，受到挫折时的热情鼓励，以及取得成绩后的及时奖励。

4. 索取。

任何创业人才，都不可能单枪匹马去开拓新局面。他必须取得上级、同级和下级的支持、帮助和合作，即"索取"。

（五）把握创业机会的能力

创业活动具有综合性、复杂性、多变性的特点，创造性的活动就需要一个人具有不断进取的创新开拓能力。尤其是在现代科学技术日新月异、信息瞬息万变的时代，工作的多变性和动态性更加显著，形势复杂多变，机会转眼即逝。一个人如果不善于提出新问题，开拓新领域，就无法跟上形势的变化，就只能使自己的工作处于被动。

把握创业机会，不例行公事，不因循守旧，不墨守成规，能够从表面"平静"中及时发现新情况、新问题，从中探索新路子，总结新经验，对改革中遇到的新事物、新工作能够倾听各方面的意图，认真分析，勇于开拓，大胆提出新设想、新方案；对已取得的成绩，不满足、不陶醉，能够在取得成绩的时候不得意忘形，能透过成绩找差距、挖隐患，百尺竿头，更进一步。

一个人在工作的过程中，要根据事物的发展变化审时度势地做出机智果断的应变。在当今世界，事物发展日新月异，千姿百态。但就其和创业的关系而言，归纳起来，主要是两种情况：其一是变化尚未偏离创业活动前进方向的阶段；其二是变化明显偏离创业活动前进方向的阶段。

对于第一阶段的变化，一般无需对原决策方案作根本性的变动，只需要适当地对方案作某些局部的调整，以适应变化的环境。

但是，对于后一阶段的变化，就需要进行审慎的斟酌，对原先的决策作较大的改动，甚至“推倒重来”。一个优秀的领导人才，其非凡的应变能力往往就表现在对一些复杂的“突发事件”和“非规范问题”的果断处理上。从复杂计划的修订，到生死攸关的政治斗争的处置；从微妙的外事活动安排，到举足轻重的经济谈判，都需要有机智的应变能力。随机应变能力能使一个人在纷繁复杂的创业活动中，有意识地使创业决策方案与客观环境相适应。但是，“应变”必须在不抛弃原则的前提下，根据客观事物的不断变化和提供的一切可能条件，尽可能采取科学灵活的“应变”对策，做到“你变我也变”，从而达到预定的目标。无原则的灵活“应变”，是圆滑世故、虚伪的伎俩。现代社会中，一个人的应变能力是建立在科学判断基础上的原则性和灵活性的高度统一，在确知无法达到预定目标时能果断地“刹车”，及时转移工作重点；在确知再坚持一下就会取得胜利时，能够顶住压力，排除各方面的干扰，不惜一切代价去争取胜利；在已实现预定计划时，能适时地提出新的可能达到的目标，鼓励团队向新的高度挺进；在发现客观环境的情况发生变化，按照预定决策方案难以实现原来计划时，能够审时度势，急中生智，临场做出新的最佳决策，将创业活动引向成功。

第三节 创业初期实务

一、选择公司地址

一个公司必须要有地址。如果没有具体的地址，公司生产经营和办公就没有载体，公司就不成其为公司。公司地址是公司生产经营和办公的必要条件，也是公司注册的必须法定条件之一。

公司在哪里进行生产经营，是创业者必须要考虑的。公司地理位置的选择在创办公司中具有重要意义，这个问题解决得好不好对今后公司的发展影响很大。因此，创业者在开始选择公司地址时必须认真调查研究，通盘考虑。

（一）公司经营地址的选择因素

一般来说，创业者可以从以下几个方面考虑公司的生产经营地址。

1．原材料。

如果是生产性的企业，在选址时要考虑到所需要的原材料、燃料和辅助材料的供求状况及距离远近。公司如果有经营性的项目，在选址时要考虑到所需要的商品货源充足不充足、进货渠道畅通不畅通、方便不方便等情况。

2．劳动力。

公司选址一般应该选择那些工资水平相对低廉的地方，这样有利于节省成本。同时在选址时，还应该考虑到技术工人的来源是否充足。另外，还应该考虑公司员工住地与公司的距离，就近上班可以节省公司员工的时间，可以减少公司的费用。

3．交通费用。

交通运输方面是否顺畅，事关公司材料的运进和产品的运出，以及员工出行。

4．通信条件。

随着信息业的发展，信息和通讯条件越来越成为公司发展的重要条件。选址的时候应该注意选择市场信息渠道多、信息灵通的地方，同时，还要注意公司所在地的通信条件，如电话、光缆、传真、网络等条件。

5. 销售。

销售方面的问题是指公司生产、销售的产品应该尽可能地接近消费者聚居的地区，这对于各种形式的商业公司来说都具有重要意义。批发商业、零售商业和一些不得不与销售地区有密切联系的经济部门，应该根据销售可能性来选择公司的地理位置，这时公司在选择具体地点时还应该考虑地产费、店铺租金、扩建可能性等。

一般来说，工业企业由于占地面积较大，建立在城市郊区和农村城镇较合适，而商业公司则完全不同。对零售商业来说，起决定作用的是销售和地段，房租费只能居第二位。

6. 周围的社会治安状况。

周围社会治安对公司正常的生产生活也有很大的影响。

此外，能源、环境保护和公司的社会负担等问题，也应该成为公司在选择地址时需适当加以考虑的因素。

(二)公司办公地址的选择因素

公司的办公地址一般和公司的生产经营地址在一起，但是也有一些公司把生产经营地和办公地分开，把办公地设在一些档次较高的写字楼内，这样既气派，也符合现代公司的经营理念。

新公司在购买或租赁写字楼时应该考虑以下一些因素：

1. 写字楼区位的成长性。

区位的成长性就是指写字楼所处区域的发展前景。一般来说集政治、经济、商贸、金融、信息、文化、旅游中心于一体的中心区位的成长性是显而易见的，区位资源优势得天独厚，人流、物流、信息流、资金流都很充足，是写字楼的首选区位。

2. 写字楼物业的投资价值。

从物业的性价比角度考虑，要看物业的供应价格与市场的实际价值是否对应。

首先，从置业门槛与投资回报的比较利益上分析物业的投资前景和投资价值，尤其是租赁市场的支撑状况，能够判断出该物业的发展空间。

其次，可以从物业的产权年限、品牌形象价值、物业形态、现有入住公司的类别层次上判断是否适合投资。

3. 写字楼物业的品质。

对于实际使用写字楼的公司而言，物业的品质至关重要，它包含了很多方面的内容，如交通便利率、停车场的设计、物业建筑及其质量、大堂的豪华程度、电梯质量与配置状况、空调、卫生间、间隔布局、使用率、层高、灯光、景观、消防以及室内四个立面用料品质等。所有这些，都需要逐一比较，现场观察，实地感受，对现楼还可以直接观察，并且询问现有客户的使用情况及实际入住率。

4. 软性配套与服务。

在软性配置方面，公司选择写字楼要着重看信息化配置和智能化配置，基本分析指标有楼宇自控系统、外部宽频光缆、内部综合布线、GSM 室内覆盖、网络系统的配置程度与升级可变性等。

在写字楼服务方面，主要是指物业管理和其他服务，如物业管理能否全天候服务，能否实现 24 小时办公的需要，其中的服务项目是否齐备，物业费用如何，等等，这些都是应该考虑的。

二、进行工商登记及资金注册

工商登记是国家规定的公司成立的条件和程序。工商登记对于许多创业者来说是一项较少了解的程序，为此，必须事先做好各项准备工作，才能有效办理公司成立的法定登记程序。

（一）确立公司的法定代表人

一般来说，创办公司在进行工商登记前应做一系列的工作，首先应该确立好公司的法定代表人。

1. 法人代表的确定方法。

有限责任公司设立董事会的，董事长为公司的法定代表人；有限责任公司设立执行董事的，该执行董事为公司的法定代表人；股份有限公司的董事长为公司的法定代表人；独资无限责任公司的法定代表人就是公司的投资创办人；合伙制公司法定代表人由协议合伙人根据合伙协议推举确定的企业负责人承担。

2. 法人代表应符合条件。

(1)具有完全民事行为能力。

(2)具有公司所在地的正式户口或临时户口。

(3)具有管理企业的能力和相关的专业知识。

(4)从事公司的生产经营管理活动。

(5)公司法定代表人一般不能兼任另一个企业的法定代表人。

其中，对于没有公司所在地正式户口的法定代表人，需要办理有效期在一年以上的"暂住证"。

如果在杭州市创办公司，法定代表人为非杭州市常住人口的，在办理有关登记手续时，除提交身份证复印件外，还应提交其在杭州市的"暂住证"复印件。

（二）做好名称核准的工作

创办公司在确定法人代表后，在入资前，创办人应先进行公司名称预先核准，这是工商登记中的第一步工作。

1. 应备的证件。

创业者到工商局办理名称预先核准手续，先领取企业名称预先核准申请书，然后填写申请书。办理企业名称预先核准登记时，应向工商登记机关提交下列文件、证件：

(1)企业名称预先核准申请书。

(2)全体股东的身份证复印件。

(3)指定(委托)书。

2. 检查拟登记的名称是否符合法律规定。

（三）准备好公司注册资本

新公司确定好公司法人代表后，就要准备注册资金，并进行入资的注册。这是公司登记前准备工作的重要环节。所谓公司的注册资本是全体出资者(股东)投入公司的实际出缴的资金的总和。注册资本是公司投资人为创办公司和公司运作而拿出来的资金，这是他们对公司享有股东权益和承担责任的依据。

公司的注册资本是公司成立之初的经营资本，也是公司享有全部法人财产权和对公司债务承担责任的全部资产的来源依据。不同的公司注册资金不同。

(1)个人独资的无限责任公司在我国的最低注册资本没有规定,合伙制的最低注册资本为3万元。其中为了解决个人创办公司难的问题,对于个人独资公司的注册资金,我国法律没有做出确定性规定,不需太多注册资金就可以进行个人独资公司注册。

(2)有限责任公司的注册资本是公司登记机关登记的全体股东实缴的出资额。有限责任公司的注册资本不得低于下列最低限额:

- 以生产经营为主的公司为50万元人民币。
- 以商业批发为主的公司为50万元人民币。
- 以商业零售为主的公司为30万元人民币。
- 科技开发、咨询、服务性公司为10万元人民币。

对特定行业的有限责任公司的注册资本最低限额有较高的限额要求的,由法律、行政法规另行规定。

(3)股份有限公司的注册资本是在公司登记机关登记的实收股本总额。

(四)出具验资报告

进行名称核准后,创办人就应对自己的注册资本请有关部门进行核准评估,并取得验资报告。公司投资人必须在公司设立之前,将出资的货币足额存入工商局指定银行的账户上。然后,根据需要验证的资本类别,创办公司者应分别到具备合法资格的会计师事务所和审计事务所进行验资和评估。

在验资时,公司还应注意,验资中以工业产权、非专利技术评估出资的金额不能超过公司注册资本的20%。在公司成立后,才能把存款划拨到新设立公司的账户上。

(五)进行工商登记

1. 工商登记申请人。

以上准备工作都做好了,创办人就可以到工商机关申请登记了。根据《中华人民共和国公司登记管理条例》规定:“设立有限公司,应当由全体股东指定的代表人或者共同委托的代理人向公司登记机关申请设立登记。”这里所称的申请人,是代表股东申请设立有限责任公司的经办人。一般来说,代表股东设立有限责任公司的经办人可以委托他人以申请人的身份来办理工商注册手续。但是只有两种人才能接受委托:①股东之一;②具有工商注册代理人证,并且任职于具备资格的企业注册代理机构,并且还要经过该代理机构批准的人。

除了上述条件外,对申请人还有以下要求:

- 每次只能委托一个人申请。
- 申请人对于提交给公司登记机关文件的真实性、合法性和有效性负责。
- 申请人不能是国家公务员。
- 申请人个人应亲自到公司登记机关办理有关手续。
- 申请人具有完全的民事行为能力。

创办人委托其他人去工商局办理登记手续,必须填写“指定(委托)书”(工商局备固定样本)。“指定(委托)书”是全体股东委托股东之一来办理工商注册事宜时需要填写的证书。表格上所指的申请人可以是股东共同指定的代表,也可以是股东共同委托的代理人。

股份公司和合伙制公司的申请登记人为全体股东或合伙人指定的代表人或者共

同委托代理人。代理人资格如同有限责任公司代理人。

个人独资无限责任公司的公司申请登记人，一般就是公司的投资创办者本人。如果进行委托，必须填写委托书，委托人必须具有工商注册代理人证，并任职于具备资格的注册代理机构。

2. 公司申请登记程序和收费标准。

确定好公司登记应该由谁去之后，创办人就可以进行申请登记了。如果是委托代理人去进行申请登记，一切事项由创办人与代理人联手就可以，即代理人对申请人如何去工商登记机关办理审批手续、履行公司登记注册程序，进行具体的指导。

(1)公司登记的三种程序。一般来说，个人向工商机关进行公司登记注册包括两个程序：一是公司进行的申请登记注册程序；二是工商登记机关对公司进行的核准登记注册程序。

公司申请登记程序是指公司申请人向工商登记机关申请登记的程序。根据《中华人民共和国企业法人登记管理条例》、《中华人民共和国公司登记管理条例》，公司申请登记分为设立登记、变更登记和注销登记三种，登记程序也相应地分为三种。

• 申请设立登记程序。创立有限责任公司和合伙制公司，在做好以上各种准备工作后，向登记主管机关提供规定的文件，提出设立申请。

设立有限责任公司，应当由全体股东指定的代表或者共同委托的代理人向公司登记机关申请设立登记。规定设立有限责任公司必须报经审批的，应当自审批之日起90日内向公司登记机关申请设立登记；逾期申请设立登记，申请人应当报审批机关确认原批准文件的效力或者另行报批。申请设立有限责任公司，应当向公司登记机关提交有关文件和证件。

如果公司设立分公司，应当自决定作出之日起30日内向公司登记机关申请登记；规定必须报经有关部门审批的，应当自批准之日起30日内向公司登记机关申请登记。分公司的经营范围不得超出公司的经营范围。设立分公司，应当向公司登记机关提交有关文件和证件。

• 申请变更登记程序。公司变更登记是指公司改变名称、住所、法定代表、经营范围、企业类型、注册资本、营业期限、有限责任公司股东或者股份有限公司发起人的登记。

公司变更登记事项，应当向原公司登记机关申请变更登记。未经核准变更登记，公司不得擅自变更登记事项，否则应当承担相应的法律责任。

公司变更登记事项涉及法律法规规定须报经有关部门审批的，亦须在递交登记申请材料前报送有关部门批准并获取批准文件或许可证书。

公司申请变更登记，应当向原公司登记机关提交有关文件和证件。

• 申请注销登记程序。按照《中华人民共和国公司登记管理条例》第36条的规定，公司注销登记的申请由公司清算组织进行，公司清算组织应当自公司清算结束之日起30日内向原公司登记机关申请注销登记，并提交有关文件和证件。经原公司登记机关核准注销登记，公司终止。原公司登记机关应收缴公司营业执照。

(2)工商机关的核准登记程序。根据公司的申请登记，公司登记机关实行核准登记程序。

公司登记机关核准登记程序是指工商机关受理申请、审核公司登记文件，直至核准或者驳回申请，核发、换发或者收缴营业执照的工作过程。创办人了解这一过程也有助于有效地完成登记手续。

公司登记核准程序有法定程序和工作程序，工商机关核准公司登记程序的主要内容是法定的，不能随意更改。但是，工商机关一般会根据实际工作情况，规定内部工作程序。

• 公司核准登记法定程序。工商机关自发出《公司登记受理通知书》之日起 30 日内做出核准登记或者不予登记的决定；否则，申请人可以依据行政诉讼法的有关规定向人民法院起诉。

工商机关核准登记的，应当自核准登记之日起 15 日内通知申请人，发给、换发或者收缴《企业法人营业执照》或《营业执照》，并办理法定代表人或其授权人签字备案手续。公司登记机关不予登记的，应当自做出决定之日起 15 日内通知申请人，发给《公司登记驳回通知书》。

公司登记机关发给、换发或者收缴营业执照，或者发给《公司登记驳回通知书》，标志着法定登记程序的结束。

• 公司核准登记工作程序。公司核准登记的工作程序是指由各级工商登记机关根据上级机关的规定和工作实际制定的具体工作规程。一般应包含三个步骤：①受理、审查。工商登记机关受理公司登记申请后，由审核人员对申请人提交的登记文件进行审批，并提出具体审核意见。②核准。工商登记机关的法定代表人或者授权人员，根据审核意见，决定核准公司登记或驳回登记申请。③发照。工商登记机关根据核准结果，核发营业执照或发出不予核准的通知书，并将有关公司登记整理归档。

(3)收费标准。公司办理设立登记、变更登记，按照规定，工商登记机关要收取登记费。因此，去进行工商登记时，还应带上钱。

工商机关的收费是按设立、变更和补换证的不同分别收费的。

• 设立登记费收费标准。公司设立登记、领取《企业法人营业执照》的，设立登记费按注册资本总额的 0.08%缴纳；注册资本超过 1000 万元的，超过部分按 0.04%缴纳；注册资本超过 1 亿元的，超过部分不再缴纳。如果是分公司设立登记、领取《企业法人营业执照》的，需要缴纳设立登记费 300 元。

• 变更登记事项的，变更登记费为 100 元。

• 补(换)证、照及领取执照副本收费标准。公司因证、照遗失、损坏等原因，需重新补(换)证、照的，每份收取人民币 50 元。公司需要领取企业法人营业执照副本或营业执照副本的，每份收取工本费人民币 10 元。

三、公司注册后需要办理的手续

公司成立后需要办理四项手续，包括：刻章、办理公司代码、银行开户和税务登记。

公章是公司使用的印章，是公司权力和信用的证明。在公司对内对外活动中，公章是必不可少的，因此，一个公司一旦成立就必须要有公章。

(一)刻制公章

刻制公章是公司创办中的一项重要工作，在公司成立之时，创办者应该去刻制公司的公章。因为盖有公章的文字材料就代表公司的决定和意见，因此，国家对于公司的权威性进行保护。这种保护是公司正常运行的基本条件之一。

刻制公章规定如下：

1. 公章样式的要求。

工商部门对于公司公章的刻制有着严格的规定。

作为公司的创办者，对于公章的刻制应该了解如下一些基本知识和程序：国家行政机关和企业、事业单位、社会团体的印章一律为圆形；公章上的名称一律采用国务院公布的简化宋体字，自左向右弧形排列，其所属处、室、科等办事机构名称在第二行自左向右平行排列。

2. 审批手续。

企业刻制公章，一律凭工商部门的《刻制公章通知书》和工商营业执照副本办理刻制审批手续。即公司刻制公章应先到工商部门领取《刻制公章通知书》，然后带上公司的营业执照到指定的印章刻制单位进行刻制。

3. 特种行业公章的审批手续。

经营范围由公安机关管理的特种行业，如文化娱乐场所，化学、危险、剧毒、放射物品、管制刀具等行业的单位刻制公章，必须先到所在地公安机关部门办理特种行业经营许可证，再到工商部门办理营业执照，凭工商部门开具的《刻制公章通知书》和工商营业执照副本办理刻制审批手续。

4. 更换公章的手续。

公司如果原公章磨损，需更刻制新印章，必须持单位介绍信，将旧章交公安机关经他们同意并开具证明，才能刻制新的公司印章。

如果公司的名称进行变更，需到工商部门办理变更手续后，再办理刻制审批手续。

（二）办理公司代码

公司代码是公司法定的组织代码，是公司在国家管理和其业务活动中的数字符号，在一定程度上，可以说公司代码就是公司的代号。公司代码是公司登记的必备条件之一，它在公司的活动中会经常用到。作为公司的创办者对于公司代码的了解是必要的。

在我国，公司代码实行登记申请制。公司在工商机关颁发营业执照或者核准登记之日起 30 日内，持营业执照或批准文件，向所在地技术监督部门申请代码登记。技术监督部门对公司申请代码登记实行核准，一般来说，技术监督部门应当自公司申请代码登记之日起 10 日内，对所提交的批准文件或者登记证书的真实性、合法性、有效性进行审核；经审查核准后，赋予代码并颁发代码证书。

公司代码分为法人代码和非法人代码。具有法人资格的公司，其代码为法人代码；不具有法人资格的公司，其代码为非法人代码。

公司申请核准公司代码后，技术监督部门对公司颁发代码证书。代码证书是由国家统一印制、证明公司具有法定代码标志的凭证。

技术监督部门对经核准赋予法人代码的公司，颁发《中华人民共和国企业法人代码证书》；对经核准赋予非法人代码的公司，颁发《中华人民共和国企业代码证书》。技术监督部门颁发的代码证书分别为正本和副本，正本和副本具有相同的效力。公司可以申领代码证书正本一份、副本若干份。任何公司不得伪造、涂改、出借或者转让代码证书的正本和副本。公司的名称、住所等发生变更时，公司应当在有关主管部门批准或者核准变更之日起 30 日内，持有关文件或者证书，向技术监督部门申请换领代码证书。技术监督部门在公司申请换领代码证书之日起 10 日内，对所提交的有关文件或者证书的真实性、合法性、有效性进行审核；经审查核准的，收回原代码证书，颁发新的代码证书。如果公司依法终止，也应当向技术监督部门办理代码注销手续；技术监督部门应当注销其代码，收回代码证书。被注销的代码，不再授予其他组织结构。

公司的代码证书如果毁损或者丢失的，公司可以向技术监督部门申请补发代码证书。

公司代码证书有效的限制为：代码证书自颁布之日起 4 年内有效。有效期满后，在 30 日之内，公司应该持代码证书的正本和副本向颁发证书的技术监督部门办理换证手续。

（三）银行开户

选择开户银行就像挑选朋友，公司创办者需要用心去考虑，只有各方面条件让人满意并能给自己最大帮助的银行，才能成为创办者的入选对象。

1. 选择开户银行应掌握的原则。

(1)以选择离办公地点附近的银行为宜。一般来说，选择公司办公地点附近的银行比选择一家有熟人的银行更重要。就近选择银行不仅避免了往来奔波和舟车辛苦，而且还可以充分享受由此带来的节省时间、提高效率、信息灵通及联络方便等好处。

其次，银行分支行数目和营业地址对于一个公司来说也很重要。如果银行的分支行遍布全国主要城市或公司人员经常往来的城市，那么会给公司业务结算带来方便。

(2)选择服务项目较多的银行开户。银行服务项目的多寡，直接关系着能否为公司提供全面、迅速的服务。一旦公司在服务较为全面的银行办理了开户手续，一般来说，它就能够获得拥有和使用各种金融工具的权利。

2. 办理开户手续。

选择好了开户银行后，就必须到该银行办理开立企业存款账户的手续。

企业存款账户是经国家工商行政管理部门及有关政府机关核批的企、事业单位、个体工商户等为方便业务结算在银行开立的存款账户。根据存款币种不同，银行将存款账户划分为企业人民币存款账户和企业外币存款账户两大类。

(1)开立企业存款账户。根据账户功能和结算方式的不同，人民币企业存款账户又分为基本存款账户和一般存款账户两种。基本存款账户主要办理日常的资金结算业务和提取现金业务；一般存款账产只能办理日常的资金结算业务和存入现金业务，不能办理取现业务。

(2)存款账户优势。一般来说，存款账户有以下一些优势：

• 存款账户可使用支票、银行汇票、电汇、信汇、银行本票、托收承付和委托银行收款等结算方式，办理国内同城间和异地间的资金清算。

• 可办理缴纳企业的各项费用，方便企业集中管理和使用资金。

• 基本存款账户可提取现金。

• 可向银行申请签发银行承兑汇票。

• 存款期限灵活。除活期存款外，定期存款分为零存整取和整存整取等。

• 可向银行申请融资等。

(3)开户需要的资料。向银行申请开户必须携带齐备的资料如下：

• 企事业单位凭工商行政管理部门签发的营业执照或拨款单位的证明文件。

• 国家技术监督局签发的企业法人代码证书。

公司创办者，凭上述资料向银行申请开立人民币一般存款账户。

如果公司需要申请基本存款账户，在开立一般存款账户的基础上要出示人民银行签发的基本存款账户卡，然后再申请开设基本存款账户。根据人民银行管理规定，一个企业只能开立一个基本存款账户。

(4)开立外币存款账户。除了人民币存款账户外，公司还可以根据需要开设外币存款账户。目前，银行开设了美元、港币、日元、马克、法郎等5个币种的外汇存款账户。外汇存款账产根据开户企业性质的不同分为外商投资企业外汇存款账户和中资企业外汇结算账户两种。

外商投资企业外汇存款账户，根据账户用途不同又分为外商投资企业外汇结算账户和外商投资企业外汇专用账户两种。外汇结算账户用于公司账户下的外汇资金结算；外汇专用账户，目前又分为外债专户、资本金专户、贷款专户、还本付息专户和其他专户5个类别，用于专用资金的结算。根据国家外汇管理局对外商投资企业账户的管理规定，外汇专用账户中除其他专用类别外，其余的专用账户只能用于专项资金的结算，且资金用完时账户关闭。

(四)税务登记

1. 怎样办理开业税务登记。

领到了《企业法人营业执照》或《营业执照》后，还必须进行税务登记，这是开展经营活动的必要环节。

公司在工商行政管理部门领取营业执照后，要在30天内向当地办税服务厅或税务所(局)申请办理税务登记证书。在向税务机关申请办理税务登记证之前，应有技术监督部门办理的组织机构同意代码证书。证书上的同意代码，就是税务机关要发给新公司的税务登记证上的“纳税识别号”。没有这个号码，税务局是不会办税务登记证的。

在办证时，创办人除了要带上办证费用外，还要根据自己注册公司的情况，带上相关的注册登记资料。

2. 企业税务登记表的内容。

纳税人应对税务登记表有个大致的了解。税务登记表的主要内容包括：

(1)单位名称、法定代表人或业主姓名及其居民身份证、护照或者其他合法证件的代码。

(2)住所、经营地点。

(3)注册登记类型。

(4)企业形式、核算方式。

(5)生产经营范围、经营方式。

(6)注册资金(资本)、投资总额、开户银行账号。

(7)生产经营期限、从业人数、营业执照号码。

(8)财务负责人、办税人员。

(9)其他有关事项。

3. 变更税务登记。

对于公司来说，变更税务登记也是经常遇到的事情。公司生产经营变化需要办理变更税务登记的，有3种情况：

(1)纳税人变更生产经营内容,需要由工商行政管理部门批准的,要在变更登记之后,向主管税务机关申报办理变更税务登记。

(2)变更事项与工商登记没有关系的纳税人,要在有关部门批准或者宣布变更后,向原税务登记机关申报办理变更登记。办理变更登记的期限仍然是在税务登记事项变更后的 30 日内进行。

(3)增值税一般纳税人被取消资格的,也要办理变更税务登记。

4. 注销税务登记。

一般来说,公司纳税人需要办理注销登记的情形主要有以下 3 种:

(1)纳税人发生解散、破产、撤销以及其他情形,依法终止纳税义务的,应当在向工商行政管理机关办理注销登记前,持有关证件向原税务登记机关申报办理注销登记;未在工商行政管理机关注册登记的,应当自有关机关批准或者宣告终止之日起 15 日内持有关证件向原税务登记机关申报办理注销税务登记。

(2)纳税人因住所、经营地点变动而涉及改变税务登记机关的,应当在向工商行政管理机关申报办理变更或注销登记前或者住所、经营地点变动前,向原税务登记机关申报办理注销税务登记,并向迁达地税务机关申报办理税务登记。

(3)纳税人被工商行政管理机关吊销营业执照的,应当自营业执照被吊销之日起 15 日内,向原税务登记机关申报办理注销税务登记。

5. 税务登记证的使用。

公司进行税务登记后,领取税务登记证。国家税务机关规定,公司领取税务登记证后,要在生产、经营的场所内明显、易见的地方张挂,亮证经营。亮证的目的是:①告诉业务往来单位你有真实合法的身份,所提供的税务发票等手续资料真实可信;②便于税务机关和有关部门进行查验。

税务登记证要保管好,不能损坏、丢失,万一登记证丢失,公司要在税务登记证丢失(无论丢失的是税务登记证,还是税务登记证副本)后,及时地向税务机关写出报告,说明丢失的税务登记证的种类(如正本、副本)、过程、原因和补发税务登记证的要求;然后按照税务机关的要求,在报纸、电视等新闻媒介上宣布作废。上述工作完成以后,税务机关才会补发税务登记证。

6. 进行纳税申报。

根据《中华人民共和国税收征收管理法》及其实施细则的规定,纳税申报是纳税人履行纳税义务和税务机关据以核定征税的法定程序,纳税人从办理税务登记起,不论有无经营收入,是否亏损,或是否享受减免税,都应在规定的申报期限内办理纳税申报。

公司纳税人需弄清楚纳税申报的税种。凡有缴纳下列地方税款的纳税人,必须到所属的主管地方税务征管分局办理纳税申报:

(1)营业税(不含铁路部门、各银行总行、保险总公司集中缴纳的营业税、所得税、随同营业税缴纳的城市维护建设税)和随同营业税缴纳的城市维护建设税、教育费附加。

(2)企业所得税(不含中央固定收入的中央企业所得税,地方银行和外资银行、非银行金融企业所得税)。

(3)城市维护建设税。

(4)个人所得税。

(5)城镇土地使用税。

(6)土地增值税。

(7)固定资产投资方向调节税。

(8)房产税(外资为:城市房地产税)。

(9)车船使用税(外资为:车船使用牌照税)。

(10)印花税(不含证券交易印花税)。

(11)屠宰税。

(12)仅缴纳营业税的个体户的各项税收及集贸市场(指肉菜市场)内的各项税收。

(13)由市政府委托地税局征管的基金费及其滞、补罚收入。

(14)各类地方税收的滞、补罚收入。

7. 购领发票。

公司进入运营就要使用各种发票。创办者购买发票一般是到各地的税务所或税务局的相关科室。公司纳税人第一次购领发票时,必须带上公司税务登记证副本及单位公章(或财务章)。以后每次购买发票时除携带上述物品外,还须携带上一次购领发票的凭单第三联(经税务局主管人员签字并加盖税务局公章)。

本章小结

1. 创业是“创造价值”、“创造财富或利润”和“创造企业”。

2. 人的因素、物的因素、社会因素和组织因素就构成了创业的要素。

3. 创业过程可以划分为四个阶段:创业机会的识别、企业的创建、管理体系的形成和新创企业的发展。

4. 创业能力是一种高层次的综合能力,它分为决策能力、经营管理能力、专业技术能力、沟通协调能力、把握机会的能力等。

5. 创业初期要学会选择公司地址,能够进行工商登记及资金注册,并在公司注册后及时刻制公章、办理公司代码、进行银行开户和税务登记。

思考题

1. 创业的定义有哪几种?应该怎样理解创业的概念?

2. 在创业过程中,如何才能提高自己的创业能力,增加创业成功的机会?

3. 如何进行工商登记?

案例 8.1 小香皂蕴涵大商机

为了迎合年轻人喜爱创新、拒绝雷同的心理,如今的都市街头冒出了许多新潮的店铺。本案例中的深紫皂吧主要销售手工香皂,在全国已经拥有 78 家加盟店。

五彩缤纷、形态各异的香皂摆在各色精致的器皿里,柔和的灯光笼罩在这些小小的香皂上,深紫皂吧弥漫在一片温馨的氛围和混杂浓郁的香味中。

“我是在无意中听说国内 DIY 的东西有很大的市场,这样的店几乎是开一个火一个，但是我发现真正具有欣赏价值和实用价值的很少，于是就想把兼具欣赏价值和实用价值的东西结合起来。手工香皂这种制作周期短、回报几率大的中短线投资方式很适合中小投资者。”现在已经是深紫创艺（北京）咨询中心负责人的陈刚告诉记者。于是，2004 年的 5 月 1 日，一个可以让顾客发挥自己创意，依据自己喜好制作肥皂的皂吧在北京西单的 77 街开业了。

深紫皂吧是陈刚和他姐姐陈莉共同创办的。创业之前，他们都有很体面的工作，都有一份在旁人看起来很可观的薪水。但陈刚说：“在公司里干得再好，终归是给别人打工，永远是不稳定的。不如趁着现在年轻，有一定的社会经验和一定的经济基础，来做一份自己的事业。”

在这个小小的皂吧里，陈刚见到了各种浪漫温馨的故事。“我遇到的最浪漫的事情是一个男孩子要向他的女朋友求婚，但不知道如何别具匠心地把求婚戒指送给女朋友。无意中他看到了皂吧，就决定亲手做一个心形的肥皂，把钻戒嵌到香皂里送给女友。”陈刚指导他加颜色和味道，男孩子自己创意，把戒指嵌到心形的开槽处，戒指一半在里一半在外。左边放了女孩的贴纸照，右边放了男孩子的生肖小猪，下边刻了一个“爱”字。女孩轻轻一抽就能把戒指拿出来。“一块小小的香皂，能够促成一段姻缘，我觉得很骄傲。”

皂吧在刚开业的一周里，尽管正值“五一”黄金周，但是生意并不好。5 月 1 日整整一天，从店前面走过的人加起来还不到一百人。陈刚说，让自己意想不到的是，他们的第一单生意居然是新加坡的一对年逾古稀的老夫妇定的。这对老夫妇在小店里转过一圈后，对陈刚说：“你们的这个小店很好玩，但对老年人来说，玩的心态不是很重了，追求的是实用性了。”陈刚马上告诉他们，小店里有专门为老年人设计的去角质的丝瓜经络皂。这句话打动了他们，“那我们来两块试试吧”。那一天陈刚只做成了三单生意，但第一笔生意给了他很大的信心。

这样的信心让陈刚坚持了下来，并且在短短的半年时间里，在全国已经拥有了 78 家加盟店。其中北京就有 15 家，并且在南方还有自己的原料工厂。

“我们现在不光是做香皂，我们要把‘深紫’做成流行前沿。”当初，皂吧的模具和原料都是靠其他厂家提供的，但皂吧生意刚刚赢利，生产商就开始加价，于是陈刚和陈莉决定自己办一个原料加工厂。为了办这个厂，陈刚卖掉了自己的汽车。陈刚说：“创业就像一次赌博，现在证明这次赌博赌对了。如今的年轻人越来越愿意接受新鲜事物，而我们的皂吧正好迎合了年轻人喜爱创新、拒绝雷同的心理。”

尽管定位于年轻人，但皂吧的顾客群覆盖面很广。陈刚介绍说，客户年龄最小的 3 岁，最大的则有 80 岁。

采访期间，不断有电话打来，大多都是询问加盟、供货事宜的。陈刚说，“深紫”的加盟费用是 1.28 万元，包括开业时所需要的材料、前期培训、选址、售后服务、技术升级等费用。店主自己要准备的就是店面、熔化原料的微波炉和将原料冷冻成型的冰箱。

讨论题：

1. 对于创业者来说，创意和信心哪个更重要？
2. 请根据案例分析一下在创业中如何把握面对的机会和挑战？

案例 8.2　收购废纸是怎么成为首富的

张茵的财富远比“富豪榜”上不少名列前茅的人实在：6000 亩土地、100 万平方米厂房、10 条造纸生产线、330 万吨产能、561 兆瓦电厂、5 万吨级码头、车队、仓库……固定资产达 86.25 亿元！

1996 年，张茵在东莞投资 1.1 亿美元建造的玖龙纸业，2004 年已经以年产 169.9 万吨名列中国纸品制造商第一。2005—2006 年度财务报告显示，公司年销售额 79 亿元，毛利润 18.6 亿元。公司计划在未来一年内把年产能由现在的 330 万吨增加至 535 万吨，2008 年扩张到 715 万吨。本年度公司业绩和股市表现使得公司的融资能力大增，2006 年 9 月 19 日集团筹得一笔 3.5 亿美元的银行贷款。

造纸是个非常传统的产业，似乎没有什么先进技术可言。但这恰恰是一个误解：张茵旗下的造纸厂，造纸设备和造纸水平在国内几乎无出其右者，在国际上也堪称一流。张茵的造纸厂里，每个滚筒都是百吨以上的庞然大物，为了提高产能，就必须要提高纸机滚筒的宽度和转速。比如玖龙厂的第八号纸机，能生产高强度瓦楞芯纸和牛卡纸，要让一组几百吨的钢铁滚筒转得像车轮那样快，还要相互配合拉出平整、均匀的纸，并且还不能把纸扯断……这看似粗笨的造纸生产线有着极高的技术含量，只有极个别发达国家才能制造。

香港创业

1982 年张茵举家迁居广东，成为那片改革热土的第一批“移民”。在深圳，张茵获得了学习财会的机会。之后她在一个合资企业里做财务工作。那家公司的业务包括面向香港的涉纸贸易，这给了她认识“外边世界”的机会。

1985 年春天，27 岁的张茵碰到一个“贵人”。内地某造纸厂厂长（张茵终身都尊称他为师傅）在和公司谈生意之余，偶然和张茵攀谈起来。“师傅告诉我，他很看好回收废纸这个行业，因为废纸就是森林，将来造纸业肯定要从资源造纸向再生纸发展。师傅还说，从香港进口的纸浆大多掺杂使假，品质不高，因此如果我想做生意，这算是一个机会。”

1985 年的张茵已算大龄女青年了，但她决心搏一搏，于是身揣 3 万人民币移居香港，进入香港一家贸易公司做包装纸的业务。

中国的森林资源相当贫乏，特别是造纸用速生林建设严重滞后，大部分高档纸的制造原料要靠进口木浆或废纸解决。同时国内废纸收集体系不健全，且级别不够。因为国外造纸用原木，中国造纸大量掺草甚至全部用草。所以国内外废纸还原成的纸浆中木纤维的含量天差地别。因此，从发达国家（地区）购买废纸一直是解决我国造纸原料瓶颈的重要途径。

当年，这个门槛不高、被称为“收破烂”的行当吸引了不少处于社会底层的港人。实事求是地说，从业者素质不可能太高。于是，在废纸堆里掺杂使假成了“行规”。

张茵以“东北人”的实在，取得了包括“师傅”在内的内地客商的信赖，迅速打开了业务局面，一年后便有了自己的纸行和打包厂。但她触犯了“行规”，得罪了一些同行，不久就受到了黑社会的威胁。最后因为她的豪爽、公道，收废纸的那些人都愿意跟她做生意，愿意把收来的废纸卖给她。

谈起成功的秘诀，张茵说自己最大的特点就是埋头做自己的事情，凡事尽力而为，

"如果只能建三星级的饭店,自己决不会赌气建五星级的。"此外,她在管理上有独到的见解,提倡"个人小家庭,公司大家庭"的人性化管理,既为下属提供充分发挥才干的空间,又在待遇上说到做到,帮助解决实际困难。最重要的是,她的成功和自己的丈夫以及其他几位副总裁的全力支持密不可分。丈夫刘名中出生于台湾,成长在巴西,毕业于名牌大学,精通英语、葡萄牙语,做事稳健细致,张茵笑着说:"我们是夫妻互补。"

转战美国

香港的废纸资源有限,赚到第一桶金的张茵夫妇开始了转战美国的征途。

1990 年,张茵与先生举家移居美国洛杉矶,创建了美国中南有限公司(ACN),其业务就是将当地的废纸采购输送到东亚,特别是中国。这是一个各方受益的商业行为:美国贫民、美国政府和中国造纸公司都从中受益,美国政府甚至对这类公司实行减税补贴。张茵的第一个梦想——成为"废纸大王",从此逐渐清晰了起来。数年间,"美国中南"发展十分顺利,旗下已经有了七家打包厂和相当规模的运输车队,成为美国首屈一指的废纸输出商。以集装箱使用量计,1996 年"中南"居全美各行业第四;1997 年位居第三;1998 年、1999 年、2000 年连续三年位居第二;2001 年更以 21 万标准箱跃居第一。从那时起,"中南"每年使用的集装箱总量超过了通用电气公司、菲利浦莫里斯和杜邦的总和!

按照张茵自己的总结:在香港的成功靠若干其他因素,在美国的成功则靠智慧。张茵谈起成功时还说:"我运气好,占了天时地利人和。"

天时:20 世纪 90 年代,中国经济强劲起飞,废纸进口量年增幅达 20%。而此时中美贸易的特点是:运去十箱廉价货物,运回的只有一箱高科技产品。对船运公司来讲,中南简直成了大救星,虽然运费低廉,也总比装着空气启程回国好。因此张茵的废纸贸易运输成本极低。

地利:美国是纸张生产和消费大国,且废纸回收系统极为高效、科学。据美国森林和纸业协会的报告,美国每年消耗 4700 万吨纸张,其中将近 75% 的废纸将被循环利用,而"中南"的年出货量超过 500 万吨。根据公开数据推算,美国可再利用废纸中的七分之一被"美国中南"输出,而中国再生造纸原料的四分之一以上由"美国中南"输入。"废纸就是森林"——张茵以独到的商业模式开创了日进斗金的生意,实现了"废纸大王"之梦。

人和:中南公司"信誉第一、客户至上"的经营方式,赢得中美客商的一致认同,业务蒸蒸日上。

"纵向一体化"

1987 年,张茵开始以内地造纸厂为合作伙伴,在辽宁营口、湖北武汉、河北唐山等地设立了多家合资造纸厂。到了美国,张茵的废纸贸易得到进一步拓展,在天津、青岛、上海成立了直属公司,在北京、深圳、烟台等地设立了办事处。1988 年,张茵在东莞创建了第一个独资企业——东莞中南纸业,出产日用纸制品。

1996 年,国内高档包装用纸——牛卡纸、高强度瓦楞芯纸和涂布灰底白板纸需求及进口量大增。牛卡纸是用木浆或木浆含量高的废纸制造的本色卡纸,用途极广。瓦楞芯纸是纸板箱的关键材料,提高强度可减轻包装箱的重量,节约材料及运费。涂布灰底白板纸一面有光滑的涂布面层,具有优越的印刷适应性,常用作电子消费品、化妆品的包装盒。张茵抓住机遇,投入 1.1 亿美元在东莞市麻涌镇建立了"玖龙纸业"。一期年产20万吨牛卡纸的生产线于1997年初动工兴建，1998年7月投产。从那时起，大投入、高起点成为张茵进军造纸业的特点。以第一条生产线为例：全程自动化控制、效率高、质量稳定，迅速替代了进口产品。可口可乐、耐克、索尼、三洋、长虹、康佳、海尔、TCL、科龙、宝洁、美的等知名品牌先后采用了玖龙纸业的产品。

1999年7月，张茵为二期工程再投1亿美元，新增一条年产40万吨的生产线。设备从芬兰成套引进，是当时世界一流的造纸生产线。随着2000年6月二期工程成功投料出纸，东莞玖龙以60万吨产能跻身国内包装纸生产巨头之列。一年之后，第三期年产40万吨的生产线又动工了，这次仅用9个月时间就建成投产，创造了造纸行业内的又一个奇迹。东莞玖龙成为世界上屈指可数的百万吨级包装纸生产厂商之一。至此，张茵在东莞玖龙已累计投入3.7亿美元，其雄才大略在中国女企业家中无出其右者。

之后，张茵的脚步丝毫没有慢下来，东莞基地新生产线还是一条接一条地上，同时又挥师北上江苏太仓，迅速形成95万吨产能，几乎是再造了一个玖龙。2005年初，她旗下企业的总产能已达235万吨。年底，产能又上升近百万吨，达到了330万吨，在中国市场的占有率为17%。玖龙纸业已超越晨鸣纸业成为全国第一、亚洲第二、世界第八的造纸巨头。中国经济蓬勃发展，特别是作为"世界工厂"，生产的产品都需要高质量的包装物，玖龙纸业产品因此供不应求，张茵的"造纸大王"之梦又飞快得以实现了！

以低廉的价格在美国收购废纸，以低廉的运费运到中国，利用内地土地、能源、人力方面的优势，以低廉的成本生产出紧俏的高档产品。张茵夫妇构建的产业链，从前端起每一个环节都在自己的掌控之下，都具备成本优势，都有利可图，产业链末端输出的则是供不应求的高档产品……成功的"纵向一体化"及对产业链的优化把握，这就是中国新首富诞生的秘密。

扩张战略

近年玖龙纸业的发展路线，为我们演示了鲜活的归核战略。

根据造纸业协会2005年做出的预测，我国高强度瓦楞芯纸、牛卡纸和涂布白卡纸的缺口分别为160万吨、120万吨和60万吨。而玖龙纸业四分之三的产品为牛卡纸，高强度瓦楞芯纸和涂布白板纸各占八分之一，全部属于"紧俏商品"。数千亩地产、百亿级投资、世界上最先进的生产线、填补市场缺口的产品布局……张茵执着地把资金投向内地，招招占住先机。目前，玖龙纸业在资金、土地、原料、基础设施等方面具备了再将产能扩张300%，达到年产900万吨的条件。玖龙的"超长"板让竞争对手望尘莫及。

玖龙纸业生产的是纸箱的原料用纸，如果再向下延伸一步就可出产纸箱。原料用纸品种相对单一，便于以超大规模生产来降低成本，并且面向的是相对固定、数量不多的纸箱制造厂，每年的市场营销费用仅占销售额的2.2%。生产纸箱则要根据最终用户的要求做出千差万别的产品，不仅失去了规模效应，还要付出高昂的市场营销成本。所以，张茵断然否决了集团内外有关玖龙纸业进一步向下游延伸的建议。

玖龙纸业的归核战略，首先是不遗余力地扩大产能，提升产品的数量和质量。按规划，2007年东莞年产50万吨涂布白卡纸的十一号线、年产40万吨牛卡纸的十二号线和太仓年产40万吨高强度瓦楞芯纸的生产线将陆续投产。为丰富原料供应渠道，玖龙纸业还北上内蒙，于2004年合资设立了年产10万吨优质木浆的"玖龙兴安"。

其次是自建基础设施。造纸厂是用电、用水和运输的大户，不仅对当地公用基础设施构成巨大压力，也直接制约了产能的扩张。我国经济越发达的地区电力越紧张，拉闸限电的情况每年都会大面积发生。

2005 年 5 月，随着 210 兆瓦热电机组并网发电，玖龙纸业东莞基地总装机容量达到了 351 兆瓦，相当于一个中型发电厂。玖龙在江苏太仓基地的热电厂的装机容量也达到 240 兆瓦。591 兆瓦的发电能力不仅保证了充足的电力供应，还缓解了当地电力紧张局面。造纸厂还是用水大户，东莞基地日耗水 6.5 万吨，太仓基地约 2 万吨。玖龙纸业现有两个 25 万吨级蓄水池，一个日处理量 10 万吨的海水淡化厂及完善的污水循环利用设施，完全可以满足生产需要。公司还有 50 万吨容量的原料库、8 万吨容量的成品库和 1 万吨容量的半成品库；另外，集团还拥有 350 辆重型卡车组成的车队，以及太仓港可接驳 5 万吨级货船的货运码头……

事业蒸蒸日上的同时，张茵一直重视人性化管理，善待员工。她建在东莞基地总面积 1.5 万平方米、耗资 1800 万元的宿舍提供给专业技术人员居住，连其子女入托、入学等也会得到安排——有点"比国有企业还国有企业的"意味。

登陆资本市场

连年的高速发展，对玖龙纸业的资金链构成极大压力。玖龙纸业 2004、2005 年的总资产负债率均高达 79.5%。一般企业的流动资产(现金、存货、应收账款的总和)要比流动负债高出一倍，因为存货和应收账款不见得能及时、足额地变现。而 2005 年末玖龙的流动资产竟比流动负债少 20 亿元，也就是说，一年内必须偿还的债务比可以动用的资产多 20 亿元！

2006 年 3 月 3 日，玖龙纸业在香港主板上市。首次公募计划发售 10 亿股，发行价为 3.4 港元，募集资金 34 亿港元，这在民营企业 IPO 案例中是绝无仅有的"大盘股"。挂牌当日收盘价为 4.75 港元，较发售价上涨 39.7%，成交 24.25 亿港元，为当日港股最活跃的前 20 只股票之一。

值得一提的还有，香港大富豪恒基老板李兆基、新世界掌门郑裕彤以及嘉里建设主席郭鹤年三人以私人名义，合计投入 4.68 亿港元巨资认购了张茵的 1.37 亿新股。老牌富商看好玖龙股票潜力，更令市场信心大增。几个月来，玖龙纸业股价稳步上升，特别是 2006 财年利润劲升 350%，达 13.75 亿元的业绩披露后，股价更是冲破 9 港元，公司市值达 374 亿港元。照此计算，张茵家族持有的 75%股份市值在 280 亿元以上。

如果 2006 年 6 月 30 日前没有得到股权融资，公司将不得不变卖固定资产——卖掉土地、厂房、楼宇、设备或出让整座工厂……玖龙纸业将受重创。不这样的话，公司将面临诉讼、清盘，张茵的宏图和声誉也不可避免地被毁！IPO 成功募集使玖龙纸业的总资产负债率一举降为 48.7%，流动资产一夜之间大大超过流动负债。在资金链绷断前三个月成功登陆资本市场，让张茵完成了生平最惊险的一跳。

成功登陆海外资本市场，打开大规模股权融资通道，盘活了整个玖龙纸业的资产结构，为它的价值链增添了重要的一环。资本市场持续融资渠道通畅，银行债权融资能力恢复，源源而来的资金将强力推进玖龙早日实现年产 900 万吨目标，成为世界造纸大王。

讨论题：

1. 张茵的成功在哪些方面进行了创新？这些创新的基础是什么？

2. 张茵的企业是如何处理创新管理与维持管理之间的关系？这对你有什么启发？

案例 8.3 台湾科技首富郭台铭

台湾科技首富——郭台铭 20 年前在台湾，名不见经传，所属企业规模连台湾一千大制造业都够不上，但如今却是叱咤风云、纵横四海的台湾科技首富，麾下企业遍及欧美。

英雄莫问出身低 黑手雄心与天齐

对于鸿海的成长过程，郭台铭曾经说过："阿里山的神木（台湾最著名的风景）之所以大，4000 年前种子掉到土里时就已决定了，决不是 4000 年后才知道的。"回顾鸿海成长的过程，其中的酸甜苦辣、个中滋味恐怕也只有郭台铭自己能够体会。

郭台铭出生于 1950 年，是家中老大。由于家境贫寒，1966 年郭台铭进入台湾"中国海事专科学校"学习，靠半工半读完成学业。服完兵役后，郭台铭在复兴航运公司当业务员。1973 年 2 月，郭台铭出资 10 万元新台币，与朋友在台北县创立了鸿海塑料企业有限公司，生产塑料产品。不过一年时间，因经营不善，原股东逐一退出，企业成了郭台铭的全资公司。

当时黑白电视机刚刚在台湾兴起，郭台铭便从制造黑白电视机选台的按钮做起。这时的 鸿海不过是个 30 万元新台币的小公司，仅有 15 名员工。1975 年，易名为鸿海工业有限公司。1977 年，公司开始扭亏为盈，郭台铭立即从日本购买设备建立模具厂，为日后发展奠定基础，其后他又陆续投资建立了电镀与冲压厂。20 世纪 80 年代，世界进入个人电脑时代，郭台铭靠所掌握的成熟模具技术，以连接器、机壳等产品为重心，力行"量大、低价"的竞争策略，迅速占领市场。1982 年公司再度更名为"鸿海精密工业股份有限公司"，继续投资 1600 万元进入计算机线缆装配领域。1985 年，郭在美国成立分公司，开始在台湾之外开拓市场，并创出"FOXCONN"品牌。至此，郭台铭已经成功打造出他的"连接器王国"。

白手起家目标大 雷厉风行明赏罚

自初创鸿海，郭台铭的奋斗目标就很明确，就是要成为台湾第一、亚洲第一、世界第一。为实现这一宏大目标，他创造了自己的经营哲学。

郭台铭称鸿海是"四流人才、三流管理、二流设备、一流客户"，他要做的首先是选客户。为了达成目标，他曾经在美国自己开车，住 12 美元一天的汽车旅馆，跑了美国 52 个州中的 32 个，跟世界大厂商做生意。自进入个人电脑领域，鸿海的客户就锁定了 IBM、英特尔、康柏、戴尔等国际一流大厂。为了拿到康柏公司的订单，郭台铭索性在康柏总部旁投资建了一个成型机厂，康柏只要有新设计，当天就能看到模型，最终获得了康柏的长期订单。为巩固与这些大厂商的关系，郭台铭坚持不做自己的品牌，只做零件供应商。可以说正是这些大厂的订单成就了鸿海今天的格局。据说，现在全世界每 5 台电脑中就有一台装有鸿海的产品。

但光有客户还不行，郭台铭背后依靠的还是自身的硬功夫。自创业后，他就是不折不扣的工作狂。郭台铭认为，他应该是第一个上班、最后一个下班的人，因而他每天坚持至少工作15小时。即使晚上下飞机,他也会马上赶到公司,加班到三更半夜更是家常便饭。

“将提高服务客户能力放在首位”是鸿海职工时刻谨记的厂训,也是鸿海成功发展的秘诀。为了在竞争激烈的高科技产业中求得生存发展,郭台铭创造出CMM的运作方式,从“自制零件、零件模块化、快速物流”的组装,再加上e化的信息流连结全球客户,从而达到“交期准、品质好、成本低”的境界。

在企业管理方面,郭台铭治厂如治军,重视纪律,讲究细节。郭台铭用人方面的口头禅是:“不管高科技还是低科技,会赚钱的就是好科技。”为了获得高回报率,他用人唯才,奖惩分明。对表现优异的员工与技术骨干,郭台铭从不吝啬,给予巨额奖金。近几年每年年末鸿海员工聚餐,郭台铭提供的奖品总值都高达数亿元新台币,头奖高达数千万元。但对竞争对手,他则一律以敌人视之,难怪台湾科技界都称他为“枭雄”。因此,虽然鸿海集团近年配股分红居高不下,郭台铭成为股东热烈追捧的对象,但郭台铭和鸿海却始终被列入“形象不佳”公司的行列。

抓住商机谋发展　大陆投资壮鸿海

虽然鸿海在台湾已经具备了技术能量,但最终得以壮大的根本原因,与郭台铭投资大陆密不可分。1988年,郭台铭经过慎重考虑,决定投资大陆,在深圳成立了广东深圳富士康精密组件厂,生产电脑周边接插件。在这里,郭台铭找到了他成功的着力点,即得到了丰沛廉价的土地与劳动力资源,开始了企业飞速发展的历程。到90年代,富士康依靠前期积累的力量,在深圳和昆山分别设立了科技工业园。如今,鸿海在深圳、昆山、杭州、天津等地设有36家全资子公司,专业生产电脑接插件、精密零组件、机内线缆、精密模具及电脑整机。正是靠着在大陆的投资,郭台铭得以实施“扎根中国,放眼全球”策略,达成全球最大的电脑整机和零组件生产企业集团及全球个人低价电脑的主要制造基地的经营目标。

2003年10月,郭台铭回到故乡山西。总投资10亿美元的富士康科技工业园暨鸿富晋精密工业(太原)有限公司,于2004年6月正式投产,成为山西引进的最大外商投资项目。正因为大陆是鸿海发展壮大的源泉与凭借。2001年,郭台铭在深圳的富士康公司成立党支部,这是第一家成立共产党支部的台资企业,其内在的含义不言而喻,“毕竟大陆对郭台铭、对鸿海的发展太重要了”。

科技首富脑清醒　如火如荼谋扩张

郭台铭深知,“一个产业里,做第一名才可以稳定赚钱,第二名有点钱赚,第三名损益打平,第四名随景气沉浮,第五名往后要么等着被收购,要不就是被淘汰出局。”

1999年,郭台铭连续合并了岛内的华升、广宇等企业,不仅开启了内部上下游整合,事业版图也正式从鸿海精密工业单一公司发展成为企业集团,郭台铭也开始跻身岛内大企业家的行列。到20世纪末,鸿海已在欧亚美三大洲设立了60多个海外制造中心及分支机构,成为全球最大的PC连接器、PC准系统的制造商。近几年,郭台铭的扩张行动更加如火如荼。继成功打入电脑主板与手机生产领域后,他于2000年在捷克设立光通讯事业生产基地,2002年投资创立群创光电公司,进入液晶显示面板制造领域,2003年收购芬兰公司扩大手机机壳生产。现在除了半导体产业外,鸿海的投资几乎遍及岛内高科技明星产业。

郭台铭事业越做越大,他已连续3年被美国《富比士》杂志列为台湾科技首富,鸿海公司产值连续3年稳居台湾最大的民营制造业企业。但他已准备急流勇退，2008年退休，而且不打算交棒给郭家人经营。

讨论题：

1. 郭台铭创业成功靠的是什么因素？
2. 郭台铭创业过程中有哪些突出的能力？
3. 郭台铭创业为了创造价值，还是创造财富，还是创建企业？

参考文献

1. 周三多.管理学——原理与方法.上海:复旦大学出版社,2007.

2. 王建民.管理学原理.北京:北京大学出版社,2006.

3. 倪杰.管理学原理.北京:清华大学出版社,2006.

4. 肖余春.管理学.杭州:浙江大学出版社,2006.

5. 杨孝伟,赵应文.管理学——原理、方法与案例.武汉:武汉大学出版社,2004.

6. 陈荣耀.现代管理学.上海:东华大学出版社,2005.

7. 卜军.管理学基础.大连:大连理工大学出版社,2004.

8. 郑健壮.创业学与商业计划.北京:科学出版社,2006.

9. 陈传明,周小虎.管理学原理.北京:机械工业出版社,2007.

10. 余敬,刁凤琴.管理学案例精析.武汉:中国地质大学出版社,2006.

11. 徐晓黎等.管理学原理.重庆:重庆大学出版社,2003.

12. 因茨·韦里克,马春光译.管理学——全球化视角.北京:经济科学出版社,2004.

13. 焦强.管理学.成都:四川大学出版社,2005.

14. 黄煜峰.管理学原理.大连:东北财经大学出版社,2002.

15. 侯明贤.饭店督导.北京:旅游教育出版社,2006.

16. 全国经营师执业资格认证培训教材编审委员会.企业经营管理实务.北京:清华大学出版社、北京交通大学出版社,2007.

17. http://www.chinathinkthank.cn.中国智库.

18. http://bbs.hotel.hc360.com.慧聪网.

19. http://www.cf001.com.中国投资理财网.